Elogios para

LOS SUEÑOS DE MI PADRE

"Obama escribe con mordacidad y, al mismo tiempo, con indulgencia. Vale la pena saborear este libro".
—Alex Kotlowitz, autor de
There Are No Children Here

"Su honestidad y espontaneidad han hecho de este libro un bestseller".
—Christopher Hitchens, *The Sunday Times*

"Maravillosamente escrito... conmovedor y sincero... este libro merece estar en el estante junto a obras como *The Color of Water*, de James McBride, y *Life on the Color Line*, de Gregory Howard Williams, como un relato acerca de vivir entre dos mundos de categorías raciales en Estados Unidos".
—Scott Turow, autor de *Ordinary Heroes*

"Inteligente y perspicaz, este libro te enseñará algo sobre ti mismo ya seas blanco o negro".
—Marian Wright Edelman,
autora de *I Can Make a Difference: A Treasury to Inspire Our Children*

Barack Obama

LOS SUEÑOS DE MI PADRE

Barack Obama fue elegido presidente de los Estados Unidos el 4 de noviembre de 2008. También es el autor de *La audacia de la esperanza: reflexiones sobre cómo restaurar el sueño americano* (*The Audacity of Hope: Thoughts on Reclaiming the American Dream*), el best-seller del *New York Times*.

TAMBIÉN DE BARACK OBAMA

La audacia de la esperanza

LOS
SUEÑOS
DE MI PADRE

LOS SUEÑOS DE MI PADRE

Una historia de raza y herencia

Barack Obama

VINTAGE ESPAÑOL
Una división de Random House, Inc.
Nueva York

PRIMERA EDICIÓN VINTAGE ESPAÑOL, ENERO 2009

Copyright de la traducción © 2008 por
Fernando Miranda y Evaristo Páez Rasmussen

Vintage Español agradece a Russell & Volkening como agentes de
Ntozake Shange por el permiso para reproducir un extracto de
For Colored Girls Who Have Considered Suicide
When the Rainbow is Enuf por Ntozake Shange,
copyright © 1975, 2003 por Ntozake Shange.

Información de catalogación de publicaciones disponible en
la Biblioteca del Congreso de los Estados Unidos.

Vintage ISBN: 978-0-307-47387-5

Traducido del inglés por Fernando Miranda y Evaristo Páez Rasmussen

www.grupodelectura.com

Impreso en los Estados Unidos de América
10 9 8 7 6 5 4 3 2 1

"Pues ante Ti somos extranjeros,
y estamos de paso, como nuestros padres".

I CRÓNICAS 29:15

ÍNDICE

PREFACIO A LA EDICIÓN DE 2004

Ha transcurrido casi una década desde que este libro se publicó por primera vez. Como ya mencioné en la introducción original, la oportunidad de escribirlo surgió mientras estudiaba Derecho, y fue consecuencia, sin duda, de haber sido elegido el primer presidente afroamericano de la *Harvard Law Review*. A raíz de la modesta publicidad conseguida recibí un adelanto por parte de un editor, y me puse a trabajar en la creencia de que la historia de mi familia y mis esfuerzos por comprenderla, podrían servir para mostrar en alguna medida la segregación racial que ha caracterizado el devenir norteamericano, al igual que la fluctuante identidad —los saltos en el tiempo, los choques culturales— que marca nuestra vida moderna.

Como todo autor primerizo, me embargó la esperanza y la desesperación cuando llegó el momento de su publicación: la esperanza de que el libro tuviera éxito más allá de mis sueños juveniles y la desesperación de que no hubiese sido capaz de contar algo que mereciera la pena. La realidad se quedó en algún punto intermedio. Las reseñas fueron ligeramente favorables. De hecho la gente acudía a las lecturas que organizaba mi editor. Sin embargo, las ventas no fueron nada extraordinario. Así que, después de unos cuantos meses, seguí con mi trabajo cotidiano seguro de que mi carrera como escritor sería muy corta, aunque estaba contento por haber sobrevivido a esta experiencia con mi dignidad más o menos intacta.

No tuve mucho tiempo para reflexionar en los diez años siguientes. Dirigí una campaña de registro de votantes durante las elecciones de 1992, me integré en un despacho especializado en derechos civiles y comencé a enseñar Derecho Constitucional en la Universidad de Chicago.

Mi mujer y yo compramos una casa, tuvimos la suerte de tener dos precio-sas hijas, sanas y traviesas, y luchábamos para poder pagar las facturas. Cuando quedó vacante un escaño durante la legislatura estatal de 1996, algunos amigos me persuadieron para que me presentase al cargo, y lo conseguí. Antes de ocupar el puesto ya me habían advertido de que la política estatal carecía del *glamour* que ostentaba su homóloga en Was-hington: se trabaja en la sombra, en temas importantes para algunos pero que no significan gran cosa para la mayoría de los ciudadanos de a pie (la regulación de las casas prefabricadas, o la incidencia de los impuestos sobre la depreciación del equipamiento agrícola). Sin embargo, encontré satisfactorio el trabajo, principalmente porque la política a este nivel per-mite resultados concretos a corto plazo: la ampliación del seguro de enfer-medad para los niños de las familias sin recursos, o la reforma de una ley que envía a un inocente al corredor de la muerte. Y también porque en la sede gubernamental de un Estado grande e industrial, uno ve todos los días la realidad de una nación en continuo movimiento: madres de familia de barrios humildes, granjeros que cultivan maíz y judías, jornaleros inmigrantes mezclados con banqueros de barrios residenciales; todos com-pitiendo por hacerse oír y todos dispuestos a contar sus historias.

Hace unos cuantos meses gané la nominación del Partido Demócra-ta para ocupar un escaño como senador por el Estado de Illinois. Fue una carrera difícil en un campo plagado de candidatos importantes, cualificados y prestigiosos; yo simplemente era un negro con un nom-bre extraño, sin organización alguna que me apoyara ni riqueza perso-nal, y por el que pocos apostaban. Cuando obtuve la mayoría de los votos en las elecciones primarias del Partido Demócrata, ganando tan-to en los barrios de población blanca como negra, en las zonas residen-ciales como en el centro de Chicago, la reacción que siguió fue similar a la de mi elección para la *Law Review*. Los comentaristas de los prin-cipales medios expresaron su sorpresa y su sincera esperanza de que mi victoria supusiera un cambio significativo en nuestra política racial. Dentro de la comunidad negra había un sentimiento de orgullo por mi triunfo, un orgullo mezclado con la frustración de que cincuenta años después de *Brown* v. *Board of Education** y cuarenta años después de

---

* Brown contra el Departamento de Educación (1954). Sentencia del Tribunal Supremo de Estados Unidos declarando inconstitucional la segregación racial en las escuelas públicas. *Todas las notas son de los traductores.*

que se aprobara el Acta de Derecho al Voto, todavía tuviéramos que estar celebrando la posibilidad (y sólo la posibilidad, ya que tengo por delante unas duras elecciones generales) de que yo pudiera ser el único afroamericano —y sólo el tercero desde la Reconstrucción— en llegar a senador. Mi familia, mis amigos y yo mismo estábamos desconcertados por la atención que despertábamos, conscientes en todo momento del abismo existente entre el brillo de los reportajes de prensa y las duras realidades de la vida cotidiana.

Del mismo modo que aquella popularidad de hace una década provocó el interés de mi editor, esta nueva serie de apariciones mías en la prensa le animaron a reeditar el libro. Por primera vez en muchos años cogí un ejemplar y leí unos capítulos para ver hasta qué punto podía haber cambiado mi voz con el paso del tiempo. Confieso que hice de vez en cuando una mueca de disgusto ante la pobre elección de una palabra, una frase equivocada, o la expresión de alguna emoción quizá demasiado indulgente o manida. Quería eliminar unas cincuenta páginas del libro dado que me gusta ser conciso. Sin embargo no puedo decir, francamente, que la voz del libro no sea la mía ni tampoco que hoy contaría la historia de forma diferente a como lo hice hace diez años, incluso si ciertos pasajes han resultado ser políticamente inconvenientes, carnaza para críticos comentarios y tendenciosas indagaciones de la oposición.

Lo que ahora ha cambiado de manera radical y decisiva es el contexto en el que se puede leer el libro. Empecé a escribir teniendo como telón de fondo Silicon Valley y el *boom* del mercado de valores; la caída del Muro de Berlín; Mandela, que con lentos y firmes pasos abandonaba la prisión para liderar un país; y la firma de los acuerdos de paz de Oslo. A nivel interno, nuestros debates culturales —en torno a las armas de fuego, el aborto y las letras de los raperos— eran más atractivos incluso que la Tercera Vía de Bill Clinton, un recorte del estado del bienestar sin ambición y sin drásticas aristas, que parecía incluir un amplio consenso subyacente sobre los problemas de la redistribución, un consenso al que incluso George W. Bush, con su «conservadurismo compasivo», iba a dar su aprobación. A nivel internacional, los escritores anunciaban el fin de la Historia, la consolidación del libre mercado y la democracia liberal, la sustitución de antiguos odios y guerras entre naciones por comunidades virtuales y batallas por la cuota de mercado.

Y luego, el 11 de septiembre, el mundo se fractura.

Queda lejos de mi habilidad como escritor poder aprehender aquel día y los que le siguieron: los aviones, como espectros, desapareciendo entre el acero y el cristal, las torres desmoronándose en cascada a cámara lenta, las figuras cubiertas de ceniza deambulando por las calles, la angustia y el miedo. No pretendo entender la locura nihilista que guió aquel día a los terroristas y que todavía hoy guía a sus correligionarios. Mi poder de empatía, mi habilidad para llegar hasta el corazón de otros no puede penetrar la mirada vacía de aquellos que asesinaron a inocentes con tan serena y abstracta satisfacción.

Lo que sé es que la historia volvió aquel día con fuerza y que, de hecho, como nos recuerda Faulkner, el pasado nunca está muerto y enterrado —ni siquiera es pasado—. Esta historia colectiva, este pasado, me afecta a mí directamente. No sólo porque las bombas de Al-Qaeda han marcado, con precisión estremecedora, alguno de los paisajes de mi vida —los edificios, las calles y las caras de Nairobi, Bali, Manhattan—, ni porque a consecuencia del 11 de septiembre mi nombre sea una tentación irresistible para que republicanos fanáticos se burlen de él en las páginas web. Sino también porque la lucha subyacente entre un mundo de abundancia y otro de escasez, entre lo moderno y lo antiguo, entre quienes aceptan nuestra desbordante, conflictiva y complicada diversidad apostando por los valores que nos unen, y quienes, bajo cualquier bandera, *slogan* o texto sagrado, buscan alguna certeza o la simplificación que justifique la crueldad hacia aquellos que no son como nosotros —esa es la lucha que, a escala menor, plantea el presente libro—.

Lo sé, he visto la desesperación y el desorden de los desfavorecidos: cómo afecta la vida de los niños en las calles de Yakarta o Nairobi de la misma forma que a los del South Side de Chicago. ¡Qué débil es para ellos la línea que separa la humillación de la furia descontrolada! ¡Con qué facilidad se deslizan hacia la violencia y la desesperanza!

Sé que la respuesta de los poderosos a este desorden no es la adecuada: alterna una sorda complacencia con una firme e irreflexiva aplicación de la violencia, mayores sentencias de prisión y armamento militar más sofisticado cuando el desorden traspasa los límites prefijados. Sé que la represión, la adopción del fundamentalismo y la tribu son nuestra perdición.

Así, lo que ha constituido mi más íntimo y profundo esfuerzo para comprender esta lucha y encontrar mi sitio en ella, ha generado un debate público importante con el que estoy comprometido y que influenciará nuestras vidas y las de nuestros hijos en años venideros.

Las implicaciones políticas de todo ello serían tema para otro libro. Permítanme terminar con una nota personal. La mayor parte de los personajes que aquí aparecen forman parte de mi vida, aunque a distintos niveles: bien por razones de trabajo, de infancia, de geografía y de los azares del destino.

La excepción es mi madre, a quien perdimos con una brutal rapidez, víctima de un cáncer, pocos meses después de que se publicara este libro.

Había pasado los últimos diez años de su vida haciendo lo que más amaba. Viajó por el mundo, trabajó en pueblos lejanos de Asia y África ayudando a las mujeres a comprar una máquina de coser, una vaca lechera o a adquirir una educación que pudiera servirles en un mundo globalizado. Se reunía con amigos de las altas y bajas esferas, daba grandes paseos y observaba la luna. Recolectaba baratijas en los mercados de Delhi o Marrakech, un fular o una piedra tallada que le hiciera gracia o le llamara la atención. Escribía reportajes, leía novelas, atosigaba a sus hijos y soñaba con sus nietos.

Nos veíamos con frecuencia; nuestra relación seguía siendo estrecha. Mientras escribía este libro ella leía los borradores, corregía las historias que yo había malinterpretado, ponía cuidado en no hacer comentarios acerca de la descripción que hacía de su persona y, además, estaba siempre dispuesta a explicar o defender los aspectos menos halagüeños del carácter de mi padre. Llevó su enfermedad con resignación y buen humor, ayudándonos a mi hermana y a mí a proseguir nuestras vidas a pesar de nuestros temores, contradicciones y repentinos momentos de desaliento.

A veces he pensado que si hubiera sabido que no sobreviviría a su enfermedad, podría haber escrito un libro distinto, no tanto una reflexión sobre el padre ausente sino un homenaje a la persona que fue la única constante en mi vida. Gracias a mis hijas veo, día tras día, su alegría y su enorme curiosidad. No voy a intentar describir cuánto lloro aún su muerte. Sé que fue el espíritu más bondadoso y generoso que jamás he conocido y que lo mejor de mí se lo debo a ella.

INTRODUCCIÓN

En principio, mi intención fue escribir un libro muy diferente. La oportunidad de hacerlo surgió por vez primera mientras estudiaba en la Facultad de Derecho y después de resultar elegido el primer presidente negro de la *Harvard Law Review*, una publicación periódica de temática jurídica poco conocida fuera del ámbito profesional. A mi elección le siguió un gran despliegue publicitario, incluidos algunos artículos periodísticos que hablaban no tanto de mi modesto éxito como del lugar tan peculiar que la Haward Law School ocupa en la mitología americana y del ferviente deseo de Norteamérica por encontrar algún signo de optimismo en el conflicto racial, algún indicio de que, después de todo, se habían hecho ciertos progresos. Algunos editores me llamaron, y yo, imaginándome que tenía algo original que decir sobre el estado actual de las relaciones raciales, decidí tomarme un año sabático después de mi graduación y plasmar mis pensamientos sobre el papel.

Durante el último curso de mis estudios de Derecho, comencé a organizar mentalmente, con una confianza rayana en la temeridad, el plan del libro. Se trataría de un ensayo sobre los límites de la legislación de derechos civiles y su incapacidad para potenciar la igualdad racial, reflexiones sobre el papel a desempeñar por la comunidad, la renovación de la vida pública mediante la organización de asociaciones ciudadanas, la discriminación positiva y el Afrocentrismo (la lista de temas ocupaba toda una página). Incluiría anécdotas personales, sin duda, y analizaría las fuentes de ciertas emociones recurrentes. Pero, en conjunto, sería un viaje intelectual programado por mí de principio a fin, incluidos mapas, áreas de descanso y un estricto itinerario: la primera parte finalizada en marzo, la segunda revisada en agosto…

Cuando finalmente me senté a escribir, me di cuenta de que mi mente se dejaba arrastrar hacia mares más tempestuosos. Las primeras nostalgias afloraron, haciendo latir mi corazón. Voces lejanas se hicieron presentes, desaparecían y volvían a resonar. Recordé las historias que de niño me contaban mi madre y mis abuelos, historias de una familia que trataba de comprenderse a sí misma. Recordé el primer año que trabajé como organizador comunitario en Chicago* y mis primeros y torpes pasos hasta que me convertí en un hombre. Escuché cómo mi abuela, sentada a la sombra de un mango mientras trenzaba el cabello de mi hermana, me hablaba del padre al que nunca había conocido realmente.

Comparado con ese torrente de recuerdos, todas mis ordenadas teorías parecían insustanciales y prematuras. Es más, rechazaba la idea de exponer mi pasado en un libro, un pasado que hacía que me sintiese vulnerable e incluso un tanto avergonzado. No porque ese pasado fuera particularmente doloroso o perverso, sino porque habla de aspectos personales que conscientemente rechazamos y que —al menos en apariencia— están en contradicción con el mundo en el que ahora vivo. Tengo treinta y tres años, ejerzo como abogado y participo de manera activa en la vida social y política de Chicago, una ciudad que convive con sus heridas raciales y se enorgullece de una cierta falta de sentimientos. Y en la medida que he sido capaz de librarme del cinismo, me gusta verme como alguien con sentido de la realidad y lo suficientemente cauto para no esperar demasiado del mundo.

Y aun así, lo que más me choca cuando pienso en la historia de mi familia es su inocencia constantemente puesta a prueba, una inocencia inimaginable incluso a los ojos de un niño. El primo de mi mujer, que tiene sólo seis años, ya ha perdido esa inocencia. Hace unas semanas les dijo a sus padres que algunos de sus compañeros de primer grado se habían negado a jugar con él debido a su oscura piel. Obviamente, sus

---

* En castellano no existe un concepto equivalente. El organizador comunitario tiene como misión ayudar a las comunidades menos favorecidas asociando a sus vecinos para que emprendan proyectos que mejoren su nivel de vida y ejerzan su influencia en la política local. Podríamos decir que el organizador comunitario es una mezcla de activista y asistente social.

padres, nacidos y criados en Chicago y en Gary, habían perdido su inocencia tiempo atrás y, aunque no están resentidos —ambos son tan fuertes, orgullosos y hábiles como cualquiera de los padres que conozco— uno siente el dolor que les embarga cuando manifiestan su deseo de mudarse a las afueras de la ciudad, a un barrio mayoritariamente blanco, medida que evitaría que su hijo pudiera verse envuelto en un tiroteo entre pandillas y que, además, les garantizaría que no iría a una escuela infradotada.

Sabemos demasiado, hemos visto demasiado, para considerar el breve matrimonio de mis padres —un negro y una mujer blanca, un africano y una norteamericana— como un valor absoluto. El resultado es que a ciertas personas les cuesta trabajo aceptarme tal y como soy. Cuando la gente que no me conoce bien, negro o blanco, descubre mis antecedentes (lo que normalmente es todo un descubrimiento, pues dejé de mencionar la raza de mi madre desde que tenía doce o trece años, cuando empecé a sospechar que al hacerlo me estaba congraciando con los blancos) puedo ver los ajustes que tienen que hacer en una fracción de segundo, y cómo buscan en mis ojos algún indicio revelador. Ya no saben quién soy. En privado, supongo, hacen cábalas sobre mi turbación interior (la mezcla de sangre, el corazón dividido, la tragedia del mulato atrapado entre dos mundos). Y si tuviera que explicar que no, que la tragedia no es mía, o al menos no sólo mía, sino que es vuestra, hijos e hijas de Plymouth Rock y de la Isla de Ellis, es vuestra, hijos de África, es la tragedia tanto del primo de seis años de mi mujer como de sus compañeros blancos de clase de primer grado, así que no necesitáis tratar de encontrar lo que me perturba, lo podéis ver en los telediarios nocturnos, y si al menos pudiéramos reconocerlo, entonces el ciclo trágico comenzaría a romperse… Bueno, sospecho que parezco un ingenuo incurable, aferrado a una esperanza perdida, como esos comunistas que venden sus periódicos en los alrededores de las universidades de algunas ciudades. O peor, puede que parezca que intento esconderme de mí mismo.

No critico la suspicacia de la gente. Hace tiempo que aprendí a desconfiar de mi niñez y de las historias que la moldearon. No fue hasta muchos años después, cuando me senté junto a la tumba de mi padre para hablar con él a través de la roja tierra africana, que pude retroceder en el tiempo y reconsiderar aquellas historias sobre mi persona. O, para ser más exactos, fue sólo entonces cuando comprendí que había pasado un largo periodo de mi vida intentando reescribir tales historias, tapando los agujeros de la narración, suavizando los detalles menos agradables, proyectando las preferencias personales frente a la nebulosa visión de conjunto de la historia con la esperanza de hallar una base sólida sobre la que los hijos que aún no he tenido puedan erguirse firmemente.

Finalmente, a pesar de mi obstinación en evitar la mirada escrutadora del público y de mis periódicos impulsos de abandonar el proyecto, lo que se ha abierto camino a través de estas páginas es el relato de mi viaje interior: un joven en busca de su padre y, a través de esa búsqueda, del auténtico sentido de su vida como americano negro. El resultado es una autobiografía, si bien cuantas veces me han preguntado sobre el contenido del libro durante estos tres últimos años he evitado, por lo general, esa definición. Una biografía promete proezas dignas de ser contadas, conversaciones con gente célebre, un papel protagonista en sucesos importantes. Aquí no hay nada de eso. Una autobiografía implica, al menos, una recapitulación, una conclusión que difícilmente encaja con mi edad, con alguien que está tratando aún de abrirse camino en la vida. Ni tan siquiera puedo poner mi experiencia como ejemplo de la que viven los negros americanos («después de todo, usted no procede de una familia marginal», me indicó amablemente un editor de Manhattan). De hecho, el aprender a aceptar esa realidad concreta —que puedo abrazar a mis hermanos y hermanas de raza, tanto en este país como en África, y reafirmar nuestro destino común sin tener que hablar a favor, o en nombre, de nuestras diversas luchas— es, en parte, de lo que trata este libro.

Por último, están los peligros inherentes a todo trabajo autobiográfico: la tentación de tratar los hechos de modo que favorezcan al autor, la tendencia a sobrestimar el interés que nuestra propia experiencia tiene para los demás, los lapsus selectivos de la memoria. Todos esos peligros tienden a magnificarse cuando quien escribe adolece de la sabiduría que otorga la edad, de la distancia que nos cura de ciertas vanidades. No puedo decir que haya evitado todos, o algunos, de esos peligros. Aunque gran parte de este libro se basa en diarios íntimos y en las anécdotas e historias que me contó mi familia, los diálogos no son sino una aproximación a lo que de hecho me contaron o transmitieron. En aras de una mejor comprensión, algunos de los personajes que aparecen son mezcla de gente que he conocido, y varios de los sucesos relatados carecen de cronología precisa. A excepción de mi familia y unas cuantas personalidades públicas, he cambiado los nombres de la mayoría de los protagonistas para salvaguardar su intimidad.

Independientemente de la etiqueta que se le cuelgue a este libro —autobiografía, memorias, historia familiar o cualquier otra cosa— lo que he tratado de hacer es escribir un relato honesto de una época concreta de mi vida. Cuando sentía que divagaba siempre pude acudir a mi fiel y tenaz agente literario Jane Dystel; agradezco a mi editor, Henry Ferris, sus amables pero firmes reprimendas; también a Ruth Fecych y al personal de Times Books por el entusiasmo y cuidado que han puesto para guiar el manuscrito a través de sus diferentes etapas; a mis amigos, en especial a Robert Fischer, por las lecturas del mismo; y a mi extraordinaria esposa, Michelle, por su ingenio, gracia, candor, y su habilidad infalible para estimular mis mejores impulsos.

Es a mi familia, sin embargo —mi madre, mis abuelos, mis parientes, desperdigados a través de océanos y continentes— a los que debo mi más profundo agradecimiento y dedico este libro. Sin su constante amor y apoyo, si no me hubieran dejado cantar su canción y consentido que desafinara en ocasiones, nunca hubiese tenido ni siquiera la esperanza de acabarlo. Y si algo espero, es que el amor y el respeto que siento por ellos brille en cada una de estas páginas.

PRIMERA PARTE

Los Orígenes

UNO

Pocos meses después de mi vigésimo primer cumpleaños recibí la llamada de un desconocido para darme la noticia. Por aquel tiempo yo vivía en Nueva York, en la calle 94, entre las avenidas Primera y Segunda, en esa frontera móvil y anónima que separa la parte este de Harlem del resto de Manhattan. Era una manzana inhóspita y desprovista de árboles, bordeada de edificios sin ascensor renegridos por el hollín, que proyectaban densas sombras durante la mayor parte del día. El apartamento era pequeño, de suelos desnivelados, calefacción que funcionaba a veces y un timbre en el portal que no funcionaba nunca, de forma que las visitas antes tenían que llamar desde un teléfono público que había en la gasolinera de la esquina, donde un doberman negro, tan grande como un lobo, se paseaba por la noche vigilando atento y sujetando entre sus mandíbulas una botella de cerveza vacía.

Nada de esto me preocupaba, ya que no tenía demasiadas visitas. En aquella época era impaciente, estaba ocupado con el trabajo y los planes pendientes, y solía ver a los demás como distracciones innecesarias. Esto no significaba que no apreciara su compañía. Me encantaba intercambiar algunas frases en español con mis vecinos, la mayoría portorriqueños, y a mi regreso de clase solía pararme con los chicos que se pasaban todo el verano en la escalera hablando de los Knicks o de los disparos que habían oído la noche anterior. Cuando hacía buen tiempo, solía sentarme afuera con mi compañero de piso, en la escalera de incendios, para fumar cigarrillos y contemplar el desvaído color azul del crepúsculo sobre la ciudad, o mirar a los blancos de los barrios elegantes de las cercanías que bajaban a pasear a sus perros por nuestra manzana para dejarlos que hicieran sus necesidades en nuestras aceras. «¡Recoged la mierda, cabrones!», les gritaba furioso mi compañero de piso, mientras nos reíamos en la cara tanto del animal como del amo que, serio y sin pedir disculpas, se agachaba para hacerlo.

Disfrutaba de aquellos momentos, aunque sólo brevemente. Si la conversación empezaba a desviarse o a traspasar los límites de lo íntimo, pronto hallaba una razón para excusarme. Había crecido demasiado cómodo en mi soledad, el lugar más seguro que conocía.

Recuerdo que había un anciano que vivía en la puerta de al lado y que parecía compartir mi actitud. Vivía solo, era un tipo demacrado y con joroba, que solía llevar un pesado abrigo negro y un deformado sombrero de fieltro en las raras ocasiones que salía de su apartamento. Alguna que otra vez coincidía con él cuando regresaba de la tienda y me ofrecía a subirle la compra por el largo tramo de escaleras. En esas ocasiones me miraba, se encogía de hombros y comenzábamos el ascenso, deteniéndonos en cada rellano para que pudiera tomar aire. Cuando finalmente llegábamos a su apartamento, yo colocaba con cuidado las bolsas en el suelo y él me lo agradecía con una gentil inclinación de cabeza antes de meterse dentro, arrastrando los pies, y echar el cerrojo. Nunca intercambiamos una sola palabra, y ni una sola vez me dio las gracias por mis esfuerzos.

El silencio del anciano me impresionaba; pensaba que era un alma gemela. Más tarde, mi compañero de piso lo encontró arrebujado en el rellano del tercer piso, con los ojos abiertos de par en par y las extremidades rígidas y levantadas como las de un bebé. La gente se arremolinó a su alrededor, algunas mujeres se santiguaron y los críos más pequeños cuchicheaban agitados. Finalmente llegaron los enfermeros para llevarse el cuerpo. La policía entró en el apartamento del viejo. Estaba limpio, casi vacío: una silla, una mesa de trabajo; el desvaído retrato de una mujer de cejas espesas y sonrisa amable descansaba sobre la repisa de la chimenea. Alguien abrió la nevera y encontró casi mil dólares en fajos de billetes pequeños envueltos en periódicos viejos, cuidadosamente ordenados detrás de los botes de mayonesa y de conservas en escabeche.

Me conmovió la soledad de la escena, y por un breve instante deseé haber conocido el nombre de aquel anciano. Inmediatamente lamenté mi deseo y me embargó la tristeza. Sentí como si se hubiese roto el entendimiento que había entre nosotros, como si, en aquella habitación desierta, el viejo me susurrara una historia nunca contada y me dijera cosas que hubiera preferido no oír.

Algo así como un mes más tarde, en una fría y deprimente mañana de noviembre mientras el sol se desvanecía detrás de una madeja de nubes, recibí una llamada. Estaba preparándome el desayuno, con el café en la hornilla y dos huevos en la sartén, cuando mi compañero de piso me pasó el teléfono. La línea estaba llena de interferencias.

—¿Barry? ¿Barry, eres tú?

— Sí…, ¿quién es?

— Sí, Barry…, soy tu tía Jane, de Nairobi. ¿Me oyes?

— Perdona, ¿quién has dicho que eres?

— La tía Jane. Escucha, Barry, tu padre ha muerto. Ha muerto en un accidente de tráfico. ¿Hola? ¿Me oyes? Te digo que tu padre ha muerto. Barry, por favor llama a tu tío a Boston y díselo. Ahora no puedo hablar, ¿vale, Barry? Intentaré llamarte otro día…

Eso fue todo. La línea se cortó y yo me senté en el sofá oliendo cómo los huevos se quemaban en la cocina, mientras miraba fijamente las grietas en el yeso y trataba de calibrar la dimensión de mi pérdida.

En el momento de su muerte mi padre seguía siendo un mito para mí próximo y lejano al mismo tiempo. Se había marchado de Hawai en 1963, cuando yo tenía dos años, de forma que de niño sólo lo conocí a través de las historias que me contaban mi madre y mis abuelos. Cada uno tenía sus relatos favoritos, bruñidos y desgastados por el constante uso. Aún puedo ver la imagen de mi abuelo Gramps recostado en su vieja butaca después de la cena, tomando un whisky a sorbitos mientras se limpiaba los dientes con el celofán de su paquete de cigarrillos, contándonos cuando mi padre casi tira a un hombre por el mirador de Pali a causa de una pipa….

—Verás. Tus padres decidieron llevar a un amigo suyo de turismo por la isla. Así que fueron en coche hasta el mirador. Probablemente Barack condujo durante todo el camino por el lado equivocado de la carretera…

—Tu padre era un conductor malísimo —me explicaba mi madre—. Acababa siempre en el lado izquierdo, por el que conducen los ingleses. Y si le decías algo simplemente se enfurruñaba por las estúpidas normas de los norteamericanos.

—Bueno, esta vez llegaron sanos y salvos; bajaron del coche y se quedaron en la barandilla contemplando la vista. Barack lanzaba bocanadas de humo de la pipa que yo le había regalado por su cumpleaños, señalando el paisaje con la boquilla, como un viejo lobo de mar.

—Tu padre estaba orgulloso de su pipa —vuelve a interrumpir mi madre—. Fumaba durante toda la noche cuando estudiaba, y a veces...

—Escucha Ann, ¿quieres contar tú la historia o vas a dejar que termine?

—Lo siento papá, sigue.

—Bien, pues aquel pobre hombre, era otro estudiante africano, ¿no?, acababa de llegar en barco. Se ve que debía de impresionarle el modo cómo Barack hablaba haciendo aspavientos con la pipa, porque le preguntó que si podía probarla. Tu padre se quedó cavilando durante un minuto y finalmente accedió. Y tan pronto como el chico le dio la primera calada empezó a toser violentamente. Tosió tanto que la pipa se le resbaló de la mano y cayó al otro lado de la barandilla, casi treinta metros abajo en el fondo del acantilado.

Gramps se detiene para tomar otro traguito de su petaca antes de continuar.

—Pero bueno, tu padre fue lo bastante indulgente como para esperar a que su amigo terminara de toser, y después le dijo que saltara la barandilla y le devolviera la pipa. El hombre echó una mirada a aquel desnivel de noventa grados y le prometió a Barack que le compraría otra para reemplazarla.

—Una decisión sensata —dijo Toot desde la cocina (a mi abuela la llamábamos Tutu, Toot para abreviar, que significa *abuela* en hawaiano, pues el día que nací decidió que era demasiado joven para que la llamáramos *Granny**). El abuelo frunce entonces el ceño, pero decide ignorarla.

—Pero Barack se empeñaba en recuperar su pipa porque era un regalo y no podía ser reemplazada. Así que el tío echó otra mirada y de nuevo sacudió la cabeza. ¡Y entonces fue cuando tu padre lo levantó del suelo y empezó a zarandearlo por encima de la barandilla!

El abuelo suelta una risotada y con gesto jovial se golpea la rodilla. Mientras se ríe, yo me veo mirando a mi padre, oscurecido por el contraluz del brillante sol, sosteniendo en alto al infractor que agita sus brazos. Una implacable concepción de la justicia.

* *Granny*, abuelita.

—En realidad no lo estaba sujetando por encima de la barandilla, papá —añade mi madre mirándome con preocupación, mientras Gramps toma otro sorbo de whisky y continúa.

—En ese momento, algunas personas comenzaron a mirarnos y tu madre le rogó a Barack que parase. Supongo que el amigo de Barack rezaba al tiempo que contenía la respiración. En fin, después de unos minutos, tu padre dejó al hombre otra vez en el suelo, le dio una palmada en la espalda y, tan tranquilo, sugirió que todos fuésemos a tomar una cerveza. Y, ¿sabes?, tu padre continuó comportándose así durante todo el trayecto, como si nada hubiera sucedido. Ni que decir tiene que tu madre estaba bastante disgustada cuando volvieron a casa. De hecho, apenas si le hablaba a tu padre. Barack no colaboraba mucho tampoco, porque cuando tu madre intentó contarnos lo que había sucedido, el sólo agitó la cabeza y empezó a reír: «Cálmate, Ann», le decía. Tu padre tenía una profunda voz de barítono y acento británico —mi abuelo metía entonces su barbilla hacia la garganta para darle mayor efecto—. «Cálmate Ann» continuó, «sólo quería darle a ese tío una lección sobre el cuidado que hay que tener con la propiedad ajena».

Gramps rió de nuevo hasta que comenzó a toser. Toot murmuraba entre dientes que suponía que era bueno que mi padre se hubiera dado cuenta de que el hecho de haber dejado caer la pipa sólo había sido un accidente, porque quién sabe qué podría haber pasado si no. Mi madre me lanzaba una mirada cómplice y me decía que estaban exagerando.

—Tu padre puede que fuera un poco dominante —admitía mi madre esbozando una sonrisa—. Pero en el fondo era una persona muy honesta. Lo que a veces le hacía ser impulsivo.

Ella prefería hacer un retrato más amable de mi padre. Contaba la historia de cuando acudió a recibir la llave de la Phi Beta Kappa*, vistiendo su ropa favorita: unos vaqueros y una vieja camiseta de punto con un estampado de leopardo.

—Nadie le había dicho que aquello era un acto importante, así que entró y se encontró a todo el mundo vestido de etiqueta en esa elegante sala. Fue la primera vez que lo vi sonrojarse.

Y el abuelo, de repente pensativo, asentía con la cabeza y decía:

---

* Phi Beta Kappa es una sociedad que tiene como misión premiar la excelencia académica. El distintivo es una llave dorada con la imagen grabada de un dedo índice señalando tres estrellas y las letras griegas de las que la sociedad toma su nombre.

—Lo cierto, Bar, es que tu padre podía manejar cualquier tipo de situación, y eso hacía que le gustara a todo el mundo. ¿Te acuerdas de cuando tuvo que actuar en el Festival Internacional de Música? Accedió a interpretar algunas canciones africanas, pero aquello era algo más serio de lo que pensaba, ya que la chica que salió antes que él resultó ser una cantante semiprofesional, una hawaiana con el apoyo de una orquesta al completo. Cualquier otro hubiera abandonado justo en ese momento, excusándose en que todo aquello había sido un error. Pero no Barack. Se puso en pie y cantó ante la audiencia, lo que no era fácil, déjame que te diga. Y no es que lo hiciera bien, pero estaba tan seguro de sí mismo que consiguió tantos aplausos como cualquier otro.

Gramps se levantó de su silla meneando la cabeza y, girándose, encendió el televisor.

—Ya tienes algo que puedes aprender de tu padre —me dijo—: la confianza es la clave del éxito para un hombre.

Así es como se sucedían todas las historias, de manera concisa, apócrifa, contadas de corrido en el curso de una noche y luego empaquetadas y guardadas durante meses, a veces años, en la memoria de mi familia. Igual pasaba con las pocas fotos de mi padre que se quedaron en casa, viejas copias en blanco y negro hechas en un estudio y con las que solía toparme cada vez que revolvía en los armarios buscando los adornos de Navidad o algún antiguo equipo de buceo. Cuando comencé a ser consciente de mis recuerdos, mi madre ya había iniciado el noviazgo con el hombre que se convertiría en su segundo marido y supe, sin necesidad de explicación alguna, porqué tuvieron que guardarse las fotos de mi padre. Pero, de vez en cuando, mi madre y yo nos sentábamos en el suelo, con ese olor a polvo y naftalina que desprendía el álbum, y me detenía a observar el aspecto de mi padre —su sonriente cara oscura, la frente grande y las gruesas gafas que le hacían parecer más viejo de lo que era— y escuchaba mientras cómo los acontecimientos de su vida se hilvanaban en un simple relato.

Según llegué a saber, era africano, de Kenia, de la tribu de los Luo, nacido a orillas del lago Victoria, en un lugar llamado Alego. Era un poblado pobre, pero su padre —mi otro abuelo, Hussein Onyango Obama— había sido un importante granjero y patriarca de la tribu, un *hombre medicina* que tenía poderes curativos. Mi padre creció pastoreando la manada de cabras de su padre y asistía a la escuela local que había fundado el gobierno colonial británico, donde demostró poseer grandes aptitudes. Al final consiguió una beca para estudiar en Nairobi y, más tarde, en vísperas de la independencia de Kenia, fue elegido por líderes de este país y mecenas americanos para asistir a una universidad en los Estados Unidos, donde se unió a la primera gran oleada de africanos que fueron enviados para especializarse en tecnología occidental y poder forjar a su regreso una nueva y moderna África.

En 1959, a la edad de veintitrés años, ingresó en la Universidad de Hawai, siendo el primer estudiante africano de esa institución. Estudió econometría, trabajó intensamente y se graduó tres años más tarde como el primero de su clase. Tenía una legión de amigos y ayudó a organizar la Asociación Internacional de Estudiantes, de la que se convirtió en su primer presidente. En un curso de ruso conoció a una torpe y tímida americana de tan sólo dieciocho años, y se enamoraron. Los padres de la chica, no muy contentos al principio, acabaron sucumbiendo a su encanto e inteligencia. La joven pareja se casó, y ella tuvo un hijo a quien pusieron el nombre del padre. Obtuvo otra beca, esta vez para doctorarse en Harvard, pero al no contar con el dinero necesario para poder llevarse con él a su familia se produjo la separación y regresó a África para cumplir su compromiso con el continente. Madre e hijo quedaron atrás, pero los lazos del amor superaron la distancia...

Aquí era donde el álbum se cerraba y yo podía deambular por su interior, inmerso en un cuento que me colocaba en el centro de un vasto y ordenado universo. Incluso en la versión resumida que mi madre y mis abuelos me habían contado existían muchas cosas que no entendía. Pero rara vez preguntaba por los detalles que me ayudaran a resolver el significado de «doctorado» o «colonialismo», o a localizar Alego en el mapa. En cambio, la historia de la vida de mi padre estaba inscrita en las páginas de un libro que mi madre me compró una vez, un libro que se titulaba *Origins*, una colección de cuentos de todo el mundo sobre la Creación; historias del Génesis y del árbol del que procedía el hombre, de Prometeo y el don del fuego, o la tortuga de la leyenda hindú que flotaba en el espacio mientras soportaba el peso del mundo sobre su concha. Más tarde, cuando me hice a la idea de que la televisión y las películas no eran el mejor camino para alcanzar la felicidad, esas preguntas comenzaron a inquietarme. ¿Pero qué era lo que sostenía a la tortuga? ¿Por qué permitió un Dios omnipotente que una serpiente causara tanta desgracia? ¿Por qué no había regresado mi padre? Aunque a la edad de cinco o seis años me sentía satisfecho con que esos misterios lejanos permanecieran intactos y todas esas historias fueran auténticas y pasaran a formar parte de apacibles sueños.

El hecho de que mi padre no se pareciera en nada a la gente que me rodeaba —que fuera tan negro como un tizón, mientras que mi madre era blanca como la leche— no me supuso quebradero de cabeza alguno.

De hecho, sólo recuerdo una historia que trata abiertamente del tema de la raza. Conforme fui creciendo se fue repitiendo más a menudo, como si plasmara la esencia del cuento moralizante en que se había convertido la vida de mi padre. Según esa anécdota, mi padre había ido a reunirse, después de haber estado estudiando durante muchas horas, con mi abuelo y varios amigos en un bar de Waikiki. Todo el mundo allí estaba alegre, comían y bebían al son de una guitarra *slack-key**, cuando, abruptamente, un hombre blanco le dijo al camarero, en un tono lo suficientemente alto como para que todo el mundo lo oyera, que él no tenía porqué estar tomándose una copa «al lado de un negro†». En la sala se hizo un profundo silencio y la gente se volvió hacia mi padre esperando que hubiera pelea. Por el contrario, mi padre se levantó, se le acercó y, sonriendo, empezó a sermonearle sobre el disparate de la intolerancia, la promesa del sueño americano y los derechos universales del hombre. «Aquel tío se sintió tan mal cuando Barack terminó», decía el abuelo, «que se metió la mano en el bolsillo y le dio a Barack cien dólares allí mismo. Dinero que sirvió para pagar todas las copas y *puu-puus*** que tomamos esa noche, y también para lo que faltaba del alquiler mensual de tu padre».

Durante mi adolescencia llegué a tener dudas sobre la veracidad de esta historia y la aparqué junto con las demás. Hasta que recibí una llamada telefónica de un japonés americano que afirmaba haber sido compañero de clase de mi padre en Hawai, y que ahora enseñaba en una universidad del medio oeste. Fue muy amable, dijo sentirse un poco incómodo por su atrevimiento; me explicó que había leído una entrevista mía en un periódico local y que al ver el nombre de mi padre le vinieron

---

* Guitarra típica de Hawai.

† *Nigger* en el original. En esta ocasión, la primera en que esta palabra aparece, hemos optado por traducirla como *negro*, evitando el sentido peyorativo del término inglés. Como quiera que no nos parecen precisas acepciones castellanas tales como *negrata*, *moreno*, *de color*, etc., a partir de ahora figurará en inglés en la traducción.

** *Puu-puus*, en Hawai, aperitivos.

10

un montón de recuerdos. Más tarde, durante el curso de nuestra charla, repitió la misma historia que mi abuelo me había contado: la de aquel blanco que había intentado comprar el perdón de mi padre.

«Nunca olvidaré aquello», me comentó por teléfono, mientras percibía en su voz el mismo tono que le había escuchado al abuelo tantos años atrás, aquel anhelante tono de incredulidad, y de esperanza.

Mestizaje. La palabra es amorfa, horrible, presagia un resultado monstruoso: es como *antebellum*, u *octoroon**; evoca imágenes de otra época, un mundo lejano de fustas y llamas, magnolias secas y porches cayéndose a pedazos. Sin embargo, no sería hasta 1967 —año que celebré mi sexto cumpleaños y en el que Jimmy Hendrix actuó en Monterrey, y tres años después de que el doctor King recibiera el Premio Nobel de la Paz, una época en la que Norteamérica había empezado a cansarse de las demandas de igualdad de los negros y el problema de la discriminación parecía estar resuelto— cuando el Tribunal Supremo de los Estados Unidos finalmente declaró que la prohibición de los matrimonios mixtos violaba la Constitución. En 1960, cuando se casaron mis padres, la palabra *mestizaje* no se podía ni pronunciar en casi la mitad de los Estados de la Unión. En muchos lugares del sur mi padre hubiera sido colgado de un árbol simplemente por haber mirado a mi madre de manera equívoca; en las ciudades más sofisticadas del norte, las miradas hostiles y las murmuraciones podrían haber llevado a una mujer en la misma situación de mi madre a un aborto clandestino o, como último recurso, dejar al bebé en algún apartado convento que pudiera proporcionar una adopción. La imagen de los dos juntos hubiera sido considerada morbosa y perversa, un argumento válido para utilizar contra el puñado de chiflados liberales que estaban a favor de los derechos civiles.

Sí, seguro…: ¿pero usted dejaría que su hija se casara con uno?

El hecho de que mis abuelos hubieran respondido que sí a esta pregunta, aunque lo hicieran de mala gana, fue para mí un perpetuo misterio. No había nada en sus antecedentes que hiciera previsible tal respuesta; ni trascendentalistas de Nueva Inglaterra, ni socialistas fanáticos en su árbol genealógico. Es cierto que Kansas había luchado a favor de la

---

* *Antebellum*, nombre que se da en el sur de Estados Unidos al periodo anterior a la Guerra de Secesión; *octoroon*, ochavón, hijo de cuarterón/a y blanco/a.

Unión en la Guerra Civil, y al abuelo le gustaba recordarme que en las diferentes ramas de la familia habían existido apasionados abolicionistas. Si se le preguntaba, Toot se ponía de perfil para mostrar su nariz aguileña, que junto con un par de ojos negro azabache eran buena prueba de su sangre cherokee.

Pero era una antigua foto en tonos sepia de la estantería la que hablaba de forma más elocuente de sus raíces. En ella, los abuelos de Toot, de procedencia escocesa e inglesa, aparecían de pie delante de una destartalada granja, con gesto serio y vestidos con una áspera tela de lana, los ojos entornados por el sol abrasador contemplando la dureza de la vida que les esperaba. Las suyas eran las caras de los *American Gothic**, los primos consanguíneos más pobres de la línea WASP**, y en sus ojos uno podía ver las verdades que más tarde yo tendría que aceptar como realidades: que Kansas había entrado libremente a formar parte de la Unión sólo después de un incidente violento, precursor de la Guerra de Secesión, la batalla en la que la espada de John Brown tuvo su bautizo de sangre; que uno de mis tatarabuelos, Christopher Columbus Clark, había sido un soldado condecorado de la Unión y se rumoreaba que la madre de su esposa era prima segunda de Jefferson Davis, presidente de la Confederación; y que otro antepasado lejano había sido un cherokee puro, aunque este linaje representaba un motivo de vergüenza para la madre de Toot, que palidecía cuando alguien mencionaba el tema, y confiaba llevarse el secreto a la tumba.

Ese fue el mundo en el que crecieron mis abuelos, en el mismísimo centro del país, sin acceso al mar; un lugar en el que la decencia, la perseverancia y el espíritu pionero convivían con el conformismo, el recelo y la capacidad de perpetrar actos de una despiadada crueldad. Habían crecido a menos de treinta y pocos kilómetros de distancia el uno del otro —mi abuela en Augusta y mi abuelo en El Dorado, dos ciudades demasiado pequeñas para justificar su inclusión en letras mayúsculas en un mapa de carreteras— y la niñez que les gustaba recordarme era la de esas ciudades durante la época de la Depresión americana en toda su ingenua gloria: desfiles del 4 de julio, películas proyectadas en la pared

---

* Famosa pintura de Grant Wood en la que podemos ver a una anciana pareja de granjeros delante de un edificio de estilo gótico.
** Siglas correspondientes a White Anglo-Saxon Protestant (protestante blanco anglosajón).

de un granero; tarros llenos de luciérnagas y el sabor de los tomates maduros, dulces como manzanas; tormentas de polvo y granizadas; aulas llenas de hijos de granjeros embutidos en sus ropas de lana al comenzar el invierno, apestando como cerdos con el paso de los meses.

Incluso el trauma de las quiebras bancarias y los desahucios de granjas parecía algo romántico cuando se entrelazaban en el telar de los recuerdos de mis abuelos, unos tiempos en los que la miseria, ese gran rasero que había unido a la gente, era compartida por todos. Había que prestar atención para poder reconocer la sutil jerarquía y los códigos tácitos que habían gobernado sus tempranas vidas, las distinciones entre gente que no posee nada y que vive en medio de ninguna parte. Todo ello tiene algo que ver con lo que llamamos respetabilidad —existía gente respetable y gente no tan respetable—, y aunque no había que ser rico para ser respetable, desde luego se tenía que trabajar más duro si no lo eras.

La de Toot era una familia respetable. El padre tuvo un empleo fijo durante la Depresión como encargado de una contrata petrolera de la Standard Oil. Su madre había sido maestra antes de que nacieran los hijos. La casa de la familia estaba impecable y encargaban libros del Great Book* por correo. Leían la Biblia pero normalmente evitaban asistir a las carpas que instalaban durante sus giras los fanáticos religiosos, y preferían las estrictas normas metodistas que valoraban la razón sobre la pasión y la templanza por encima de ambas.

El caso de mi abuelo era más problemático. Nadie sabe por qué, sus abuelos, que lo habían criado a él y a su hermano, no gozaban de muy buena situación económica, si bien eran decentes, baptistas temerosos de Dios, que se ganaban el sustento trabajando en las torres de perforación petrolífera de Wichita. De alguna manera, sin embargo, Gramps se había desmandado un poco. Algunos vecinos lo achacaban al suicidio de su madre: después de todo fue él, Stanley, cuando sólo tenía ocho años, quien encontró su cuerpo sin vida. Otras almas menos caritativas simplemente hacían un movimiento de cabeza: el chico había salido igual de mujeriego que el padre y esa, decían, había sido la causa del trágico fallecimiento de la madre.

Fuera por la razón que fuera, la reputación del abuelo parecía ser merecida. A la edad de quince años lo expulsaron del instituto por haber-

* Editorial muy popular similar al Círculo de Lectores.

le propinado un puñetazo en la nariz al director. En los tres años siguientes estuvo viviendo gracias a trabajos ocasionales, saltando de tren en tren, hacia Chicago, luego a California, y otra vez de vuelta, mientras hacía sus pinitos con las cartas y las mujeres a la luz de la luna. Como le gustaba contar, sabía cómo moverse por Wichita —adonde se habían mudado por entonces tanto la familia de Toot como la suya—, y Toot no lo contradecía. Cierto es que los padres de Toot se creían las historias que habían escuchado sobre el joven y se oponían con firmeza a aquel noviazgo en ciernes. La primera vez que Toot llevó a Gramps a la casa para que conociera a su familia, su padre le dedicó una mirada al negro cabello peinado hacia atrás de mi abuelo y a su perenne sonrisa de chico listo, y le espetó su opinión sin rodeos.

—Parece un *wop**.

A mi abuela no le importaba. A ella, recién salida del instituto graduada en economía doméstica y harta de la respetabilidad, mi abuelo debió de parecerle un joven muy apuesto. A veces me los imagino en cualquier ciudad americana de aquellos años antes de la guerra, él vistiendo pantalones holgados, camisa almidonada y sombrero de ala ladeado, ofreciendo un cigarrillo a aquella chica de conversación inteligente con demasiado carmín, cabello teñido de rubio y unas piernas tan bonitas que podían haber servido de modelo para anunciar medias en los grandes almacenes de la ciudad. Él le habla de las grandes urbes, las interminables autopistas y de su inminente huida de aquellas vacías praderas hostigadas por el polvo, donde por «grandes planes» se entendía un trabajo como director de banco, y por diversión un batido y una matiné dominical, donde el miedo y la falta de imaginación hace que se te atraganten los sueños y sepas ya desde el día de tu nacimiento dónde vas a morir y quién te enterrará. Él no terminaría así, insistía mi abuelo; tenía sueños, planes; y contagió a mi abuela con la misma loca absurda epidemia que condujo muchos años antes a los antepasados de ambos a cruzar primero el Atlántico y después medio continente.

Se fugaron para casarse justo en el momento del bombardeo de Pearl Harbor, y entonces mi abuelo se alistó. En este punto de la historia todo acude a mi mente a gran velocidad, como en uno de esos almanaques que salen en las películas donde unas manos invisibles pasan las páginas hacia atrás cada vez más rápido, con titulares sobre Hitler y Churchill, y

---

* Término despectivo para nombrar a un italiano.

Roosevelt y Normandía que desfilan a toda velocidad bajo el ruido de las escuadrillas de bombarderos, la voz de Edward R. Murrow y los comentarios de la BBC. Veo entonces el nacimiento de mi madre en la base del ejército donde estaba destinado Gramps; mi abuela es Rosie *La Remachadora**, que trabaja en una cadena de ensamblaje de bombarderos; mi abuelo chapotea en el barro de Francia, formando parte del ejército de Patton.

Gramps volvió de la guerra sin haber entrado nunca en combate, y la familia se dirigió a California, donde se matriculó en Berkeley acogiéndose a la ley que amparaba a los veteranos de guerra. Pero las clases no le servían para aliviar sus ambiciones, su inquietud, y entonces la familia se mudó de nuevo: primero regresaron a Kansas, luego anduvieron por una serie de ciudades pequeñas de Tejas, y por último a Seattle, donde se quedaron el tiempo suficiente para que mi madre pudiera terminar el instituto. Gramps trabajó como vendedor de muebles; compraron una casa y encontraron compañeros para jugar al *bridge*. Les agradaba que mi madre mostrara aptitudes para los estudios, aunque cuando le ofrecieron admitirla antes de tiempo en la Universidad de Chicago mi abuelo le prohibió que fuera porque había decidido que era demasiado joven para vivir sola.

Y aquí es donde la historia se tendría que haber detenido: un hogar, una familia, una vida respetable. Sólo que algo debía de estar carcomiendo el corazón de mi abuelo. Puedo imaginarlo, de pie frente a la orilla del Pacífico, con su pelo prematuramente gris y su larguirucha figura más gruesa ahora, oteando el horizonte hasta verlo desaparecer y sintiendo todavía, en lo más profundo de su nariz, el olor de los pozos de petróleo, de las farfollas del maíz y de la dura y triste vida que creía haber dejado atrás. Así que cuando el dueño de la tienda de muebles en la que trabajaba mencionó por casualidad que iban a abrir un nuevo almacén en Honolulu y que las perspectivas de negocio allí eran ilimitadas, pues la posibilidad de que el archipiélago se convirtiera en un nuevo Estado estaba a la vuelta de la esquina, se fue corriendo a casa y aquel mismo día le habló a mi abuela de vender la casa y volver a hacer las maletas para embarcarse en la última fase de su viaje, hacia el oeste, hacia el sol poniente.

---

* Célebre cartel de una joven mostrando sus biceps, que había ocupado en la cadena de montaje de una fábrica de material bélico el puesto del hombre que luchaba en el frente.

Mi abuelo era así, siempre tratando de empezar de nuevo, siempre huyendo de la rutina. Creo que cuando llegaron a Hawai, su personalidad ya estaba totalmente formada: su generosidad y el deseo de complacer, la torpe combinación de sofisticación y provincianismo, su emotividad, que lo hacía al mismo tiempo poco diplomático y fácilmente vulnerable. Era un personaje americano típico de su generación, amante de la libertad, el individualismo y la generosidad sin que le importara el precio. El entusiasmo de estos hombres podía llevarles con facilidad tanto a la cobardía del Macartismo como a los heroísmos de la II Guerra Mundial. Hombres que eran al mismo tiempo peligrosos e ilusionantes a causa precisamente de su elemental inocencia; hombres que finalmente tendían al desencanto.

En 1960, sin embargo, mi abuelo no había pasado todavía la prueba; el desengaño vendría más tarde y llegaría lentamente, sin la violencia que podría haberle hecho cambiar, para bien o para mal. En algún rincón de su mente se consideraba algo así como un librepensador, incluso un bohemio. Había escrito poesía en alguna ocasión, escuchaba jazz, contaba con un grupo de amigos judíos que había conocido en el negocio de los muebles. En el único contacto que tuvo con la religión organizada, inscribió a la familia en la congregación local de los Unitarios Universalistas; le gustaba la idea de que los unitarios integraban las escrituras de todas las grandes religiones («es como tener cinco religiones en una», decía). Al final Toot consiguió disuadirle de la manera en que veía a la Iglesia («¡Por el amor de Dios, Stanley, se supone que la religión no es como comprar cereales para el desayuno!»), pero, si bien mi abuela era más escéptica por naturaleza y se mostraba en desacuerdo con el abuelo en algunas de sus más disparatadas ideas, su obstinada independencia y su determinación de pensar por ella misma, fue lo que les mantuvo unidos.

Todo esto les daba un tinte ligeramente liberal, aunque sus ideas nunca se materializaron en nada parecido a una ideología firme. En esto eran americanos. Así que cuando mi madre volvió un día a casa y mencionó que había conocido en la Universidad de Hawai, a un estudiante africano que se llamaba Barack, su primer impulso fue invitarlo a cenar. Seguro que el pobre chico se encuentra sólo, debió pensar Gramps, tan lejos de casa. Mejor será que le eche un vistazo, pensó Toot para sus adentros. Cuando mi padre llegó a la puerta de la casa, el abuelo se tuvo que quedar impresionado por lo mucho que se parecía a Nat King Cole, uno de sus cantantes favoritos. Lo imagino preguntando a mi padre si sabía cantar, sin captar la cara de vergüenza de mi madre. Gramps estaría seguramente demasiado ocupado contando alguna de sus bromas o discutiendo con Toot sobre la manera de cocinar los filetes como para darse cuenta de que se acercaba a mi madre, que estaba a su lado, y le apretaba su suave pero vigorosa mano. Toot se da cuenta, pero es demasiado cortés para decir nada, y se muerde los labios mientras ofrece el postre; su instinto le previene de montar una escena. Terminada la velada, ambos debieron destacar lo inteligente que parecía el joven, con un porte tan digno, con aquellos gestos tan medidos, la gracia con la que cruzaba una pierna sobre la otra, ¡y qué decir de su acento!

Pero, ¿dejarían que su hija *se casara* con uno?

Todavía no lo sabemos. En este punto la historia no da demasiadas explicaciones. La realidad es que, al igual que la mayoría de los norteamericanos de la época, nunca le habían dado importancia a los negros. Jim Crow* se había abierto camino en el norte mucho antes de que hubieran nacido mis padres, pero al menos en la zona de Wichita esto se percibía de manera menos formal, sin remilgos, y con una violencia menor que la que impregnaba el Sur profundo. El mismo código tácito que gobernaba las vidas de los blancos limitaba al máximo el contacto entre las razas. Cuando los negros aparecen en los recuerdos de Kansas de mis abuelos, las imágenes son fugaces. Negros que llegaban de vez en cuando a los campos de petróleo buscando trabajo como jornaleros; negras que hacían la colada de los blancos o ayudaban en la limpieza de sus casas. Los negros estaban pero no contaban, como Sam, el pianista, o Beulah, la madre de Amos, o Andy el de la radio: presencias brumosas y mudas que no provocaban ni pasión ni temor.

Fue cuando mi familia se mudó a Tejas, después de la guerra, cuando los temas raciales se inmiscuyeron en sus vidas. La primera semana que el abuelo trabajó aquí, su colega en la venta de muebles le recomendó ampliar la clientela con negros y mejicanos. «Si los de color quieren ver la mercancía, tienen que venir cuando hayamos cerrado y llevarse ellos

---

* En 1828 un comediante norteamericano llamado Rice compuso una canción bailable titulada *Jump, Jim Crow* (Salta, Jim Crow), en la que intervenía un caballerizo negro mientras cepillaba a su caballo. Pocos años después, *Jim Crow* se utilizaba como mote y para aludir a cualquier forma de segregación racial: «escuela Jim Crow», «tranvía Jim Crow», «leyes Jim Crow», etc.

mismos el pedido». Más tarde, en el banco en que trabajaba, Toot trabó amistad con el conserje, un hombre alto, un digno veterano negro de la II Guerra Mundial al que ella recuerda simplemente como el señor Reed. Un día, mientras estaban charlando en el vestíbulo, una secretaria de la oficina se acercó echando pestes y siseó que Toot no debería llamar «señor» a ningún negro. Al poco rato, Toot se encontró con el señor Reed en un rincón del edificio, llorando solo, en silencio. Cuando ella le preguntó qué le pasaba, él se irguió, se secó los ojos y respondió preguntándose a sí mismo: «¿Qué hemos hecho para que nos traten de manera tan despreciable?»

Mi abuela no pudo responderle aquél día, pero la cuestión persistía en su cabeza; y de ella hablaba a veces con Gramps cuando mi madre se había ido a la cama. Decidieron que Toot continuaría llamando *señor* al señor Reed, aunque se diera cuenta, con una mezcla de alivio y tristeza, de la distancia de seguridad que el conserje mantenía cuando se cruzaban por los pasillos. El abuelo empezó a declinar las invitaciones de sus compañeros de trabajo para salir a tomar unas cervezas, diciéndoles que tenía que volver a casa para que su mujer estuviera contenta. Crecieron hacia el interior, nerviosos, con una vaga aprehensión, como si fueran por siempre extraños en la ciudad.

Estos nuevos y malos vientos golpearon a mi madre de la manera más dura. Tenía por aquel entonces once o doce años, era hija única y crecía con una afección de asma grave. La enfermedad, junto con los numerosos cambios de domicilio, la habían hecho ser algo retraída —alegre y de buen carácter, pero propensa a enfrascarse en un libro o a perderse en solitarias caminatas—, y Toot comenzaba a preocuparse de que esa última mudanza no hubiera venido sino a aumentar las rarezas de su hija. Mi madre hizo pocos amigos en su nueva escuela. Sin ningún tipo de piedad se metían con ella por su nombre: Stanley Ann (una de las ideas menos juiciosas del abuelo, que hubiera querido un hijo). La llamaban Stanley Steamer* o incluso Stan the Man**. Cuando Toot volvía a casa del trabajo, encontraba normalmente a mi madre sola, en el patio de la entrada, sentada con las piernas colgando mientras se balanceaba en el porche, o tumbada en la hierba, inmersa en algún solitario mundo que ella se fabricaba.

---

* Marca de un automovil de vapor fabricado por los hermanos Stanley a principios del siglo XX.
** Sobrenombre de un célebre jugador de beisbol.

Pero un día, uno de esos días calurosos que no corre el aire, Toot vio cuando regresaba a casa una multitud de chiquillos junto a la valla de madera que la rodeaba. A medida que se aproximaba oía las risas forzadas y veía los aspavientos de rabia y las expresiones de disgusto en las caras de los niños, que con sus agudas voces cantaban:

—¡Amante de los negros!

—¡Yanqui asquerosa!

—¡Amante de los negros!

Los niños se dispersaron cuando vieron a Toot, no sin que antes uno de ellos lanzara al otro lado de la valla una piedra que tenía en la mano. Toot siguió con la mirada la trayectoria hasta que fue a parar al pie de un árbol. Y allí encontró la causa de toda aquella conmoción: mi madre y una chica negra más o menos de su misma edad estaban tumbadas boca abajo en el césped, con las faldas remangadas por encima de las rodillas, escarbando entre la hierba con los dedos de los pies y la cabeza apoyada en las palmas de las manos frente a uno de los libros de mi madre. Desde la distancia, las dos chicas parecían estar tranquilas bajo las sombras oscilantes de las hojas. Hasta que Toot abrió la cancela no se dio cuenta de que la chica negra estaba temblando y que en los ojos de mi madre brillaban las lágrimas. Las chicas permanecieron inmóviles, paralizadas por el miedo, entonces Toot se agachó y acarició sus cabezas. «Si vais a jugar», les dijo «entrad dentro, por el amor de Dios. ¡Vamos! ¡Las dos!» Cogió a mi madre y trató de tomar de la mano a la otra chica, pero antes de que pudiera hacerlo ya había echado a correr, desapareciendo calle abajo con sus largas piernas de lebrel.

Gramps se puso furioso cuando supo lo sucedido. Interrogó a mi madre, anotó nombres. A la mañana siguiente se tomó el día libre para visitar al director del colegio. Personalmente llamó para cantarles las cuarenta a los padres de los niños que habían realizado la ofensa. Y con todos los que habló le dieron la misma respuesta:

—Será mejor que hable con su hija, señor Dunham, en esta ciudad las chicas blancas no juegan con las de color.

Es difícil saber qué peso tienen estos episodios, si fueron determinantes o si sólo permanecieron debido a los sucesos posteriores. Siempre que me hablaba de ellos, Gramps insistía en que la familia había dejado Tejas debido en parte a lo mal que se sentían a causa del racismo. Toot era más mesurada; una vez, cuando estábamos solos, me contó que se habían mudado de allí simplemente porque a Gramps no le iba demasiado bien en su trabajo, y porque un amigo de Seattle le había prometido algo mejor. Según ella, la palabra *racismo* ni siquiera figuraba en su vocabulario por aquel entonces.

—Tanto tu abuelo como yo pensábamos que había que tratar a la gente con amabilidad, Bar. Y ya está.

En eso consistía la sabiduría de mi abuela: desconfiaba de los sentimientos exaltados o de las manifestaciones ostentosas, y utilizaba el sentido común. Por eso tiendo a confiar en su relato de los hechos; coincide con lo que sé sobre mi abuelo, que gustaba de reescribir su historia según la imagen que deseaba para él mismo.

Y por tanto, no descarto del todo que Gramps adornara lo sucedido a su conveniencia; no lo considero como un acto más de revisionismo blanco. Y si no puedo hacerlo es precisamente porque conozco hasta qué punto el abuelo creía en sus invenciones o deseaba que se hicieran realidad, incluso si no siempre sabía cómo conseguirlo. Después de Tejas yo sospechaba que los negros formaban parte de esas invenciones suyas, que la narración se abría camino a través de sus sueños. La condición de la raza negra, su dolor, sus heridas, se fusionaban en su mente con las suyas: el padre ausente, las insinuaciones de escándalo, una madre que se había marchado, la crueldad de los otros niños, el saber que no era rubio —que parecía un *wop*—. El racismo era parte del pasado, le decía su instinto, parte de los convencionalismos, de la respetabilidad y la posición social, de las sonrisas socarronas, los cuchicheos y los cotilleos que lo habían mantenido al margen.

Ese instinto le valía para algo, creo; para muchos blancos de la misma generación y educación de mis abuelos, el instinto les llevaba en la dirección opuesta, la de la muchedumbre. E incluso si la relación de Gramps con mi madre ya era tensa cuando llegaron a Hawai —ella apenas podía olvidar su inestabilidad y su, a veces, violento temperamento, de forma que creció avergonzándose de sus burdos y desmañados modales—, el deseo de Gramps era borrar el pasado y confiar en la posibilidad de poder rehacer un mundo de ficción, lo que resultó ser su patrimonio más duradero. Independientemente de que Gramps se diera o no cuenta, ver a su hija con un negro abría, a un profundo y oscuro nivel, una ventana hacia el interior de su corazón.

Y en alguna medida aunque su mentalidad era abierta, no por ello le era fácil asimilar el compromiso de mi madre. De hecho, el cómo y cuándo tuvo lugar la boda permanece como algo nebuloso, una serie de detalles que nunca he tenido el valor de investigar. No hay constancia de que se celebrase un enlace al uso, con su correspondiente tarta, los anillos, la ceremonia de entrega de la novia. No asistieron los familiares más cercanos y desconozco si se informó del enlace a los que aún vivían en Kansas. Sólo una breve ceremonia civil con un juez de paz. Visto retrospectivamente todo parece extraordinariamente frágil. Y quizá así era como mis abuelos querían que fuese: un experimento pasajero, una cuestión de tiempo, siempre que los novios mantuvieran el tipo y no tomasen ninguna decisión drástica.

Si ese fue el caso, no supieron medir la serena determinación de mi madre ni la fuerza de sus sentimientos. Primero llegó el bebé: tres kilos y seiscientos gramos, con diez dedos en los pies, otros diez en las manos, y muchas ganas de comer. ¿Qué demonios iban a hacer?

Luego, el tiempo y el espacio empezaron a conspirar, y lo que pudo ser una desgracia en potencia se convirtió en algo tolerable, incluso en motivo de orgullo. Gramps podía hablar con su yerno, versado en política y economía, de lugares tan lejanos como Whitehall o el Kremlin, mientras tomaban unas cervezas, y soñaba con el futuro. Empezaba a prestar más atención cuando leía los periódicos, donde aparecían los primeros reportajes con el nuevo credo de los integracionistas americanos, y se convenció de que el mundo se hacía más pequeño y los esquemas estaban cambiando; que la familia de Wichita se había posicionado en la vanguardia de los postulados de la Nueva Frontera de Kennedy y del magnífico sueño de Martin Luther King. ¿Cómo podía Estados Unidos mandar un hombre al espacio y al mismo tiempo mantener a sus ciudadanos negros en la esclavitud? Uno de mis primeros recuerdos es el de mi abuelo llevándome sobre sus hombros cuando los astronautas de una de las misiones del Apolo llegaron a la base aérea de Hickam, tras un feliz amerizaje. Recuerdo a los astronautas con sus gafas de piloto, como si estuvieran muy lejos, apenas visibles a través de la escotilla de la cámara de aislamiento. Gramps juraba, una y otra vez, que uno de ellos me saludó con la mano y que yo le devolví el saludo. Eso formaba parte de la historia que él mismo se contaba. El abuelo había entrado en la era espacial, con su yerno negro y su nieto mulato.

Y, ¿había algún puerto mejor desde donde partir hacia esta nueva aventura que Hawai, el último miembro de la Unión? Incluso ahora, cuando la población se ha cuadruplicado en ese Estado, con Waikiki plagado de franquicias de comida rápida, tiendas de vídeos pornográficos y las urbanizaciones invadiendo de manera inexorable cada resquicio de las verdes colinas, puedo reconstruir los primeros pasos que di de niño y el asombro que sentí ante la belleza de las islas: el trémulo azul del Pacífico, los acantilados cubiertos de musgo y el frescor de las cascadas de Manoa, con sus arbustos de jengibre en flor y el dosel del bosque inundado por los cantos de invisibles pájaros, las atronadoras olas de North Shore que rompían como en una película a cámara lenta. Las sombras que proyectaban las cumbres de Pali; el aire, sensual y perfumado.

¡Hawai! A mi familia, recién llegada en 1959, debía haberle parecido como si la tierra misma, cansada de ejércitos en desbandada y de una implacable civilización, hubiese forjado esta cadena de islas esmeralda para que emigrantes de todo el mundo poblaran sus tierras con niños bronceados por el sol. El cruel sometimiento de los nativos hawaianos mediante tratados injustos, las peligrosas enfermedades que habían traído los misioneros, la excavación del rico suelo volcánico por las compañías americanas para plantar caña de azúcar y piñas, los contratos leoninos que mantenían a los inmigrantes, japoneses, chinos y filipinos, encorvados de sol a sol en aquellos mismos campos, el internamiento de los asiático-americanos durante la guerra. Todo ello conformaba su historia reciente. Y sin embargo, cuando llegó mi familia, aquello parecía haberse desvanecido de la memoria colectiva, como la neblina matinal consumida por el sol. Había demasiadas razas, con un poder muy difuso entre ellas como para imponer el rígido sistema de castas del continente, y tan pocos negros que el más apasionado segregacionista podía disfrutar de unas vacaciones convencido de que la mezcla racial en Hawai no tenía nada que ver con el orden establecido en casa.

Así se formó la leyenda de Hawai como auténtico crisol, un experimento de armonía racial. Mis abuelos —especialmente Gramps, que tuvo contactos con una serie de personas por su trabajo en el negocio de muebles— entraron de lleno en la causa del entendimiento mutuo. Un viejo ejemplar del libro de Dale Carnegie, *Cómo ganar amigos e influir en la gente,* todavía descansa en su estantería. Y mientras crecía, yo le oía hablar en aquel estilo animado que él debía de considerar útil con sus clientes. Sacaba las fotos de la familia y contaba la historia de su vida a cualquier desconocido, estrechaba la mano del cartero o gastaba bromas subidas de tono a las camareras que nos atendían en los restaurantes.

Tales extravagancias hacían que me muriera de vergüenza, pero la gente, más indulgente que un nieto, apreciaba su forma de ser, por lo que, aunque nunca llegó a ser muy influyente, sí consiguió un amplio círculo de amigos. Un japonés-americano que se hacía llamar Freddy, propietario de una pequeña tienda cercana a casa, nos guardaba los mejores cortes de *aku* para preparar el *sashimi* y me daba golosinas de arroz con envolturas comestibles. De vez en cuando, los hawaianos que trabajaban en el almacén de mi abuelo como repartidores nos invitaban a comer *poi* y cerdo asado, que Gramps engullía con apetito (Toot entonces fumaba cigarrillo tras cigarrillo hasta que volvía a casa y se preparaba unos huevos revueltos). Algunas veces acompañaba a Gramps al Parque Ali'i, donde le gustaba jugar a las damas con viejos filipinos que fumaban puros baratos y escupían jugo de nuez de areca como si fuera sangre. Aún recuerdo como una mañana temprano, antes de que saliera el sol, un portugués al que mi abuelo le había hecho una considerable rebaja en un tresillo nos llevó a pescar con arpón en la bahía de Kailua. Una lámpara de gas colgaba de la cabina del pequeño barco de pesca, mientras yo miraba a los hombres bucear en aquellas aguas negras como la tinta, la luz de sus linternas brillaba bajo la superficie del agua hasta que emergían con un pescado grande, iridiscente, que se agitaba en el extremo de un palo. Gramps me decía su nombre hawaiano, *humu-humu-nuku-nuku-apuaa*, que íbamos repitiendo durante todo el camino de vuelta a casa.

En este entorno, el color de mi piel no causaba problemas a mis abuelos, que rápidamente adoptaron la actitud burlona de los lugareños hacia los visitantes que mostraban tales prejuicios. A veces, cuando Gramps veía cómo me miraban los turistas mientras jugaba en la arena, se acercaba a ellos y les decía al oído, con la ceremonia debida, que yo era el tataranieto del rey Kamehameha, el primer rey de Hawai.

—Estoy seguro de que tu foto está en mil álbumes de recortes, Bar —le gustaba decirme con una sonrisa de oreja a oreja—, desde Idaho hasta Maine.

Creo que esa historia en particular es ambigua. La veo como una estrategia para evitar asuntos más peliagudos. Sin embargo Gramps contaba enseguida otra, como la del turista que un día me vio nadando y, desconociendo con quién estaba hablando, le comentó que «nadar debe de ser algo innato para estos hawaianos». A lo que Gramps respondió que era difícil de saber, pues «resultaba que aquel chico era su nieto, su madre era de Kansas y su padre del interior de Kenia, y que no hay un

océano ni remotamente cerca de esos dos malditos sitios». Para mi abuelo, la raza era algo por lo que ya no tenías que preocuparte; si la ignorancia todavía persistía en algunos lugareños, se podía asumir que el resto
del mundo pronto se pondría al día.

Al final supongo que, en realidad, todas las historias sobre mi padre trataban de eso. Decían menos sobre él que sobre los cambios que se había
producido en la gente de su alrededor, el dubitativo proceso por el cual
mis abuelos habían cambiado su actitud sobre las cuestiones raciales.
Estas historias expresaban el espíritu que se había apoderado de la nación en aquel breve periodo que transcurrió entre la elección de Kennedy
y la aprobación del Acta de Derecho al Voto: el triunfo aparente de lo
universal frente a los prejuicios y la estrechez de miras, un radiante nuevo mundo donde las diferencias culturales y de raza servirían para ins-
truirnos, hacernos más felices e incluso ennoblecernos. Una quimera útil,
que me atormentaba tanto a mí como a mi familia, pues en cierto modo
evocaba un paraíso perdido que se extendía más allá de la mera niñez.

Sólo había un problema: mi padre seguía ausente. Había abandonado
el paraíso, y nada de lo que mis abuelos o mi madre me dijeran podía
obviar aquel simple e incontestable hecho. En sus historias no me contaban por qué se había marchado. No podían describir cómo hubiera sido
todo si se hubiera quedado. Y como el conserje, el señor Reed, o la chica
negra que levantaba el polvo mientras corría calle abajo en Tejas, mi
padre se convirtió en el atrezo del relato de otros, un atrezo atractivo —la
figura del extranjero con corazón de oro, el misterioso extraño que salva
la ciudad y consigue la chica—, pero atrezo, después de todo.

No culpo realmente a mi madre ni a mis abuelos de esto. Mi padre
hubiera preferido la imagen que ellos habían creado de él; de hecho puede que hubiera sido cómplice en su creación. En un artículo que publicó
el *Honolulu Star-Bulletin* cuando se graduó, aparece como el estudiante
modelo, precavido y responsable, el embajador de su continente. Sabía
amonestar con tacto a los responsables de la universidad por apiñar a los
estudiantes extranjeros en los dormitorios y obligarles a que asistieran a
los programas que habían diseñado para promover el entendimiento cultural, lo que, según él, les distraía de la formación práctica que buscaban.
Aunque no tuvo ningún problema, sí detectó la automarginación y discriminación imperante entre los diferentes grupos étnicos, y comentaba

con irónico regocijo que en Hawai, de cuando en cuando, los «caucásicos» eran el blanco de los prejuicios raciales.

Descubrí el artículo, doblado y guardado junto a mi partida de nacimiento y viejos certificados de vacunación, cuando estaba en el instituto. Era un pequeño recorte de periódico con una fotografía suya. No se mencionaba nada de mi madre ni de mí, y yo me preguntaba si mi padre lo había omitido intencionadamente, como anticipando su marcha. Tal vez, intimidado por los modales imperiosos de mi padre, el periodista no se atrevió a plantearle asuntos personales; o quizá fuera decisión de los editores y no formaba parte de la sencilla historia que estaban buscando. Tampoco puedo dejar de preguntarme si esa omisión no sería la causa de alguna pelea entre mis padres.

En esa época no lo sabía, era demasiado pequeño para darme cuenta de que debía tener un padre viviendo en casa, y también lo era para saber que necesitaba una raza. Parece que, por un increíblemente corto espacio de tiempo, mi padre cayó bajo el mismo hechizo que mi madre y mis abuelos; y durante los primeros seis años de mi vida, aunque el hechizo ya se había roto y los mundos que ellos creían haber dejado atrás los reclamaban, yo pasé a habitar el lugar que habían ocupado sus sueños.

DOS

El camino que llevaba a la embajada estaba congestionado por el tráfico: coches, motocicletas, *rickshaws*[*], autobuses y microbuses cargados al doble de su capacidad, un desfile de ruedas y piernas que luchaban por hacerse sitio en el calor del mediodía. Avanzábamos lentamente unos cuantos metros, nos deteníamos, encontrábamos un hueco, nos parábamos de nuevo. Nuestro taxista, a gritos, ahuyentó a un grupo de chicos que vendían en plena calle chicle y cigarrillos sueltos, luego apenas si pudo esquivar a una *scooter* que llevaba a toda una familia encima: padre, madre, hijo e hija, que se inclinaban como si fueran uno sólo cuando tomaban las curvas. Para amortiguar el efecto de los gases de escape tapaban su boca con un pañuelo, como si fueran una familia de bandidos. En la cuneta, unas mulatas viejas y arrugadas con descoloridos pareos de color marrón amontonaban fruta madura en altos cestos de paja, y un par de mecánicos, en cuclillas delante de un garaje al aire libre, espantaban con pereza las moscas mientras desmontaban el motor de un coche. Tras ellos, la oscura tierra se hundía en un humeante vertedero, donde unos chavales de cabeza rapada intentaban desesperadamente dar caza a una esmirriada gallina negra. Los niños, gritando de alegría, resbalaban a causa del barro, las farfollas de maíz y las cáscaras de banana, hasta que desaparecieron por un camino de tierra que se perdía en la lejanía.

[*] *Rickshaw*, cochecito ligero de dos ruedas, abierto o cerrado, arrastrado por una persona que va a pie o pedaleando en una especie de bicitaxi. Se utiliza mucho como medio de transporte en las superpobladas calles de las ciudades del tercer mundo.

La cosa mejoró una vez que alcanzamos la autopista y, finalmente, el taxi nos dejó frente a la embajada, donde un par de marines elegantemente vestidos nos saludaron con un movimiento de cabeza. En el patio interior, el clamor callejero era sustituido por el firme repiqueteo de unas tijeras de podar. El jefe de mi madre era un negro corpulento con el pelo muy corto y salpicado de canas en las sienes. Junto a su mesa había una bandera americana con amplios pliegues bien dispuestos en torno al asta. Se acercó y me dio un fuerte apretón de manos: «¿Cómo estás joven?» Olía a *after-shave* y el cuello almidonado de su camisa se le clavaba en la garganta. Permanecí atento mientras respondía a sus preguntas acerca de la marcha de mis estudios. El aire del despacho era fresco y seco, como el de las cumbres de las montañas: la pura y embriagadora brisa del privilegio.

Una vez finalizada la entrevista, mi madre me dejó en la biblioteca mientras ella se fue a trabajar. Terminé los tebeos y también los deberes que mi madre me había puesto y me levanté para echar un vistazo a las estanterías. La mayoría de los libros apenas si tenían interés para un niño de nueve años: informes del Banco Mundial, estudios geológicos, planes quinquenales de desarrollo. Pero en un rincón descubrí una colección de revistas *Life*, expuestas de manera impecable en sus archivadores de plástico transparente. Ojeé las relucientes páginas de los anuncios —neumáticos Goodyear, el Dodge Fever[*], televisores Zenith («¿Por qué no los mejores?») y sopa Campbell («¡Mmm… qué rica!»), hombres con jerseys blancos de cuello alto que vertían whisky *Seagram* sobre el hielo mientras que mujeres con minifaldas rojas los miraban con admiración— y me sentí vagamente confortado. Cuando me encontraba ante la fotografía de una noticia, intentaba adivinar el tema de la historia antes de leer el titular. La fotografía de unos niños franceses correteando por calles pavimentadas de adoquines era una escena placentera, jugaban al escondite después de su jornada escolar; sus risas transmitían libertad. La fotografía de una mujer japonesa acunando en un barreño a una niñita desnuda era una imagen triste: la niña estaba enferma, tenía las piernas torcidas e inclinaba la cabeza hacia atrás, apoyándola contra el pecho de su madre, quien con la cara tensa por el dolor, parecía como si se culpase…

Por último me encontré ante la fotografía de un viejo con gafas de sol que bajaba por una calle oscura. No podía imaginar de qué trataba esa

---

[*] Modelo de coche de la marca Dodge.

foto; no parecía haber nada inusual en su contenido. En la página siguiente había otra fotografía; esta vez era un primer plano de las manos del mismo hombre. Tenían una palidez extraña y anormal, como si la sangre se hubiera retirado de la carne. Volví a la foto anterior y entonces vi que el pelo crespo del hombre, sus gruesos labios, la nariz ancha y carnosa, todo tenía el mismo desigual y fantasmagórico color.

Debía estar gravemente enfermo, pensé. Una víctima de la radiación, quizá, o un albino (pocos días antes había visto uno en la calle y mi madre me había explicado este tipo de enfermedad). Pero cuando leí el texto que acompañaba las fotos comprendí que no era nada de eso. El hombre había recibido un tratamiento químico, explicaba el artículo, para aclarar su tez. Lo había pagado con su propio dinero. Expresaba cierta pena por haber intentado hacerse pasar por un hombre blanco, y lamentaba lo mal que habían salido las cosas. Pero los resultados eran irreversibles. En Norteamérica había miles de negros como él, hombres y mujeres que se habían sometido al mismo tratamiento como respuesta a los anuncios que les prometían ser felices como una persona blanca.

Sentí como se me encendían la cara y la garganta. Se me hizo un nudo en el estómago; el tipo empezaba a ponerse borroso en la página. ¿Sabía esto mi madre? ¿Y su jefe? ¿Cómo podía estar tan tranquilo, leyendo todos aquellos informes sólo unos metros más abajo, en el vestíbulo? Sentí la urgente necesidad de levantarme de mi silla e ir a mostrarles lo que había visto y pedirles que me lo explicaran o me tranquilizaran. Pero algo me retuvo. Como en un sueño, aquel miedo recién nacido no tenía voz. Cuando volvió mi madre para llevarme a casa, en mi cara había una sonrisa y las revistas estaban de vuelta en su sitio. La habitación, el aire, seguían con la misma quietud que antes.

En aquella época llevábamos viviendo en Indonesia más de tres años. Mi madre se había casado con un indonesio llamado Lolo, otro estudiante que había conocido en la Universidad de Hawai. Su nombre quería decir «loco» en hawaiano, lo que a Gramps le hacía mucha gracia. Pero no encajaba con el hombre, pues Lolo tenía los buenos modales y la gracia natural de su pueblo. Era bajo, moreno y atractivo, tenía el cabello negro espeso y, por su constitución, podía pasar fácilmente tanto por mejicano o samoano como por indonesio; jugaba bien al tenis, su sonrisa mostraba unos dientes parejos y su carácter era imperturbable. Durante dos años, desde que yo tenía cuatro hasta los seis, se pasaba las horas jugando al ajedrez con Gramps y manteniendo largos asaltos de lucha libre conmigo. Cuando un día mi madre me sentó para decirme que Lolo le había propuesto matrimonio y quería que nos mudáramos con él a un lugar lejano no me pilló de sorpresa ni puse objeción alguna. Le pregunté si lo amaba (ya tenía edad suficiente para saber que esas cosas eran importantes). La barbilla de mi madre comenzó a temblar, como lo hace todavía cuando intenta contener las lágrimas, entonces me dio un enorme abrazo que hizo que me sintiera muy valiente, aunque no estuviera seguro de por qué.

Lolo dejó Hawai poco después de aquello, y mi madre y yo estuvimos meses preparándolo todo: pasaportes, visados, billetes de avión, reservas de hotel, y una serie interminable de fotografías. Mientras hacíamos las maletas, mi abuelo tomó un atlas y marcó con una cruz los nombres de las islas del archipiélago indonesio: Java, Borneo, Sumatra, Bali. Decía que recordaba algunos de los nombres porque había leído a Joseph Conrad cuando era niño. Las Islas de las Especias, así se las conocía entonces, nombres encantados, envueltos en misterio. «Aquí dice que todavía hay tigres por allí», continuaba, «y orangutanes». Miraba por encima del libro y sus ojos se abrían de par en par. «¡Según esto hay hasta cazadores de cabezas!» Mientras tanto, Toot llamaba al Departamento de Estado para averiguar si Indonesia era un país estable. Todos los funcionarios con los que habló le informaron que la situación estaba bajo control. Sin embargo, ella insistía en que preparásemos varios baúles con comestibles: zumo de naranja instantáneo, leche en polvo, latas de sardinas... «Nunca sabes lo que esa gente es capaz de comer», decía decidida. Mi madre suspiraba, pero Toot metió en el equipaje varias cajas de golosinas para engatusarme.

Finalmente, embarcamos en un *jet* de la Pan Am que nos llevó alrededor del globo terráqueo. Yo vestía una camisa blanca de manga larga y una corbata gris de esas que tienen el nudo hecho. Las azafatas me dieron puzzles, cacahuetes extra y una insignia consistente en unas alas metálicas como las que llevan los pilotos, que me puse sobre el bolsillo del pecho. Durante una escala de tres días que hicimos en Japón, caminamos bajo una lluvia que nos calaba hasta los huesos para poder ver el gran Buda de bronce de Kamakura, y tomamos un helado de té verde en un ferry que atravesaba lagos de alta montaña. Por las noches, mi madre estudiaba una serie de fichas descriptivas. Cuando nos bajamos del avión en Yakarta, la pista reverberaba por el calor y el sol brillaba como un horno, entonces tomé su mano decidido a protegerla pasara lo que pasara.

Lolo estaba allí para recibirnos, con unos cuantos kilos de más y un poblado bigote colgando sobre su sonrisa. Abrazó a mi madre, me alzó por el aire y nos dijo que siguiéramos a un hombre bajito, enjuto y fuerte que avanzaba con nuestro equipaje por la larga fila de la aduana hasta un coche que nos estaba esperando. El hombre sonreía con jovialidad mientras metía el equipaje en el maletero, mi madre intentó decirle algo, pero el hombre sólo reía y asentía con la cabeza. La gente se arremolinaba a nuestro alrededor, hablaban rápido en una lengua que no conocía y tenían un olor que no me era familiar. Durante un largo rato estuvimos viendo cómo Lolo charlaba con un grupo de soldados con uniformes de color marrón. Llevaban pistolas al cinto, pero parecían estar de buen humor y se reían de algo que Lolo les había dicho. Cuando Lolo volvió, mi madre le preguntó si iban a registrar nuestros bolsos.

—No te preocupes… todo eso está arreglado —dijo mientras se subía al asiento del conductor—. Son amigos míos.

Según Lolo el coche era prestado, pero había comprado una motocicleta completamente nueva, fabricada en Japón, y que le serviría por ahora. Había terminado la casa a falta de algunos retoques. Me matricularon en una escuela que estaba cerca, y los parientes estaban deseando de conocernos. Mientras mi padre y mi madre hablaban, yo pegué la cara a la ventanilla del asiento trasero mirando fijamente el paisaje, una sucesión ininterrumpida de verde y ocre, de pueblos que se adentraban en el bosque, de olor a gasóleo y humo de madera quemada. Hombres y mujeres avanzaban como grullas por los arrozales con las caras ocultas bajo los amplios sombreros de paja. Un chico, mojado y reluciente como una nutria, estaba montado sobre un búfalo de agua que permanecía impasible mientras le arreaba, golpeándole las ancas con una vara de bambú. Las calles se iban congestionando cada vez más, había multitud de pequeños comercios, mercados y hombres tirando de carretas cargadas de gravilla y madera para la construcción. Luego los edificios se hacían más pequeños, como los de Hawai — el Hotel Indonesia, muy moderno, dijo Lolo, y el nuevo centro comercial, blanco y deslumbrante— pero sólo unos pocos sobrepasaban la altura de los árboles que sombreaban la carretera. Cuando pasamos por una hilera de casas con altos setos y garitas de vigilancia, mi madre dijo algo que no pude captar del todo, algo sobre el gobierno y un hombre que se llamaba Sukarno.

—¿Quién es Sukarno? —pregunté en voz alta desde el asiento de atrás, pero Lolo pareció no oírme, y en vez de responder me tocó el brazo para indicarme con señas que mirase delante de nosotros.

—Allí —dijo señalando hacia arriba.

Y, a horcajadas sobre la carretera, había un gigante alto como una torre de al menos diez pisos de altura, con cuerpo de hombre y cara de simio.

—Es Hanuman —dijo Lolo mientras rodeábamos la estatua—, el rey mono.

Me giré en mi asiento, hipnotizado por la solitaria figura, tan oscura contra el sol, lista para saltar al cielo mientras el débil tráfico rodaba bajo de sus pies.

—Es un gran guerrero —dijo un convencido Lolo—. Tan fuerte como cien hombres. Siempre sale victorioso cuando lucha contra los demonios.

La casa estaba en una urbanización inacabada en las afueras de la ciudad. El camino avanzaba a través de un puente estrecho que cruzaba un ancho río de aguas marrones; cuando lo pasábamos vi a unos aldeanos que se bañaban y lavaban la ropa a lo largo de sus pronunciadas orillas. Más adelante, el asfalto dio paso a la gravilla, que llenaba de polvo las pequeñas tiendas y los *bungalows* encalados que íbamos dejando atrás, hasta que finalmente la carretera se convirtió en un estrecho sendero que conducían al *kampong**. La casa, de estuco y tejas rojas, era modesta pero espaciosa y bien ventilada, con un gran árbol de mango en el pequeño jardín de la entrada. Cuando cruzamos la cancela, Lolo me dijo que tenía una sorpresa para mí, y antes de que pudiera decir más, oímos un aullido ensordecedor desde lo alto del árbol. Mi madre y yo dimos un salto hacia atrás sobresaltados y vimos cómo una criatura grande y peluda, de cabeza pequeña y plana, y largos y amenazante brazos se dejó caer a una rama baja.

—¡Un mono! —grité.

—Un simio —me corrigió mi madre.

Lolo sacó de su bolsillo un cacahuete y lo acercó a los codiciosos dedos del animal.

—Su nombre es Tata —dijo—. Lo he traído desde Nueva Guinea para ti.

* *Kampong*, aldea en malayo.

Me acerqué para poder verlo mejor, pero Tata, que tenía unos ojos fieros y recelosos ribeteados de negro, amenazaba con embestir. Así que decidí quedarme donde estaba.

—No te preocupes —dijo Lolo mientras le daba otro cacahuete a Tata—. Está atado. Ven, todavía hay más.

Con la mirada busqué la aprobación de mi madre que me devolvió una sonrisa cautelosa. En el patio trasero encontramos algo que parecía un pequeño zoológico: pollos y patos que corrían de aquí para allá, un perro grande de color pajizo que aullaba de manera siniestra, dos aves del paraíso, una cacatúa blanca y, por último, dos crías de cocodrilo medio sumergidas en un estanque sin cercar que estaba en una esquina de la parcela. Lolo se quedó mirando los reptiles.

—Había tres —dijo—, pero el más grande se escapó reptando por un agujero de la cerca. Se deslizó hasta un campo de arroz y se comió un pato del dueño. Tuvimos que darle caza alumbrándonos con antorchas.

Ya no quedaba mucha luz, pero dimos un corto paseo por un camino fangoso que llevaba al pueblo. Grupos de sonrientes niños del vecindario nos decían adiós con la mano desde sus parcelas, y unos cuantos viejos descalzos salieron a saludarnos. Nos detuvimos en los pastos comunales, en los que uno de los hombres de Lolo pastoreaba varias cabras, y un niño se me acercó sujetando un hilo en cuyo extremo revoloteaba una libélula. De vuelta a casa, el hombre que se había encargado de nuestro equipaje aguardaba en el patio trasero con una gallina de color cobrizo bajo el brazo y un largo cuchillo en la mano derecha. Dijo algo a Lolo, quien asintió con la cabeza y luego nos llamó a mi madre y a mí. Mi madre me indicó que me esperara donde estaba y lanzó a Lolo una mirada interrogante.

—¿No crees que todavía es muy joven?

Lolo se encogió de hombros y me miró.

—El chico debe saber de dónde sale la cena. ¿Qué piensas Barry?

Yo miré a mi madre, luego me volví hacia el hombre que sujetaba el ave. Lolo asintió de nuevo y observé cómo éste colocaba la gallina suavemente bajo su rodilla y le estiraba el pescuezo hasta colocarlo por encima de un estrecho sumidero. El animal luchó por un momento batiendo sus alas con fuerza contra el suelo, algunas plumas bailaron en el aire. Luego se quedó completamente quieto. El hombre pasó la hoja del cuchillo por el cuello con un movimiento simple y suave. La sangre salpicó formando un gran lazo púrpura. Después se puso en pie sosteniendo el ave lejos de su cuerpo y, de repente, la lanzó al aire. La gallina cayó al suelo con un ruido sordo e intentó ponerse en pie, la cabeza le colgaba a un lado de manera grotesca mientras sus patas se movían frenéticamente dibujando un gran círculo. Me quedé mirando hasta que el círculo se hizo más pequeño, la sangre dejó de manar convirtiéndose en un simple goteo, y el ave cayó sin vida sobre la hierba.

Lolo me pasó la mano sobre la cabeza y nos dijo a mi madre y a mí que fuéramos a lavarnos antes de cenar. Comimos tranquilamente bajo la tenue luz de una bombilla de color amarillo: estofado de pollo y arroz, y de postre una fruta roja de piel peluda tan dulce en el centro que sólo un dolor de estómago me hubiera impedido seguir comiendo. Más tarde, mientras estaba tumbado bajo el dosel de la mosquitera, pude oír los grillos cantar a la luz de la luna y me acordé del último estertor de vida que había presenciado pocas horas antes. Apenas si podía creer la suerte que tenía.

—Lo primero que hay que aprender es cómo protegerse.

Lolo y yo estábamos frente a frente en el patio de atrás. El día anterior, me había presentado en la casa con un chichón del tamaño de un huevo en la cabeza. Lolo dejó a un lado la limpieza de su motocicleta, alzó la vista y me preguntó qué había pasado. Le conté mi forcejeo con un muchacho mayor que vivía carretera abajo. El chico se había escapado con la pelota de fútbol de mi amigo en mitad del juego. Cuando corrí tras él para alcanzarlo, cogió una piedra. No era justo, le dije, mientras la tristeza ahogaba mi voz. Había hecho trampa.

Lolo me apartó el pelo con los dedos y examinó en silencio la herida. «No tienes sangre», dijo finalmente, antes de volver a su moto.

Pensé que el asunto había terminado. Pero al día siguiente, cuando volvió del trabajo, traía consigo dos pares de guantes de boxeo. Olían a piel nueva; el par más grande era negro y el más pequeño rojo. Estaban atados juntos y los llevaba colgados sobre un hombro.

Cuando terminó de atarme los lazos de los guantes dio un paso atrás para examinar el resultado. Mis manos se balanceaban a los lados como bulbos de finos tallos. Agitó la cabeza y me levantó los guantes para cubrirme la cara.

—Ahí. Mantén los puños arriba.

Ajustó la posición de mis codos, luego se agazapó y comenzó a balancearse.

—Tienes que moverte sin parar, pero quédate siempre a distancia, no te pongas a tiro. ¿Qué tal?

Yo asentía con la cabeza, imitando sus movimientos lo mejor que podía. Unos minutos más tarde, se detuvo y puso la palma de su mano frente a mi nariz.

—De acuerdo —dijo—. Veamos cómo es tu *swing*.

Eso lo podía hacer. Di un paso atrás, me concentré y le lancé mi mejor golpe. Su mano apenas se movió.

—No está mal —dijo Lolo asintiendo con la cabeza y sin cambiar de expresión—. No está nada mal. Vaya, pero mira donde están ahora tus manos. ¿Qué te he dicho? Mantenlas arriba…

Levanté los brazos y comencé a lanzar suaves directos a las palmas de Lolo, mirándole de cuando en cuando y dándome cuenta de lo familiar que había llegado a resultarme su cara después de dos años juntos, tan familiar como la tierra sobre la que nos asentábamos. Tardé unos seis meses en aprender indonesio, sus costumbres y sus leyendas. Sobreviví a la viruela, al sarampión y al dolor de los golpes propinados por mis maestros con sus cañas de bambú. Los hijos de los granjeros, sirvientes y burócratas de bajo nivel se convirtieron en mis mejores amigos, y juntos corríamos por las calles noche y día, realizando algunas chapuzas, pillando grillos, luchando con rápidas cometas de cuerdas que te cortaban los dedos —el perdedor veía su cometa alejarse volando con el viento, sabiendo que en algún sitio otros niños habían formado una larga fila serpenteante, con la mirada puesta en el cielo esperando a que su premio aterrizara. Con Lolo aprendí a comer guindillas verdes crudas en la cena —con abundante arroz— y, fuera de casa, me introdujo en la experiencia que suponía el comer carne de perro (dura), de serpiente (más dura todavía) y saltamontes a la brasa (crujientes). Al igual que muchos indonesios, Lolo seguía una rama del islam donde había sitio para antiguos remanentes de fe animista hindú. Me explicaba que un hombre asumía el poder de todo lo que comía: y me prometió que, algún día, muy pronto, traería a casa un trozo de carne de tigre para compartirla conmigo.

Así es como eran las cosas, una larga aventura, la recompensa de la vida de un chico. Todo eso quedaba fielmente reflejado en las cartas que escribía a mis abuelos, confiado en que a vuelta de correo llegarían paquetes más apetitosos con chocolate y mantequilla de cacahuete. Aunque algunas cosas, las más difíciles de explicar, quedaron en el tintero. Ni a Toot ni a Gramps les conté lo de la cara del hombre que llamó a la puerta de casa con un agujero abierto en el lugar donde tendría que estar su nariz, ni el sonido silbante que producía cuando le pedía a mi madre algo de comida. Tampoco les escribí sobre el día que uno de mis amigos me dijo durante el recreo que su hermanito pequeño había muerto la noche anterior porque se lo había llevado un espíritu maligno que vino con el viento, ni del terror que por un instante se reflejó en los ojos de mi amigo antes de que se riera de manera extraña y me diese un puñetazo en el brazo para luego salir a todo correr. Había una mirada vacía en la cara de los campesinos el año que no llegó la lluvia, cuando deambulaban descalzos con la espalda encorvada por sus áridos y resquebrajados campos, agachándose una y otra vez para desmenuzar la tierra entre sus dedos; y su desesperación al año siguiente, cuando la lluvia duró todo un mes, desbordando el río y anegando los campos hasta que el agua, que corría a raudales por las calles, me llegaba a la cintura y las familias tenían que rescatar cabras, gallinas e incluso trozos de sus cabañas arrastradas por la riada.

Estaba aprendiendo que el mundo era violento, imprevisible y, con frecuencia, cruel. Como mis abuelos no sabían nada de este mundo, decidí no perturbarlos con preguntas para las que no tenían respuesta. A veces, cuando mi madre volvía a casa del trabajo, le contaba las cosas que había visto u oído y ella, escuchando atentamente, me acariciaba la frente y trataba de explicármelas todo lo mejor que sabía. Siempre aprecié su dedicación, su voz, el tacto de sus manos que me hacían sentir tan seguro. Pero sus conocimientos sobre inundaciones, exorcismos y peleas de gallos, dejaban mucho que desear. Todo aquello era tan nuevo para ella como para mí, y evitaba tales conversaciones porque sentía que mis preguntas sólo habrían sido un innecesario motivo de preocupación.

Así que me dirigía a Lolo para que me orientara y enseñara. No hablaba mucho, pero era fácil estar con él. Cuando nos encontrábamos con su familia y amigos me presentaba como su hijo, pero nunca llevó las cosas más allá de darme pertinentes consejos ni pretendió que nuestra relación fuese más de lo que era. Yo apreciaba este distanciamiento, pues implicaba una confianza varonil. Y su conocimiento del mundo parecía inagotable. No sólo sabía cómo cambiar un neumático o abrir en el ajedrez; también cosas complejas: el modo de controlar las emociones o de explicar los continuos misterios del destino.

También la forma de tratar a los mendigos que parecían estar en todas partes, una galería de enfermedades: hombres, mujeres y niños, con ropas sucias y hechas jirones, algunos sin brazos, otros sin pies, víctimas del escorbuto, la polio o la lepra, caminando sobre sus manos o rodando por las bulliciosas aceras en unos precarios carritos, con las piernas plegadas a su espalda como si fuesen contorsionistas. Al principio veía cómo mi madre daba dinero a todo el que llamaba a nuestra puerta o le tendía la mano al pasar por las calles. Más tarde, cuando se convenció de que la marea de dolor no cesaba nunca, daba de manera más selectiva, y aprendió a calibrar los niveles de miseria. Lolo pensaba que esas actuaciones eran buenas aunque sin sentido, y cuando me pillaba siguiendo su ejemplo con las pocas monedas que tenía, levantaba las cejas y me llamaba aparte.

—¿Cuánto dinero tienes? —me preguntaba.

Entonces vaciaba mis bolsillos.

—Treinta rupias.

—¿Cuántos mendigos hay en la calle?

Intentaba imaginarme cuántos habían pasado por casa la semana pasada.

—¿Ves? —decía, cuando veía que no podía calcularlo—. Mejor será que te guardes el dinero para estar seguro de que no acabarás en la calle también.

De igual forma actuaba con los sirvientes. Por lo general eran jóvenes campesinos que acababan de llegar a la ciudad, trabajaban para familias algo más pudientes que ellos y enviaban el dinero a sus parientes que se habían quedado en el campo o trataban de ahorrar lo suficiente para abrir sus propios negocios. Si eran ambiciosos, Lolo siempre estaba dispuesto a ayudarles y era tolerante con su peculiar forma de ser: durante casi un año le había dado empleo a un joven de buen corazón al que le gustaba vestirse de mujer los fines de semana (a Lolo le encantaba su forma de cocinar). Pero despedía, sin el menor remordimiento, a cualquiera que fuese torpe, despistado, o que le costase el dinero; le desconcertaba mucho que mi madre o yo intentáramos protegerlos cuando los criticaba.

—Tu madre tiene muy buen corazón —me dijo Lolo un día que ella intentó echarse la culpa por haber dejado una radio encendida en el tocador—. Eso está bien para una mujer. Pero un día tú serás un hombre, y los hombres necesitan tener más sentido común.

Me explicaba que eso no tenía nada que ver con el bien o el mal, el gustar o no gustar. Era cuestión de aceptar la vida en sus propios términos.

Sentí un golpe en la mandíbula, levanté la vista y vi la cara sudorosa de Lolo.

—Presta atención. Mantén las manos en alto.

Estuvimos entrenando durante media hora más, hasta que Lolo decidió que era momento de descansar. Los brazos me ardían; un sordo latido palpitaba en mi cabeza. Cogimos una jarra llena de agua y nos sentamos junto al estanque del cocodrilo.

—¿Cansado? —me preguntó.

Me desplomé hacia delante, asintiendo a duras penas. Sonrió y se remangó una pernera de sus pantalones para rascarse la pantorrilla. Me di cuenta de que tenía una serie de profundas cicatrices desde el tobillo hasta la mitad de la espinilla.

—¿De qué son?

—Marcas de sanguijuela —dijo—. De cuando estuve en Nueva Guinea. Se te metían por dentro de las botas del ejército mientras caminabas por los pantanos. Por la noche, cuando te quitabas los calcetines, estaban ahí pegadas, gordas de tanto chupar sangre. Las salpicabas con sal y se morían, pero luego tenías que sacártelas con un cuchillo caliente.

Pasé mi dedo sobre una que tenía estrías ovaladas. Era suave y no tenía vello donde la piel había sido chamuscada. Le pregunté a Lolo si le había dolido.

—Por supuesto que dolía —dijo mientras tomaba un sorbo de la jarra—. A veces tienes que olvidarte del dolor. Sólo debes preocuparte por llegar hasta el final.

Nos quedamos en silencio, yo le miraba por el rabillo del ojo. Me di cuenta de que nunca le había oído hablar sobre sus sentimientos. Nunca le había visto realmente enfadado o triste. Parecía vivir en un mundo de tópicos y pensamientos bien definidos. De pronto una idea extraña me vino a la cabeza.

—¿Has visto alguna vez matar a un hombre? —le pregunté.

Bajó la mirada, sorprendido por la pregunta.

—¿Lo has visto? —repetí.

—Sí —dijo.

—¿Hubo sangre?

—Sí.

Me quedé pensando un momento.

—¿Por qué mataron a aquel hombre, al que viste?

—Porque era débil.

—¿Eso es todo?

Lolo se encogió y se bajó la pernera enrollada del pantalón.

—Normalmente eso es suficiente. Los hombres se aprovechan de la debilidad de otros hombres. En ese sentido son como los países. El hombre fuerte le quita la tierra al débil. Le hace trabajar sus campos. Si la mujer del débil es bonita, el fuerte la tomará —se detuvo para beber otro sorbo de agua, luego preguntó—. ¿Cuál te gustaría ser?

No respondí, y Lolo miró hacia el cielo con los ojos entornados.

—Mejor sé fuerte —dijo por último al levantarse—. Si no puedes ser fuerte, sé inteligente y firma la paz con el fuerte. Pero siempre es mejor que seas fuerte. Siempre.

Mi madre nos miraba desde el interior de la casa mientras corregía exámenes apoyada sobre su mesa. ¿De qué estarán hablando?, se preguntaría. Sangre y tripas, lo más seguro; tragarse clavos. De esas cosas que tanto agradan a los hombres.

Rió en voz alta, y luego pareció escucharse a sí misma. No era justo. En realidad estaba sinceramente agradecida por la atención que Lolo me demostraba. No hubiera tratado a su propio hijo de manera muy diferente. Sabía que era afortunada por la forma de ser de Lolo. Apartó a un lado los exámenes y me observó mientras yo hacía flexiones. Está creciendo muy rápido, pensó. Intentó recordar su propia imagen el día que llegamos: una madre de veinticuatro años con un niño a cuestas, casada con un hombre del que apenas conocía su historia, su país. Ahora se daba cuenta de lo poco que sabía entonces, sólo llevaba su inocencia junto a su pasaporte americano. Las cosas podían haber resultado peor. Mucho peor.

No esperaba que su nueva vida fuese fácil. Antes de dejar Hawai trató de aprender todo lo que pudo sobre Indonesia: su población era la quinta del mundo, con cientos de tribus y dialectos; su historia colonial, primero más de tres siglos bajo dominio holandés; luego, durante la guerra, sufrieron el de los japoneses, que buscaban el control de las reservas de petróleo, metales y madera; la lucha por la independencia tras la guerra y la aparición de un libertador llamado Sukarno que fue el primer presidente del país. Sukarno había sido derrocado no hacía mucho, la prensa decía que se había tratado de un golpe incruento y que la gente apoyaba el cambio. Sukarno se había vuelto corrupto, decían, era un demagogo, un déspota que se llevaba demasiado bien con los comunistas.

Un país pobre, subdesarrollado, totalmente extraño: eso era todo lo que sabía. Estaba preparada para la disentería, las fiebres, los baños con agua fría, e incluso hacer un hoyo en el suelo para orinar, para soportar los apagones eléctricos cada pocas semanas, el calor y a un sinfín de mosquitos. Simples inconvenientes, en realidad, pues ella era más fuerte de lo que parecía, más fuerte incluso de lo que pensaba que era. Y, en cualquier caso, todo eso formaba parte de lo que le había llevado hacia Lolo después de que Barack se marchase, la promesa de algo nuevo e importante: ayudar a su marido a reconstruir un país en un lugar difícil y estimulante, lejos del alcance de sus padres.

Pero no estaba preparada para la soledad. Era una constante, como si le faltase el aliento. En realidad no había nada a lo que poder culpar. Lolo la había acogido con los brazos abiertos y había hecho todo lo posible para que se sintiera en casa, ofreciéndole cuantas comodidades materiales se podía permitir. Su nueva familia la trató con tacto y generosidad, y a su hijo como a uno de los suyos.

Sin embargo, algo había sucedido entre ella y Lolo durante el año que estuvieron separados. Cuando vivía en Hawai estaba lleno de vida, ansioso de acometer sus proyectos. Por la noche, cuando se encontraban solos, él le contaba su infancia durante la guerra, cómo vio partir a su padre y a su hermano mayor para alistarse en el ejército revolucionario, le hablaba del día que recibieron la noticia de sus muertes y supieron que lo habían perdido todo —el ejército holandés había incendiado su casa—, de su huida al campo y de cómo su madre consiguió dinero para comida vendiendo una a una sus joyas de oro. Las cosas cambiarán ahora que hemos expulsado a los holandeses, le había dicho Lolo; él regresaría para enseñar en la universidad y ser parte del cambio.

Ya no hablaba de esa forma. De hecho, parecía como si no le hablara en absoluto, sólo por necesidad o cuando ella se dirigía a él, y aún así, únicamente del trabajo que tuviera entre manos, como la reparación de una gotera o los planes para visitar a algún primo lejano. Era como si Lolo se hubiera refugiado en un oscuro lugar escondido, fuera de su alcance, llevándose consigo su parte más brillante. Algunas noches ella le oía levantarse, cuando ya todo el mundo se había acostado, deambulando por la casa con una botella de whisky de importación, alimentando sus secretos. Otras noches metía una pistola bajo la almohada antes de que lo venciera el sueño. Cuando mi madre le preguntaba qué era lo que pasaba la rechazaba con un ligero desaire, diciéndole simplemente que estaba cansado. Era como si de alguna manera hubiera empezado a desconfiar de las palabras. De las palabras y de los sentimientos que albergaban.

Ella sospechaba que aquellos problemas tenían algo que ver con el trabajo de Lolo. Cuando llegamos trabajaba para el ejército como geólogo, supervisando carreteras y túneles. Se trataba de un trabajo monótono que no estaba muy bien pagado; sólo el frigorífico costó el salario de dos meses. Y ahora con un hijo y una mujer que mantener… no era de extrañar que anduviera deprimido. Ella no había hecho todo ese largo viaje para ser una rémora. Llevaría su propia carga.

Enseguida encontró trabajo enseñando inglés en la embajada americana a los hombres de negocios indonesios, como parte del programa americano de ayuda exterior a los países en vías de desarrollo. El dinero ayudó, pero no alivió su soledad. Los empresarios indonesios no estaban muy interesados en las sutilezas de la lengua inglesa, y varios intentaron ligar con ella. Los americanos eran en su mayoría hombres más maduros, arribistas en el Departamento de Estado, economistas o periodistas ocasionales que desaparecían durante meses enteros, sin que su función en la embajada estuviera del todo clara. Algunos de ellos eran la caricatura del americano feo, con tendencia a hacer bromas sobre los indonesios, hasta que sabían que ella estaba casada con uno de ellos, y entonces intentaban quitarle importancia (no te tomes demasiado en serio a Jim, ha cogido una insolación, ¿por cierto, cómo está tu hijo?, ¡qué chico tan estupendo!)

Esos individuos conocían el país o al menos parte de él y, en cualquier caso, los armarios donde se guardaban los cadáveres. Durante los almuerzos o en conversaciones fortuitas compartían con mi madre cosas que ella no podía conocer por los reportajes que se publicaban. Le explicaban cómo Sukarno había hecho perder los nervios al gobierno americano, ya bastante obsesionado con el avance del comunismo en Indonesia, que con su retórica nacionalista y su política de no alineamiento (era peor que Lumumba o Nasser debido a la importancia estratégica del país). Corría el rumor de que la CIA había tenido que ver con su derrocamiento, aunque nadie lo sabía a ciencia cierta. Lo que sí se podía afirmar era que, tras el golpe, los militares habían barrido las zonas rurales en busca de supuestos simpatizantes comunistas. Nadie supo el número de muertos: cientos de miles, tal vez medio millón. Hasta los chicos listos de la Agencia habían tenido bajas.

Insinuaciones, cuchicheos. Así fue como descubrió que había llegado a Yakarta menos de un año después de que se llevaran a cabo las campañas de represión más brutales y fulminantes de los tiempos modernos. La idea le asustaba, el saber que la historia podía desaparecer del mismo modo que la fértil y arcillosa tierra engulló los ríos de sangre que un día habían corrido por las calles; el modo en que la gente seguía con sus negocios bajo los carteles gigantes con el rostro del nuevo presidente como si nada hubiera pasado; una nación exclusivamente preocupada por su desarrollo. A medida que su círculo de amigos indonesios se ampliaba, algunos estaban dispuestos a contarle otras historias: sobre la corrupción que se extendía por las agencias gubernamentales, los registros de la policía y el ejército, empresas enteras que se repartían entre la familia del presidente y su entorno. Y con cada nueva historia, ella, en privado, le preguntaba a Lolo: «¿Es eso verdad?»

Nunca le contestó. Cuanto más preguntaba ella, más se reafirmaba Lolo en su amable silencio.

—¿Por qué te preocupas con tales conversaciones? —le decía—. ¿Por qué no te compras un vestido nuevo para la fiesta?

Finalmente, mi madre acabó quejándose a un primo de Lolo, un pediatra que había ayudado a cuidar de él durante la guerra.

—No lo entiendes —le había dicho el primo con amabilidad.

—¿Entender qué?

—Las circunstancias del regreso de Lolo. No tenía previsto regresar tan pronto de Hawai. Durante la purga, todos los estudiantes que estaban en el extranjero fueron obligados a regresar sin darles ninguna explicación, les anularon los pasaportes. Cuando Lolo se bajó del avión no tenía ni idea de lo que iba a suceder a continuación. No pudimos verlo, los oficiales del ejército se lo llevaron para interrogarlo. Le dijeron que había sido reclutado y que iría a las selvas de Nueva Guinea durante un año. Y él fue uno de los que tuvieron suerte. Para los estudiantes que estaban en los países del Bloque del Este fue mucho peor. Muchos de ellos están todavía en la cárcel. O desaparecidos. No deberías ser tan dura con Lolo —repetía su primo—. Esos tiempos es mejor olvidarlos.

Aturdida, mi madre abandonó la casa del primo. Afuera, el sol estaba alto, el aire lleno de polvo, pero en lugar de coger un taxi para ir a casa, empezó a caminar sin dirección. Se encontró en un barrio rico donde diplomáticos y generales vivían en casas dispersas, con altas verjas de hierro forjado. Vio a una mujer descalza con un chal andrajoso que merodeaba por una puerta abierta en lo alto del camino de entrada de coches, donde un grupo de hombres estaban lavando una flota de Mercedes Benz y Land Rovers. Uno de los hombre le gritó para que se fuera, pero la mujer se quedó donde estaba, su huesudo brazo extendido y la cara oculta por el chal. Finalmente otro hombre se metió la mano en un bolsillo y le arrojó un puñado de monedas. La mujer corrió velozmente tras ellas, mirando recelosamente la carretera mientas las guardaba en el pecho.

Poder. La palabra se fijó en la mente de mi madre como una maldición. En Norteamérica, por lo general, permanecía oculto hasta que escarbabas bajo la superficie de las cosas; hasta que visitabas una reserva india o hablabas con un negro cuya confianza habías ganado. Pero aquí el poder no estaba disfrazado, era indiscriminado, descarnado, siempre presente. El poder se había apoderado de Lolo devolviéndolo al redil justo cuando él creía haber escapado, obligándole a sentir todo su peso y a que se diera cuenta de que no era dueño de su vida. Así eran las cosas; no podías cambiarlas, sólo podías vivir según las normas, algo muy simple una vez que las aprendías. Por tanto, Lolo hizo las paces con el poder, aprendió la sabiduría del olvido, igual que había hecho su cuñado, que ganaba millones como alto funcionario en la compañía nacional de petróleo, igual que había intentado hacer otro hermano, sólo que éste no calculó bien y se veía obligado a robarnos parte del menaje siempre que venía a visitarnos para luego venderlo y poder comprar cigarrillos sueltos.

Mi madre se acordó de algo que Lolo le dijo en una ocasión cuando sus constantes preguntas tocaron su fibra sensible: «La culpa es un lujo que sólo los extranjeros pueden permitirse. Al igual que decir lo primero que se te viene a la mente». Ella no sabía lo que era haber perdido todo, despertase y sentir el estómago comiéndose a sí mismo. Tampoco sabía lo peligroso que podía ser el camino de la seguridad. Sin una concentración absoluta era fácil resbalar, caerse de espaldas.

Lolo tenía razón, por supuesto. Ella era una extranjera blanca de clase media, protegida por sus raíces familiares tanto si quería como si no. Siempre podía marcharse si las cosas se complicaban demasiado. Esa posibilidad anulaba cualquier cosa que pudiera decirle a Lolo, esa era la barrera infranqueable que había entre ellos. Miró por la ventana y vio que Lolo y yo nos habíamos ido, la hierba permanecía aplastada donde habíamos estado los dos. Aquella visión hizo que se estremeciera levemente y se puso en pie, sintiendo un miedo repentino.

El poder se estaba llevando a su hijo.

Cuando miro hacia atrás, no estoy seguro de que Lolo entendiera por lo que mi madre estaba pasando durante aquellos años, por qué las cosas que él quería proporcionarle y por las que con tanto ahínco trabajaba sólo parecían aumentar la distancia entre ambos. Lolo no era la clase de hombre que se hiciera ese tipo de preguntas. Por el contrario, se mantenía concentrado en lo suyo, y durante el periodo que vivimos en Indonesia, continuó su ascenso. Con la ayuda de su cuñado, consiguió un trabajo en la oficina de relaciones con el gobierno de una empresa americana de petróleo. Nos mudamos a una casa en un barrio mejor, un coche sustituyó a la motocicleta, una televisión y un equipo de alta fidelidad reemplazaron a los cocodrilos y a Tata, el simio; Lolo podía firmar las cuentas de nuestras cenas en un club de empresa. A veces yo oía sin querer cómo discutían en su dormitorio, por lo general debido a que ella se negaba a asistir con él a las cenas de su empresa, donde los hombres de negocios americanos de Tejas y Luisiana le daban palmadas en la espalda y alardeaban del número de personas que habían tenido que untar para obtener los derechos de perforación en alta mar, mientras que sus esposas se quejaban a mi madre de las condiciones del servicio indonesio. ¿Qué impresión causaría yendo sólo?, le preguntaba, al tiempo que le recordaba que aquella era su propia gente, y entonces mi madre no se contenía, gritaba:

No son mi gente.

Sin embargo, tales discusiones no eran frecuentes. Las relaciones entre ambos seguían siendo cordiales cuando nació mi hermana Maya, también durante el proceso de separación y divorcio, y así continuaron hasta la última vez que vi a Lolo, diez años después, cuando mi madre le ayudó a que viajara hasta Los Ángeles para tratar una dolencia de hígado que acabó con su vida a la edad de cincuenta y un años. Cualquier tensión que yo notara tenía más que ver con el cambio de actitud hacia mí que de forma gradual fue adoptando mi madre. Siempre había alentado mi rápida aculturación en Indonesia: procuró que tratara de ser relativamente autosuficiente, que me conformara con el ajustado presupuesto y que fuera extremadamente educado en comparación con otros niños americanos. Me había enseñado a despreciar la mezcla de ignorancia y arrogancia que tan a menudo caracterizaba a los americanos que estaban en el extranjero. Pero ahora había aprendido, al igual que Lolo, el abismo que separaba las oportunidades que tenía en la vida un americano respecto a las de un indonesio. Mi madre sabía el lado en el qué quería que estuviese su hijo. Yo era americano, decidió, y mi verdadera vida estaba en otro lugar.

Sus primeros esfuerzos se centraron en la educación. Como no había dinero para mandarme a la Escuela Internacional, a la que iban la mayoría de los niños extranjeros de Yakarta, se las arregló para que desde nuestra llegada pudiera complementar mi formación con lecciones por correspondencia desde Estados Unidos.

Su esfuerzo ahora era doble. Cinco días a la semana entraba en mi cuarto a las cuatro de la mañana, me hacía desayunar a la fuerza y me daba clases de inglés durante tres horas antes de que me marchara a la escuela y ella a su trabajo. Opuse una dura resistencia a este régimen, pero en respuesta a cada estrategia que yo tramaba, fuera poco convincente —me duele el estómago— o realmente cierta —mis ojos se cerraban cada cinco minutos—, ella seguía repitiendo su más poderosa defensa:

—Para mí tampoco es una fiesta, chaval.

Luego estaba la preocupación por mi seguridad que aparecía de vez en cuando, era la voz de mi abuela la que hablaba. Recuerdo que una vez regresé a casa cuando ya había oscurecido y me encontré con una gran patrulla formada por vecinos que se había congregado en el jardín para ir en mi búsqueda. Mi madre no parecía contenta, pero estaba tan aliviada al verme que no se dio cuenta, hasta que pasaron varios minutos, del calcetín mojado y lleno de barro que llevaba liado alrededor del antebrazo.

—¿Qué es eso?

—¿El qué?

—Eso. ¿Por qué llevas un calcetín liado alrededor del brazo?

—Me he cortado.

—Déjame que lo vea.

—No es para tanto.

—Barry, déjame que lo vea.

Me quité el calcetín y dejé al descubierto un largo corte que iba desde la muñeca al codo. Por milímetros no tocaba una vena, pero se hundía hasta el músculo, donde la carne rosada me daba punzadas por debajo de la piel. Esperando que se calmara, le expliqué lo que había sucedido: un amigo y yo hicimos autoestop para ir a la granja de su familia, entonces empezó a llover; en la granja había un sitio estupendo para deslizarse en el barro, y también había una alambrada para marcar las lindes de la granja…

—¡Lolo!

Mi madre se ríe en este punto cuando cuenta esta historia, es la risa de una madre que perdona a su hijo los pecados que una vez cometió. Pero su tono se altera ligeramente cuando recuerda que Lolo sugirió que esperásemos hasta la mañana siguiente para que me dieran los puntos, y cómo tuvo que obligar al único vecino que tenía coche a llevarnos al hospital. Recuerda que, cuando llegamos, casi todas las luces del hospital estaban apagadas y no había ningún recepcionista; recuerda el sonido del eco de sus frenéticos pasos por el pasillo hasta que finalmente encontró a dos jóvenes en calzoncillos que estaban jugando al dominó en un pequeño cuarto trasero. Cuando preguntó por los médicos, los jóvenes, en tono festivo, le respondieron: «Nosotros somos los médicos», y continuaron jugando hasta terminar la partida, después se pusieron los pantalones y me dieron veinte puntos que dejaron una cicatriz horrible. A consecuencia de este incidente, en lo más profundo de su ser se instaló la sospecha de que la vida de su hijo podía esfumarse en cualquier momento en que ella bajara la guardia, que todos los que había a su alrededor estaban demasiado ocupados intentando sobrevivir para darse cuenta de que, a la hora de la verdad, mi madre tendría su compasión pero que nadie de los que la rodeaba creía que hubiera que luchar contra un destino amenazador.

Ahora me doy cuenta de que ese tipo de asuntos, menos tangibles que los expedientes escolares y los servicios médicos, se habían convertido en el foco central de sus preocupaciones.

—Si quieres convertirte en un ser humano —me decía— vas a necesitar algunos valores.

Honestidad: Lolo no debería haber escondido la nevera en el cuarto trastero cuando llegaron los inspectores de Hacienda, incluso cuando todo el mundo, también los propios inspectores, se esperaban ese tipo de cosas. Justicia: los padres de los estudiantes más ricos no tendrían que regalar aparatos de televisión a los profesores durante el Ramadán, y sus hijos no deberían sentirse orgullosos de las buenas notas que pudieran sacar. Sinceridad: si no te gustaba la camisa que te compré por tu cumpleaños sólo tenías que haberlo dicho en lugar de dejarla arrumbada en el fondo de tu armario. Opinión independiente: no tienes que hacer bromas sobre el corte de pelo de ese pobre chico sólo porque los otros niños lo hagan.

Era como si, al viajar hasta la otra mitad del globo, lejos de la suficiencia e hipocresía que la familiaridad dejaba al descubierto, mi madre hubiese podido ponerle voz a las virtudes de su pasado en la región central de los Estados Unidos, para poder ofrecerlas reducidas a su esencia. El problema era que apenas contaba con apoyos; cada vez que me llevaba aparte para hacerme algún comentario, yo, respetuoso, asentía con la cabeza y daba mi aprobación, pero ella debía de saber que muchas de sus ideas eran poco prácticas. Lolo simplemente me había explicado lo que era la pobreza, la corrupción, la continua lucha por la seguridad, él no lo había creado. Todo eso permanecía en mi cabeza y había engendrado un enorme escepticismo. La confianza que mi madre había depositado en las virtudes tradicionales dependía de una fe que yo no tenía, una fe que ella se habría negado a definir como religiosa; que, de hecho, su experiencia le decía que era sacrílega; una fe racional en que las personas juiciosas podían moldear su destino. En un país donde el fatalismo era una herramienta necesaria para soportar la penuria, donde la verdad última estaba al margen de la realidad cotidiana, ella era un testigo solitario del humanismo secular, un soldado del New Deal, del Cuerpo de Paz, del liberalismo convencido.

Frente a esto sólo contaba con un aliado: la lejana autoridad de mi padre. Cada vez con más frecuencia me recordaba su historia, cómo había crecido pobre, en un país pobre, en un continente pobre, lo difícil que había sido su vida, tan dura como la peor que hubiera podido vivir Lolo. Sin embargo, él no eligió el camino fácil, ni inventó excusas. Era diligente y honesto, sin que le importase el precio a pagar. Había vivido según unos principios que le exigían una forma diferente de resistencia, unos principios que prometían una forma más sublime de poder. Mi madre había decidido que siguiera su ejemplo. No tenía elección. Estaba en los genes.

—Me tienes que estar agradecido por tus cejas…, tu padre tiene esas pequeñas cejas ralas que no acompañan mucho. Pero tu inteligencia y tu carácter los has sacado de él.

El mensaje de mi madre solía ser bien acogido por los negros en general. Llegaba a casa con libros sobre el movimiento de los derechos civiles, discos de Mahalia Jackson, los discursos de Martin Luther King. Cuando me contó ciertas historias sobre los escolares del sur que estaban obligados a estudiar los libros que les enviaban las escuelas blancas más ricas, y que sin embargo llegaban a ser doctores, abogados y científicos, me sentía mal, francamente mal, por mi falta de voluntad para levantarme a estudiar por las mañanas. Y si le hablaba de la demostración que mi tropa de *boyscouts* indonesios había hecho desfilando al paso de la oca delante del presidente, ella me hablaba de otro tipo de marcha, una marcha de niños de mi misma edad, una marcha por la libertad. Cada negro era Thurgood Marshall o Sydney Poitier; cada negra, Fanny Lou Hamer o Lena Horne. Ser negro significaba ser el depositario de una gran herencia, de un destino especial, de una gloriosa carga que sólo nosotros éramos lo suficientemente fuertes para poder resistir.

Una carga que debíamos llevar con elegancia. En más de una ocasión, mi madre me decía:

—Harry Belafonte es el hombre más guapo del planeta.

Y bajo este contexto recordé la foto de la revista *Life* del negro que había intentado cambiar el color de su piel. Me imagino a otros niños negros, entonces y ahora, sufriendo por revelaciones similares. Quizá a la mayoría le suceda antes: el aviso de los padres de que no atraviesen los límites de un barrio en particular, o la frustración de no tener el pelo de *Barbie*, por mucho que te lo alisaras y peinaras, o el relato sobre la humillación sufrida por un padre o abuelo a manos de un patrono o un policía, cosas que oías sin querer mientras creían que estabas dormido. Quizá sea más fácil para un niño recibir las malas noticias en pequeñas dosis, permitiendo así la creación de un sistema defensivo (aunque según sospechaba, yo debía de ser uno de los más afortunados, ya que me habían proporcionado una parte de mi infancia sin dudas sobre mí mismo).

Sé que haber leido aquel artículo fue un choque para mí, una emboscada. Mi madre me había prevenido contra los intolerantes: eran gente ignorante y mal formada que había que evitar. Cuando aún no tenía consciencia de la muerte, Lolo me había ayudado a comprender la amenaza de la enfermedad que te podía dejar inválido, de los accidentes que te dejaban mutilado, de las fortunas perdidas. Podía identificar la avaricia o la crueldad de otros, y a veces hasta en mí mismo. Pero aquella foto me enseñó algo más: que había un enemigo escondido allí afuera que podía alcanzarme sin que nadie lo supiera, ni siquiera yo mismo. Aquella noche, cuando desde la biblioteca de la embajada regresé a casa, fui al cuarto de baño y me quedé frente al espejo con todos mis sentidos y mis extremidades aparentemente intactas, con la misma apariencia que habían tenido siempre, y preguntándome si había algo erróneo en mí. La alternativa no parecía menos alarmante: que los adultos que me rodeaban vivían en medio de la locura.

Aquel arrebato inicial de ansiedad desapareció, y el año que me quedaba en Indonesia lo pasé igual que antes. Seguía teniendo una confianza a veces imposible de explicar y un talento irreprimible para las travesuras. Pero mi visión del mundo había cambiado para siempre. En las series de televisión americanas que habían comenzado a emitir por las noches, me di cuenta de que Cosby, en *Soy espía*, nunca se llevaba a la chica, y de que el negro de *Misión Imposible* pasaba casi todo el tiempo en la clandestinidad. Me di cuenta de que no había nadie como yo en el catálogo de Navidad de Sears y Roebuck que nos mandaban Toot y Gramps, y que Santa Claus era blanco.

Guardé aquellas reflexiones para mí, convencido de que mi madre o no las había visto o intentaba protegerme, y que no debía darle a entender que sus esfuerzos habían fracasado. Todavía confiaba en el amor de mi madre, aunque ahora me enfrentaba a la posibilidad de que su relato del mundo y del lugar que mi padre ocupaba en él, fuera, de alguna forma, incompleto.

TRES

Me llevó un rato reconocerlos entre la multitud. Cuando las puertas deslizantes se abrieron, lo único que pude distinguir fue la imagen borrosa de algunas caras sonrientes y ansiosas que se inclinaban por encima de la barandilla. Finalmente divisé a un hombre alto, de cabellos plateados, al final del gentío, acompañado de una mujer bajita con cara de búho que apenas si se veía a su lado. Los dos empezaron a saludar con la mano en mi dirección, pero antes de que pudiera devolverles el saludo ya habían desaparecido tras unos cristales esmerilados.

Miré al principio de la cola, donde una familia china parecía que estaba teniendo problemas con los agentes de aduanas. Era un grupo de pasajeros del vuelo de Hong Kong que no había dejado de moverse durante el viaje: el padre, descalzo, no paraba de recorrer el pasillo arriba y abajo, los niños no dejaban de trepar por los asientos, mientras que la madre y la abuela acumulaban almohadas y mantas sin dejar de parlotear entre ellas. Ahora la familia permanecía de pie, inmóvil, como si quisieran hacerse invisibles mientras sus ojos seguían en silencio las manos que pasaban las hojas de sus pasaportes y examinaban su equipaje con una calma amenazadora. El padre me recordó de algún modo a Lolo, así que bajé la mirada hasta la máscara de madera que llevaba en mi mano. Era un regalo del copiloto indonesio, un amigo de mi madre que me había acompañado mientras que ella, Lolo y mi nueva hermana, Maya, permanecían en la puerta de embarque. Cerré los ojos y me la llevé a la cara. La madera olía a canela y nuez, y sentí como si me deslizara a través del océano, sobrevolando las nubes, hacia el interior de un horizonte violeta, de vuelta al lugar de donde venía...

Alguien gritó mi nombre. La máscara cayó a mi lado y con ella mi ensueño, y allí, de pie, vi de nuevo a mis abuelos, esta vez saludando aún con más ímpetu. Ahora sí que les devolví el saludo; y entonces, sin pensar, me puse la máscara en la cara y balanceé mi cabeza como si ejecutara una breve y extraña danza. Mis abuelos rieron, me señalaron con el dedo y siguieron saludando, hasta que finalmente un oficial de aduana me tocó en el hombro y me preguntó si era americano. Asentí y le mostré mi pasaporte.

—Adelante —dijo, mientras pedía a la familia china que se hiciese a un lado.

Las puertas deslizantes se cerraron a mi espalda. Toot me dio un fuerte abrazo al tiempo que me pasaba alrededor del cuello guirnaldas de golosinas y chicle. Gramps me abrazó y me dijo que estaba mejor con la máscara puesta. Me llevaron hasta el coche nuevo que habían comprado, y Gramps me enseñó cómo poner en marcha el aire acondicionado. Condujimos por la autopista, pasamos por delante de restaurantes de comida rápida, moteles baratos y establecimientos de venta de coches usados adornados con sartas de banderitas de colores. Les conté cómo había ido el viaje y les hablé sobre los que se habían quedado en Yakarta. Gramps me dijo lo que habían planeado para mi cena de bienvenida. Toot sugirió que necesitaría ropa nueva para la escuela.

Entonces, de repente, la conversación cesó. Me di cuenta de que iba a vivir con desconocidos.

Los planes iniciales no me parecieron tan mal cuando me los contó mi madre. Había llegado la hora de asistir a una escuela americana, me había dicho; ya me sabía todas las lecciones de mi curso por correspondencia. Me dijo que ella y Maya se reunirían muy pronto conmigo en Hawai —un año, como mucho—, y que intentaría venir en Navidad. Me recordó lo bien que lo habíamos pasado viviendo con Gramps y Toot el verano anterior: los helados, los dibujos animados, los días de playa. «Y no tendrás que levantarte a las cuatro de la mañana», añadió, lo que encontré irresistible. Fue sólo entonces, mientras empezaba a hacerme a la idea de una estancia definitiva y vi a mis abuelos moverse al ritmo de sus horarios, que me di cuenta de lo que ambos habían cambiado. Después de que nos fuéramos mi madre y yo, vendieron la casa, grande y laberíntica, que estaba cerca de la universidad, y ahora habían alquilado un apartamento pequeño de dos dormitorios en un bloque de muchos pisos en la calle Beretania. Gramps había dejado el negocio de los muebles para hacerse agente de seguros de vida, pero como no era capaz de convencerse a sí mismo de que la gente necesitaba lo que estaba vendiendo y era muy sensible al rechazo, el trabajo no le iba del todo bien. Todos los domingos por la noche veía cómo se volvía más y más irritable mientras ordenaba las cosas de su maletín y colocaba una mesita de las que se utilizan para cenar delante del televisor, frente a su sillón, dejándose llevar por cualquier distracción posible, hasta que al final nos echaba de la habitación y trataba de concertar citas por teléfono con posibles clientes. A veces yo iba a la cocina a por un refresco y podía oír la desesperación en su voz, cómo se alargaba el silencio que se producía cuando la gente al otro lado de la línea le explicaba que el miércoles no era un buen día y el martes tampoco le venía mejor, y luego el pesado suspiro del abuelo después de colgar el teléfono, mientras manoseaba los archivos que tenía en su regazo, como si fuera un jugador de cartas pasando una mala racha.

Finalmente, algunas personas se ablandaban, la tristeza pasaba, y Gramps entraba en mi habitación para contarme historias de su juventud o el último chiste que había leído en el *Reader's Digest*. Si sus llamadas habían ido realmente bien aquella noche, entonces me hablaba de algunos proyectos que todavía albergaba: el libro de poemas que había empezado a escribir, el boceto que pronto florecería en un cuadro, los planos de su casa ideal, equipada con comodidades tecnológicas y un jardín diseñado en paratas. Observé que los planes eran más fantasiosos cuanto más inviables eran, pero en ellos veía algo de su antiguo entusiasmo, y normalmente trataba de hacerle alguna pregunta alentadora que mantuviera su buen humor. Entonces, en algún momento en medio de su exposición, ambos nos dábamos cuenta de que Toot estaba afuera, en el vestíbulo, meneando su cabeza de forma acusadora.

—¿Qué es lo que quieres, Madelyn?

—¿Has terminado con tus llamadas, querido?

—*Sí, Madelyn*, he terminado con mis llamadas. Son las diez en punto de la noche.

—No tienes por qué gritar, Stanley. Sólo quería saber si puedo entrar en la cocina.

—No estoy gritando, por el amor de Dios, no entiendo por qué… —pero antes de que pudiera acabar, Toot ya se había retirado a su dormitorio, y el abuelo salía de mi habitación con una mirada de desánimo y rabia.

Aquellos intercambios de palabras se convirtieron en algo familiar para mí, pues las discusiones de mis abuelos seguían una manida trayectoria, una trayectoria que tenía su origen en el hecho, apenas mencionado, de que Toot ganaba más dinero que Gramps. Mi abuela demostró ser una especie de pionera del orden y la clasificación, la primera mujer vicepresidenta de un banco local, y aunque a Gramps le gustaba decir que siempre la había apoyado en su carrera, su trabajo se había convertido en una fuente de alegrías y amarguras que se interponía entre ellos cuando las comisiones que él obtenía podían pagar cada vez menos facturas familiares.

Nada en la forma de ser de Toot había anticipado su éxito. Sin estudios universitarios, empezó a trabajar como secretaria para ayudar a pagar los gastos de mi inesperado nacimiento. Pero era lista, sensata y capaz de trabajar ininterrumpidamente. Dando los pasos pertinentes fue ascendiendo poco a poco, hasta que llegó al umbral donde la eficiencia no era suficiente. Allí se quedó durante veinte años sin apenas haber disfrutado de unas vacaciones, viendo cómo sus homólogos masculinos seguían escalando puestos, aprovechando la información que se pasaban entre el hoyo nueve y el camino de vuelta a la sede del club, haciéndose ricos.

Más de una vez, mi madre le dijo a Toot que el banco no debería seguir con ese sexismo tan descarado. Pero Toot restaba importancia a las observaciones que hacía mi madre, diciendo que todo el mundo podía encontrar una razón para quejarse de cualquier cosa. Toot no se quejaba. Todas las mañanas se levantaba a las cinco y cambiaba el desaliñado vestido hawaiano de andar por casa por un traje hecho a medida y zapatos de tacón. Maquillada, embutida en una faja y con su fino pelo cardado, cogía el autobús 630 y llegaba antes que nadie a su oficina del centro de la ciudad. De vez en cuando, a regañadientes, admitía que estaba orgullosa de su trabajo y disfrutaba contándonos los cotilleos de las noticias financieras locales. Cuando me hice mayor, me confesó que nunca había dejado de soñar con poseer una casa con cerca blanca de puntiagudos listones de madera, en pasar los días horneando bizcochos, jugando al *bridge* o haciendo trabajos de voluntariado en la biblioteca local. Su confesión me sorprendió, dado que rara vez hablaba de sus penas o esperanzas. Podía ser cierto, o no, que ella prefiriera la otra historia que se había imaginado para sí misma, pero comprendí que había hecho su carrera durante una época en la que el trabajo de una esposa fuera de casa no era algo de lo que podían jactarse ni ella ni Gramps, y que sólo significaba años perdidos, esperanzas rotas. Lo que Toot creía que le hacía seguir adelante eran las necesidades de sus nietos y el estoicismo de sus antepasados.

—Con tal de que tus hijos estén bien, Bar —me diría en más de una ocasión—, eso es lo único que realmente importa.

Así es como vivían mis abuelos. Todavía preparaban *sashimi* para los invitados que, cada vez con menos frecuencia, venían a su apartamento. Gramps continuaba vistiendo camisas hawaianas para ir al trabajo, y Toot insistía en que la siguieran llamando Toot. No obstante, pienso, las ilusiones que habían traído consigo a Hawai fueron desapareciendo lentamente, hasta que la rutina —de horarios, distracciones, y el pronóstico del tiempo— se convirtió en su principal consuelo. A veces, refunfuñaban por la forma en que los japoneses dominaban las islas y por el control que los chinos ejercían sobre las finanzas. Durante la vista del Watergate, mi madre les sonsacó que habían votado a Nixon en 1968, el candidato de la ley y el orden. Ya no volvimos a ir a la playa ni a hacer senderismo juntos; por la noche Gramps veía la televisión mientras que Toot se sentaba en su habitación a leer novelas de misterio. Ahora, su mayor ilusión se reducía a estrenar cortinas nuevas o un congelador. Era como si hubieran pasado de largo las satisfacciones que suelen acompañar a la mediana edad, la sincronización de la madurez con el tiempo que les quedaba, la energía y los medios, el sentimiento liberador del deber cumplido. En algún momento durante mi ausencia, decidieron disminuir los gastos y resistir. No veían otros objetivos en los que centrar sus esperanzas.

Cuando el verano tocaba a su fin, mi inquietud por comenzar en la escuela crecía cada vez más. Mi principal preocupación era encontrar compañeros de mi misma edad; para mis abuelos, mi admisión en la Academia Punahou suponía el comienzo de algo grande, un ascenso en el estatus familiar que se esforzaron enormemente en divulgar. Fundada por los misioneros en 1841, Punahou se había convertido en una prestigiosa escuela de preparatorio, una incubadora para las élites de la isla. Su prestigio disuadió a mi madre de la idea de mandarme de vuelta a los Estados Unidos; no había sido fácil que me aceptaran, le dijeron mis abuelos; había una larga lista de espera, y si finalmente me admitieron fue sólo por la intervención del jefe de Gramps, que era un antiguo alumno (mi primera experiencia con la Acción Afirmativa* parece ser que no tenía mucho que ver con la raza).

* La Acción Afirmativa pretende establecer políticas que dan a un determinado grupo social que haya sufrido discriminación un trato preferencial en el acceso o distribución de ciertos recursos o servicios, y acceso a determinados bienes, para compensarles por los perjuicios o exclusiones de que fueron víctimas en el pasado.

El verano anterior me había entrevistado varias veces con la responsable de admisión de Punahou. Era una mujer enérgica, de aspecto eficiente, a la que no parecía perturbarle que mis pies apenas alcanzaran el suelo mientras me interrogaba sin piedad sobre los objetivos de mi carrera. Después de la entrevista nos mandó a Gramps y a mí a que diéramos una vuelta por el recinto, un complejo que se extendía por varias hectáreas de exuberantes campos verdes sombreados por árboles, con antiguos edificios de mampostería que albergaban las aulas y modernas estructuras de cristal y acero. Había canchas de tenis, piscinas y estudios de fotografía. En un momento del recorrido nos quedamos detrás del guía, y Gramps me cogió del brazo.

—Demonios, Bar —me dijo—, esto no es una escuela. Es el paraíso. Tendrías que traerme aquí contigo.

Junto a la notificación de mi admisión, un sábado por la tarde llegó un grueso paquete de información que Toot puso aparte para verlo con detenimiento. «Bienvenido a la familia de Punahou», anunciaba la carta. Me habían asignado una taquilla; estaba incluido en un plan de comidas, a menos que se marcara el casillero correspondiente; había una lista de cosas que tenía que comprar: ropa deportiva para la clase de educación física, tijeras, una regla, lápices del número dos, una calculadora (opcional). Gramps se pasó la tarde leyendo el catálogo completo de la escuela, un grueso libro donde se relacionaban los progresos que se esperaba que hiciera durante los siguientes siete años: los cursos preparatorios para la universidad, las actividades extraescolares, las tradiciones de una contrastada excelencia. Con cada nuevo item, Gramps se iba animando más y más; varias veces se levantó, marcando con el dedo la página por donde se había quedado, para ir a la habitación donde Toot estaba leyendo y decirle asombrado: «¡Madelyn, fíjate en esto!»

Entusiasmado, Gramps me acompañó a la escuela en mi primer día de clase. Había insistido en que llegáramos temprano, y Castle Hall, el edificio de los estudiantes de quinto y sexto grado, todavía no estaba abierto. Unos cuantos niños habían llegado ya y no paraban de contarse lo que habían hecho durante el verano. Nos sentamos al lado de un niño chino delgaducho que tenía un enorme corrector dental sujeto al cuello.

—¿Hola, qué tal? —le dijo Gramps al chico—. Este es Barry, yo soy su abuelo. Pero puedes llamarme Gramps —estrechó la mano del chico, que se llamaba Frederick—. Barry es nuevo.

—Yo también —dijo Frederick, y los dos entablaron una animada conversación. Abochornado, permanecí sentado hasta que las puertas se abrieron y subimos las escaleras que conducían a nuestra clase. Cuando estábamos en la puerta, Gramps nos dio a ambos una palmada en la espalda.

—Bueno, comportaos bien y no actuéis como yo —dijo con una sonrisa burlona.

—Tu abuelo es divertido —dijo Frederick mientras vimos cómo Gramps se presentaba a la señorita Hefty, la profesora de nuestra clase.

—Sí, lo es.

Nos sentamos en una mesa con cuatro niños más, y la señorita Hefty, una señora vigorosa de mediana edad con el pelo corto gris, pasó lista. Cuando leyó mi nombre completo escuché unas risas contenidas en el aula. Frederick se inclinó sobre mí.

—Creía que tu nombre era Barry.

—¿Prefieres que te llamemos Barry? —preguntó la señorita Hefty— Barack es un nombre tan bonito. Tu abuelo me ha dicho que tu padre es de Kenia. Yo viví en Kenia. Daba clase a chicos de tu misma edad. Es un país magnífico. ¿Sabes de qué tribu es tu padre?

Su pregunta trajo consigo más risitas y, por un momento, me quedé sin habla. Cuando por último respondí «Luo», un chico de cabello rojizo, que estaba detrás de mí, repitió la palabra aullando como un mono. Los chicos no pudieron contener la risa y la señorita Hefty les echó una dura reprimenda antes de que se calmaran y pasase al siguiente alumno de la lista.

El resto del día anduve aturdido. Una niña pelirroja me preguntó si podía tocarme el pelo y pareció sentirse dolida cuando me negué. Otro niño de tez rubicunda me preguntó si mi padre comía personas. Cuando llegué a casa, Gramps tenía la cena a medio preparar.

—¿Qué tal ha ido? ¿No es estupendo que la señorita Hefty viviera en Kenia? Eso hace el primer día mucho más fácil, te lo aseguro.

Entré en mi habitación y cerré la puerta.

Para el resto de los chicos la novedad de tenerme en clase desapareció rápidamente, pero mi sensación de aislamiento continuó aumentando. Mi ropa, que había elegido con Gramps, estaba pasada de moda; las sandalias indonesias que me quedaban tan bien en Yakarta aquí no resultaban muy elegantes. La mayoría de mis compañeros de clase habían estado juntos desde la guardería; vivían en los mismos barrios, en dúplex con piscina, sus padres entrenaban a los mismos equipos de la Liga Infantil y sus madres organizaban ventas benéficas de pasteles caseros. Nadie jugaba al fútbol, ni al bádminton, ni al ajedrez, y yo no tenía ni idea de cómo lanzar una pelota de fútbol americano en espiral, ni de cómo mantener el equilibrio en un monopatín.

Era la pesadilla de un niño de diez años. Aun así, a pesar de lo incómodo de ese primer mes, no estaba peor que aquellos otros relegados a la categoría de inadaptados: las chicas que eran demasiado altas o demasiado tímidas, el chico ligeramente hiperactivo y los críos que estaban exentos de la clase de educación física porque tenían asma.

Sin embargo, había una chica en mi clase que me recordaba un tipo diferente de dolor. Se llamaba Coretta y, hasta que llegué yo, era la única negra de nuestro curso. Rolliza y de piel muy oscura, no parecía tener muchos amigos. Nos evitamos desde el primer día, aunque nos mirábamos desde lejos, como si el contacto directo sólo sirviera para darnos cuenta de nuestro aislamiento.

Finalmente, un día caluroso y nublado, nos encontramos con que los dos estábamos ocupando el mismo rincón del patio en el recreo. No recuerdo lo que nos dijimos, pero sí que de pronto estaba persiguiéndome por aquella jungla de aparatos de gimnasia y columpios. Coretta reía radiante, y yo le tomaba el pelo y la esquivaba una y otra vez, hasta que finalmente consiguió pillarme y caímos al suelo, fatigados. Cuando levanté la vista, vi que un grupo de niños, a los que no les veía la cara porque estaban a contraluz, nos estaban señalando.

—¡Coretta tiene novio! ¡Coretta tiene novio!

El coro sonó con más fuerza al unirse a él otros niños, que nos rodearon formando un círculo.

—¡No es mi novia! —dije tartamudeando.

Miré a Coretta buscando algún tipo de ayuda, pero ella simplemente se quedó allí, con la mirada fija en el suelo.

—¡Coretta tiene novio! ¿Por qué no le da un beso, señor novio?

—¡No soy su novio! —les grité.

Me acerqué a ella corriendo y le di un pequeño empujón; ella dio un traspié y me miró, pero siguió sin decir nada.

—¡Dejadme en paz! —grité de nuevo.

De repente, Coretta comenzó a correr más y más rápido, hasta que la perdimos de vista. A mi alrededor se oyeron risas complacidas. Entonces sonó la campana, y aparecieron los profesores para agruparnos y hacernos entrar de nuevo en clase.

Durante el resto de la tarde me sentí atormentado por la mirada que había visto en la cara de Coretta justo antes de que echara a correr: mostraba su decepción al tiempo que me acusaba. Quería explicarle que no se trataba de nada personal, que nunca antes había tenido novia y que no tenía un especial interés en tenerla ahora. Pero ni siquiera estaba seguro de que eso fuera verdad. Sólo sabía que era demasiado tarde para dar explicaciones, que por alguna razón me habían puesto a prueba y no había dado la talla y que, siempre que miraba furtivamente al pupitre de Coretta, la veía con la cabeza gacha sobre sus deberes, dando la impresión de que no había pasado nada, ensimismada y sin pedir favores.

Mi traición sirvió para que otros niños me dejaran tranquilo y, al igual que Coretta, me quedé solo. Hice algunos amigos, aprendí a hablar menos en clase y conseguí lanzar la pelota de fútbol haciendo espirales. Pero, desde aquel día, una parte de mí se sintió pisoteada, aplastada, y me refugié en la vida que llevaban mis abuelos. Cuando salía de la escuela caminaba las cinco manzanas que había hasta nuestro apartamento y, si tenía algún dinero suelto en mis bolsillos, me paraba en el quiosco de periódicos que atendía un ciego para que me pusiera al corriente de los tebeos nuevos que habían llegado. Gramps estaba en casa esperándome, y mientras él se echaba la siesta yo veía los dibujos animados y las reposiciones de antiguas series cómicas. A las cuatro y media lo despertaba y juntos íbamos al centro para recoger a Toot. Mis deberes estaban terminados para la hora de la cena, que tomábamos frente al televisor. Allí seguía el resto de la tarde, discutiendo con el abuelo el programa que veríamos o compartiendo el último tentempié que había encontrado en el supermercado. A las diez en punto me iba a mi habitación —era la hora del programa de Johnny Carson, y aquí no había discusión posible— y me quedaba dormido con la música de los cuarenta principales en la radio.

Acunado en el mullido e indulgente seno de la cultura consumista americana me sentía seguro; era como si hubiera caído en una larga hibernación. Algunas veces me pregunto cuánto tiempo hubiera podido quedarme así, de no haber sido por el telegrama que Toot se encontró un día en el buzón del correo.

—Tu padre va a venir a verte —me dijo—. El mes que viene. Dos semanas después de que llegue tu madre. Los dos se quedarán hasta Año Nuevo.

Dobló con cuidado el papel y lo dejó en un cajón de la cocina. Tanto ella como Gramps se quedaron en silencio, igual que cuando el médico le dice a alguien que tiene una enfermedad grave, pero que se puede curar. Por un momento el aire pareció haberse evaporado de la habitación, y nos quedamos en suspenso, a solas con nuestros pensamientos.

—Bien —dijo finalmente Toot—, creo que es mejor que empecemos a buscar un sitio donde tu padre pueda quedarse.

El abuelo se quitó las gafas y se frotó los ojos.

—Van a ser unas Navidades horribles.

Durante el almuerzo, le expliqué a un grupo de niños que mi padre era un príncipe.

—Mi abuelo, ¿sabéis?, es un gran jefe. Una especie de rey de la tribu..., como los indios. Y eso convierte a mi padre en príncipe. Cuando muera mi abuelo él asumirá el poder.

—¿Y qué pasará después? —me preguntó uno de mis amigos mientras vaciábamos nuestras bandejas en el cubo de la basura—. ¿Volverás allí y serás también príncipe?

—Bueno…, si quisiera podría serlo. Es que es un poco complicado, ¿sabes?, porque la tribu está llena de guerreros. Como Obama…, que quiere decir «Lanza de Fuego». Todos los hombres de nuestra tribu quieren ser el jefe, así que mi padre tendrá que acabar con esas disputas antes de que yo vaya.

Conforme las palabras iban saliendo de manera atropellada de mi boca y veía que los chicos se me acercaban, más curiosos y afectuosos, mientras tropezábamos unos con otros en la última fila de la clase, una parte de mí empezaba a creerse la historia. Pero otra sabía que lo que les estaba contando era una mentira, algo que había construido a partir de retazos de información que le había escuchado a mi madre. Después de una semana en la que mi padre había estado presente en todo momento, decidí que prefería tener una imagen suya más distante, una imagen que yo pudiera cambiar a capricho o ignorarla a mi conveniencia. Aunque no puedo decir que mi padre me había decepcionado, para mí seguía siendo alguien desconocido, volátil y vagamente amenazador.

Mi madre percibió mi aprehensión en los días anteriores a su llegada —supongo que yo reflejaba la suya—, así que, mientras se esforzaba en preparar el apartamento que habíamos alquilado para él, intentaba convencerme de que nuestro encuentro iría sobre ruedas. Habían mantenido correspondencia durante todo el tiempo que estuvimos en Indonesia, me explicó, y él lo sabía todo sobre mí. Al igual que ella, mi padre había vuelto a casarse, y ahora yo tenía cinco hermanos y una hermana que vivían en Kenia. Había sufrido un grave accidente de tráfico, y el viaje formaba parte de su recuperación tras una larga estancia en el hospital.

—Los dos llegaréis a ser grandes amigos —decidió.

Junto con las noticias sobre mi padre comenzó a llenarme la cabeza con información sobre Kenia y su historia, que extrajo de un libro sobre Jomo Kenyatta, el primer presidente de Kenia, a quien yo había robado el nombre de Lanza de Fuego. Pero nada de lo que contaba mi madre podía aliviar mis dudas y apenas retenía la información que me brindaba. Sólo logró captar mi interés cuando me contó que la tribu de mi padre, los Luo, eran una tribu de *nilotes* que habían emigrado a Kenia desde su lugar de origen: las orillas del río más grande del mundo. Esto parecía prometedor; el abuelo guardaba todavía un cuadro que había pintado una vez. Era una copia en la que se veían unos egipcios, delgados, broncíneos, que iban sobre una carroza tirada por corceles de alabastro. Yo me imaginaba el antiguo Egipto, los grandes reinos sobre los que había leído, pirámides y faraones, Nefertiti y Cleopatra.

Un sábado fui a la biblioteca pública que había cerca de nuestro apartamento y, con la ayuda de un viejo bibliotecario de voz carrasposa que apreciaba mi formalidad, encontré un libro sobre África Oriental. Pero no hacía mención alguna a las pirámides. De hecho, a los luo sólo les dedicaba un corto párrafo. Resultaba que la palabra *nilote* describía a varias tribus nómadas que tuvieron su origen en Sudán, a lo largo del Nilo Blanco, remotamente hacia el sur de los imperios egipcios. Los luo criaban cabras, vivían en chozas de barro y se alimentaban con maíz, batatas y algo que se llamaba mijo. Su traje tradicional era un taparrabos de cuero. Dejé el libro abierto encima de la mesa y salí sin despedirme siquiera del bibliotecario.

Por fin llegó el gran día, la señorita Hefty permitió que saliera antes de clase y me deseó buena suerte. Dejé el edificio de la escuela sintiéndome como un reo. Me pesaban las piernas y, a medida que me acercaba al apartamento de mis abuelos, los latidos de mi corazón iban haciéndose más fuertes. Cuando subí al ascensor me quedé de pie, sin pulsar el botón. La puerta se cerró, se volvió a abrir, y entonces entró un anciano filipino que vivía en el cuarto piso.

—Tu abuelo dice que tu padre viene hoy a visitaros —dijo el hombre en tono festivo—. Estarás muy contento.

Cuando (después de quedarme de pie frente a la puerta mirando más allá del *skyline* de Honolulu a un barco lejano, y tras entornar los ojos para ver cómo los gorriones cruzaban el cielo describiendo espirales) me di cuenta de que no tenía posibilidad alguna de escapar, llamé al timbre del apartamento.

—¡Aquí está! ¡Vamos Bar, ven a saludar a tu padre!

Y allí, en el pasillo sin iluminar, le vi, una figura alta y oscura que caminaba con una leve cojera. Se agachó y me rodeó con sus brazos, pero los míos se quedaron colgando a los lados. Tras él estaba mi madre, temblándole la barbilla, como siempre.

—Muy bien Barry —dijo mi padre—. Estoy muy contento de verte después de tanto tiempo. Muy contento.

Me llevó de la mano hasta el cuarto de estar, y todos nos sentamos.

—Bueno, Barry, tu abuela me ha dicho que lo estás haciendo muy bien en la escuela.

Me encogí de hombros.

—Le da un poco de vergüenza —intervino Toot.

Ella sonrió y me pasó la mano por la cabeza.

—Bien —comentó mi padre—, no tiene que darte vergüenza el que te vaya bien. ¿Te he dicho que tus hermanos y hermana han sacado muy buenas notas en el colegio? Lo lleváis en la sangre, creo —dijo riéndose.

Cuando los mayores comenzaron a hablar yo lo miré fijamente. Era mucho más delgado de lo que creía; los huesos de sus rodillas formaban en las perneras de sus pantalones dos agudos ángulos; no me lo podía imaginar levantando a nadie del suelo. A su lado, un bastón con una cabeza roma de marfil descansaba contra la pared. Vestía chaqueta azul, camisa blanca y, al cuello, un pañuelo escarlata. Sus gafas, con montura de carey, reflejaban la luz de la lámpara y no me permitían ver muy bien sus ojos, pero cuando se las quitó para frotarse el puente de la nariz pude ver que estaban ligeramente amarillos, los ojos de alguien que había tenido la malaria más de una vez. Había una cierta fragilidad en su constitución, pensé, y era cuidadoso a la hora de encender un cigarrillo o alargar la mano para coger su cerveza. Después de una hora o así, mi madre sugirió que, como parecía cansado, debería echar una siesta, y él se mostró de acuerdo. Recogió su bolsa de viaje, luego se detuvo en la mitad del camino y se puso a revolver en ella, hasta que finalmente sacó tres figuritas de madera (un león, un elefante, y un hombre de ébano vestido con el atuendo de la tribu tocando un bongó), y me las dio.

—Da las gracias, Bar —dijo mi madre.

—Gracias —murmuré.

Mi padre y yo miramos las inertes tallas que tenía en mis manos. Después me cogió del hombro.

—Sólo son un pequeño detalle —dijo con suavidad.

A continuación hizo una indicación con la cabeza a Gramps, y juntos reunieron su equipaje y bajaron las escaleras hacia el otro apartamento.

Un mes. Ese era el tiempo que estaríamos los cinco juntos, la mayoría de las tardes las pasábamos en la sala de estar de mis abuelos. Durante el día dábamos una vuelta en coche por la isla o cortos paseos a pie más allá de los límites de la propiedad privada de una familia donde una vez estuvo el apartamento de mi padre; del hospital, ahora renovado, donde yo nací; de la primera casa que mis abuelos tuvieron en Hawai, antes de la que estaba en la Avenida de la Universidad, que no llegué a conocer. Había mucho que contar durante ese mes, mucho que explicar. No obstante, cuando trato de rastrear en mi memoria el recuerdo de las palabras de mi padre, las breves relaciones o conversaciones que tuvimos se han perdido para siempre. Quizá están grabadas muy hondo, y su voz no sea sino la simiente de toda esa especie de intricadas discusiones que sostengo conmigo mismo, tan impenetrables ahora como la estructura de mis genes, de forma que todo lo que percibo es un envoltorio vacío. Mi esposa tiene una respuesta más simple: que los padres y los hijos no tienen mucho de que hablar, al menos hasta que hay confianza, lo que puede que sea realmente cierto, ya que con frecuencia sentía que me quedaba mudo ante su presencia, y él nunca me estimuló a hablarle. Me quedé, en la mayoría de los casos, con imágenes que aparecían y desaparecían en mi mente como sonidos lejanos: cuando echaba su cabeza hacia atrás soltando una carcajada con alguna de las bromas de Gramps mientras mi madre y yo colgábamos los adornos de Navidad; la forma en que me presionaba el hombro cuando me presentaba a sus viejos amigos de la universidad; cómo achinaba los ojos y se acariciaba su rala perilla mientras leía sus importantes libros.

Imágenes, y el impacto que causaba en otras personas. Siempre que hablaba —cruzaba una pierna sobre la otra, entrelazaba sus grandes manos para dirigir o desviar la atención, halagando y riendo con su voz firme y profunda— yo veía cómo se producía un repentino cambio en la

familia. Gramps se volvía más enérgico y reflexivo, mi madre más tímida; hasta Toot, arrancada a la fuerza del refugio de su dormitorio, discutía con él de política o finanzas, haciendo molinetes en el aire con sus
manos surcadas de venas azules, para enfatizar su opinión. Era como si
su presencia hubiera convocado el espíritu de los primeros tiempos y
permitiera que él o ella pudieran retomar su viejo papel, como si nunca
hubieran disparado al doctor King y los Kennedy siguieran embelesando
a la nación, y la guerra, los disturbios y el hambre no fueran más que
reveses ocasionales y no tuviéramos que temer sino al propio temor.

Me fascinaba su extraño poder, y por primera vez empecé a pensar en
mi padre como algo real y próximo, incluso hasta permanente. Después
de unas pocas semanas, sin embargo, empecé a notar que la tensión comenzaba a atenazarme. Gramps se quejaba de que mi padre se sentaba en
su sillón. Toot, mientras fregaba los platos, murmuraba que ella no era la
criada de nadie. Mi madre, apretando los labios, evitaba las miradas de
sus padres mientras cenábamos. Una noche puse la televisión para ver un
especial de dibujos animados, *Cómo Grinch robó la Navidad*, y los mur-
mullos acabaron en gritos.

—Barry, ya has visto bastante televisión por esta noche —dijo mi
padre—. Ve a tu habitación y ponte a estudiar, los adultos tenemos que
hablar.

Toot se puso de pie y apagó la televisión.

—¿Por qué no ves el programa en el dormitorio, Bar?

—No, Madelyn —dijo mi padre—, no es eso lo que quiero decir. Ha
estado mirando ese aparato sin parar y ya es hora de que se ponga a estudiar.

Mi madre intentó explicarle que las vacaciones de Navidad estaban
próximas, que el programa era mi favorito en esa época del año y que
llevaba esperando toda la semana para verlo.

—No dura mucho.

—Anna, esto no tiene sentido. Si el chico ha hecho sus deberes para
mañana puede empezar a hacer los del día siguiente. O los que tenga
para cuando acaben las vacaciones —luego se volvió hacia mí—. Te lo
digo, Barry, no trabajas todo lo que deberías. Vete ya antes de que me
enfade contigo.

Me fui a mi habitación y cerré dando un portazo, mientras escuchaba
cómo subía el tono de la discusión. Gramps insistía en que aquella era su
casa, Toot decía que mi padre no tenía ningún derecho a llegar e intimi-
dar a todo el mundo, incluido yo, después de haber estado ausente duran-

te tanto tiempo. Oí decir a mi padre que me estaban mimando, que necesitaba mano dura, y escuché a mi madre decirle a sus padres que nada iba a cambiar entre a ellos. Todos nos habíamos puesto en evidencia. Una vez que mi padre se fue, Toot entró para decirme que podía ver los últimos cinco minutos del programa. Sentí como si se hubiera abierto una brecha entre nosotros, que unos duendes traviesos habían salido precipitadamente de un viejo cubil hasta entonces sellado. Contemplando en la pantalla de televisión cómo el verde Grinch intentaba arruinar la Navidad, lo que finalmente no consiguió gracias a la fe de las criaturas de ojos inocentes que vivían en Whoville, lo vi todo tal y como era: una mentira. Empecé a contar los días que faltaban para que se marchara mi padre y las cosas volvieran a la normalidad.

Al día siguiente, Toot me mandó al apartamento de mi padre para ver si tenía ropa sucia que lavar. Llamé, y abrió la puerta sin camiseta. Dentro vi a mi madre, que estaba planchándole algunas prendas. Se había recogido el pelo en una coleta y su mirada era resignada y sombría, como si hubiera estado llorando. Mi padre me dijo que me sentara junto a él en el borde de la cama, pero le contesté que Toot necesitaba que le ayudara y me fui después de darle el recado. Cuando estuve de vuelta, no había más que comenzado a limpiar mi habitación cuando entró mi madre.

—No tienes que estar enfadado con tu padre, Bar. Él te quiere mucho. Sólo que a veces es algo testarudo.

—Vale —dije sin levantar la vista.

Sentí como me seguía con la mirada por toda la habitación, hasta que por último lanzó un leve suspiro y se dirigió a la puerta.

—Sé que todo esto te está confundiendo —dijo—. También a mí. Intenta recordar lo que te he dicho, ¿de acuerdo? —puso su mano en el pomo de la puerta—. ¿Quieres que la cierre?

Asentí con la cabeza, pero no había pasado ni un minuto cuando volvió a asomar por la habitación.

—Por cierto, se me olvidaba decirte que la señorita Hefty ha invitado a tu padre a ir a la escuela el jueves. Quiere que dirija unas palabras a los alumnos de tu clase.

No podía haberme imaginado peores noticias. Pasé aquella noche y todo el día siguiente intentando evitar un pensamiento inevitable: las caras que pondrían mis compañeros cuando oyeran lo de las cabañas de barro, todas mis mentiras al descubierto, y las bromas maliciosas que seguirían a continuación. Cada vez que lo recordaba mi cuerpo se estremecía como si me recorriera un espasmo nervioso.

Al día siguiente aún me encontraba tratando de idear el tipo de explicaciones que tendría que dar, cuando mi padre entró en clase. La señorita Hefty le dio una efusiva bienvenida, y mientras me sentaba oí cómo varios niños se preguntaban qué era lo que estaba pasando. Mi desesperación creció cuando el profesor de matemáticas, un hawaiano grande y poco amigo de bromas que se llamaba señor Eldredge, entró en el aula seguido de treinta desconcertados niños de la clase de al lado.

—Hoy tenemos un invitado especial —comenzó a decir la señorita Hefty—. El padre de Barry Obama está aquí, y ha venido desde Kenia, en África, para hablarnos de su país.

Todos me miraron cuando mi padre se puso en pie. Yo mantuve la cabeza erguida, tratando de concentrarme en un punto vacío de la pizarra que estaba detrás de él. Ya llevaba hablando un rato cuando por fin logré volver a la realidad. Mi padre se apoyó sobre la robusta mesa de roble de la señorita Hefty mientras describía la profunda sima que había en la tierra donde surgió por vez primera la Humanidad. Habló de los animales salvajes que aún merodeaban por las praderas, de las tribus que todavía exigían que un niño matara a un león para demostrar su hombría. Habló de las costumbres de los luo, de cómo los ancianos de la tribu eran acreedores del mayor respeto y de cómo, sentados alrededor de los grandes troncos de los árboles, dictaban las leyes que todos tenían que cumplir. Relató la lucha de Kenia por su libertad; habló de cómo los ingleses querían quedarse y gobernar injustamente a su pueblo, al igual que hicieron en América; de sus numerosos compatriotas que fueron hechos esclavos sólo por el color de su piel, igual que había sucedido aquí, pero los keniatas, como todos los que estábamos en la clase, ansiaban la libertad y poder prosperar mediante el trabajo duro y el sacrificio.

Cuando acabó, la señorita Hefty irradiaba orgullo. Todos mis compañeros aplaudieron de corazón, y unos cuantos reunieron el valor necesario para hacer preguntas que mi padre parecía meditar concienzudamente antes de responder. Sonó la campana para el almuerzo, y el señor Eldredge se me acercó.

—Tu padre es una persona extraordinaria.

El chico de cara rubicunda que hacía tiempo me había preguntado sobre el canibalismo me dijo:

—Tu padre mola mucho.

Y, apartada a un lado, vi a Coretta que miraba cómo mi padre se despedía de algunos niños. Parecía demasiado concentrada para sonreír; en su cara simplemente se dibujaba una expresión de satisfacción.

Dos semanas más tarde ya se había ido. En aquella época nos poníamos de pie junto al árbol de Navidad y posábamos para hacernos fotos, las únicas que tengo de todos nosotros juntos, yo con una pelota de baloncesto de color naranja, el regalo que me hizo mi padre, y él mostrando una corbata que le regalé («¡Vaya! ¡La gente sabrá lo importante que soy por llevar una corbata así!»). En un concierto de Dave Brubeck, traté de permanecer en silencio a su lado, con el auditorio a oscuras, incapaz de seguir las sincopadas notas de los músicos, atento a aplaudir siempre que mi padre lo hacía. Durante el día había breves momentos mágicos en los que me echaba junto a él —los dos solos en el apartamento que le habíamos alquilado a la anciana jubilada cuyo nombre he olvidado, un lugar lleno de edredones, tapetes y fundas de ganchillo para los asientos—, y ambos leíamos nuestros libros. Él continuaba siendo un misterio para mí, una mera presencia; cuando imitaba sus gestos o sus juegos de palabras que no sabía de donde provenían ni porqué los utilizaba ni qué significarían con el tiempo. Pero me acostumbré a su compañía.

El día de su partida, mientras mi madre y yo le ayudábamos a hacer el equipaje, sacó dos discos de cuarenta y cinco revoluciones con unas fundas polvorientas de un desvaído color marrón.

—¡Barry, mira, se me había olvidado que te había traído esto! Los sonidos de tu continente.

Le llevó un rato saber cómo funcionaba el viejo estéreo de mis abuelos, pero finalmente el disco empezó a dar vueltas y él puso con cuidado la aguja en el surco. Comenzó con unos leves acordes de guitarra, luego el agudo sonido de las trompas, el ritmo sordo de los tambores, otra vez la guitarra, y después las voces, limpias y alegres, que se elevaban sobre el fondo rítmico, llamándonos.

—Vamos Barry —dijo mi padre—. Vas a aprender de un maestro.

Y de repente su delgado cuerpo empezó a balancearse hacia adelante, el voluptuoso sonido siguió subiendo, sus brazos se movían como si intentara lanzar una red invisible, sus pies se entrecruzaban en el suelo tratando de seguir el ritmo, rígida su pierna enferma, el trasero en alto, la cabeza hacia atrás, y sus caderas moviéndose en un estrecho círculo. El ritmo se aceleró, sonaron las trompas, y sus ojos se cerraron para seguir la música en éxtasis. Entonces abrió un ojo para echarme una mirada furtiva, y en su expresión solemne se desplegó una amplia sonrisa de oreja a oreja, mi madre sonrió y mis abuelos entraron para ver a qué se debía aquel estruendo. Intenté dar unos pasos con los ojos cerrados, arriba y abajo, balanceando mis brazos cuando las voces empezaron a elevarse. Y todavía lo puedo escuchar: mientras me sumergía con mi padre en la música él lanzó un grito corto, vibrante y fuerte, un grito que dejaba muchas cosas atrás y quería alcanzar otras nuevas, un grito que reclamaba a voces la risa.

CUATRO

—Tío, no voy a ir más a esas fiestas de mierda de Punahou.

—Ya, eso es lo que dijiste la última vez.

Ray y yo nos sentamos en la mesa y desenvolvimos nuestras hamburguesas. Él era dos años mayor que yo, un estudiante de último curso que había llegado el año anterior desde Los Ángeles debido al traslado de su padre, que era militar. A pesar de la diferencia de edad, trabamos amistad enseguida, sobre todo porque los dos juntos conformábamos casi la mitad de la población negra del instituto de Punahou. Me gustaba su compañía; tenía un sentido del humor descarado y cordial, lo que compensaba sus constantes referencias a su anterior vida en Los Ángeles: el séquito de mujeres que supuestamente le hacían llamadas de larga distancia todas las noches, sus anteriores proezas futbolísticas, los famosos que conocía… Yo no prestaba mucha atención a la mayoría de las cosas que me contaba, pero sí a algunas; era verdad, por ejemplo, que había sido uno de los velocistas más rápidos de las islas, de nivel olímpico según algunos, a pesar del enorme estómago que le temblaba cuando corría bajo su camiseta empapada de sudor, y que dejaba tanto a los entrenadores como a sus adversarios haciendo gestos de incredulidad con la cabeza. A través de Ray conocí las fiestas de negros que se celebraban tanto en la universidad como fuera, en las bases del ejército, y de su mano me interné en terrenos desconocidos. A cambio, yo fui para él la caja de resonancia de sus frustraciones.

—Esta vez lo digo en serio —me decía—. Esas chicas son racistas de primera. Todas. Las blancas. Las asiáticas, esas asiáticas son peores que las blancas. Creen que tenemos una enfermedad o algo parecido.

—Tal vez lo que pasa es que te ven ese culo gordo que tienes. Tío, creía que estabas entrenando.

—Quita tus manos de mis patatas fritas. No eres mi puta, negro…, cómprate tus malditas patatas. Bueno, ¿de qué estaba hablando?

—El que una chica no salga contigo no quiere decir que sea racista.

—No seas pesado, ¿vale? No me refiero a que eso sólo haya pasado una vez. Mira, le pedí a Mónica que saliéramos y me respondió que no. De acuerdo, le dije …, tampoco eres gran cosa —Ray se quedó esperando mi reacción, luego sonrió—. Vale, tal vez no le dije eso. Sólo: de acuerdo, Mónica. ¿Sabes?, todavía estamos enfadados. Y lo siguiente que sé de ella es que está colada por Steve *sin cuello* Yamaguchi, y que se cogen de la mano y toda esa mierda, como un par de tórtolos. Pues muy bien, imagino que hay más peces en el mar. Entonces se lo pedí a Pamela. Me dijo que no iba al baile. De acuerdo, le dije. Fui al baile y, ¿sabes quién estaba allí, echándole los brazos al cuello a Rick Cook? «Hola Ray», me dijo, como si ella no supiera qué es lo que estaba pasando. ¡Rick Cook! ¿Y acaso tú no sabes que ese tío es una mierda? ¿Qué tiene contra mí esa jodida hija de puta? ¡Nada!

Se metió en la boca un puñado de patatas fritas.

—Eso no me pasa sólo a mí, por cierto. No veo que a ti te vaya mejor.

Eso es porque yo soy tímido, pensé para mí; aunque eso era algo que nunca le diría a él. Ray siguió quejándose.

—¿Y qué pasa cuando vamos a una fiesta con algunas hermanas, eh? ¿Qué pasa? Te diré lo que pasa. ¡Zas! Se abalanzan sobre nosotros como si no hubiera un mañana. Chicas de instituto, de la universidad, no importa. Son dulces, todo sonrisas. «Claro que puedo darte mi teléfono, mi niño. Ya lo creo».

—Bien…

—¿Bien, qué? Escucha, ¿por qué no consigues jugar más minutos con el equipo de baloncesto, eh? Hay al menos dos tíos que no son tan buenos como tú y son titulares, y ellos lo saben y tú también. He visto cómo los machacas en la cancha, no hay color. Y en cuanto a mí ¿por qué no he sido titular esta temporada en el equipo de fútbol, a pesar de los pases que falló el otro tío? Acaso no nos tratarían de manera diferente si fuéramos blancos. O japoneses. O hawaianos. O unos jodidos esquimales.

—Eso no es lo que estoy diciendo.

—Entonces, ¿qué es lo que dices?

—De acuerdo, esto es lo que quiero decir: digo que sí, que es difícil salir con chicas porque no hay muchas negras por aquí. Pero eso no significa que las que hay aquí sean todas racistas. Quizá quieren a alguien que se parezca a su padre, o a su hermano, o lo que sea, y esos no somos nosotros. Te digo que sí, que puede que yo no tenga la continuidad que tienen los chicos blancos del equipo, pero juegan como los blancos, y eso es lo que quiere el entrenador, y además están ganando por jugar así. Yo no juego de esa manera. Y en cuanto a tu grasiento y bocazas ego —añadí, cogiendo la última patata frita que le quedaba—, digo que puede que no le gustes a los entrenadores porque eres un negro listillo, y te sería de ayuda que dejaras de comer todas las patatas fritas que comes, que parece que estuvieras preñado de seis meses. Eso es lo que te estoy diciendo.

—Tío, no entiendo por qué disculpas a esa gente —Ray se puso de pie y arrugó su bandeja hasta que la redujo a una apretada bola—. Vámonos de aquí. La mierda de manera de pensar que tienes es demasiado complicada para mí.

Ray tenía razón; las cosas se habían complicado. Habían pasado cinco años desde la visita de mi padre, y en la superficie, al menos, había sido un tiempo apacible marcado por las habituales ceremonias y rituales que Norteamérica esperaba de sus hijos: informes escolares sin demasiada importancia y llamadas al despacho del director, trabajos de media jornada en las cadenas de hamburgueserías, pruebas para eliminar el acné y obtener el carné de conducir, y turbios deseos. Había hecho algunas amistades en la escuela, tuve la típica cita embarazosa, y si alguna vez me devané los sesos por la misteriosa reorganización de la posición social que tenía lugar entre mis compañeros de clase, el ascenso de unos y el declive de otros dependiendo de los caprichos de sus cuerpos o de los coches que tuvieran, me consolaba pensando que mi propia posición social había ido mejorando constantemente. Era raro que me encontrase con chicos provenientes de familias que tuvieran menos que la mía, y quizá me recordaban lo afortunado que era.

Mi madre hacía cuanto podía para recordármelo. Se había separado de Lolo y había regresado a Hawai, poco después de mi llegada, para hacer un master en antropología. Durante tres años, Maya, ella y yo vivimos juntos en un pequeño apartamento a una manzana de Punahou, y nos mantuvimos gracias a las becas de estudios de mi madre. A veces, cuando llevaba amigos a casa después de la escuela, mi madre casualmente les oía comentar la falta de comida en el frigorífico y el deficiente gobierno de la casa, ella me llamaba aparte para decirme que era una madre soltera que iba de nuevo a clase y que criaba a dos hijos, así que hacer galletas no era lo más importante en su lista de prioridades, y que aunque apreciaba la magnífica educación que estaba recibiendo en Punahou, no iba a aguantar ciertas actitudes de un mocoso como yo o mis amigos, ¿quedaba claro?

Lo entendí. A pesar de mis frecuentes —y a veces malhumoradas— reivindicaciones de independencia, los dos permanecimos unidos, y trataba de ayudarla en todo lo que podía: iba a comprar a la tienda de comestibles, hacía la colada, cuidaba de mi hermana que ya era una preciosa niña de ojos oscuros. Pero cuando mi madre estuvo lista para regresar a Indonesia para completar su trabajo de campo y sugirió que volviera con ella y con Maya para asistir allí a la escuela internacional, inmediatamente le dije que no. Ahora dudaba de lo que Indonesia podía ofrecerme y temía tener que empezar de nuevo desde cero. Es más, llegué a un pacto tácito con mis abuelos: viviría en su casa y me dejarían en paz con tal de que no les diese quebraderos de cabeza. El acuerdo encajaba con mis planes, que apenas podía precisar, y todavía mucho menos a ellos. Lejos de mi madre, lejos de mis abuelos, me enfrenté a una lucha interior que aparecía de manera intermitente. Intentaba crecer como hombre negro en Estados Unidos, y, más allá de lo que implicaba mi apariencia, nadie de los que había a mí alrededor parecía saber lo que eso significaba exactamente.

Las cartas de mi padre me dieron algunas pistas. Llegaban de manera esporádica, en una sola página azul con las solapas pegadas tapando lo que estuviera escrito en los márgenes. Contaba que todos estaban estupendamente, elogiaba mis progresos en la escuela e insistía en que mi madre, Maya y yo seríamos bienvenidos si queríamos irnos con él y ocupar el puesto que por derecho nos correspondía. De vez en cuando me daba algún consejo, normalmente bajo la forma de un aforismo que yo no comprendía («como el agua que alcanza su nivel, tú harás la carrera que te convenga»). Yo le respondía puntualmente en una página con espaciados renglones impresos, y sus cartas acabarían junto a las fotos que de él mi madre guardaba en el armario.

Gramps tenía varios amigos negros; por lo general compañeros de póquer o de *bridge*, y antes de ser suficientemente mayor como para herir su susceptibilidad, lo dejaba que me llevase a alguna de sus partidas. Eran ancianos vestidos con pulcritud, de voces roncas y ropas que olían al humo de sus puros, la clase de hombres para los que cada cosa tiene su lugar y que creen que han visto lo bastante como para no tener que perder el tiempo hablando de ello. Cada vez que me veían me daban una jovial palmada en la espalda y me preguntaban qué tal le iba a mi madre. Pero una vez que empezaba el juego no decían ni una palabra más, si no era para quejarse a su pareja sobre una apuesta.

Había una excepción, un poeta llamado Frank, que vivía en una zona deprimida de Waikiki. Contemporáneo de Richard Wright y Langston Hughes, había gozado de cierta fama durante los años que vivió en Chicago (Gramps me mostró una vez algunos fragmentos escogidos de su obra que formaban parte de una antología de poesía negra).

Frank debía de andar rondando los ochenta en la época en que lo conocí; tenía una cara grande, papada, y su pelo despeinado y gris le hacía parecer un viejo león desgreñado. Nos leía sus poemas cada vez que pasábamos por su casa, compartía su whisky con Gramps, que ambos bebían en tarros de mermelada vacíos. Cuando caía la noche, los dos me pedían que les ayudara a componer versos humorísticos subidos de tono. Al final, la conversación acababa en quejas sobre las mujeres.

—Ellas te llevan a la bebida, chico —me decía Frank, poniéndose muy serio—. Y si las dejas te llevan a la tumba.

El viejo Frank me intrigaba, con sus libros, su aliento que olía a alcohol y un cierto aire de sabiduría trabajosamente adquirida que se adivinaba en sus hundidos ojos. Las visitas que hacíamos a su casa siempre me dejaban una vaga sensación de incomodidad, como si yo fuera testigo de una interacción tácita y complicada entre los dos hombres, una interacción que no podía entender del todo. Era la misma sensación que tenía cada vez que Gramps me llevaba a uno de sus bares favoritos del centro, en el barrio chino de Honolulu.

«No se lo digas a tu abuela», me decía con un guiño, mientras pasábamos delante de busconas mal encaradas y cuerpos mórbidos, hasta llegar a un bar pequeño y oscuro que tenía una máquina de discos y dos mesas de billar. A nadie parecía importarle que Gramps fuera el único blanco del establecimiento, o que yo tuviera once o doce años. Algunos de los clientes que se apoyaban en la barra nos saludaban con la mano; luego, la camarera, una señora grande de piel clara y carnosos brazos desnudos, le servía un whisky escocés a Gramps y a mí una Coca-Cola. Si no había nadie jugando al billar, Gramps me señalaba un par de bolas y me enseñaba a jugar, pero normalmente me sentaba en la barra balanceando las piernas desde lo alto del taburete, soplando por la pajita de mi refresco para hacerlo burbujear y contemplando los cuadros pornográficos que colgaba de las paredes: mujeres fosforescentes con pieles de animales, personajes de Disney en posturas procaces. Si andaba por allí un tal Rodney, que se tocaba con un sombrero de ala ancha, solía detenerse y saludarme.

—¿Cómo va la escuela, capitán?

—Va bien.

—Sacas sobresalientes, ¿no es así?

—Algunos.

—Eso está bien. Sally, ponle a mi amigo otra Coca-Cola —decía Rodney al tiempo que separaba un billete de veinte de un fajo grande que había sacado del bolsillo, antes de desaparecer entre las sombras.

Todavía me acuerdo de la emoción que sentía durante aquellas excursiones nocturnas, la tentación de la oscuridad y el golpeteo de los tacos de billar, el reclamo luminoso verde y rojo de la máquina de discos y las risas desganadas que corrían por la sala. Ya entonces, a pesar de mi juventud, había empezado a darme cuenta de que la mayoría de la gente que había en el bar no estaba por casualidad, que mi abuelo buscaba allí la compañía de gente que podían ayudarle a olvidar sus problemas, gente que, según él, no le criticaba. Quizá el bar le ayudaba a olvidar, pero sé, gracias al infalible instinto infantil, que se equivocaba en cuanto a lo de que no le criticaran. Nuestra presencia allí parecía forzada, y en la época en que empecé el instituto ya sabía cómo excusarme para no aceptar las invitaciones de Gramps, en la certeza de que cualquier cosa que quisiera o necesitara tendría que venir de otro lado.

Televisión, películas, la radio; ahí era por donde había que empezar. En el fondo, la cultura popular se expresaba mediante un código del color, una galería de imágenes de la que uno podía adoptar una forma de andar, de hablar, unos pasos de baile, un cierto estilo. No podía cantar como Marvin Gaye, pero podía aprender los pasos de baile de *Soul Train*. No podía llevar pistola como Shaft o Superfly, pero seguro que podía maldecir como Richard Prior.

Y podía jugar al baloncesto, con una pasión que me consumía y que excedía siempre mi limitado talento. El regalo de Navidad de mi padre me llegó cuando el equipo de baloncesto de la Universidad de Hawai había entrado en el *ranking* nacional gracias al refuerzo de un cinco titular compuesto por jugadores negros importados del continente. Aquella misma primavera, Gramps me llevó a un partido y pude ver la fase de calentamiento de los jugadores. Eran muy jóvenes, pero yo los veía como guerreros seguros de sí mismos, que se reían con disimulo celebrando alguna broma entre ellos y echaban un vistazo por encima de las cabezas de sus admiradores incondicionales para guiñarles el ojo a las chicas que estaban en las bandas, mientras lanzaban despreocupadamente a canasta con una sola mano o tiraban en suspensión haciendo que la pelota describiese un gran arco, así hasta que sonó el silbato, saltaron los pívots y todos se enzarzaron en una furiosa batalla.

Decidí formar parte de aquel mundo, y empecé a bajar a la cancha que había cerca del apartamento de mis abuelos después de la escuela. Desde la ventana de su dormitorio, diez pisos más arriba, Toot me observaba en la pista hasta bien entrada la noche. Primero comencé lanzando con las dos manos, después elaboré un complicado tiro con salto y un gambeteo cruzado, y así pasaba hora tras hora en solitario, absorto en los mismos movimientos. Cuando llegué al instituto ya jugaba en el equipo de Punahou, y podía entrenarme en las pistas de la universidad, donde un grupo de negros, la mayoría fanáticos de gimnasio y viejas glorias, me enseñaron a adoptar una aptitud que no sólo tenía que ver con el deporte. Que el respeto se conseguía por lo que hacías y no por lo que era tu padre. Que podías provocar a un adversario, pero que te tendrías que tragar tus palabras si no podías respaldarlas con los hechos. Que no podías dejar que nadie te pillase desprevenido cuando aflorasen sentimientos como el dolor o el miedo —simplemente no podías permitir que los vieran—.

Y otra cosa, algo de lo que nadie hablaba: cómo permanecer juntos cuando el partido era disputado, el sudor comenzaba a correr y los mejores jugadores dejaban de preocuparse por los puntos, los peores eran momentáneamente barridos de la pista y el marcador sólo importaba porque así era como mantenías el trance, en mitad del cual podías hacer un movimiento o dar un pase que incluso te sorprendiera a ti mismo, consiguiendo que el tío que te cubría tuviera que sonreír diciendo «maldita sea…»

Ahora es cuando mi esposa pondrá el grito en el cielo. Ella creció con una estrella del baloncesto por hermano, y cuando quiere dar por finalizada una discusión con alguien de la familia insiste en decir que preferiría ver a su hijo tocando el violonchelo. Tiene razón, por supuesto; yo estaba viviendo una caricatura del adolescente negro, a su vez una caricatura en sí misma del arrogante machismo americano. Era ésa una época en la que se suponía que los niños no querían seguir los cansados pasos de sus padres, cuando se creía que los imperativos de la cosecha o del trabajo en una fábrica no conformaban la personalidad, y nuestra forma de vida se podía comprar en las estanterías de los comercios o extraerse de las revistas. La diferencia más acusada que observaba con la mayoría de los muchachos de mi entorno —los surfistas, futbolistas y futuros guitarristas de rock-and-roll— residía en el limitado número de opciones que había a mi disposición. Cada uno de nosotros elegía un disfraz, una armadura para enfrentarse a la incertidumbre. Al menos, en la cancha de baloncesto encontré una especie de comunidad con una vida interior propia. Fue allí donde hice mis amigos blancos más íntimos, un terreno donde ser negro no era una desventaja. Y fue allí donde conocí a Ray y a otros negros de mi edad que habían empezado a llegar poco a poco a las islas, adolescentes cuya confusión y furia me ayudaría a moldear la mía.

«Así es como te tratarán los blancos», me podría decir alguno de ellos cuando estábamos a solas. Todos se reirían y asentirían con la cabeza, y por mi mente correría una retahíla de insultos: el primer niño de séptimo curso que me llamó *nigger* y sus lágrimas de sorpresa (¿por qué haces esto?) cuando le propiné un puñetazo que le hizo sangrar la nariz. El profesor de tenis que me dijo durante un torneo que no tocara el calendario de partidos que estaba pinchado en el tablón de anuncios, por si se manchaba con mi color; sus finos labios, la sonrisa en su cara enrojecida (¿es que no soportas una broma?, dijo cuando lo amenacé con dar parte). La anciana del edificio de apartamentos de mis abuelos que se puso nerviosa cuando entré tras ella en el ascensor y fue corriendo a decirle al encargado que la estaba persiguiendo; su negativa a disculparse cuando supo que vivía en el edificio. El ayudante de nuestro entrenador de baloncesto, un joven enjuto y fuerte de Nueva York que vestía un bonito jersey, y que después de disputar un partido para seleccionar jugadores, contra unos negros muy habladores, empezó a comentar cerca de mí y de mis tres compañeros de equipo, que no deberíamos haber perdido ante un puñado de *niggers*; cuando le dije —con tal cólera que me sorprendió incluso a mí— que cerrara la boca, me explicó tranquilamente el hecho aparentemente obvio de que «hay *niggers* y gente de color, y aquellos chicos eran *niggers*».

Así es como te tratarán los blancos. No era simplemente la crueldad implícita; estaba aprendiendo que los negros podían ser mezquinos y algunos mucho más que eso. Era esa forma especial de arrogancia, esa estupidez de alguien, por lo demás cuerdo, lo que provocaba nuestra amarga risa. Era como si los blancos no supieran que estaban siendo crueles. A menos que pensaran que merecíamos su desprecio.

Gente blanca. Expresión que, al principio, incluso me resultaba incómoda de pronunciar. Me sentía como un extranjero que se atascaba con una frase difícil. A veces me sorprendía a mí mismo hablando con Ray sobre si la *gente blanca* hacía esto o la *gente blanca* hacía lo otro, y de pronto me acordaba de la sonrisa de mi madre, y todo lo que estaba hablando me sonaba torpe y falso. O cuando ayudaba a Gramps a secar los platos después de la cena y Toot entraba para decir que se iba a la cama, y esas mismas palabras —*gente blanca*— destellaban en mi cabeza como un letrero de neón, y me quedaba quieto de repente, como si tuviera secretos que debía guardar.

Más tarde, cuando estaba solo, intentaba desenmarañar aquellos complicados pensamientos. Estaba claro que algunos blancos podían excluirse de la categoría que nos obligaba a desconfiar totalmente de ellos: Ray siempre me decía lo fantásticos que eran mis abuelos. Decidí que, para él, el término *blanco* sólo era una abreviatura, la etiqueta que mi madre endosaría a cualquiera que ella calificara de intolerante. Y aunque conocía el riesgo que la terminología de Ray conllevaba —lo fácil que resultaba caer en la resbaladiza teoría que mi entrenador de baloncesto había elaborado («también hay gente blanca y hay ignorantes hijos de puta como tú», eso fue lo que le dije al entrenador antes de abandonar la cancha aquel día)—, Ray me aseguró que nunca hablaríamos sobre los blancos como los blancos solían hablar delante de otros blancos sin saber exactamente lo que estábamos haciendo. Sin saber que tendríamos que pagar un precio.

Pero, ¿era eso correcto? ¿Había que pagar todavía un precio? Esa era la parte complicada, la parte sobre la que no parecíamos ponernos de acuerdo. A veces escuchaba a Ray contarle a cualquier chica rubia que acababa de conocer cómo era la vida en las miserables calles de Los Ángeles, o le oía explicar las lacras del racismo a algún joven y entusiasta profesor, y podía jurar que, bajo su sobria expresión, Ray me estaba guiñando, haciéndome partícipe de la broma. Parecía decirme que la rabia que sentíamos hacia el mundo de los blancos no necesitaba objetivo alguno, ni confirmación al margen; podía funcionar de manera intermitente, según nos viniera bien. A veces, después de que montara uno de sus números, yo cuestionaba tanto su opinión como su sinceridad. No vivíamos en el sur de Jim Crow, tenía que recordarle. No vivíamos en uno de esos bloques sin calefacción de Harlem o del Bronx; estábamos en el maldito Hawai. Decíamos lo que nos venía en gana, comíamos donde queríamos, nos sentábamos en la parte delantera del autobús. Ninguno de nuestros amigos blancos, los chicos del equipo de baloncesto como Jeff o Scott, nos trataban de manera diferente a como se trataban entre ellos. Nos querían y ese cariño era recíproco. ¡Mierda! ¡Si incluso parecía que la mitad de ellos querían ser negros, o al menos como el Doctor J*!

—Bueno, eso es cierto —admitía Ray.

—Quizá pudiéramos permitirnos el darle un respiro a la pose de negro amargado. Guardarla para cuando realmente la necesitásemos.

Pero Ray movía la cabeza

—¿Una pose, eh? Habla por ti mismo.

Y supe que Ray había dejado ver por un instante su carta ganadora, una que, tenía que reconocerlo, apenas empleaba. Después de todo yo era diferente, alguien potencialmente sospechoso, alguien que no tenía la menor idea de quien era. Reacio a arriesgarme, rápidamente me retiraba a un terreno más seguro.

Tal vez si hubiera vivido en Nueva York o en Los Ángeles hubiera podido captar más rápidamente las reglas del arriesgado juego que estábamos practicando. Pero tal y como estaban las cosas aprendí a bandearme entre mis dos mundos—de negros y blancos—, sabiendo que cada uno de ellos poseía su propio lenguaje, costumbres y significado, convencido de que con una pequeña traducción por mi parte los dos mundos podían ser coherentes. Pero aún tenía la sensación de que algo no iba del todo bien, una especie de advertencia que aparecía cada vez que una chica blanca mencionaba en medio de una conversación lo que le gustaba Stevie Wonder; o cuando una señora me preguntaba en el supermercado que si jugaba al baloncesto; o cuando el director de la escuela me decía que yo era un tipo guay. Y sí, me gustaba Stevie Wonder, el baloncesto y hacía cuanto podía para ser guay. Entonces, ¿por qué siempre me enervaban esos comentarios? Debía haber truco en alguna parte, aunque no supiera muy bien cuál era, quién lo hacía y a quién engañaba.

---

* Julius Winfield Erving II, conocido popularmente como Doctor J. Jugador de baloncesto estadounidense que destacó en las décadas de 1970 y 1980.

Un día, al principio de la primavera, Ray y yo nos reunimos después de clase y empezamos a caminar en dirección al banco de piedra que rodeaba una enorme higuera de Bengala, en el campus de Punahou. Le llamaban el banco de los veteranos, y era el punto de reunión del grupo más popular del instituto: los deportistas, las animadoras de baloncesto y los que no se perdían ninguna fiesta, con sus bufones, ayudantes y damas de compañía que, a empujones, se disputaban el mejor sitio en los escalones circulares. Allí estaba uno de los veteranos, un fornido defensa del equipo de fútbol llamado Kurt, que cuando nos vio dijo a gritos:

—¡Eh, Ray! ¡Mi mejor hombre! ¡Qué pasa!

Ray se levantó y chocó su palma con la de Kurt. Pero cuando Kurt fue a hacer lo mismo conmigo le dije adiós con la mano.

—¿Qué es lo que le ocurre? —oí que le decía Kurt a Ray mientras me alejaba. Pocos minutos después, Ray me alcanzó y me preguntó qué era lo que pasaba.

—Tío, esos chicos sólo están burlándose de nosotros —le dije.

—¿De qué estás hablando?

—Toda esa mierda de «eh, tío, choca esos cinco».

—Vaya, ¡mira quién se ha convertido en el Señor Sensible de repente! A Kurt no le importa nada de eso.

—Si eso es lo que piensas, entonces…

De repente la cara de Ray brillaba de rabia.

—Mira —dijo —sólo intento llevarme bien, ¿de acuerdo? Como tú cuando te veo hablando con los profesores porque necesitas que te hagan un favor. Todo ese rollo de «sí, señorita Perra Arrogante, encuentro esa novela tan interesante…, si pudiera darme un día más para terminar el trabajo, le besaría su blanco culo». Ese es su mundo, ¿de acuerdo? Ellos lo poseen y nosotros estamos en él. Así que piérdete de una puta vez.

Al día siguiente, el ardor de nuestra discusión se había disipado, y Ray sugirió que invitara a Jeff y a Scott a una fiesta que iba a dar en su casa ese mismo fin de semana. Por un momento dudé —nunca habíamos llevado amigos blancos a una fiesta de negros—, pero Ray insistió, y no encontré nada que objetar. Tampoco Jeff ni Scott, ambos estuvieron de acuerdo con tal de que fuese yo el que condujera. Así que aquel sábado por la noche, después de uno de nuestros partidos, los tres nos metimos en el viejo Ford Granada de Gramps y nos dirigimos a los Barracones de Schofield, a unos cincuenta kilómetros a las afueras de la ciudad.

Cuando llegamos la fiesta ya había empezado, y nos dirigimos adonde estaban los refrescos. La presencia de Jeff y Scott no pareció levantar mucho revuelo; Ray se los presentó a todo el mundo, charlaron un poco y sacaron a bailar a un par de chicas. Pero enseguida me di cuenta de que la situación había cogido por sorpresa a mis amigos blancos. Continuaron sonriendo, y se quedaron en un rincón. Movían tímidamente la cabeza con el ritmo de la música y cada cinco minutos decían «disculpa». Una hora más tarde, me preguntaron si podía llevarlos a casa.

—¿Qué pasa? —gritó Ray por encima de la música cuando me acerqué para decirle que nos íbamos—. La cosa sólo ha empezado a caldearse.

—No están en el rollo, creo.

Nuestras miradas se cruzaron, y durante un largo intervalo permanecimos frente a frente, de pie, con el ruido y las voces sonando alrededor. No había la menor muestra de satisfacción en los ojos de Ray, tampoco de desilusión; sólo sus ojos fijos en mí como los de una serpiente. Finalmente me tendió su mano y la estreché con fuerza mientras continuábamos mirándonos.

—Entonces hasta luego —dijo, mientras me soltaba la mano y se mezclaba con los demás preguntando por la chica con la que había estado hablando hacía sólo unos minutos.

Afuera había refrescado. La calle estaba vacía, tranquila, excepto por el sonido del estéreo de Ray, que empezaba a desvanecerse. Las luces azuladas parpadeaban en los cristales de los *bungalows* que se alineaban ordenadamente a lo largo del callejón, las sombras de los árboles se proyectaban sobre el campo de béisbol. Una vez en el coche, Jeff me puso la mano sobre el hombro con una expresión de pesar y alivio al mismo tiempo.

—¿Sabes, tío? —dijo—, esto me ha enseñado realmente algo. Lo que quiero decir es que me doy cuenta de lo duro que debe ser a veces para ti y para Ray ir a las fiestas de la escuela… siendo los únicos chicos negros.

Yo solté un resoplido.

—Sí, así es.

Una parte de mí quería darle un puñetazo allí mismo. Conduje carretera abajo hacia la ciudad, y en el silencio, mi mente empezó a reconstruir las palabras de Ray aquel día con Kurt, todas las discusiones que habíamos tenido antes de aquello, lo que sucedió esa noche. Y, cuando dejé a mis amigos, empecé a ver un nuevo mapa del mundo, un mapa que daba miedo por su simplicidad, que te asfixiaba. Siempre jugamos en la cancha de los blancos, me había dicho Ray, con sus reglas. Si el director, o el entrenador, o un profesor, o Kurt, querían escupirte en la cara, podían hacerlo, porque ellos tenían poder y tú no. Si decidían no hacerlo, y te trataban como a un hombre o salían en tu defensa, es porque sabían que las palabras que decías, las ropas que vestías, los libros que leías, tus ambiciones y deseos eran ya suyos. Cualquier cosa que decidieras hacer era su decisión, no tuya, debido a ese poder fundamental que ejercían sobre ti, porque precedía y sobreviviría a sus motivos e inclinaciones personales, y cualquier distinción entre blancos buenos y malos carecía de importancia. De hecho no podías ni estar seguro de que lo que hubieras asumido como expresión de tu negro y libre yo —el humor, las canciones, el pase por detrás de la espalda— había sido libremente elegida por ti. En el mejor de los casos estas cosas eran un refugio; en el peor, una trampa. Siguiendo esta disparatada lógica, la única elección era replegarte hacia el interior de una cada vez más pequeña espiral de ira, hasta que ser negro sólo significara tomar conciencia de tu falta de poder, de tu propia derrota. Y la ironía final: si renunciabas a esta derrota y atacabas a tus captores, también tendrían un nombre para eso, un nombre que podía encasillarte de igual modo. Paranoico. Militante. Violento. *Nigger*.

En los meses siguientes, quise corroborar esta pesadilla. Seleccioné varios libros de la biblioteca: Baldwin, Ellsion, Hugues, Wright, DuBois. Por la noche cerraba la puerta de mi habitación, les decía a mis abuelos que tenía deberes que hacer, y allí me sentaba a luchar con las palabras, bloqueado por inesperados argumentos que aparecían repentinamente, intentando reconciliar el mundo que me había tocado vivir con las condiciones de mi nacimiento. Pero no había escapatoria. En todas las páginas de todos los libros, en Bigger Thomas y otros hombres invisibles, encontraba la misma angustia, la misma duda; un autodesprecio que ni la ironía ni el intelecto podían evitar. Incluso la sabiduría de DuBois, el amor de Baldwin y el humor de Langston sucumbieron a su corrosiva fuerza, viéndose, todos y cada uno de ellos, obligados a dudar del poder redentor del arte y, finalmente, forzados a exiliarse: uno a África, otro a Europa, otro a las profundas entrañas de Harlem, todos en el mismo hastiado vuelo, todos agotados, amargados, con el diablo pisándoles los talones.

Sólo la autobiografía de Malcolm X parecía ofrecer algo diferente. Sus continuos actos de autocreación despertaban un eco en mí; la contundente poesía de sus palabras y su rotundidad al exigir respeto prometían un orden nuevo y absoluto, marcial en su disciplina, forjado a base de pura fuerza de voluntad. Me di cuenta de que todo lo demás, la cháchara sobre el Apocalipsis y los demonios de ojos azules, era algo secundario en el programa, simple bagaje religioso que el mismo Malcolm parecía haber abandonado hacia el final de su vida sin concederle demasiada importancia. Y, sin embargo, cuando ya me imaginaba siguiendo la llamada de Malcolm, un párrafo del libro me frenó. Hablaba de un deseo que tuvo una vez; deseó que la sangre blanca que corría por su cuerpo, como consecuencia de un acto violento, pudiera ser eliminada a cualquier precio. Yo sabía que, para Malcolm, eso no sería nunca algo secundario. Igualmente sabía que, en la búsqueda de mi autoestima, mi sangre blanca nunca cedería ante una mera abstracción. Me pregunté qué otros lazos cortaría si llegado el día dejaba a mi madre y a mis abuelos en la frontera de un territorio inexplorado.

Y también me preguntaba que si el descubrimiento que Malcom hizo hacia el final de su vida —que algunos blancos podían vivir como sus hermanos en el seno de la fe islámica—, podía ofrecer la esperanza de una reconciliación final, si esa esperanza no se encontraba en un futuro lejano, en una tierra remota. Mientras tanto, trataba de descubrir de dónde vendría la gente que estaba dispuesta a trabajar en ese futuro y a poblar ese mundo nuevo. Un día, después de un partido de baloncesto en el gimnasio de la universidad, Ray y yo entablamos conversación con un hombre alto y demacrado llamado Malik, que jugaba con nosotros de vez en cuando. Malik mencionó que era miembro de la Nación del Islam, pero que tras la muerte de Malcolm y desde su traslado a Hawai no había vuelto a pisar una mezquita ni había asistido a ningún mitin político, aunque continuaba buscando consuelo rezando en solitario. Uno de los chicos que estaba sentado cerca debió de oírnos, pues se inclinó hacia delante haciendo una mueca sagaz.

—Estáis hablando de Malcolm, ¿eh? Malcolm dice las cosas como son, de eso no hay duda.

—Sí —dijo otro—. Pero te diré una cosa: no me verás yéndome a ninguna jungla de África en un futuro próximo. O a ningún maldito desierto de por ahí, a sentarme en una alfombra con un grupo de árabes. No señor. Y no dejarás de verme comer costillas de cerdo.

—Tenemos que comer costillas.

—Y coñitos también. ¿No hablaba Malcolm de no comer coñitos? Ahora ya sabes por qué eso no va a funcionar.

Me di cuenta de que Ray se reía y le lancé una mirada de reproche.

—¿De qué te estás riendo? —le pregunté—. Nunca has leído a Malcolm. Ni siquiera sabes lo que dice.

Ray me arrebató la pelota de baloncesto de la mano y se dirigió hacia el aro opuesto.

—No necesito libros que me digan cómo ser negro —gritó.

Iba a responderle y me volví hacia Malik, esperando que dijera algo para apoyarme. Pero el musulmán no dijo nada, mientras que en su huesuda cara se dibujaba una distante sonrisa.

Desde entonces, decidí guardar silencio y aprender a disimular mis emociones. Pocas semanas más tarde, sin embargo, me desperté con el ruido de una discusión en la cocina (la voz de mi abuela apenas audible, seguida de un profundo gruñido de mi abuelo). Abrí mi puerta y vi a Toot que entraba en su dormitorio a vestirse para el trabajo. Le pregunté qué pasaba.

—Nada. Que esta mañana tu abuelo no quiere llevarme al trabajo en el coche, eso es todo.

Cuando entré en la cocina, el abuelo estaba murmurando entre dientes. Se sirvió una taza de café mientras que yo le decía que estaba dispuesto a llevar a Toot al trabajo si él estaba cansado. Un ofrecimiento atrevido, ya que no me gustaba madrugar. Gramps frunció el ceño al oír mi propuesta.

—Ésa no es la cuestión. Lo que quiere es fastidiarme.

—Estoy seguro de que no es eso, Gramps.

—Por supuesto que sí —tomó un sorbito de su café—. Ha estado yendo en autobús desde que empezó en el banco. Decía que era lo más cómodo. Y ahora, sólo porque la han molestado un poco quiere cambiarlo todo.

La diminuta figura de Toot rondaba por el vestíbulo, mirándonos por encima de sus gafas bifocales.

—Eso no es verdad, Stanley.

La llevé a la otra habitación y le pregunté qué era lo que había pasado.

—Un hombre me pidió dinero ayer, mientras esperaba el autobús.

—¿Eso es todo?

Sus labios se contrajeron en una mueca de irritación.

—Era muy agresivo, Barry. Muy agresivo. Le di un dólar y siguió pidiéndome. Si no hubiera llegado el autobús me podía haber dado un golpe en la cabeza.

Me volví a la cocina. Gramps, de espaldas a mí, estaba enjuagando su taza.

—Escucha —dije—, ¿por qué no me dejas que la lleve?, parece que está bastante afectada.

—¿Por un mendigo?

—Sí, lo sé, pero probablemente le dé un poco de miedo que algún hombre corpulento le bloquee el paso. No hay que hacer una montaña de esto.

Se giró y vi que estaba temblando.

—Sí que lo es. Sí que es una montaña para mí. Esto ya ha ocurrido antes. ¿Sabes por qué está tan asustada ahora? Te lo voy a decir. Antes de que tú llegaras, me dijo que el tipo era *negro* —Gramps dijo la palabra susurrando—. Esa es la verdadera razón por la que está preocupada. Y no creo que eso sea correcto.

Las palabras fueron como puñetazos en mi estómago, me tambaleé antes de recuperar la compostura. Con mi más firme voz, le dije que tal actitud también me molestaba a mí, pero le aseguré que los miedos de Toot se disiparían, y que mientras deberíamos llevarla en el coche. Gramps se desplomó en una silla de la sala de estar y dijo que sentía habérmelo dicho. Ante mis ojos se hizo más pequeño, viejo y muy triste. Puse mi mano sobre su hombro y le dije que estaba bien, que lo comprendía.

Así estuvimos varios minutos, en doloroso silencio. Finalmente insistió en que sería él quien llevase a Toot, luego se levantó con dificultad de la silla para vestirse. Cuando se marcharon, me senté en el borde de la cama y pensé en mis abuelos. Jamás habían dejado de sacrificarse por mí. Toda su inquebrantable esperanza había estado al servicio de mi éxito. Nunca me dieron motivos para que dudara de su amor; y jamás lo harían. Y, no obstante, supe que hombres que fácilmente podían haber sido mis hermanos también podían ser los causantes de sus temores más primarios.

Aquella noche fui conduciendo hasta Waikiki, pasé los hoteles brillantemente iluminados y bajé hacia el canal de Ala-Wai. Me llevó un rato reconocer la casa, con su desvencijado porche y el tejado escasamente inclinado. En el interior la luz estaba encendida, y pude ver a Frank sentado en su acolchado sillón, con un libro de poesía sobre el regazo y las gafas de leer deslizándosele por la nariz. Me quedé sentado en el coche, mirándole un rato. Finalmente bajé y llamé a la puerta. El anciano apenas levantó la vista cuando se puso de pie para abrir. Hacía tres años que no lo veía.

—¿Quieres beber algo? —me preguntó.

Asentí con la cabeza y le vi sacar del armario de la cocina una botella de whisky y dos vasos de plástico. Estaba igual, el bigote, algo más blanco, colgaba de su grueso labio superior como una hiedra muerta, sus vaqueros, cortados por la rodilla, agujereados y atados a la cintura con un trozo de cuerda.

—¿Cómo está tu abuelo?

—Está bien.

—Entonces, ¿qué es lo que haces aquí?

No estaba seguro. Le conté a Frank más o menos lo que había pasado. Asintió y sirvió otro trago.

—Un tipo extraño, tu abuelo —dijo—. ¿Sabes que crecimos a menos de veinticuatro kilómetros de distancia?

Negué con la cabeza.

—Claro que sí, los dos vivíamos cerca de Wichita. No nos conocíamos, por supuesto. Yo ya me había marchado cuando él tenía edad suficiente para acordarse. Sin embargo puede que me encontrara a alguien de su familia. Podía haberme cruzado con ellos en la calle. Si hubiera sido así tendría que haberme apeado de la acera para dejarles sitio. ¿No te lo ha contado nunca tu abuelo?

Me bebí el whisky de un trago mientras volvía a negar con la cabeza.

—Bueno —dijo Frank—, supongo que no. A Stan no le gusta mucho hablar de esa época en Kansas. Le hace sentirse incómodo. Una vez me comentó que había contratado a una chica negra para que cuidara de tu madre. Creo que era la hija de un predicador. Me contó cómo se convirtió en una más de la familia. Así es como lo recuerda, ya sabes: una chica que venía para cuidar de los hijos de otro, su madre que hacía la colada de otros. Como una más de la familia…

Alcancé la botella, esta vez me serví yo mismo. Frank no me estaba mirando; ahora tenía los ojos cerrados y la cabeza reclinada sobre el respaldo del sillón, su cara, grande y llena de arrugas, parecía esculpida en piedra.

—No puedes culpar a Stan por lo que es —dijo Frank en voz baja—. En el fondo es un hombre bueno. Pero no me *conoce*. No mucho más que a aquella chica que cuidaba de tu madre. Él *no puede* conocerme, no de la forma en que yo le conozco. Quizá puede que me conozcan algunos de esos hawaianos, o los indios de la reserva. Ellos han visto cómo humillaron a sus padres y degradaron a sus madres. Pero tu abuelo nunca sabrá qué es lo que se siente. Por eso puede venir a beberse mi whisky y quedarse dormido en esa misma silla en la que tú estás sentado ahora. Dormido como un bebé. ¿Ves? Algo que yo no pude hacer nunca en su casa. *Nunca*. No importaba lo cansado que estuviera, tenía que estar en guardia. Permanecer vigilante, por mi propia supervivencia.

Frank abrió los ojos.

—Lo que estoy intentando decirte es que tu abuela tiene derecho a sentirse asustada. Al menos tiene el mismo derecho que Stanley. Ella comprende que los negros tienen razones para odiar. Así es. Ojalá que, por tu propio bien, fuese de otra manera. Pero no lo es. Así que más vale que también tú te acostumbres.

Frank volvió a cerrar los ojos. Su respiración se fue haciendo más lenta hasta que pareció quedarse dormido. Pensé despertarlo, luego decidí lo contrario y me dirigí al coche. La tierra tembló bajo mis pies, como si fuera a resquebrajarse en cualquier momento. Me detuve, traté de calmarme y, por primera vez, supe que estaba absolutamente solo.

CINCO

Tres de la mañana. Calles vacías bañadas por la luz de la luna, el rugido de un coche cogiendo velocidad en alguna carretera lejana. Los juerguistas deben de haberse sumido ya, por parejas o solos, en un sueño profundo, ebrios de cerveza. Hasan vive en la casa de su nueva amiga (no te quedes levantada, le había dicho con un guiño). Y ahora, solos los dos, Billie Holiday y yo esperamos a que amanezca; el trino de su voz inunda la habitación a oscuras, se me aproxima como una amante.

> *Estoy loca… por quererte.*
> *Completamente loca… por quererte.*

Me serví una copa y paseé la mirada alrededor de la habitación: cuencos con migajas de *pretzels**, ceniceros a rebosar, botellas vacías que dibujan un *skyline* contra la pared. Una gran fiesta. Eso es lo que todo el mundo había dicho: cuenta con Barry y Hasan si quieres que la casa se venga abajo. Todos excepto Regina. Regina no se divirtió. ¿Qué significaba aquello que había dicho antes de marcharse?: *Tú siempre crees que todo gira en torno a ti*. Y luego aquel asunto sobre su abuela. Como si yo fuera responsable del destino de la raza negra. Como si hubiera mantenido a su abuela de rodillas durante toda la vida. Al infierno con Regina. Al infierno con esa mirada altiva y santurrona acusándome de haberle fallado. Ni me conoce ni sabe de donde vengo.

---

* Típicas rosquillas de la cocina hebrea, saladas y con forma de lazo, que se venden en puestos ambulantes.

Me recosté en el sofá y encendí un cigarrillo, me quedé mirando arder la cerilla hasta que sentí un cosquilleo en la punta de los dedos y luego un pinchazo en la piel cuando la aplasté para apagar la llama. Pregunta: *¿Cuál es el truco? El truco consiste en no hacer caso del dolor*. Intenté recordar dónde había oído la frase, pero no lo conseguí, como cuando olvidas una cara. No importa, Billie lo conocía; estaba en su voz temblorosa y desgarrada. Y yo lo había aprendido también; eso fue todo lo que hice durante mis dos últimos años de instituto, después de que Ray se marchase a una universidad no sé dónde y yo me apartara de los libros, después de que dejara de escribirle a mi padre y él de contestarme. Había crecido cansado de intentar desenmarañar lo que yo no había liado.

Había aprendido a pasar de todo.

Lancé unos cuantos aros de humo mientras recordaba aquellos años. Los porros ayudaban, y el alcohol; también una rayita de coca cuando podías permitírtela. Pero nada de heroína, aunque Micky, el tío que me inició, según me pareció a mí estaba deseando probarla. Se jactaba de que lo podía hacer incluso con los ojos cerrados, pero mientras lo decía temblaba como un motor defectuoso. Quizá tuviera frío; estábamos dentro de la cámara frigorífica que había en la trastienda de la *delicatessen* donde trabajaba, con una temperatura que rondaba los cero grados. Pero no temblaba de frío. Más bien parecía estar sudando, tenía la cara brillante y tensa. Había sacado la aguja y el torniquete de goma, yo le veía allí, de pie, rodeado de grandes tripas de salami y trozos de *roast beef*, y justo entonces me vino a la cabeza la imagen de una burbuja de aire, brillante y redonda como una perla, rodando despacito por una vena y parándome el corazón…

Yonqui. Porrero. Esa era la meta a la que me dirigía: a desempeñar el papel definitivo y fatal de joven aspirante a negro. Excepto que los colocones no habían sido motivados por nada de eso: yo, un hermano, intentando demostrar lo tirado que estaba. Al menos no por aquel entonces. Me colocaba justo por lo contrario, porque así evitaba preguntarme quién era, porque suavizaba el relieve de mi corazón y difuminaba las esquinas de la memoria. Descubrí que no había diferencia alguna entre fumar porros en la nueva y reluciente furgoneta de un compañero blanco de clase, o en la habitación de la residencia universitaria de algún hermano que hubiera conocido en el gimnasio, o en la playa con una pareja de críos hawaianos que habían abandonado la escuela y ahora pasaban la mayor parte del tiempo buscando una excusa para armar bronca. Nadie te hacía preguntas sobre si tu padre era un ejecutivo ricachón que engañaba a su esposa o un tipo en paro que te pegaba cada vez que se dignaba volver a casa. Podías estar aburrido, o solo. Todo el mundo era bien recibido en el club de los descontentos. Y si el colocón no podía resolver lo que te hacía sentir mal, al menos haría que te rieras de la locura en la que se había metido el mundo y ver la hipocresía, la mierda y la moralidad de pacotilla.

Al menos eso era lo que creía por entonces. Tardé un par de años antes de ver cómo los destinos comenzaban a materializarse, las diferencias que podían establecer el color y el dinero, quién sobreviviría, o cuán dura sería la caída cuando por fin ocurriera. Pero claro, en ambos casos se necesitaba tener suerte. Justo lo que le había faltado a Pablo el día que no llevaba su carné de conducir y se encontró con un poli sin nada mejor que hacer que registrar el maletero de su coche. O a Bruce, que no encontró el camino de vuelta tras uno de sus muchos viajes de ácido y acabó en una granja de rehabilitación. O a Duke, que no se alejó de donde había tenido lugar aquel accidente de tráfico…

En cierta ocasión traté de explicar mi teoría a mi madre, el papel que jugaba la suerte en el mundo, la rueda de la fortuna. Ocurrió al comienzo de mi último curso en el instituto; ella había finalizado su trabajo de campo y estaba de vuelta en Hawai; ese día entró en mi habitación para enterarse de los detalles del arresto de Pablo. Le dirigí una sonrisa tranquilizadora y, acariciándole la mano, le dije que no se preocupara, que no cometería ninguna estupidez. Era una táctica que solía funcionar, otro de mis trucos: la gente quedaba encantada siempre que fueses cortés, sonrieras y no hicieses ningún movimiento sospechoso. Aunque más que encantada la gente quedaba aliviada: qué agradable sorpresa encontrarse con un joven negro tan bien educado que no parece estar siempre enfadado.

Sólo que mi madre no pareció quedarse encantada. Se sentó escrutando mis ojos, con una cara tan triste como si fuera a un funeral.

—¿No crees que te estás tomando el futuro un poco a la ligera? —dijo.

—¿Qué quieres decir?

—Sabes perfectamente lo que quiero decir. Uno de tus amigos ha sido detenido por posesión de drogas. Tus notas son peores. Ni siquiera has mandado tu solicitud para ingresar en la universidad. Y cada vez que intento hablar contigo, actúas como si yo fuera simplemente el Gran Hermano.

Era lo último que necesitaba oír. No es que fuese a suspender el curso. Empecé a decirle que había estado pensando que quizá no iba a seguir estudiando, que me podría quedar en Hawai, matricularme en algunas asignaturas y trabajar a tiempo parcial. Pero me interrumpió antes de que pudiera continuar. Me dijo que si me esforzaba un poco podría ir a cualquier universidad del país.

—¿Recuerdas lo que es eso? ¿El esfuerzo? Maldita sea, Bar, no puedes quedarte ahí sentado como un inútil viva-la-virgen, esperando a que la suerte llame a tu puerta.

—¿Un viva-la-qué?

—Un inútil viva-la-virgen, un vago.

La mire allí sentada, tan honesta, tan segura del destino de su hijo. Para ella, la idea de que mi supervivencia dependiera de la suerte era una herejía; insistía en que yo tenía responsabilidades: ante ella, ante Gramps y Toot, incluso ante mí mismo. De repente sentí como si hubiera desinflado esa seguridad de un pinchazo cuando le dije que su experimento conmigo había fracasado. En lugar de gritar, me reí.

—Un inútil viva la virgen, eh? Bueno, ¿por qué no? Tal vez es eso lo que espero de la vida. Quiero decir, fíjate en el abuelo. Él ni siquiera acabó el instituto.

La comparación cogió a mi madre por sorpresa. Su cara acusó el golpe, sus ojos vacilaron. De repente lo vi claro.

—¿Es eso lo que te preocupa —le pregunté—, que acabe como el abuelo?

En seguida negó con la cabeza.

—Tú ya tienes una educación mucho mejor que la de tu abuelo —dijo.

Pero la certeza acabó desapareciendo de su voz. En vez de insistir en el tema, me levanté y salí de la habitación.

Billie dejó de cantar. El silencio se hizo opresivo y, de repente, me sentí despejado. Me levanté del sofá, le di la vuelta al disco, terminé lo que quedaba en mi vaso y me serví otro. Oí cómo en el piso de arriba alguien tiraba de la cadena del inodoro y andaba por la habitación. Probablemente otro insomne escuchando pasar su vida. Ese era el problema de la droga y el alcohol, ¿no? Se llegaba a un punto donde no podías dejar de oír ese tictac, el sonido de un cierto vacío. Y supongo que eso era lo que intentaba decirle a mi madre aquel día: que su fe en la justicia y la razón era una equivocación, que después de todo no íbamos a poder superarnos, que en el mundo, la educación y las buenas intenciones no servían para tapar los agujeros del universo ni te daban la posibilidad de cambiar su ciego y absurdo curso.

Sin embargo, me sentí mal después de aquella discusión; era el truco que mi madre siempre guardaba en la manga, la forma que ella tenía de hacer que me sintiera culpable. Y tampoco lo disimulaba.

—No puedes hacer nada para evitarlo —me dijo una vez—. Lo puse en tus primeras papillas. Pero no te preocupes —añadió mientras sonreía de oreja a oreja—, una saludable dosis de culpabilidad no hace daño a nadie. La civilización se ha construido sobre la culpa. Un sentimiento muy infravalorado.

Por aquel entonces solíamos bromear sobre eso, ya que sus peores miedos aún no habían pasado. Me gradué sin contratiempos, me aceptaron en algunas universidades importantes y, finalmente, ingresé en el Occidental College de Los Ángeles, sobre todo porque había conocido a una chica de Brentwood mientras estaba de vacaciones en Hawai con su familia. Pero aún estaba en pleno proceso de cambio, y sentía la misma indiferencia por la universidad que por casi todo lo demás. Incluso Frank creía que mi actitud era equivocada, aunque no tuviera muy claro qué era lo que yo debía cambiar.

Pero, ¿qué era para Frank la universidad? *Un grado avanzado de compromiso*. Recordé la última vez que vi al viejo poeta, unos días antes de irme de Hawai. Estuvimos hablando un rato; se quejaba de los pies, de los callos y los juanetes que, según él, eran el resultado de forzar los pies africanos dentro de zapatos europeos. Finalmente me preguntó qué esperaba conseguir de la universidad. Le dije que no lo sabía. El movió su cabeza, grande y llena de canas.

—Bien —dijo—, ese es el problema, ¿no? Que *no lo sabes*. Eres igual que todos esos jovenzuelos de ahí fuera. Lo único que sabéis es que ir a la universidad es lo que se supone que tenéis que hacer. Y la gente que es lo suficiente mayor como para saber más, que ha luchado todos esos años por tus derechos para que puedas ir a la universidad, está tan contenta de verte ahí que no te dirán la verdad. El verdadero precio del ingreso.

—¿Y cuál es?

—Que dejes tu raza en la puerta —dijo—. Que abandones a tu gente —me escudriñó por encima de sus gafas de lectura—. Quiero que entiendas algo, chico. No vas a la universidad para recibir una educación. Vas allí para *prepararte*. Te *prepararán* para que ansíes lo que no necesitas. Te prepararán para que manipules las palabras de forma que ya no signifiquen nada. Te prepararán para que olvides lo que ya sabes. Te prepararán tan bien, que empezarás a creer en lo que te dicen sobre la igualdad y la forma de vida americana y toda esa mierda. Te darán una oficina en un rincón, te invitarán a cenas elegantes y te dirán que eres un orgullo para tu raza. Y cuando llegue la hora en que quieras empezar a cambiar las cosas, entonces ellos te pegarán un tirón de la cadena y te dirán que puede que seas un negro bien preparado y con un buen sueldo, pero un *nigger* al fin y al cabo.

—¿Me estás diciendo que no debería ir a la universidad?

Frank se retrepó en la butaca mientras lanzaba un suspiro.

—No, no he dicho eso. Tienes que ir. Sólo te estoy diciendo que tengas los ojos abiertos. Que te mantengas despierto.

No puedo evitar una sonrisa al recordar la anticuada personalidad de Frank, una mezcla de Black Power y blusa *dashiki**. En cierto modo era tan incurable como mi madre, igual de seguro en sus creencias, viviendo en la misma burbuja que había creado el Hawai de los sesenta. Mantén los ojos abiertos, me había advertido. No era tan fácil como parecía. No en la soleada ciudad de Los Ángeles. No cuando caminabas por el campus del Occidental College, a pocos kilómetros de Pasadena, con sus paseos arbolados y su decoración de azulejos españoles. Los estudiantes eran buenos compañeros y los profesores nos estimulaban. En el otoño de 1970, Carter, las colas en las estaciones de servicio y la culpabilidad habían pasando de moda. Reagan estaba a punto de tomar el relevo, *morning in America***. Cuando dejabas el campus conducías por la autopista hasta la playa de Venice o a Westwood, pasando por el este de los Ángeles o South Central*** sin ni siquiera saberlo, sólo más palmeras asomando como dientes de león por encima de los muros de cemento. La ciudad de Los Ángeles no era muy distinta a Hawai, al menos la parte donde me movía. Era simplemente más grande y más fácil encontrar un peluquero que supiera cortarte el pelo.

---

* *Dashiki*, colorida blusa africana muy popular en la década de 1960.

** *Morning in America*, nombre de la campaña televisada de Reagan en 1984.

*** Posiblemente las dos áreas más deprimidas del condado de Los Ángeles, especialmente South Central, que se convirtió en sinónimo de decadencia urbana.

La mayoría de los estudiantes negros de Oxy* no parecían muy comprometidos. En el campus éramos lo bastante numerosos para formar una tribu, y cuando llegaba el momento de salir por ahí, la mayoría funcionaba así, como una tribu, permaneciendo juntos, viajando en bloque. Durante el primer curso, cuando ya vivía en la residencia universitaria, hacían el mismo tipo de chorradas que Ray otros negros y yo solíamos hacer cuando estábamos en Hawai, las mismas recriminaciones, las mismas denuncias. Por lo demás, nuestras preocupaciones no eran distintas de las de nuestros compañeros blancos. Clases de supervivencia. Encontrar un trabajo bien pagado después de la graduación. Intentar tirarse a las chicas. Por casualidad había tropezado con uno de los secretos mejor guardados sobre los negros: que la mayoría de nosotros no estábamos interesados en rebelarnos; que estábamos hartos de pensar sobre la raza a todas horas; que guardábamos ese sentimiento en nuestro interior para tratar de olvidarlo y no pasarte todo el tiempo furioso e intentando imaginar lo que los blancos pensaban sobre ti.

Entonces ¿por qué no lo podía olvidar?

No lo sé. No contaba con el prestigio, supongo, con la seguridad de la tribu. Crecer en Compton y haber sobrevivido suponía un acto revolucionario. Tú ibas a la universidad y tu familia continuaba allí, ayudándote. Felices por haberte visto escapar; no hay traición de por medio. Pero yo no había crecido en Compton, ni en Watts. No tenía que escapar de nada excepto de mis propias dudas. Yo pertenecía al grupo de estudiantes negros que había crecido en los suburbios, chicos cuyos padres ya habían pagado el precio que suponía escapar. Podías reconocerlos enseguida por la manera de hablar o con quien se sentaban en la cafetería. Si se veían presionados te explicaban balbuceando que se negaban a ser encasillados. No querían que se les catalogara por el color de la piel, te decían. Eran personas.

Así le gustaba hablar a Joyce. Era una mujer atractiva, de ojos verdes, piel color miel y labios carnosos. Durante el primer curso vivíamos en la misma residencia, y todos los hermanos iban tras ella. Un día, le pregunté si iba a asistir a la reunión de la Asociación de Estudiantes Negros. Me miró con cara divertida, luego comenzó a mover la cabeza como un bebé que no quiere lo que está viendo en la cuchara.

* Oxy, así se conoce entre los alumnos el Occidental College.

—Yo no soy negra —dijo Joyce—, soy *multirracial*.

Entonces empezó a hablarme de su padre, que *resultó* ser italiano y el hombre más dulce del mundo; y de su madre, que *resultó* ser en parte africana, en parte francesa, en parte india americana, y de algún que otro lugar más.

—¿Por qué tendría que elegir entre una de ellas? —me preguntó. Su voz se quebró y pensé que iba a llorar—. No son los blancos los que me hacen que elija. Quizá antes era así, pero ahora están dispuestos a tratarme como a una persona. No, son los *negros* los que siempre sacan la raza a colación. *Ellos* son los que me hacen elegir. *Ellos son* los que me están diciendo que no puedo ser quien soy...

Ellos, ellos, ellos. Ese era el problema con gente como Joyce. Hablaban de la riqueza de su herencia multicultural y sonaba realmente bien, hasta que te dabas cuenta de que evitaban a los negros. No es que fuera necesariamente una cuestión de elección consciente, era sólo una cuestión de fuerza gravitatoria, la integración funcionaba como una calle de una sola dirección. Las minorías quedaban asimiladas por la cultura dominante, no al contrario. Sólo la cultura blanca podía ser neutral y objetiva. Sólo la cultura blanca podía ser no racial, y estaba dispuesta a adoptar en sus filas un cierto exotismo ocasional. Sólo la cultura blanca tenía personas. Y nosotros, los mestizos, los graduados universitarios, evaluamos la situación y nos decimos, ¿por qué nos incluyen entre los perdedores, si no tenemos por qué estar ahí? Y estamos agradecidos por poder mezclarnos entre la multitud, en los mercados anónimos de esa América feliz; y nunca nos hemos sentido más ultrajados que cuando un taxista te pasa de largo o cuando la señora aferra su bolso en el ascensor, no tanto porque nos moleste el hecho de que tales indignidades son las que tienen que soportar la gente de color menos afortunada todos y cada uno de los días de su vida —aunque eso es lo que nos decimos a nosotros mismos—, sino porque llevamos trajes de Brooks Brothers y hablamos un impecable inglés y, no obstante, se nos confunde con un vulgar *nigger*.

¿Es que no sabe usted quién soy yo? ¡Soy *persona*!

Me puse en pie, encendí otro cigarrillo y vacié la botella en mi vaso. Sabía que estaba siendo demasiado duro con la pobre Joyce. La verdad es que la comprendía, a ella y a todos los chicos negros que pensaban como ella. En sus peculiaridades, en su discurso, en sus corazones confusos, seguía reconociendo algo de mí. Y eso era lo que me asustaba. Su confusión hizo que me cuestionara mi propia identidad racial una vez más, el as que Ray guardaba en la manga todavía acechaba en un rincón de mi mente. Necesitaba distanciarme de ellos, convencerme de que no estaba comprometido, que de hecho todavía estaba despierto.

Para que no me confundieran con un traidor, elegí mis amigos cuidadosamente. Los estudiantes negros políticamente más activos. Los estudiantes extranjeros. Los chicanos. Los profesores marxistas. Las feministas estructurales y los poetas que hacían *performances* de punk-rock. Fumábamos y vestíamos cazadoras de cuero. Por las noches, en las residencias, debatíamos sobre el neocolonialismo, Franz Fanon*, el Eurocentrismo, y el patriarcado. Cuando apagábamos los cigarrillos en la moqueta del pasillo o poníamos nuestros equipos de música a un volumen tan alto que las paredes empezaban a temblar, nos estábamos resistiendo a las coacciones de la represiva sociedad burguesa. No es que fuéramos indiferentes ni inseguros, o que no nos importara. Éramos marginados.

Pero esta estrategia no era en sí misma suficiente para marcar la distancia que yo quería con Joyce o mi pasado. Después de todo había miles de los llamados radicales del campus, la mayoría funcionarios blancos muy bien aceptados. No, era necesario demostrar de qué lado estabas, demostrar tu lealtad a las masas negras, reaccionar y llamar a las cosas por su nombre.

Recordé la época en la que aún vivía en la residencia. Reggie, Marcus y yo ocupábamos la misma habitación. La lluvia repiqueteaba en los cristales de la ventana. Tomando unas cervezas, Marcus nos contaba su detención por la policía de Los Ángeles.

—No tenían motivo alguno para pararme —nos decía—, ninguno, excepto que iba paseando por un barrio blanco. Me pusieron contra el coche con los brazos y piernas extendidos, uno de ellos sacó su arma. Pero no los dejé que me asustaran. Eso es lo que excita a esos nazis, ver el miedo en la cara de un negro…

Miraba a Marcus mientras hablaba, delgado y de piel oscura, erguido, firmemente apoyado sobre las piernas separadas, sintiéndose cómodo

---

* Frantz Fanon (Martinica, 1925–1961). Uno de los más prominentes pensadores del siglo XX en el tema de la descolonización, sus trabajos inspiraron movimientos de liberación anticolonial durante décadas. *Piel negra, máscaras blancas* y *Los condenados de la Tierra*, se consideran sus obras más importantes.

dentro de su camiseta blanca y el mono de tela vaquera. Marcus era el más comprometido de todos los hermanos. Te contaba cosas de su abuelo, discípulo de Marcus Garvey, de su madre, que había criado sin ninguna ayuda a sus hijos en Saint Louis trabajando de enfermera, de su hermana mayor, que había sido miembro fundador del partido de los Panteras Negras de la localidad, de sus amigos del bar. Su linaje era puro, su lealtad al margen de toda duda, razón por la cual, a veces, me hacía sentir algo fuera de lugar, como un hermano menor que, haga cuanto haga, siempre estará unos pasos por detrás. Y así era como me sentía escuchando a Marcus exponer en ese momento su auténtica experiencia de negro, cuando Tim entró en la habitación.

—¡Eh, chicos! —dijo Tim, saludando alegremente con la mano. Luego se dirigió mí— Escucha, Barry, ¿tienes el encargo de Econ?

Tim no era un hermano muy comprometido. Usaba jerseys con dibujo de rombos, vaqueros ajustados y hablaba como Beaver Cleaver. Quería graduarse en empresariales. Posiblemente su novia blanca lo estaría esperando en su habitación del piso de arriba, escuchando música country. Estaba más contento que unas pascuas, pero yo sólo quería que se marchara. Me puse en pie, bajé con él hasta mi habitación en la planta baja y le di lo que buscaba. En cuanto estuve de vuelta en la habitación de Reggie, en cierto modo, me sentí obligado a dar una explicación.

—Tim es un cachondo, ¿verdad? —dije—. Debería cambiarse el nombre de Tim por Tom*.

Reggie se rió, pero Marcus no.

—¿Por qué dices eso, tío?

La pregunta me cogió por sorpresa.

—No lo sé. El tío es tonto.

Marcus tomó un sorbo de su cerveza y me miró fijamente a los ojos.

—Tim me cae bien —dijo—. Va a lo suyo. No se mete con nadie. A mí me parece que lo que deberíamos hacer es preocuparnos de nuestros asuntos en lugar de juzgar las actuaciones de los demás.

Un año más tarde todavía me quemaba el recuerdo, la rabia y el resentimiento que sentí en aquel momento, cuando Marcus me llamó la atención delante de Reggie. Pero hizo lo correcto. Me había pillado en una mentira. En dos mentiras, a decir verdad: la mentira que les conté de

---

* Tom es el torpe protagonista de numerosos chistes en EEUU, similar a nuestro Jaimito.

Tim y la mentira que estaba contando de mí mismo. De hecho, todo aquel primer año fue como una larga mentira, gasté toda mi energía corriendo en círculos, tratando de borrar mis propias huellas.

Excepto con Regina. Eso es probablemente lo que me atrajo de ella, la manera en que me hacía sentir que no tenía que mentir. Incluso el primer día que nos conocimos, el día que entró en la cafetería y escuchó cómo Marcus mostraba su desacuerdo con el libro que había elegido. Marcus le hizo señas para que se sentara en nuestra mesa, mientras se levantaba para ofrecerle una silla.

—Hermana Regina —dijo Marcus—. Conoces a Barack, ¿no? Estaba intentando decirle al hermano Barack que lo que está leyendo es un panfleto racista.

Levantó un ejemplar de *El corazón de las tinieblas*, como evidencia ante el tribunal. Yo traté de quitárselo de las manos.

—Tío, deja de airear eso por ahí.

—Vaya, hombre —dijo Marcus—. Te sientes avergonzado de que te vean con un libro como este, ¿a que sí? Te lo digo, tío, eso te va a envenenar la mente —miró el reloj—. Maldita sea, llego tarde a clase —se inclinó y besó a Regina en la mejilla—. Habla con este hermano, ¿lo harás? Creo que todavía puede salvarse.

Regina sonrió y asintió con la cabeza, mientras veíamos a Marcus dando zancadas hacia la puerta.

—Ya veo, Marcus dando uno de sus sermones.

Metí el libro en mi mochila.

—De hecho tiene razón —dije—. Es un libro racista. África, según Conrad, es el pozo negro del mundo, los negros son salvajes, puedes contraer una infección al menor contacto con ellos.

Regina sopló su café tratando de enfriarlo.

—Entonces, ¿por qué lo estás leyendo?

—Porque está en el programa —me detuve porque no estaba seguro si debía seguir—. Y porque…

—Porque…

—Y porque este libro me enseña cosas —dije—. Quiero decir, sobre los blancos. Mira, este libro no es realmente sobre África. O sobre los negros. Es sobre el hombre que lo ha escrito. Sobre los europeos. Sobre los americanos. Una manera concreta de ver el mundo. Si puedes mantenerte a distancia verás que todo está ahí, lo que se ha contado y lo que no. Así que estoy leyendo el libro para que me ayude a comprender simplemente por qué los blancos tienen tanto miedo. Sus demonios. La forma en que se tergiversan las ideas. Me ayuda a entender cómo aprende la gente a odiar.

—Y eso es importante para ti.

Mi vida dependía de ello, pensé para mis adentros. Pero no se lo dije a Regina. Sonreí y le comenté:

—Esa es la única manera de curar una enfermedad, ¿no? Diagnosticarla.

Ella me devolvió la sonrisa y tomó un sorbo de café. La había visto por el campus con anterioridad, casi siempre sentada en la biblioteca con un libro en las manos. Era alta y de piel oscura, llevaba medias y vestidos que parecían de confección casera. Usaba unas gafas grandes con cristales ahumados y siempre llevaba un pañuelo cubriéndole la cabeza. Sabía que era alumna de último curso, que ayudaba a organizar actividades entre los estudiantes negros, y que no salía demasiado. Removió el café distraídamente y preguntó,

—¿Cómo te llamó antes Marcus? ¿Algún nombre africano, no?

—Barack.

—Creía que te llamabas Barry.

—Barack es mi nombre de pila. El nombre de mi padre. Es de Kenia.

—¿Significa algo?

—Significa «Bendito» en árabe. Mi abuelo era musulmán.

Regina repitió el nombre para sí, comprobando cómo sonaba.

—Barack. Es muy bonito —se inclinó hacia delante sobre la mesa—. Pero, ¿por qué todo el mundo te llama Barry?

—La costumbre, supongo. Mi padre se lo puso cuando vino a los Estados Unidos. No sé si fue idea suya o no. Lo más seguro es que lo utilizara porque es más fácil de pronunciar. ¿Sabes?, creo que le ayudó a integrarse. Luego me lo pasó a mí por la misma razón.

—¿Te importa si te llamo Barack?

Sonreí.

—No, siempre que lo pronuncies bien.

Regina ladeó la cabeza, expectante, e hizo una mueca parodiando una ofensa mientras que en sus ojos se adivinaba que estaba a punto de estallar de risa. Terminamos pasando la tarde juntos, hablando y tomando café. Me contó cosas de su niñez en Chicago, del padre ausente, de la madre luchadora, del sexto piso en el South Side que nunca conseguían calentar en invierno y que en verano era tan caluroso que se

iban a dormir a orillas del lago. Me hablaba de los vecinos de su bloque, de cuando pasaba por delante de las tabernas y de las salas de
billar los domingos camino de la iglesia. Me contaba cuando se junta-
ban por las noches en la cocina con los tíos, primos y abuelos, entre
voces y risas. Su voz evocaba una visión de la vida de los negros en
toda su dimensión, una visión que me llenaba de nostalgia, nostalgia
por un lugar y una historia fija y definitiva. Cuando nos disponíamos a
marcharnos, le dije que la envidiaba.

—¿Por qué?

—No lo sé. Por tus recuerdos, supongo.

Regina me miró y se echó a reír. Una risa plena y profunda que le
salía de muy adentro.

—¿Qué es lo que te hace tanta gracia?

—¡Ay, Barack! —dijo mientras recuperaba el aliento— ¡Cómo es la
vida! ¡Y yo pensando todo este rato lo que me hubiera gustado crecer en
Hawai!

Es extraño cómo una simple conversación puede hacerte cambiar. O tal
vez eso es lo que parece, visto retrospectivamente. Pasa un año y te sientes diferente, aunque no sepas en qué ni cómo ni por qué; así que tu
mente capta algo que podría darle forma a esa diferencia: una palabra,
una mirada, una caricia. Soy consciente de que, tras lo que parecía una
larga ausencia, sentí que aquella tarde con Regina recuperaba mi voz.
Aunque después continuó sonando temblorosa, distorsionada. Pero cuando comencé el segundo curso pude sentir cómo esa parte constante de
honestidad que había en mí se había hecho más fuerte y más sólida, un
puente entre mi futuro y mi pasado.

Fue por aquella época más o menos cuando me dediqué a despojarme
de mis esquemas anteriores. Surgió como un juego, supongo, como parte
de la pose radical que mis amigos y yo pretendíamos mantener, una maniobra subconsciente sobre los temas que más nos afectaban. Pero, a
medida que pasaban los meses y me vi arrastrado a desempeñar un papel
más importante —contactar con representantes del Congreso Nacional
Africano para que hablaran en el campus, escribir cartas a la facultad,
imprimir octavillas, discutir estrategias—, empecé a ser consciente de
que la gente había empezado a tener en cuenta mis opiniones. Este descubrimiento despertó mi ansia por las palabras. Pero no para ocultarme

tras ellas, sino para transmitir algún mensaje, alguna idea. Cuando, con motivo de la reunión de la junta directiva del campus, empezamos a organizar un mitin de protesta y alguien sugirió que yo abriera el acto, acepté enseguida. Imaginé que estaba preparado y que podía conectar con la gente que se interesaba en temas importantes. Pensé que mi voz no me fallaría.

Pero veamos. ¿Qué era lo que pensaba durante aquellos días antes de la reunión? Preparé la agenda meticulosamente, de antemano (se suponía que lo único que tenía que hacer eran algunas observaciones en la apertura, en medio de las cuales, un par de estudiantes blancos vestidos de paramilitares invadiría al estrado para sacarme a rastras). Un poco de teatro callejero, una manera de dramatizar la situación de los activistas en Sudáfrica. Conocía la trama, había ayudado a planificar el guión. Pero, cuando me senté para preparar algunas notas sobre lo que tenía que decir, algo sucedió. No sé cómo, pero en mi mente aquello se convirtió en algo más que un discurso de dos minutos, en una forma de poner a prueba mi ortodoxia política. Empecé a recordar la visita de mi padre a la clase de la señorita Hefty, el poder de transformación de sus palabras, la expresión en la cara de Coretta aquel día. Si tan sólo pudiera encontrar las frases justas…, pensé para mis adentros. Con las palabras precisas todo puede cambiar: Sudáfrica, la vida de los niños en los *ghettos* no muy lejos de allí, y mi precario lugar en el mundo.

Estaba aún casi en trance, cuando subí al escenario. No sé durante cuánto tiempo permanecí allí de pie, cegado por el sol, ante varios cientos de personas cansadas tras el almuerzo. Una pareja de estudiantes jugaban con un *frisbee* en el césped; otros se habían quedado esperando a un lado, preparados para invadir la biblioteca en cualquier momento. Sin esperar señal alguna me acerqué al micrófono.

—En este momento se está librando una batalla —dije.

Mi voz apenas trascendió más allá de las primeras filas. Unos cuantos miraron hacia el escenario, y esperé a que la multitud guardara silencio.

—¡Decía que se está librando una batalla!

Los jugadores de *frisbee* se detuvieron.

—Se está librando al otro lado del océano. Pero es una lucha que nos afecta a todos y cada uno de nosotros. Lo sepamos o no. Lo queramos o no. Una lucha que exige que nos posicionemos. No a favor de blancos o de los negros. Ni de los ricos o de los pobres. No, es una elección todavía más dura. Es la elección entre dignidad y servilismo. Entre justicia e injusticia. Entre compromiso e indiferencia. La elección entre lo que está bien y lo que está mal...

Dejé de hablar. La multitud me miraba en silencio. Alguien aplaudió. «¡Continúa, Barack!», gritó otro. «¡Cuéntalo tal y como es!» Entonces el resto empezó a aplaudir y a jalearme, y en ese momento supe que me los había ganado, que habíamos conectado. Cogí el micrófono, listo para continuar con el discurso, cuando noté que unas manos me agarraban por detrás. Todo iba según lo habíamos planeado. Andy y Jonathan, con aspecto siniestro detrás de sus gafas oscuras, empezaron a tirar con fuerza para sacarme del escenario; se suponía que yo debía intentar librarme de ellos, sólo que una parte de mí no estaba actuando, en realidad quería seguir allí arriba, oír mi voz rebotando en la multitud y retornando en forma de aplausos. ¡Me había quedado tanto por decir!

Pero mi papel había terminado. Me quedé a un lado cuando Marcus subió para coger el micrófono con su camiseta blanca y sus vaqueros, delgado, piel oscura, torso erguido, honesto. Explicó a la audiencia lo que habían presenciado, y por qué era inadmisible la palabrería del gobierno en el asunto de Sudáfrica. Después fue el turno de Regina, habló de lo orgullosa que se había sentido su familia al verla en la universidad y de la vergüenza que la embargaba al saber que formaba parte de una institución que estaba pagando ese privilegio con los beneficios obtenidos por medio de la opresión. Debería de haberme sentido orgulloso de los dos; eran elocuentes, podías ver que los espectadores estaban conmovidos. Pero ya no escuchaba realmente; de nuevo estaba en otro lugar, mirando, juzgando, escéptico. A mis ojos, de pronto aparecimos como los lustrosos y bien alimentados aficionados que éramos; con nuestros brazaletes de gasa negra cubiertos de signos pintados a mano y nuestras ansiosas caras jóvenes. Los jugadores de *frisbee* volvieron a su juego. Cuando los directivos llegaron para su reunión, unos cuantos se detuvieron para mirarnos a través de las vidrieras del edificio de la administración; vi cómo esos blancos de edad madura se reían entre ellos, y cómo uno incluso saludaba con la mano en nuestra dirección. Todo era una farsa, pensé para mis adentros, la reunión, las pancartas, todo. Una placentera tarde de diversión. Y yo, y mi solemne discurso de un minuto, la mayor farsa de todas.

Aquella noche, en la fiesta, Regina se me acercó y me dio la enhorabuena. Le pregunté por qué.

—Por ese discurso tan maravilloso que diste.

Abrí una cerveza.

—Ha sido muy corto, en fin.

Regina ignoró mi sarcasmo.

—Eso es lo que ha hecho que sea efectivo —dijo—. Has hablado desde el corazón, Barack. La gente quería seguir oyéndote, cuando te sacaron fue como si...

—Escucha Regina —dije, interrumpiéndola—, eres una mujer muy dulce. Y estoy encantado de que hayas disfrutado con mi breve actuación de hoy. Pero ésa ha sido la última vez que oirás un discurso mío. Voy a dejar los discursos para ti. Y para Marcus. Yo, he decidido que no tengo nada que hacer hablándole a los blancos.

—¿Y eso por qué?

Tomé un sorbo de mi cerveza mientras mi mirada vagaba sobre los que estaban bailando frente a nosotros.

—Porque no tengo nada que decir, Regina. No creo que lo que hemos hecho hoy vaya a marcar alguna diferencia. No creo que lo que le pase a un niño en Soweto interese a la gente a la que nos hemos dirigido. Las palabras bonitas no cambian nada. Entonces, ¿por qué voy a fingir lo contrario? Aunque te lo voy a decir. Porque hace que *me* sienta importante. Porque me gustan los aplausos. Me producen un escalofrío agradable y mezquino. Eso es todo.

—Tú no crees realmente eso.

—Eso es lo que creo.

Se me quedó mirando fijamente, intrigada, tratando de entender si me estaba burlando de ella.

—Bueno, puedes haberme engañado —dijo por último, intentando adoptar mi tono—. A mí me ha parecido oír hablar a un hombre que creía en algo. Un hombre negro al que le importan las cosas. Pero, ¡bueno!, supongo que soy una estúpida.

Tomé otro trago de cerveza y saludé a alguien que en ese momento cruzaba la puerta.

—Estúpida no, Regina. Ingenua.

Dio un paso atrás y puso los brazos en jarras.

—¿Ingenua? ¿Me estás llamando ingenua? ¡Oh, no! Si aquí hay algún ingenuo eres tú. Tú eres el que parece creer que se puede escapar de uno mismo. Tú eres quien cree que se puede ignorar lo que se siente —me señaló con uno de sus dedos sobre el pecho—. ¿Quieres saber cuál es tu problema de verdad? Que siempre crees que todo gira en torno a ti. Eres exactamente igual que Reggie, o Marcus, o Steve y todos los demás hermanos. El mitin es sobre vosotros. El discurso es sobre vosotros. La herida es siempre vuestra herida. Bien, déjeme decirle algo, señor Obama. No es sólo sobre ti. Nunca es sobre ti. Es por la gente que necesita tu ayuda. Niños que dependen de ti. A ellos no les interesa tu ironía, tu sofisticación o tu ego herido. Y, por supuesto, tampoco es sobre mí.

Cuando Regina terminó de hablar, Reggie, más borracho aún de lo que yo lo estaba, salió de la cocina. Se acercó y me echó el brazo por el hombro.

—¡Obama, qué gran fiesta tío! —y dedicó a Regina una sonrisa empalagosa—. Deja que te diga, Regina, Obama y yo tenemos buenos recuerdos. Deberías haber visto las fiestas del año pasado, en la residencia. Tío, ¿te acuerdas de aquella vez que estuvimos despiertos todo el fin de semana? Cuarenta horas sin dormir. Empezamos el sábado por la mañana y no paramos hasta el lunes —intenté cambiar de tema, pero Reggie seguía en sus trece—. Te digo, Regina, fue una fiesta salvaje. Cuando aparecieron las mujeres de la limpieza el lunes por la mañana, estábamos todos sentados en el pasillo, parecíamos zombis. Había botellas por todas partes. Colillas. Periódicos. La vomitona de Jimmy… —Reggie se volvió hacia mí y empezó a reír, derramando cerveza sobre la alfombra—. ¿Te acuerdas, no, tío? Mierda, que mal rollo, cuando aquellas viejecitas mejicanas empezaron a gritar. «Dios mío», dijo una de ellas, y la otra empezó a darle palmaditas en la espalda. Joder, estábamos locos…

Sonreí levemente, mientras sentía que Regina me miraba con el desprecio que merecía un inútil como yo. Cuando por fin habló fue como si Reggie no estuviera allí.

—¿Crees que eso es gracioso? —me dijo. Su voz temblaba, era casi como un susurro—. ¿Es eso lo que de verdad te importa, Barack, que otros limpien tu basura? Podía haber sido mi abuela, ¿sabes? La mayor parte de su vida ha tenido que ir limpiando detrás de la gente. Me apuesto algo a que todos aquellos para los que trabajaba lo encontraban igual de divertido.

Cogió su bolso, que estaba sobre la mesa, y se fue hacia la puerta. Pensé salir corriendo tras ella, pero me di cuenta de que algunos me miraban y no quise montar una escena. Reggie me cogió por el brazo; parecía herido y confuso, como un niño perdido.

—¿Cuál es el problema?

—Nada —dije. Le quité la cerveza de la mano y la puse sobre la estantería—. Ella cree en cosas que no existen.

Me levanté del sofá y abrí la puerta de la calle, el humo de la habitación me siguió como si fuera un espíritu. La luna se había ocultado, sólo se veía su resplandor en los bordes de las nubes altas. El cielo había empezado a clarear; el aire sabía a rocío.

Mírate a ti mismo antes de emitir juicios. No hagas que otros limpien tu mierda. No todo gira en torno a ti. Eran argumentos sencillos, sermones que había oído con anterioridad miles de veces en todas sus variantes: en las comedias de la tele, en los libros de filosofía, a mis abuelos y a mi madre. Había dejado de escucharlos hacía tiempo, y ahora me daba cuenta, absorto como había estado en mis aparentes heridas, ansioso por escapar de las trampas imaginarias que las autoridades blancas me estaban tendiendo. Por ese mundo blanco había estado dispuesto a olvidar los valores de mi infancia, como si esos valores estuvieran, de algún modo, irremediablemente manchados por las infinitas falsedades que los blancos contaban de los negros.

Y eso mismo era lo que escuchaba en boca de algunos negros que yo respetaba, gente que tenía más razones para sentirse amargados de las que yo pudiera tener jamás. ¿Quién te ha dicho que la honradez sea algo exclusivo de los blancos?, me preguntaban. ¿Quién te ha vendido esa declaración de bondades, según la cual tu situación te impide ser reflexivo, diligente o amable, o que la moralidad tiene un color? Has perdido el norte, hermano. Las ideas que tienes sobre ti —sobre lo que eres y lo que podrías llegar a ser— han crecido atrofiadas, estrechas y pequeñas.

Me senté en el umbral de la puerta y comencé a frotar el nudo que se me había formado en la nuca. ¿Cómo había podido ocurrir?, me preguntaba, pero antes incluso de que la pregunta se hubiese formulado en mi mente, ya sabía la respuesta. Miedo. El mismo miedo que me llevó a propinarle un empujón a Coretta en la escuela primaria. El mismo miedo que me hizo ridiculizar a Tim delante de Marcus y Reggie. El miedo continuo y paralizante de no pertenecer a ningún sitio y que me hacía creer que, salvo que lo esquivara y fingiera ser alguien que no era, seguiría siendo siempre un intruso sometido en todo momento al juicio del resto del mundo, de los blancos y de los negros.

Así que Regina tenía razón; todo giraba en torno a mí. Mi miedo. Mis necesidades. ¿Y ahora? Me imaginé a la abuela de Regina en algún lugar, de rodillas, la espalda doblada, la carne de sus brazos temblando mientras fregaba un pasillo interminable. Lentamente, la anciana levantó la cabeza y me miró a los ojos, y en su ajada cara vi que lo que nos mantenía unidos iba más allá de la rabia, de la desesperación o de la pena.

¿Qué era lo que me pedía? Sobre todo determinación. Determinación para luchar contra cualquier poder que le hiciera arrodillarse en lugar de mantenerse erguida. Determinación para resistirse a lo fácil o lo conveniente. Puede que estés encerrado en un mundo que no has creado, decían sus ojos, pero todavía hay alguna posibilidad de modelarlo. Tienes responsabilidades.

La cara de la anciana se esfumó de mi mente, y una nueva serie de rostros ocupó su lugar. La cara cobriza de la señora mejicana de la limpieza esforzándose mientras sacaba la basura. La cara de la madre de Lolo desencajada de pena al ver cómo los holandeses quemaban su casa. La cara de labios tensos, blanca como la tiza, de Toot cuando cogía el autobús de las seis y media de la mañana que la llevaba al trabajo. Sólo la falta de imaginación y osadía me habían llevado a pensar que tenía que escoger entre ellas. Todas me pedían lo mismo, todas eran mis abuelas.

Mi identidad podía empezar con la circunstancia de mi raza, pero no podía acabar ahí.

Al menos eso es lo que elegiría creer.

Me quedé sentado varios minutos más en el umbral, viendo salir el sol, pensando en la llamada que le haría a Regina ese día. Detrás de mí, Billie terminaba su última canción. Retuve el estribillo, tarareé algunos compases. Su voz me parecía diferente ahora. Debajo de las capas de dolor, debajo de la risa de reproche, percibí la voluntad de resistir. Resistir; y hacer una música que no se hubiera hecho antes.

SEIS

Pasé mi primera noche en Manhattan acurrucado en un callejón. No era lo que había previsto cuando aún estaba en Los Ángeles. Había oído que el amigo de un amigo iba a dejar vacante su apartamento en Spanish Harlem, cerca de Columbia y, dada la dificultad de alquilar un apartamento en Nueva York, pensé que lo mejor era quedarme con él cuanto antes. Llegamos a un acuerdo. Envié un telegrama avisando el día de mi llegada en agosto, y después de arrastrar mi equipaje por el aeropuerto, el metro, Times Square y a lo largo de la calle 109 —desde la Avenida Broadway hasta la de Ámsterdam—, finalmente me encontré ante la puerta, pocos minutos después de las diez de la noche.

Llamé al timbre varias veces, pero nadie respondió. La calle estaba vacía, los edificios de ambos lados, tapiados con tablones, formaban una mole de sombras rectangulares. Al rato, una joven portorriqueña salió del edificio y, mirándome con cierto nerviosismo, continuó calle abajo. Arrastrando mi equipaje, corrí hacia la puerta para impedir que se cerrara, subí las escaleras y llamé, después aporreé la puerta del apartamento. Tampoco esta vez hubo respuesta, sólo el sonido de un cerrojo echado de golpe, procedente de la planta baja.

Nueva York. Tal y como me lo había imaginado. Rebusqué en mi cartera: no tenía dinero suficiente para un motel. Sólo conocía a una persona en Nueva York, un chico llamado Sadik, con el que había hecho amistad en Los Ángeles, y que me había dicho que trabajaba de noche en un bar de no sé dónde. Como no podía hacer otra cosa que esperar, bajé con mi equipaje y me senté en la entrada. Después de un rato, metí la mano en el bolsillo trasero de mi pantalón y saqué la carta que llevaba conmigo desde que salí de Los Angeles.

Querido hijo:

Qué agradable sorpresa saber de ti después de tanto tiempo. Estoy estupendamente, haciendo todas esas cosas que tú sabes que espera de mí este país. Acabo de volver de Londres, donde he estado atendiendo asuntos del gobierno, negocios financieros, etc. De hecho, son precisamente mis múltiples viajes los que me impiden escribirte tanto como yo quisiera. En cualquier caso trataré de hacerlo mejor en adelante. Te encantará saber que tus hermanos y hermanas están bien y te mandan un cariñoso saludo. Al igual que yo, aprueban tu decisión de venir a casa después de tu graduación. Una vez aquí, juntos, decidiremos el tiempo que quieras quedarte. Aunque sólo sean unos cuantos días, Barry, lo importante es que conozcas a tu gente y el lugar al que perteneces.

Por favor, cuídate y saluda a tu madre, a Tutu y a Stanley. Espero tener noticias tuyas pronto.

Te quiere
Papá.

Volví a plegar la carta y la guardé de nuevo en el bolsillo. No había sido fácil escribirle; nuestra correspondencia casi había cesado durante los últimos cuatro años. De hecho, había empezado varios borradores, tachando líneas, esforzándome por encontrar el tono adecuado, resistiendo el impulso de contar demasiadas cosas. «Querido padre». «Querido papá». «Estimado señor Obama». Y ahora me había contestado, contento y tranquilo. Tienes que saber a qué lugar perteneces, me aconsejaba. Él hacía que pareciera fácil, como cuando se pide información por teléfono.

«Información, ¿qué ciudad por favor?»

«Mmm..., no estoy seguro. Esperaba que usted me lo pudiera decir. Mi nombre es Obama. ¿A dónde pertenezco?»

Quizá para él fuera así de simple. Me imaginaba a mi padre sentado en su despacho de Nairobi, un alto cargo del gobierno con funcionarios y secretarias llevándole papeles para que los firmase, que recibía llamadas de ministros para pedirle consejo, tenía una amante esposa e hijos esperándole en casa, y la aldea donde vivía su padre estaba a un sólo día de camino. La imagen me produjo una leve sensación de disgusto, traté de olvidarla concentrándome en el ritmo de salsa procedente de una ventana abierta en algún apartamento del bloque. A mi mente volvían, una y otra vez, los mismos pensamientos, tan persistentes como los latidos de mi corazón.

¿A qué lugar pertenecía? Mi conversación con Regina aquella noche después del mitin puede que hubiera desencadenado un cambio en mi interior, me dejó lleno de buenas intenciones. Aunque me sentía como un borracho saliendo de una larga y dolorosa resaca, enseguida me di cuenta de que mi nueva decisión se iba volatilizando sin causa ni dirección. Dos años después de mi graduación no tenía ni la menor idea de lo que iba a hacer con mi vida, tampoco de dónde viviría. Hawai quedaba atrás, como un sueño infantil; ya no me imaginaba estableciéndome allí. Y a pesar de lo que dijera mi padre, yo sabía que era demasiado tarde para pretender que África era mi hogar. Y si había llegado a considerarme como un negro americano y me veía como tal, ese compromiso no quedaba suscrito a un solo lugar. Llegué a la conclusión de que lo que necesitaba era una comunidad, una comunidad que calase más hondo que la desesperación que compartía con mis amigos negros cuando leíamos las últimas estadísticas sobre delincuencia, o los «¡choca esos cinco!» que podía intercambiar en la cancha de baloncesto. Un lugar donde pudiera asentarme y poner a prueba mis compromisos.

Así que cuando oí hablar del programa de intercambio que el Occidental College había establecido con la Universidad de Columbia, quise inscribirme enseguida. Me figuraba que, aunque no hubiera tantos estudiantes negros en Columbia como en Oxy, al menos estaría en el corazón de una verdadera ciudad, con barrios negros muy próximos. Tal y como estaban las cosas, no había muchas razones para quedarme en Los Ángeles. La mayoría de mis amigos se graduaban ese año: Hasan se fue a trabajar con su familia a Londres, Regina a Andalucía, para estudiar a los gitanos españoles.

¿Y Marcus? No estaba muy seguro de lo que había sido de Marcus. Debería quedarle otro año más, pero algo le había sucedido a mediados de su último curso, algo que yo reconocía, aunque no supiera darle nombre. Recordé una tarde que estábamos sentados en la biblioteca, antes de que decidiera abandonar la universidad. Un estudiante iraní, bastante mayor que nosotros, casi calvo y con un ojo de cristal, que estaba sentado al otro lado de nuestra mesa, se fijó en que Marcus andaba leyendo un libro sobre las implicaciones económicas de la esclavitud. Aunque el estrabismo de su ojo artificial le daba una apariencia amenazante, era un hombre curioso y amable que terminó por inclinarse sobre la mesa para preguntarle a Marcus algo sobre el libro.

—Dígame, por favor —dijo el hombre, —¿por qué cree usted que algo como la esclavitud se permitió durante tanto tiempo?

—Los blancos no nos veían como a seres humanos —dijo Marcus—. Así de simple. Muchos de ellos todavía siguen viéndonos de esa manera.

—Sí, lo entiendo. Pero lo que trato de preguntarle es, ¿por qué los negros no luchan?

—Lucharon. Nat Turner, Denmark Vescey…

—Rebeliones de esclavos —interrumpió el iraní—. Sí, he leído algo sobre ellos. Eran hombres muy valientes. Pero muy pocos. Si yo hubiese sido esclavo, viendo a esa gente hacer lo que hicieron a mi esposa e hijos… bueno, hubiera preferido la muerte. Eso es lo que no entiendo, por qué siendo tantos hombres no lucharon. Hasta la muerte, ¿comprende?

Miré a Marcus esperando su respuesta. Pero se quedó callado; parecía más ensimismado que enfadado, la mirada anclada a un punto de la mesa. Su falta de respuesta me confundió, pero después de una pausa contraataqué y le pregunté al iraní si conocía los nombres de los miles de seres anónimos que se habían arrojado a las aguas infestadas de tiburones, antes de que sus barcos prisión atracaran en los puertos americanos. Le pregunté si, una vez que los barcos arribaron, hubiera seguido prefiriendo la muerte sabiendo que rebelarse sólo serviría para infligir un mayor sufrimiento a mujeres y niños. ¿Qué diferencia había entre la colaboración de algunos esclavos y el silencio de algunos iraníes que se quedaron sin hacer nada cuando los matones de la Savak asesinaron y torturaron a los adversarios del Sha? ¿Cómo podríamos juzgar a otros hombres sin estar metidos en su piel?

Esta última observación pareció coger a mi interlocutor por sorpresa. Finalmente Marcus se volvió a integrar en la conversación, repitiendo uno de los viejos principios de Malcolm X sobre la diferencia entre los negros de casa y los negros del campo. Sin embargo hablaba como si no estuviera convencido de sus propias palabras, minutos más tarde, repentinamente, se puso de pie y se marchó.

Marcus y yo nunca volvimos a hablar de aquella conversación. Quizá no explicaba nada. Había razones más que suficientes para que alguien como Marcus se sintiera intranquilo en un lugar como el Occidental College. En los meses que siguieron empecé a notar que cambiaba, como si le atormentara algún tipo de fantasma que se hubiese filtrado por las grietas de nuestro seguro y soleado mundo. Al principio comenzó a mostrar ostensiblemente su orgullo racial: se vestía con blusas de estampados africanos para ir a clase y presionaba a la administración para que destinara un dormitorio sólo para negros. Más tarde se volvió poco comunicativo. Empezó a saltarse las clases y a fumar más porros. Se dejó crecer la barba, también el pelo al estilo rastafari.

Finalmente me anunció que iba a dejar los estudios por un tiempo. «Necesito un descanso de esta mierda», dijo. Íbamos paseando por un parque de Crompton, divirtiéndonos en un festival que duraba todo el día. Fue una tarde hermosa, todo el mundo en bermudas, los niños gritaban mientras corrían por la hierba; pero Marcus parecía distraído y apenas hablaba. Sólo cuando pasamos junto a un grupo que tocaban los bongós pareció volver a la vida. Nos sentamos junto a ellos bajo un árbol, traspasados por el sonido, viendo cómo las negras manos apenas ahuecadas danzaban sobre el parche. Al cabo de un rato empecé a aburrirme, caminé sin rumbo fijo y estuve hablando con una bonita joven que vendía pasteles de carne. Cuando volví, Marcus continuaba allí, sólo que ahora estaba tocando, con sus largas piernas cruzadas, el bongó que le habían prestado, acunado en su regazo. A través de la humareda que lo envolvía pude ver su inexpresivo rostro; tenía los ojos entornados, como si tratara de bloquear los rayos del sol. Durante casi una hora escuché cómo tocaba sin ritmo ni matices, machacando aquellos tambores, retrotrayendo recuerdos nunca contados. Y en ese momento me di cuenta de que Marcus necesitaba mi ayuda tanto como yo la suya, que yo no era el único que buscaba respuestas.

Miré el abandonado callejón neoyorkino. ¿Sabía Marcus cuál era su lugar? ¿Lo sabíamos alguno? ¿Dónde estaban los padres, los tíos y abuelos que pudieran ayudarnos a entender este profundo corte en nuestros corazones? ¿Dónde estaban los curanderos que pudieran ayudarnos a recuperar el significado de la derrota? Se habían ido, desvanecido, se los había tragado el tiempo. Sólo permanecían sus imágenes nebulosas, y sus cartas anuales llenas de consejos de pacotilla.

Era bien pasada la medianoche cuando tuve que trepar por una valla que daba a un callejón. Encontré un lugar seco, extendí mi equipaje y allí me quedé dormido, el tenue sonido de los tambores daba forma a mis sueños. Por la mañana, al despertarme, vi cómo una gallina blanca picotea-

111

ba la basura cercana a mis pies. Al otro lado de la calle un sin techo se lavaba en una boca de riego, no le importó que la compartiera con él. Todavía no había nadie en el apartamento, pero Sadik me contestó cuando le llamé por teléfono y me dijo que cogiera un taxi hasta su casa en el Upper East Side.

Me recibió en la calle. Era un paquistaní bajito y fornido que había llegado a Nueva York vía Londres hacía dos años y se encontró con que su mordaz ingenio y su imperturbable deseo de hacer dinero estaban en perfecta sintonía con la ciudad. Su estancia había excedido el plazo de su visado de turista, y ahora se ganaba la vida sirviendo mesas en el efímero mercado laboral de emigrantes ilegales de Nueva York. Cuando entrábamos en el apartamento vi a una mujer en ropa interior sentada en la mesa de la cocina, con un espejo y una maquinilla de afeitar al lado.

—Sophie —empezó a decir Sadik—, este es Barry…

—Barack —le corregí, mientras dejaba caer mi equipaje al suelo.

La mujer saludó con la mano sin mucho entusiasmo, y dijo a Sadik que se habría marchado para cuando él volviera. Seguí a Sadik escaleras abajo hasta un café griego que estaba al otro lado de la calle. Volví a disculparme por haber llamado tan temprano.

—No te preocupes —dijo Sadik—. Ella me pareció mucho más guapa anoche. Se puso a leer el menú, y luego lo dejó a un lado.

—Así que, dime, Bar…, perdón *Barack*. Dime, Barack, ¿qué es lo que te trae a nuestra hermosa ciudad?

Traté de explicarle que me había pasado el verano dándole vueltas al pasado, a mi malgastada juventud, al estado del mundo y al de mi alma.

—Quiero enmendarme —dije—, ser útil.

Sadik rompió la yema del huevo con el tenedor.

—Bien, *amigo**…, puedes hablar todo lo que quieras sobre salvar el mundo, pero esta ciudad tiende a destruir esos nobles sentimientos. Mira ahí afuera —señalaba a la multitud de la Primera Avenida—. Todos buscando suerte. Sobreviven los más capacitados. Con uñas y dientes. Dando un codazo al otro para apartarlo del camino. Eso, amigo mío, es Nueva York. Pero… —rebañó parte del huevo con la tostada—. ¿Quién sabe? Quizá tú seas la excepción. En cuyo caso, me descubriría ante ti.

Sadik alzó su taza de café a modo de saludo burlón, al tiempo que me escrutaba buscando cualquier inmediata señal de cambio. Durante los

---

* En castellano en el original.

meses siguientes siguió observándome mientras me movía como una rata de laboratorio por las calles menos frecuentadas de Manhattan. Evitó sonreír cuando le ofrecí mi asiento en el metro a una señora de mediana edad y se lo arrebató un hombre joven y fuerte. En Bloomingdale's me llevaba a una sección donde maniquíes humanos esparcían perfume por el aire, y se divertían observando mi reacción cuando comprobaba los exorbitantes precios que marcaban las etiquetas de los abrigos de invierno. Me volvió a alojar en su casa cuando dejé el apartamento de la calle 109 porque no tenía calefacción, y me acompañó a la vista que se celebró en el Housing Court cuando los realquilados de mi segundo apartamento no pagaron el alquiler y se largaron con mi fianza.

—Uñas y dientes, Barack. Deja de preocuparte de esos vagabundos y planea la forma de sacar algún dinero de esa preciosa licenciatura que te van a conceder.

Cuando Sadik perdió su apartamento nos mudamos juntos. Y, tras algunos meses de minuciosa observación, empezó a darse cuenta de que la ciudad, sin duda, había tenido su efecto sobre mí, aunque no el que él esperaba. Dejé de pillar colocones. Corría casi cinco kilómetros al día y ayunaba los domingos. Por primera vez en años me apliqué en los estudios y comencé a llevar un diario con mis reflexiones cotidianas y muy mala poesía. Cada vez que Sadik trataba de convencerme para que fuésemos a un bar, yo me disculpaba con una leve excusa: demasiado trabajo o falta de dinero. Un día, antes de salir del apartamento a la búsqueda de mejor compañía, se volvió hacia mí y me obsequió con su crítica más mordaz.

—Te estás volviendo aburrido.

Sabía que tenía razón, aunque ni yo mismo estaba seguro de lo que había pasado. En cierto modo, creo que estaba confirmando el juicio de Sadik sobre la seducción de la ciudad, y su consiguiente poder de corrupción. Con el *boom* de Wall Street, Manhattan era un hervidero, nuevas promociones surgían por doquier; mujeres y hombres, que apenas habían cumplido los veinte disfrutaban de una riqueza ridícula, y los mercaderes de la moda iban tras ellos pisándoles los talones. La belleza, la porquería, el ruido y el exceso deslumbraban mis sentidos; la extravagancia en la forma de vivir parecía no tener límites, tampoco la comercialización del deseo: un restaurante más caro, un mejor traje, un local nocturno más exclusivo, una mujer más bonita, un colocón más potente. Como no estaba seguro de mi habilidad para conducirme por la vía de la moderación, y temeroso de caer en los viejos hábitos, asumí la actitud, si no la convicción, de un predicador callejero, preparado para ver la tentación por doquier, lista parar dominar cualquier voluntad débil.

Mi reacción fue más que un mero intento por reprimir un apetito excesivo o una respuesta a una sobrecarga sensorial. Por debajo del ruido, del movimiento, veía la permanente fractura del mundo que estaba teniendo lugar. Había visto mayor pobreza en Indonesia, y atisbado la actitud violenta de los jóvenes en las calles del interior de Los Ángeles; había crecido acostumbrado, en todas partes, a la sospecha entre razas. Pero ya fuese por la numerosa población de Nueva York o debido a su tamaño, era precisamente ahora cuando empezaba a comprender la precisión casi matemática con la que confluían los problemas de clase y raza en América; la profundidad, la ferocidad de las consecuentes guerras tribales; la bilis que circulaba libremente no sólo en las calles sino también en los servicios de Columbia, donde, sin importar las veces que la administración las blanqueara de nuevo, las paredes continuaban rayadas con los violentos mensajes entre negros y judíos.

Era como si las posiciones intermedias hubieran desaparecido por completo. Y, según parecía, esta carencia, más que en ninguna otra parte, se hacía evidente en la comunidad negra, a la que veía con extraordinario cariño y en cuyo seno esperaba encontrar refugio. Un día fui a ver a un amigo a su bufete de abogados del Midtown y, antes de ir a almorzar en el MOMA, desde su oficina, situada en uno de los pisos superiores, miraba al otro lado de la ciudad, hacia el East River, imaginándome vivir una vida plena: vocación, familia, hogar. Hasta que me di cuenta de que los negros de la oficina eran conserjes o mensajeros, que los otros negros empleados en el museo eran los guardas de seguridad de chaqueta azul que contaban las horas que quedaban para coger el tren que les llevaría a casa, en Brooklyn o Queens.

Deambulaba por Harlem para jugar en las canchas de baloncesto de las que alguna vez había oído hablar, o para escuchar a Jesse Jackson en un mitin que se celebró en la calle 125; en algunas ocasiones me solía sentar, los domingos por la mañana, en los bancos traseros de la iglesia Abisinia Baptista, transportado por la dulce y afligida melodía del coro de *gospel*, y captaba una imagen fugaz de aquello en lo que pensaba. Pero no tenía a nadie que me enseñara cómo podía formar parte de este problemático mundo, y cuando intenté buscar un apartamento en la zona me encontré con que las elegantes casas de arenisca de Sugar Hill estaban ocupadas y fuera de mi alcance, y para los escasos edificios de alquiler decentes había una lista de espera de diez años. Lo único que quedaba eran las filas y filas de bloques inhabitables, frente a los cuales se apostaban jóvenes contando sus fajos de billetes de tres cifras, y borrachines de hombros caídos, dando traspiés y llorando sigilosamente.

Me tomé todo esto como una afrenta personal, una burla a mis compasivas ambiciones (aunque, cuando saqué el tema a relucir con gente que había vivido algún tiempo en Nueva York, me dijeron que no había nada nuevo en mis observaciones). La ciudad estaba fuera de control, decían, la polarización era un fenómeno natural, como los monzones o el movimiento de las placas continentales. Las discusiones políticas, como las que en el Occidental College parecían en su momento tan intensas y precisas, habían llegado a adquirir el aire de las conferencias socialistas a las que a veces acudía en Cooper Union, o el de las ferias culturales africanas que se celebraban durante el verano en Harlem y en Brooklyn: una de tantas diversiones que Nueva York ofrecía, como ir a ver una película extranjera o patinar sobre hielo en el Rockefeller Center. Con algo de dinero era libre de vivir como la mayoría de los negros de clase media en Manhattan, libre de elegir un motivo en torno al cual pudiera organizar mi vida, libre de hacer un *collage* de estilos, amigos, bares y afiliaciones políticas. Percibí, sin embargo, que a ciertas alturas de la vida —quizá cuando tienes niños y decides que puedes quedarte en la ciudad solamente a costa de pagar un colegio privado, o cuando comienzas a coger taxis por la noche para evitar el metro, o cuando piensas que necesitarías un portero en el edificio donde vives— tu elección devenía irrevocable, la línea divisoria infranqueable, y te encontrabas a ti mismo en el lado en que nunca habías tenido la intención de estar.

Como no estaba dispuesto a hacer esa elección, me pasé un año caminando de una punta a otra de Manhattan. Igual que un turista, miraba las distintas opciones humanas que se abrían ante mí, tratando de descifrar mi futuro en las vidas de la gente que veía, buscando alguna abertura por la que pudiera volver a entrar.

Y con esta actitud, carente de sentido del humor, me encontraron mi madre y mi hermana cuando vinieron a visitarme durante mi primer verano en Nueva York.

—Está tan delgado —le dijo Maya a mi madre.

—¡Sólo tiene dos toallas! —gritó mi madre mientras inspeccionaba el cuarto de baño— ¡Y tres platos!

Ambas empezaron con las risitas tontas.

Se quedaron con Sadik y conmigo un par de noches, luego se mudaron a un edificio de apartamentos de Park Avenue que una amiga de mi madre les había ofrecido mientras ella estaba fuera. Aquel verano encontré un trabajo limpiando un solar en el Upper East Side, así que mi madre y mi hermana se pasaron la mayor parte de los días visitando la ciudad por su cuenta. Cuando nos reuníamos para cenar me daban cumplida cuenta de sus aventuras: de las fresas con nata que habían tomado en el Hotel Plaza, del viaje en ferry a la Estatua de la Libertad, de la visita a los Cézanne del Metropolitan. Yo comía en silencio hasta que acababan su relato, y entonces comenzaba un largo discurso sobre los problemas de la ciudad y la situación de los desposeídos. Le regañé a Maya por pasarse toda una tarde mirando la tele en lugar de leer las novelas que le había comprado. Le enseñé a mi madre las diferentes formas en que los donantes extranjeros y las organizaciones de desarrollo internacionales, como aquella en la que ella trabajaba, fomentaban la dependencia en el Tercer Mundo. Cuando se dirigieron a la cocina alcancé a oír cómo Maya se quejaba a mi madre.

—Barry está bien, ¿no?, espero que no pierda su encanto y se vuelva uno de esos tipos raros que ves en las calles de por aquí.

Una noche, mientras ojeaba el *Village Voice*, los ojos de mi madre se iluminaron al leer el anuncio de una película, *Orfeo Negro*, que estaban pasando en un cine del centro. Mi madre insistió en que fuéramos a verla esa noche; dijo que esa había sido la primera película extranjera que había visto.

—Sólo tenía dieciséis años por aquel entonces —nos comentó mientras entrábamos en el ascensor—. Me acababan de admitir en la Universidad de Chicago, Gramps todavía no me había dicho que no me dejaría ir, y yo estaba allí para pasar el verano trabajando como *au-pair*. Era la primera vez que estaba viviendo por mi cuenta. ¡Me sentía tan mayor! Y cuando vi esa película pensé que era lo más bonito que había visto en mi vida.

Cogimos un taxi hasta el cine de reestrenos donde la exhibían. La película, en cierto modo pionera por la gran cantidad de negros, principalmente brasileños, del reparto, había sido rodada en la década de 1950. El hilo argumental era sencillo: el mito de los desafortunados amantes

Orfeo y Eurídice ambientado en las favelas de Río durante el carnaval. En esplendoroso technicolor, con un paisaje de fondo compuesto por verdes colinas, los brasileños negros y mulatos cantaban, bailaban y rasgueaban sus guitarras como ociosos pájaros de colorido plumaje. Hacia la mitad, más o menos, de la película decidí que ya había visto suficiente, y me volví hacia mi madre para ver si ella también quería irse. Pero su cara, iluminada por el resplandor azul de la pantalla, parecía invadida por la melancolía. En ese momento, sentí como si me hubieran abierto una ventana al interior de su corazón, el irreflexivo corazón de su juventud. Enseguida me di cuenta de que el casi infantil retrato que hacían de los negros en la pantalla, la imagen opuesta de los negros salvajes de Conrad, era lo que mi madre había llevado consigo a Hawai durante todos aquellos años, un reflejo de las fantasías prohibidas para una chica de clase media de Kansas, la promesa de otra vida: cálida, sensual, exótica, diferente.

Me giré; me sentía incómodo por ella e irritado por la gente que había a mi alrededor. Sentado allí, en la oscuridad, me acordé de una conversación que tuve unos cuantos años atrás con un amigo de mi madre, un inglés que había trabajado para una organización de ayuda internacional en África y Asia. Me contó que de todos los pueblos que había conocido en sus viajes el más insólito era el de los Dik de Sudán.

—Por lo general, en cualquier lugar al cabo de un mes o dos se hacen contactos —decía—. Incluso en los lugares donde no hablas el idioma se suele intercambiar una sonrisa o una broma, una cierta apariencia de entendimiento. Pero después de pasar un año con ellos, los dik seguían comportándose como absolutos desconocidos. Se reían de cosas que me desesperaban. Y lo que a mí me parecía divertido a ellos les dejaba fríos como el mármol.

Yo no le había dicho que los dick eran nilotes y, por tanto, primos lejanos míos. Intentaba imaginarme a ese inglés de tez pálida en algún árido desierto, de espaldas al corro de nativos desnudos, escudriñando un cielo vacío, resentido por su soledad. Y lo mismo que pensé entonces me venía a la mente ahora, mientras salía del cine con mi madre y mi hermana: las emociones entre las razas no pueden ser nunca puras; hasta el amor estaba empañado por el deseo de encontrar en el otro algún elemento que nos faltaba a nosotros mismos. Tanto si buscamos nuestros demonios como nuestra salvación, la otra raza seguiría siendo siempre así: amenazante, ajena, distante.

—Un poco sentimental, ¿no? —dijo Maya mientras que mi madre fue al cuarto de baño.

—¿Qué?

—La película. Era un poco sentimental. Igual que mamá.

Durante los días siguientes, intenté evitar situaciones en la que mi madre y yo nos viéramos forzados a hablar. Más tarde, cuando faltaban unos días para que se marcharan, pasé a verla mientras Maya echaba la siesta. Mi madre se percató de que en mi mano llevaba una carta dirigida a mi padre. Le pregunté si tenía un sello para el extranjero.

—Así que estáis preparando una visita, ¿no?

Le conté brevemente mis planes mientras ella rebuscaba el sello en el fondo de su bolso. Sacó dos sellos que se habían pegado juntos por el calor del verano. Me dirigió una sonrisa tímida, y puso agua a hervir para despegarlos con el vapor.

—Bueno, creo que será maravilloso para ambos que finalmente podáis conoceros el uno al otro —dijo desde la cocina—. Tal vez fue un poco duro de aceptar para un niño de diez años, pero ahora que eres mayor…

Me encogí de hombros.

—¿Quién sabe?

Ella asomó la cabeza desde la cocina.

—Espero que no estés resentido con él.

—¿Por qué habría de estarlo?

—No lo sé.

Mi madre volvió a la sala de estar y nos sentamos un rato, escuchando el ruido del tráfico en la calle. La tetera silbó y yo puse los sellos en el sobre. Entonces, sin más rodeos, mi madre, con una voz distante, empezó a contarme de nuevo una vieja historia, como si se la contara a sí misma.

—No fue culpa de tu padre tener que irse, ¿sabes? Me divorcié de él. Cuando nos casamos a tus abuelos no les hizo mucha gracia la idea. Pero no se opusieron, probablemente no hubieran podido detenernos, y al final llegaron a la conclusión de que era lo que había que hacer. Entonces, el padre de Barack, tu abuelo Hussein, le escribió a Gramps aquella larga y desagradable carta en la que decía que no aprobaba el matrimonio. Decía que no quería que la sangre de los Obama fuese mancillada por la de una mujer blanca. Bueno, puedes imaginarte cómo reaccionó Gramps. Y además estaba el problema de la primera mujer de tu padre…, él me había dicho que estaban separados, pero como fue una boda celebrada en el poblado no existían documentos legales que probasen que estaba divorciado... —su barbilla comenzó a temblar, se mordió el labio intentando reponerse. Entonces prosiguió—. Tu padre le contestó diciendo que seguía adelante con todo. Luego naciste tú y decidimos que los tres nos instalaríamos en Kenia cuando terminara sus estudios. Pero tu abuelo Hussein seguía escribiéndole a tu padre, amenazándole con anular su visado de estudiante. Por aquellos días Toot estaba histérica, había leído sobre la rebelión de los Mau-Mau que unos años antes había tenido lugar en Kenia y de la que la prensa occidental se había hecho eco, y estaba segura de que me iban a cortar la cabeza y de que a ti te secuestrarían. Incluso entonces nuestro matrimonio pudo haber funcionado. Cuando tu padre se graduó por la Universidad de Hawai recibió dos ofertas de beca. Una fue para la New School, aquí, en Nueva York. La otra era para Harvard. La New School estaba de acuerdo en pagarlo todo: pensión completa, un trabajo en el campus, y dinero suficiente para que nos mantuviésemos los tres. Harvard sólo pagaba la matrícula. Pero Barack era un maldito cabezota y decidió ir a Harvard. «¿Cómo puedo renunciar a la mejor educación?», me dijo. Sólo era capaz de pensar en eso, probar que era el mejor... —suspiró mientras se atusaba el pelo con las manos—. Éramos tan jóvenes, ¿sabes? Yo era más joven de lo que tú eres ahora. Y él unos cuantos años mayor que yo. Luego, cuando vino a visitarnos a Hawai, quiso que nos fuésemos a vivir con él. Pero yo estaba todavía casada con Lolo por aquel entonces, y su tercera esposa acababa de dejarlo, así que ni me lo planteé... —se detuvo y rió para sí—. ¿Te he contado alguna vez que llegó tarde a nuestra primera cita? Me dijo que me encontrase con él en la puerta de la biblioteca de la universidad a la una. Cuando llegué aún no había aparecido, pero decidí esperarle unos minutos. Era un bonito día, así que me tumbé en uno de los bancos y, antes de que me diera cuenta, me quedé dormida. Bien, una hora más tarde, ¡una hora!, apareció con un par de amigos. Me desperté y los tres estaban mirándome mientras oía a tu padre que decía, tan serio como pudo, «¿Ven caballeros?, ya les dije que era una chica estupenda, y que iba a esperarme».

Mi madre volvió a reír y una vez más la vi como la niña que había sido. Excepto que esta vez había algo más: en su cara sonriente y algo desconcertada se reflejaba lo que todos los niños deben ver en un momento de su vida si es que han de madurar: la revelación de que sus padres han tenido una vida antes que ellos, una vida separada y diferente, que va más allá de su unión o del nacimiento de sus hijos, que se extiende hasta los abuelos, bisabuelos e incluye un número infinito de encuentros casuales, malentendidos, proyectos futuros y limitaciones. Mi madre era aquella chica que soñaba con los bellos negros que había visto en la película, halagada por la atención que le dispensaba mi padre, confundida y sola, que trataba de escapar del control de sus padres. La inocencia con la que aquel día esperaba a mi padre estaba teñida de falsas ideas, de sus propias necesidades. Era una necesidad cándida, y quizá sea así como empieza cualquier amor, con impulsos e imágenes nebulosas que nos permiten traspasar nuestra soledad, y entonces, si tenemos suerte, finalmente se transforman en algo más sólido. Lo que le oí a mi madre aquel día, cuando hablaba de mi padre, era algo que, puedo imaginar, la mayoría de los americanos no oirán nunca de labios de alguien de otra raza y que difícilmente puede pensarse que exista entre negros y blancos: el amor de una persona que te acepta tal como eres, un amor que sobrevivirá a la decepción. Ella vio a mi padre, al menos, como todo el mundo espera que otro pueda verle; también trató de que le viese de la misma forma el niño que nunca conoció. Y fue la expresión que tenía en la cara aquél día la que recordaría cuando, unos meses después, la llamé para decirle que mi padre había muerto y escuché su llanto en la distancia.

Después de hablar con mi madre, llamé al hermano de mi padre a Boston y mantuvimos una breve e incómoda conversación. No fui al funeral, así que escribí una carta a la familia de mi padre en Nairobi en la que les expresaba mis condolencias. Les pedí que me respondieran, al tiempo que me preguntaba cómo les estaría yendo. Pero no sentí dolor, sólo la vaga sensación de haber perdido una oportunidad, y no veía la razón para pretender otra cosa. Mis planes para viajar a Kenia quedaron aparcados indefinidamente.

Pasó otro año antes de que una noche volviera a encontrarme con él en una fría celda, en la cámara de mis sueños. Soñé que viajaba en autobús con unos amigos cuyos nombres había olvidado, hombres y mujeres que llevaban itinerarios distintos. Avanzábamos a través de profundos campos de hierba y colinas que se recortaban contra un cielo anaranjado. A mi lado estaba sentado un hombre blanco, mayor, de complexión fuerte; yo leía en el libro que llevaba en sus manos que nuestro trato a los mayores ponía a prueba nuestras almas. Me dijo que era sindicalista, y que iba a ver a su hija.

Paramos en un viejo hotel, un gran hotel con candelabros. Había un piano en el vestíbulo y un diván lleno de cojines de raso en el salón; cogí uno y lo puse en la banqueta del piano, y el hombre blanco mayor se sentó, ahora lento de reflejos, o senil, y cuando volví a mirarle se había transformado en una niñita negra cuyos pies apenas podían alcanzar los pedales. Sonrió y empezó a tocar, entonces entró una camarera, una joven hispana que al vernos frunció el ceño, pero bajo ese gesto ocultaba una sonrisa, y luego se llevó un dedo a los labios como si compartiéramos un secreto.

El resto del viaje me lo pasé dormitando, y al despertarme vi que se había ido todo el mundo. El autobús llegó a una parada, me bajé y me senté en un bordillo. En el interior de un edificio construido con piedra rústica, un abogado hablaba a un juez. El juez sugería que quizá mi padre ya había estado bastante tiempo en la cárcel, que posiblemente ya era hora de ponerlo en libertad. Pero el abogado se oponía con firmeza, citando toda suerte de normas y la necesidad de mantener el orden. El juez se encogió de hombros y se levantó del estrado.

Me quedé frente a la celda, abrí el candado y lo puse con cuidado en la repisa de la ventana. Mi padre estaba ante mí, llevaba solamente una tela alrededor de la cintura; estaba muy delgado, tenía la cabeza grande y los brazos y el pecho sin vello. Estaba pálido, sus ojos negros brillaban contra su tez cenicienta, pero sonreía y hacía gestos pidiendo por favor que el guardia alto y callado se apartara a un lado.

—Mírate —dijo—. Tan alto, y tan delgado. ¡Hasta con el pelo gris!

Y vi que era verdad. Me acerqué hasta donde estaba y nos abrazamos. Empecé a llorar, sentía vergüenza, pero no podía parar.

—Barack, siempre quise decirte lo mucho que te quiero —dijo.

Ahora parecía más pequeño en mis brazos, del tamaño de un niño.

Se sentó en una esquina de su catre y puso la cabeza entre sus manos mientras apartaba su mirada de mí y la dirigía a la pared. Una tristeza implacable invadió su rostro. Intenté bromear con él; le dije que mi delgadez era su herencia. Pero no podía cambiar de actitud, y cuando le insinué al oído que podríamos irnos juntos, él negó con la cabeza y me dijo que lo mejor sería que me marchara.

Me desperté llorando, eran las primeras lágrimas reales que derramaba por él (y por mí, su carcelero, su juez, su hijo). Encendí la luz y busqué sus antiguas cartas. Recordé su única visita (la pelota de baloncesto que me había regalado y cómo me enseñó a bailar). Y me di cuenta, quizá por primera vez, de cómo, incluso en su ausencia, su poderosa imagen me había proporcionado un asidero sobre el que crecer, un modelo para imitar, o para desilusionarme.

Fui hasta la ventana, me asomé afuera y escuché los primeros ruidos de la mañana: el rugido de los camiones de basura, unos pasos en el apartamento de al lado. Necesitaba buscarlo, pensé para mí, y hablar con él de nuevo.

SEGUNDA PARTE

CHICAGO

SIETE

En 1983 decidí ser organizador comunitario.

No había mucha información sobre esa actividad. No conocía a nadie que se ganara la vida con ella. Cuando los compañeros de clase me preguntaban qué era lo que hacía exactamente un organizador comunitario, no podía darles una respuesta. En lugar de eso me pronunciaba respecto a la necesidad de un cambio. Cambio en la Casa Blanca, donde Reagan y sus acólitos continuaban jugando sucio. Cambio en el Congreso, sumiso y corrupto. Cambio en el talante del país, maniático y egocéntrico. Cambio que no vendrá desde las altas esferas, diría yo. Cambio que vendrá de la movilización desde la base.

Eso es lo que haría: organizaría a los negros. Desde la base. Para el cambio.

Mis amigos, negros y blancos, me elogiaban efusivamente por mis ideales antes de dirigirse a la oficina de correos y enviar sus solicitudes para hacer un curso de postgrado.

No podía culparles por su escepticismo. Ahora, visto a posteriori, puedo construir la lógica de mi decisión, mostrar cómo mi intención de ser un organizador comunitario era parte de una historia más larga que empezaba con mi padre y su padre antes que él, mi madre y sus padres, mis recuerdos de Indonesia con sus mendigos y agricultores, la sumisión de Lolo al poder, y seguía con Ray, Frank, Marcus y Regina; mi estancia en Nueva York; la muerte de mi padre. Sé que las opciones que tomé nunca fueron exclusivamente mías, y que así era como debía ser, sostener lo contrario es perseguir una triste forma de libertad.

Pero tal reconocimiento sólo vino más tarde. Por aquella época, cuando estaba a punto de graduarme en la universidad, funcionaba por impulsos, como un salmón que nada a ciegas contra corriente hasta el lugar mismo de su concepción. En las clases y seminarios disfrazaba esos impulsos con lemas y teorías que descubría en los libros, pensando —equivocadamente— que los lemas significaban algo, que de alguna manera plasmaban aquello que yo creía procedente. Pero por la noche, cuando estaba en la cama, dejaba que los lemas se alejasen navegando a la deriva para dar paso a una serie de imágenes románticas de un pasado que nunca había conocido.

Eran imágenes del movimiento a favor de los derechos civiles, en su mayor parte pertenecían a las antiguas secuencias en blanco y negro que aparecen todos los años en febrero, durante el Mes de la Historia de los Negros, las mismas que mi madre me había mostrado de niño. Un par de estudiantes de la facultad, de cabello corto y torso erguido, pidiendo su almuerzo en un restaurante de comida rápida, justo al borde mismo de los disturbios. Militantes del SNCC* frente a un porche en algún remanso del Misisipi intentando convencer a una familia de aparceros de que se registraran para votar. Una cárcel del condado llena hasta los topes de niños, con las manos entrelazadas, cantando canciones de libertad.

Tales imágenes se convirtieron en una especie de plegaria para mí, reforzando mi espíritu, canalizando mis emociones de una forma que nunca lo pudieron hacer las palabras. Las imágenes me decían (aunque esta reflexión puede que sea posterior, o una interpretación que contenga sus propias inexactitudes) que no estaba solo en mis luchas personales, y que las comunidades nunca habían sido un regalo que se otorgaba en este país, al menos para los negros. Las comunidades tenían que crearse, había que luchar por ellas, cuidarlas como a los jardines. Se ajustaban al tamaño de los sueños de los hombres, y en el movimiento a favor de los derechos civiles esos sueños siempre han sido ambiciosos. En las sentadas, las manifestaciones, las canciones carcelarias, he visto a la comunidad afroamericana afianzarse, adquirir un significado que era algo más que el lugar en el que habías nacido o la casa donde creciste. Y es gracias a la planificación y al sacrificio compartido como se gana el derecho a

* Student Nonviolent Coordinating Committee (Comité Coordinador de los estudiantes contra la violencia).

ser uno de sus miembros. Y dado que conseguí pertenecer a ella (la comunidad que yo quería estaba en gestación, edificándose sobre la esperanza de que el colectivo más numeroso de América, negro, blanco o moreno, pudiera de alguna forma autoredefinirse), creí que esa comunidad podría, con el paso del tiempo, admitir la singularidad de mi propia vida.

Esta era mi idea de la labor de un organizador comunitario. Una promesa de redención.

Y así, en los meses que siguieron hasta mi graduación, escribí a todas las organizaciones de derechos civiles que conocía, a cualquier negro de ideas progresistas elegido en este país para desempeñar un cargo público, a las asociaciones de vecinos y de los derechos del arrendatario. Y aunque nadie me respondió, no me desanimé. Decidí que durante un año buscaría un empleo más convencional para pagar mis préstamos estudiantiles y tal vez incluso ahorrar un poco. El dinero lo necesitaría más tarde, me dije a mí mismo. Los organizadores no ganaban dinero; su pobreza era la prueba de su integridad.

Finalmente, una empresa asesora de corporaciones internacionales me contrató como ayudante de investigación. Como un espía tras las líneas enemigas, cada mañana llegaba a mi oficina del centro de Manhattan y me sentaba frente a mi ordenador, atento a la información que enviaba la agencia Reuters, brillantes mensajes parpadeantes de color verde esmeralda con noticias de cualquier lugar del globo. Por lo que pude ver, yo era el único negro de la empresa, lo que no me agradaba especialmente, pero constituía un enorme orgullo para la plantilla de secretarias. Aquellas señoras negras me trataban como a un hijo; me decían que no tenía ni idea de lo esperanzadas que estaban en que algún día yo dirigiera la empresa. A veces, durante el almuerzo, les contaba los maravillosos planes que tenía respecto a la organización comunitaria, y ellas, sonriendo, me decían «eso está bien, Barack», pero su mirada me decía que estaban secretamente decepcionadas. Sólo Ike, el gruñón guardia de seguridad negro del vestíbulo, estaba dispuesto a decirme abiertamente que estaba cometiendo un error.

—¿Organización comunitaria, eso es una clase de política, no? ¿Por qué quiere hacer algo así?

Intenté explicarle mis puntos de vista políticos, lo importante que era movilizar a los pobres y redistribuir las riquezas de la comunidad. Pero Ike hizo un gesto de duda.

—Señor Obama—dijo—, espero que no se moleste si le doy un pequeño consejo. No tiene porqué aceptarlo, pero se lo voy a dar de todas maneras. Olvídese de ese asunto de la organización y haga algo con lo que gane dinero. No se trata de avaricia, ¿me comprende? Sólo de ganar lo suficiente. Le estoy diciendo esto porque veo que usted tiene posibilidades. Un joven como usted, con una bonita voz, ¡eh!, podría ser uno de esos que anuncian en la televisión. O dedicarse a las ventas…, tengo un sobrino más o menos de su edad que está ganando así un buen dinero. Eso es lo que necesitamos, ¿ve? No más gente correteando por ahí, rapeando y bailando. No se puede ayudar a aquellos que nunca van a conseguir nada y que, además, no agradecerán su esfuerzo. Y los que quieren salir adelante encontrarán el modo de hacerlo por ellos mismos. Por cierto ¿cuántos años tiene?

—Veintidós.

—Mire, no malgaste su juventud, señor Obama. Una mañana despertará siendo un viejo como yo, cansado y sin haber conseguido nada.

No le presté mucha atención a Ike por aquel entonces; pensé que era demasiado parecido a mis abuelos. Sin embargo, conforme fueron pasando los meses, sentía que la idea de ser un organizador comunitario iba perdiendo fuerza. La compañía me propuso para cubrir el puesto de articulista financiero. Tenía mi propio despacho, mi propia secretaria, dinero en el banco. A veces, cuando salía para entrevistar a financieros japoneses o a corredores de bonos alemanes, solía mirar mi imagen reflejada en las puertas del ascensor —me veía con traje y corbata, un maletín en la mano—, y por un breve instante me imaginaba como un magnate de la industria, ladrando órdenes, cerrando tratos, antes de que recordara qué era lo que me había dicho a mí mismo que quería ser y me sintiera culpable por mi falta de decisión.

Así que un día, cuando me senté ante mi ordenador para escribir un artículo sobre los futuros de los tipos de interés, sucedió algo inesperado. Auma llamó.

Nunca había conocido a esta hermanastra, sólo nos habíamos escrito de manera intermitente. Sabía que había dejado Kenia para estudiar en Alemania, y en nuestras cartas habíamos mencionado la posibilidad de que fuese a visitarla, o que tal vez ella pudiera venir a los Estados Unidos. Pero los planes nunca se concretaron (quizá el año que viene, solíamos decir, ya que ninguno de los dos tenía dinero suficiente). En nuestra correspondencia manteníamos una distante cordialidad.

Ahora, de pronto, oía su voz por vez primera. Era suave y triste, con un marcado acento colonial. Por un momento no pude entender sus palabras, sólo el sonido, un sonido que me parecía que siempre había estado ahí, perdido pero no olvidado. Iba a venir a los Estados Unidos, dijo, en un viaje con varios amigos. Preguntaba si podría ir a verme a Nueva York.

—Desde luego —respondí—. Puedes quedarte conmigo; me muero de ganas.

Ella se rió, yo me reí, y luego la comunicación se fue perdiendo, sólo se escuchaban interferencias y el sonido de nuestra respiración.

—Bien —dijo ella—, no puedo estar mucho tiempo al teléfono, es muy caro. Estos son los datos de mi vuelo...

Después colgamos, como si nuestro contacto fuera un tratamiento que debía administrarse en pequeñas dosis.

Pasé las pocas semanas siguientes preparando las cosas a toda prisa: sábanas nuevas para el sofá cama, más platos y toallas, una esponja para el baño. Pero dos días antes de su llegada, Auma llamó de nuevo, su voz era más grave, apenas un susurro.

—Finalmente no podré ir —dijo—. Uno de nuestros hermanos, David... ha muerto. En un accidente de motocicleta. Eso es todo lo que sé —empezó a llorar—. ¡Oh Barack!, ¿por qué nos pasa esto a nosotros?

Traté de consolarla lo mejor que pude. Le pregunté qué podía hacer por ella. Le dije que ya habría otra ocasión en la que pudiéramos vernos. Finalmente su voz se calmó. Tenía que reservar un billete de vuelta a casa, dijo.

—De acuerdo entonces, Barack. Nos vemos. Adiós.

Cuando colgó el teléfono salí de mi oficina y le dije a mi secretaria que iba a estar fuera todo el día. Deambulé durante horas por las calles de Manhattan, con la voz de Auma sonando una y otra vez en mi cabeza. En otro continente una mujer llora. En un sombrío y polvoriento camino un niño derrapa, se desploma contra la dura tierra, las ruedas siguen girando hasta detenerse. ¿Quiénes eran esas gentes, me preguntaba, esos extraños que llevaban mi sangre? ¿Qué podría calmar la pena de esa mujer? ¿Qué locos y salvajes sueños tenía ese muchacho?

¿Quién era yo, que no derramaba lágrimas por la pérdida de uno de los suyos?

A veces todavía me pregunto cómo cambió mi vida aquel primer contacto con Auma. No tanto el contacto en sí (si lo era todo, lo sería todo) o la noticia que me dio sobre la muerte de David (algo también incuestionable, pues nunca lo conocería, y eso lo dice todo), sino más bien el momento en el que se produjo su llamada (la particular secuencia de acontecimientos, las expectativas que levantaron y luego las esperanzas rotas), que llegó cuando la idea de convertirme en organizador comunitario era sólo eso, una idea en mi mente, un confusa lucha en mi corazón.

Puede que no tuviese importancia alguna. Quizá por aquél entonces ya estaba comprometido como organizador comunitario y la voz de Auma simplemente vino a recordarme que aún tenía heridas que curar y no podía hacerlo solo. O quizá si David no hubiese fallecido cuando lo hizo, y Auma hubiera venido a Nueva York como estaba previsto al principio, y hubiera sabido por ella entonces lo que sólo supe después sobre Kenia, sobre nuestro padre…, bueno, puede que hubiera aliviado en cierto modo la tensión que se había acumulado en mi interior, dándome una idea diferente de la comunidad, posibilitando que mis ambiciones recorrieran una senda más estrecha y personal, de forma que, tal vez, al final hubiera aceptado el consejo de mi amigo Ike y me hubiera dedicado exclusivamente a las acciones, los bonos y a la atracción que ejerce la respetabilidad.

No lo sé. Lo cierto es que pocos meses después de la llamada de Auma, presenté mi dimisión en la asesoría y empecé a buscar en serio un trabajo como organizador comunitario. De nuevo, la mayoría de mis cartas siguieron sin obtener respuesta, pero después de un mes aproximadamente me llamaron para una entrevista con el director de una importante organización de derechos civiles de la ciudad. Era un negro alto y atractivo que vestía camisa blanca impoluta, corbata de cachemir y tirantes rojos. Su despacho estaba amueblado con sillas italianas y esculturas africanas, también había un pequeño bar construido en una pared de ladrillo visto. A través de una gran ventana la luz del sol se derramaba sobre un busto de Martin Luther King.

—Me gusta —dijo el director después de ver mi *curriculum vitae*—. Especialmente la experiencia corporativa. Esa es la verdadera clave en una organización de derechos civiles hoy en día. Las protestas y los piquetes ya no sirven. Para conseguir nuestros objetivos tenemos que crear lazos entre las empresas, el gobierno y los barrios marginados de la ciudad.

Entrelazó sus grandes manos, luego me enseñó un informe anual impreso en papel satinado, abierto por la página donde figuraban los nombres de los miembros del consejo de administración. Había un reverendo negro y diez ejecutivos blancos.

—¿Ves? —dijo el director—, sociedades público-privadas. La clave del futuro. Y ahí es donde entran en juego jóvenes como tú. Educados. Seguros de sí mismos. Que se sienten cómodos en una sala de juntas. Sin ir más lejos, justo la semana pasada discutía este problema con el secretario del HUD* en una cena en la Casa Blanca. Qué tipo tan magnífico ese Jack. Seguro que estaría interesado en conocer a un joven como tú. Ni que decir tiene que estoy afiliado al partido demócrata, pero tenemos que aprender a trabajar con quien esté en el poder, sea quien sea…

Allí mismo me ofreció un puesto que estaba relacionado con la organización de conferencias sobre drogas, subdesarrollo y vivienda. Facilitar el diálogo, lo llamaba él. Decliné su amable oferta, pues había decidido que prefería un trabajo que permitiera un mayor contacto con la calle. Pasé tres meses trabajando en una oficina de Ralph Nader en Harlem, tratando de convencer a los estudiantes de las minorías étnicas del City College de la importancia del reciclaje. Después estuve una semana distribuyendo folletos de la candidatura de un asambleísta en Brooklyn (el candidato perdió y nunca me pagaron).

Seis meses después estaba sin blanca, en paro y comiendo sopa enlatada. Buscando algún tipo de inspiración, fui a la Universidad de Columbia a escuchar a Kwame Touré, cuyo antiguo nombre era Stokely Carmichael, un conocido activista del Black Power y del SNCC. A la entrada del auditorio dos mujeres, una negra y otra asiática, vendían literatura marxista y discutían entre ellas sobre el lugar que Trotsky ocupaba en la Historia. En el interior, Touré presentaba un programa para establecer lazos económicos entre África y Harlem que pudieran sortear el capitalismo imperialista de los blancos. Cuando finalizó, una joven delgada con gafas preguntó si ese programa era práctico, habida cuenta de la situación en que se encontraban las economías africanas y las necesidades inmediatas a las que se enfrentaban los negros americanos. Touré la interrumpió a la mitad de la frase.

---

* HUD, siglas que corresponden a Housing and Urban Development (Departamento de la Vivienda y el Desarrollo Urbano), agencia federal que se ocupa de subsidios para la vivienda, planificación comunitaria y desarrollo urbano en los EEUU.

—Lo que no lo hace práctico es el lavado de cerebro que has recibido, hermana —dijo.

Los ojos de Touré resplandecían mientras hablaba, eran los ojos de un loco o los de un iluminado. La joven se quedó de pie durante unos minutos mientras la reprendía por su actitud burguesa. Luego, el público comenzó a salir. En el exterior del auditórium, las dos marxistas comenzaron a gritar con toda la capacidad de sus pulmones.

—¡Cerda estalinista!

—¡Zorra reformista!

Era como un mal sueño. Caminé Broadway abajo, sin rumbo, mientras me imaginaba a mí mismo al lado del Lincoln Memorial, contemplando un pabellón vacío, con restos de basura que el viento iba removiendo. El movimiento había muerto hacía años, roto en mil pedazos. Todas las sendas que conducían al cambio estaban más que trilladas, todas las estrategias agotadas. Y con cada derrota, incluso aquellos que tenían las mejores intenciones podían acabar cada vez más y más alejados de las luchas de aquellos a los que se suponía que servían.

O simplemente una completa locura. Enseguida me di cuenta de que estaba hablando solo en medio de la calle. La gente que regresaba a casa después del trabajo daba un pequeño rodeo para evitarme y, entre la multitud, creí haber reconocido a una pareja de compañeros de Columbia, con sus abrigos echados sobre los hombros, tratando de esquivar mi mirada.

Prácticamente había renunciado a convertirme en organizador cuando recibí la llamada de Marty Kauffman. Me explicó que había iniciado una campaña de planificación comunitaria en Chicago y que estaba buscando un becario. Iba a estar en Nueva York la semana siguiente y sugirió que podíamos vernos en una cafetería de Lexington.

Su apariencia no me inspiró mucha confianza. Era un blanco regordete de mediana estatura embutido en un traje arrugado y con barba de dos días, sus ojos parecían bizquear continuamente detrás de unas gafas de gruesa montura. Cuando se levantó de la mesa para estrecharme la mano derramó un poco de té sobre su camisa.

—Bien —dijo Marty, mientras frotaba la mancha con una servilleta de papel—. ¿Por qué quiere alguien de Hawai ser organizador comunitario?

Me senté y le conté algo sobre mí.

—Ajá —asintió con la cabeza mientras escribía en un sobado bloc de notas—. Debes de estar enfadado por algo.

—¿Qué es lo que quiere decir?

Se encogió de hombros.

—No lo sé exactamente. Pero no me malinterprete, la cólera es un requisito para este trabajo. Es la única razón por la que alguien decide ser organizador comunitario. La gente satisfecha busca trabajos más tranquilos.

Pidió agua caliente para el té y me habló de sí mismo. Era judío, cercano a los cuarenta, y se había criado en Nueva York. Comenzó a trabajar como organizador en la década de 1960, durante las protestas estudiantiles, y acabó quedándose quince años más ayudando a los granjeros en Nebraska, a los negros en Filadelfia y a los mejicanos en Chicago. Ahora estaba intentando unir a los negros de la ciudad y a los blancos de las afueras en un plan para salvar los puestos de trabajo de la industria manufacturera del área metropolitana de Chicago. Necesitaba alguien que trabajara con él, dijo. Alguien negro.

—La mayor parte de nuestro trabajo lo hacemos con las iglesias —dijo—. Si los pobres y los obreros quieren construir un poder real deben tener algún tipo de base institucional. Dado el mal momento que atraviesan los sindicatos, las iglesias son lo único que nos queda. Ahí es donde está la gente, donde están los valores, aunque los hayan enterrado bajo un montón de sandeces. Pero las iglesias no trabajan contigo sólo por la bondad de sus corazones. Sin embargo, jugarán un importante papel, tal vez un sermón los domingos o una propuesta especial para los sin techo. Pero si el empujoncito se convierte en un empellón, no se moverán hasta que no les demuestres cómo eso puede ayudarles a pagar la factura de la calefacción —puso más agua caliente en el té—. Por cierto, ¿qué conoces de Chicago?

Me quedé pensando un momento.

—Es el matadero de cerdos del mundo —dije finalmente.

Marty negó con la cabeza.

—Las carnicerías cerraron hace tiempo ya.

—Que los Cubs* nunca ganan.

—Es verdad.

* Cubs, equipo de béisbol de la ciudad de Chicago.

—La ciudad más segregacionista de América —dije—. Un negro, Harold Washington, acaba de ser elegido alcalde, y eso no le agrada a los blancos.

—Así que has seguido la carrera de Harold —dijo Marty—. Me sorprende que no te hayas ido a trabajar con él.

—Lo intenté. No me respondieron de su oficina.

Marty sonrió, se quitó las gafas y las limpió con la punta de la corbata.

—Bien, eso es lo que hay que hacer si eres joven, negro y estás interesado en los asuntos sociales. Busca una campaña política para la que puedas trabajar. Un patrón poderoso, alguien que pueda ayudarte en tu propia carrera. Y Harold lo es, de eso no hay duda. Tiene mucho carisma. Cuenta con el apoyo de la casi totalidad de la comunidad negra, con el de la mayoría de los hispanos y el de numerosos liberales blancos. Pero tienes razón en una cosa. La opinión de la ciudad está dividida. Un gran circo mediático. No se está haciendo mucho.

Me retrepé en la silla.

—¿Y de quién es la culpa?

Marty volvió a ponerse las gafas y me miró.

—No es una cuestión de culpa —dijo—, la cuestión es si algún político, incluso alguien con el talento de Harold, puede hacer algo para romper la inercia. Una ciudad dividida no tiene porqué ser necesariamente algo malo para un político. Sea blanco o negro.

Me ofreció diez mil dólares al año para empezar, más una asignación de dos mil dólares para comprarme un coche; el salario podría aumentar si las cosas iban bien. Una vez que se marchó, tomé el camino más largo a casa, por el paseo del East River, tratando de imaginar cómo era aquel hombre. Pensé que era inteligente. Parecía comprometido con su trabajo. No obstante, había algo en él que me hacía ser cauto. Quizá estaba demasiado seguro de sí mismo. Y era blanco (él mismo dijo que eso era un problema).

Las viejas farolas acanaladas del parque se encendieron; una barcaza de transporte navegaba por las grises aguas hacia el mar. Me senté en un banco, considerando mis opciones, cuando advertí que una mujer negra y su hijo pequeño se acercaban. El chico tiró de la madre hasta la verja, donde permanecieron juntos. Agarrado a la pierna de su madre, ambos formaban una sola silueta. Finalmente el niño levantó la cabeza como si quisiera hacerle una pregunta. La mujer se encogió de hombros y el niño dio unos pasos hacia mí.

—Disculpe señor —gritó—. ¿Sabe por qué el río corre unas veces para allá y otras para acá?

La mujer sonrió, le dije al chico que tal vez tenía que ver con las mareas. La respuesta pareció satisfacerle y volvió con su madre. Mientras los veía desaparecer en el ocaso, me di cuenta de que nunca había reparado en el sentido en que fluía el río.

Una semana más tarde cargué mi coche y me fui a Chicago.

OCHO

Viajamos durante más de un mes, Toot, mi madre, Maya y yo (a Gramps ya no le gustaban los desplazamientos y decidió quedarse en casa). Volamos hasta Seattle, y luego bajamos por la costa hasta California y Disneylandia, continuamos hacía el este, al Gran Cañón, luego cruzamos las Grandes Praderas hasta Kansas, para subir a los Grandes Lagos antes de volver al oeste cruzando el Parque de Yellowstone. La mayor parte del viaje lo hicimos en autobuses Greyhound, nos hospedábamos en los moteles Howard Johnson, y todas las noches, antes de irnos a dormir, veíamos en la televisión las comparecencias del caso Watergate.

Estuvimos tres días en Chicago, en un motel del South Loop. Debía ser mediado julio, y no sé porqué recuerdo que los días eran fríos y grises. El motel tenía una piscina cubierta que me impresionó; en Hawai no había ninguna. Cuando me encontraba debajo de la vía del metro elevado, cerraba los ojos y gritaba lo más fuerte que podía mientras pasaban los vagones. En el Museo Field vi expuestas dos cabezas reducidas. Estaban arrugadas pero en buen estado de conservación, cada una del tamaño de mi puño, con los ojos y la boca cosidos, tal y como me esperaba. Parecían ser de europeos: el hombre tenía perilla, como los conquistadores; la mujer abundante pelo rojo. Me quedé mirándolas un buen rato (hasta que mi madre tiró de mí), pensando —con el regocijo morboso de un crío— que me encontraba ante una sorprendente broma. No tanto porque las cabezas hubieran sido reducidas (eso lo podía entender, el concepto era el mismo que comer carne de tigre con Lolo, una forma de magia, de tener el control), sino más bien por el hecho de que esas pequeñas caras europeas estuvieran en una vitrina de cristal, donde unos desconocidos, y puede que quizá hasta sus descendientes, podían observar los detalles de su terrible destino. Y el que nadie pensara que aquello era otro tipo de magia también me parecía una extravagancia. Un tipo de magia diferente: las desagradables luces del museo, las impecables etiquetas, la aparente indiferencia de los visitantes al pasar. Otro esfuerzo por ejercer control.

Catorce años después, la ciudad parecía mucho más bonita. También era julio y el sol brillaba a través del frondoso verde de los árboles. Los barcos habían soltado amarras, sus distantes velas, como alas de paloma, surcaban el Lago Michigan. Marty me había dicho que estaría ocupado aquellos primeros días, así que me las arreglé solo. Compré un mapa y conduje por Martin Luther King Drive de norte a sur, luego volví por Cottage Grove, bajando por carreteras secundarias y callejones, pasando bloques de apartamentos y solares vacíos, tiendas de barrio y casitas de una sola planta. Y, mientras conducía, recordaba. Recordaba el sonido del silbato en Illinois Central, la estación de ferrocarril que había soportado el desplazamiento de los miles de personas que habían llegado aquí desde el sur muchos años antes; los hombres, mujeres y niños negros, sucios por el hollín de los vagones, cargando con sus improvisados equipajes, todos en dirección a la tierra de Canaán. Me imaginé a Frank, con su holgado traje de grandes solapas, de pie frente al Teatro Regal, esperando para ver a Duke o a Ella salir tras finalizar una gala; que el cartero era Richard Wright, repartiendo el correo antes de que saliera su primer libro; y la niña pequeña con gafas y coletas, Regina, saltando a la comba. Enlacé mi vida con las caras que veía, tomando prestados los recuerdos de otros. De este modo intentaba tomar posesión de la ciudad, hacerla mía. Sí, otra clase de magia.

Al tercer día pasé por delante de la barbería de Smitty, un local de unos cuarenta metros cuadrados que estaba junto al Parque Hyde, con cuatro sillones de barbero y una mesa de naipes donde La Tisha, la manicura, trabajaba por horas. La puerta estaba abierta y sujeta con un calzo cuando entré, en la barbería olía a crema para el pelo y antiséptico mezclado con las risas de los hombres y el zumbido de los ventiladores del techo. Smitty resultó ser un anciano negro, de cabellos grises, delgado y con la espalda encorvada. Su sillón estaba libre, así que me senté y enseguida tomé parte en las familiares bromas de barbería sobre deportes, mujeres y los titulares de prensa del día anterior, conversaciones que eran al mismo tiempo íntimas y anónimas, entre hombres que habían acordado olvidar momentáneamente sus problemas.

Alguien acababa de contar una historia sobre su vecino (lo pillaron en la cama con la prima de su mujer y lo habían perseguido, completamente desnudo y a punta de navaja, hasta la calle), cuando empezaron a hablar de política.

—Parece que Vrdolyak y el resto de esos locos no saben cuándo deben abandonar —dijo el hombre que tenía el periódico, moviendo su cabeza con un gesto de disgusto—. Nadie rechistaba cuando el Viejo Daley era alcalde y colocaba a todos esos irlandeses en el Ayuntamiento. Pero en el momento en que Harold intenta contratar a algunos negros, sólo para igualar la balanza, dicen que es racismo a la inversa.

—Tío, siempre es así. Cuando un negro llega al poder, tratarán de que juegue con otras reglas.

—Lo peor es que los periódicos actúan como si hubieran sido los negros los que empezaron todo este enredo.

—¿Y qué esperas de los periódicos de los blancos?

—Tienes razón. Sin embargo, Harold sabe lo que hace. Está a la espera de su oportunidad en las próximas elecciones.

Esa la era la forma en que la gente hablaba del alcalde de Chicago, con la familiaridad y el afecto que normalmente se le dedica a un pariente. Su fotografía estaba por todas partes, en las paredes del taller de reparación de calzado y en los salones de belleza, pegadas en las farolas desde la última campaña electoral; incluso en los escaparates de las tintorerías de los coreanos y de las tiendas de comestibles de los árabes, colocada en un lugar prominente, como si fuera un tótem protector. El rostro del retrato me miraba desde la pared de la barbería: atractivo, pelo cano, cejas y bigote poblado, el destello en los ojos. Smitty reparó en que yo observaba la fotografía y me preguntó si me encontraba en Chicago durante las elecciones. Le dije que no. Él asintió con la cabeza.

—Tendrías que haber estado aquí antes de Harold para comprender lo que significa para esta ciudad —dijo Smitty—. Antes de Harold parecía que siempre íbamos a ser ciudadanos de segunda clase.

—Política de plantación —dijo el hombre que leía el periódico.

—Eso es lo que era —dijo Smitty—. Una plantación. Los peores trabajos para los negros. Las peores viviendas. Brutalidad policial incontrolada. Pero cuando en tiempo de elecciones surge el «compromiso negro», todos nos ponemos en fila para votar, así sin más, la candidatura demócrata. Es como vender tu alma por un pavo de Navidad. Los blancos escupiéndonos en la cara y nosotros agradeciéndoselo con el voto.

Los mechones de cabello caían en mi regazo mientas escuchaba cómo los presentes recordaban el ascenso de Harold. Poco después de la muerte del Viejo Daley se había presentado a las elecciones municipales, pero la candidatura no tuvo éxito (una vergüenza, me dijeron, la falta de unión dentro de la comunidad negra, las dudas que había que vencer). Pero Harold lo intentó de nuevo, y está vez la gente estaba preparada. Lo apoyaron cuando la prensa aireó aquél asunto de los impuestos que no había pagado («como si los tipos blancos no mintieran en todas las malditas cosas que hacen cada minuto de sus vidas»). Lo respaldaron cuando los miembros blancos del comité demócrata, Vrdolyak entre otros, anunciaron su apoyo al candidato republicano, alegando que la ciudad se iría al infierno si tenía un alcalde negro. Y, el día de las elecciones, salieron a votar en masa, desde los predicadores hasta los miembros de las bandas callejeras, todos, jóvenes y viejos.

Y fueron recompensados por su fe. Smitty continuó.

—La noche que ganó Harold, deja que te diga, la gente se echó a la calle. Fue como el día en que Joe Louis derrotó a Schmeling. La misma sensación. No sólo estaban orgullosos de Harold. También lo estaban de ellos mismos. Yo me quedé en casa, pero tanto mi esposa como yo no pudimos ir a la cama hasta las tres de la mañana, estábamos tan emocionados… Cuando me levanté a la mañana siguiente me pareció el día más bonito de mi vida…

La voz de Smitty se quebró, y todo el mundo en la barbería comenzó a sonreír. Lejos, leyendo la prensa en Nueva York, yo había compartido con ellos ese orgullo, el mismo que me lleva a apoyar a cualquier equipo de fútbol profesional que ponga en su alineación a un *quarterback* negro. Pero había algo distinto en lo que estaba escuchando ahora; había un fervor en la voz de Smitty que parecía ir más allá de la política.

—Tendrías que haber estado aquí para comprenderlo —dijo.

Él había querido decir aquí, en Chicago, pero lo mismo podría haber querido decir aquí, en mi piel, en la de un anciano negro al que todavía le escocía una vida de insultos, de ambiciones frustradas, de ambiciones abandonadas antes de que ni tan siquiera intentara realizarlas. Me pregunté si de verdad podía comprenderlo. Di por sentado, estaba seguro, de que podría. Al verme, esos hombres lo habían supuesto también. ¿Sentirían lo mismo si supieran más de mí?, me pregunté. Intenté imaginarme qué hubiera pasado si Gramps hubiera entrado en la barbería en ese momento: las conversaciones hubieran cesado, se habría roto el hechizo y aparecido las sospechas.

Smitty me pasó un espejo para que pudiera ver el esmerado trabajo que había hecho, luego me quitó la bata y me cepilló la parte de atrás de la camisa.

—Gracias por la lección de historia —dije mientras me ponía en pie.

—Bueno, eso es gratis. El corte de pelo son diez dólares. ¿Y, dime, cuál es tu nombre?

—Barack.

—Barack, ah. ¿Eres musulmán?

—Mi abuelo lo era.

Tomó el dinero y me estrechó la mano.

—Bien, Barack, deberías volver antes la próxima vez. Tenías el pelo muy abandonado cuando entraste.

Más tarde, por la noche, Marty me recogió frente a mi nueva dirección y nos dirigimos hacia el sur por el Skyway. Después de recorrer varios kilómetros tomamos una salida que llevaba al sureste, pasamos hileras de casas pequeñas construidas con paneles de madera gris y ladrillo, hasta que llegamos a una imponente y antigua fábrica que se extendía por varias manzanas.

—La vieja fábrica de Wisconsin Steel.

Nos quedamos sentados en silencio, estudiando el edificio. Expresaba algo del sólido y brutal espíritu del pasado industrial de Chicago, las vigas de metal y cemento parecían embestirse, sin prestar demasiada atención al confort o a los detalles. Ahora sólo era un lugar vacío y oxidado, como los restos de un naufragio abandonado. Al otro lado de la valla que estaba cerrada con una cadena, un gato sarnoso con manchas corrió entre los yerbajos.

—Aquí solía trabajar todo tipo de gente —dijo Marty, mientras daba la vuelta con el coche y volvía a bajar a la carretera—. Negros. Blancos. Hispanos. Todos haciendo el mismo trabajo. Todos haciendo el mismo tipo de vida. Aunque, fuera de la fábrica, la mayoría no se relacionaba entre ellos. Pero esa es la gente de la que te estoy hablando, la gente que va a la iglesia. Hermanos y hermanas en Cristo.

Nos detuvimos en un semáforo y me fijé en un grupo de jóvenes blancos en camiseta que bebían cerveza sentados a la puerta de una casa. Un póster de Vrdolyak colgaba de una de las ventanas; varios de ellos se quedaron mirándome. Me volví hacia Marty.

—¿Y qué es lo que te lleva a pensar que ahora trabajarán juntos?

—No tienen otra elección. Si es que quieren recuperar sus empleos.

Cuando volvimos a la autopista, Marty empezó a contarme más cosas sobre la organización que había creado. La idea se le ocurrió dos años antes, me decía, cuando repasaba los informes sobre el cierre de las fábricas y los despidos proliferaban por South Chicago y en los suburbios del sur. Gracias a la ayuda de un solidario arzobispo auxiliar católico pudo reunirse con eclesiásticos y miembros de las iglesias de la zona y escuchar cómo blancos y negros hablaban de la vergüenza que suponía estar desempleado, del miedo a perder la casa o a ser estafado con su pensión, de creerse traicionados.

Al final, más de veinte iglesias de los suburbios acordaron fundar una organización a la que denominaron Conferencia de la Comunidad Religiosa de Calumet (CCRC). Otras ocho iglesias se adhirieron a la rama organizativa que operaba en la ciudad, denominada Proyecto de Desarrollo de las Comunidades (DCP). Las cosas no habían ido todo lo rápido que Marty esperaba; los sindicatos no habían firmado todavía y los enfrentamientos en el Ayuntamiento habían demostrado ser un gran obstáculo. No obstante, la CCRC había obtenido recientemente su primera victoria importante: una subvención de 500.000 dólares para la creación de un programa de formación informática aprobado por la Asamblea Legislativa de Illinois. Ahora íbamos de camino a una reunión convocada para celebrar la nueva agencia de empleo, me explicaba Marty, el punto de partida de una campaña a largo plazo.

—Nos va a llevar un tiempo reconstruir aquí la industria manufacturera —dijo—. Diez años como mínimo. Pero una vez que logremos implicar a los sindicatos tendremos una base sobre la que negociar. Mientras tanto, sólo necesitamos parar la hemorragia y darle a la gente algunas victorias rápidas. Algo que les dé a entender el poder que tienen una vez que dejen de luchar entre ellos y empiecen a combatir al auténtico enemigo.

—¿Y quién es el enemigo?

Marty se encogió de hombros.

—Los bancos de inversión. Los políticos. Los peces gordos de los grupos de presión.

Marty asintió, mirando de reojo la carretera que tenía por delante. Le observé y empecé a sospechar que no era tan cínico como le gustaba parecer, que la fábrica que acabamos de dejar tenía un enorme significado para él. En algún momento de su vida, pensé, él también había sido traicionado.

Había atardecido cuando cruzamos el límite de la ciudad y estacionó en el aparcamiento de una enorme escuela suburbana; desde allí un gran número de personas se dirigía al auditorio. Eran tal y como los había descrito Marty: obreros del metal en paro, secretarias y conductores de camiones, hombres y mujeres que fumaban mucho y descuidaban su peso, que compraban en Sears o Kmart, conducían modelos antiguos de coches fabricados en Detroit y comían en el Red Lobster en ocasiones especiales. Un negro, con alzacuello y el pecho grande como un tonel, nos saludó en la puerta. Marty me lo presentó como el diácono Wilbur Milton, copresidente de la organización. El diácono me recordó a Santa Claus: mofletes, cuidada barba pelirroja.

—Bienvenido —dijo Will, estrechando efusivamente mi mano—. Nos preguntábamos cuándo íbamos a conocerte. Creíamos que quizá fueras una invención de Marty.

Marty echó una ojeada al interior del auditorio.

—¿Cómo vamos de público?

—Bien por ahora. Parece que todo el mundo esté cumpliendo su cometido. Desde el despacho del gobernador llamaron para decir que viene de camino.

Marty y Will comenzaron a caminar hacia el escenario, enfrascados en el repaso del orden del día. Comencé a seguirlos cuando tres señoras negras de edad indefinida me bloquearon el paso. Una de ellas, bonita y con el pelo teñido de color naranja, se presentó como Ángela, luego, acercándoseme, susurró:

—¿Tú eres Barack, verdad?

Asentí.

—No sabes lo contentas que estamos de verte.

—Ni te lo puedes imaginar —dijo la mujer de más edad que estaba junto a Ángela. Le tendí mi mano a la señora y ella sonrió mostrando un incisivo de oro—. Lo siento —dijo al estrechar mi mano—, me llamo Shirley —e hizo un gesto en dirección a la tercera señora, corpulenta y de piel oscura—. Esta es Mona. ¿No te parece elegante, Mona?

—Sí que lo es —dijo Mona, riendo.

—No me malinterpretes —dijo Ángela, bajando aún más la voz—. No tengo nada contra Marty. Pero lo cierto es que hay un límite sobre lo que uno puede...

—¡Eh, Ángela! —miramos hacia arriba y vimos a Marty que nos saludaba con la mano desde el escenario— Señoras, después podrán hablar con Barack todo lo que quieran. Ahora os necesito a todos aquí arriba, conmigo.

Las mujeres intercambiaron miradas de connivencia antes de que Ángela se volviera hacia mí.

—Creo que lo mejor es que nos pongamos en marcha —dijo—. Pero tenemos que hablar. Y pronto.

—Seguro —dijo Mona antes de que las tres se alejaran, Ángela y Shirley delante, inmersas en animada charla, Mona moviendo pausadamente el trasero.

Para entonces el auditorio estaba prácticamente lleno, unas dos mil personas en total, casi un tercio de ellas negros transportados en autobuses desde la ciudad. A las siete en punto un coro entonó dos canciones de *gospel*. Will comenzó a enumerar todas las iglesias que participaban y un luterano blanco de los suburbios explicó la historia y la misión que tenía la CCRC. Luego, una serie de oradores desfiló por el escenario: dos legisladores, uno blanco y otro negro, un ministro baptista y el cardenal Bernardin; cerró el acto el gobernador después de comprometerse solemnemente a apoyar el nuevo banco de empleo, y enumerar los resultados de su incansable esfuerzo en favor de todos los trabajadores de Illinois.

A mi modo de ver el acto resultó un poco soso, como una convención política o un combate de lucha por televisión. No obstante, la multitud parecía estar disfrutando. Algunos de los asistentes enarbolaban brillantes pancartas con el nombre de sus iglesias. Otros rompían en atronadores vítores cuando reconocían en el escenario a algún amigo o pariente. Al ver todos esos rostros negros y blancos juntos en un mismo lugar también yo me sentí feliz, reconociendo que participaba de la misma visión que impulsaba a Marty, su confianza en el pueblo y en la solidaridad de la clase trabajadora, su convicción de que si se pudiera quitar de en medio a políticos, periodistas y burócratas, y se le diera a todo el mundo un sitio en la mesa, entonces la gente corriente podría encontrar un interés común.

Cuando acabó el acto, Marty mencionó que tenía que llevar a varios de los asistentes a sus casas, así que, en lugar de irme con él, decidí coger uno de los autobuses que volvían a la ciudad. Resultó que, en uno de ellos, había un asiento libre al lado de Will y, bajo el resplandor de las luces de la autopista, comenzó a contarme parte de su vida.

Había crecido en Chicago, dijo, y había servido en Vietnam. Después de la guerra encontró un empleo como becario ayudante de un ejecutivo en el Banco Continental de Illinois, donde ascendió rápidamente, disfrutando de aquello que te puede proporcionar el trabajo: coche, trajes, despacho en el centro de la ciudad. Posteriormente el banco se reestructuró y despidieron a Will, que quedó desamparado y asfixiado por las deudas. Fue un revulsivo en su vida, me decía, la manera en que Dios le hizo saber que tenía que reconsiderar sus valores. En lugar de buscar otro trabajo en la banca, se volvió hacia Cristo. Se unió a la iglesia de la parroquia de Santa Catalina en West Pullman y allí se colocó como limpiador. La decisión había causado cierta tensión en su matrimonio (su mujer estaba «adaptándose todavía», decía). Pero según Will, el estilo de vida ascético encajaba con su nueva misión: divulgar la Buena Nueva y denunciar la hipocresía que había visto en la iglesia.

—Muchos de los negros que van a la iglesia comparten las actitudes de la clase media —dijo Will—. Creen que mientras sigan la letra de las Escrituras no tienen que seguir su espíritu. En lugar de ayudar a los que están sufriendo, los rechazan. Y a menos que vayan correctamente vestidos a misa, hablen adecuadamente y todo lo demás, les miran como bichos raros. Así se sienten cómodos, luego, ¿para qué cambiar? Bueno, Cristo no habla precisamente de bienestar, ¿no es así? Él predicaba un Evangelio social. Llevó su palabra a los más débiles. Los oprimidos. Y eso es exactamente lo que les digo a esos negros de clase media cuando el domingo se ponen de pie en la iglesia. Les digo lo que no quieren oír.

—¿Lo escuchan?

—No —dijo Will, riendo entre dientes—. Pero eso no hace que me detenga. Es como mi alzacuello. Incomoda a algunos. «El alzacuello es para los curas», me dicen. Pero sólo porque esté casado y no pueda ordenarme no quiere decir que no tenga vocación. En la Biblia no se dice nada sobre el alzacuello. Así que yo sigo adelante, y lo llevo para que la gente sepa de dónde vengo. En realidad me puse el alzacuello cuando algunos de nosotros fuimos a ver al cardenal Bernardin hace un mes. Todo el mundo estaba nervioso por la visita. Se enfadaron cuando en lugar de «Su Eminencia» llamé «Joe» al cardenal. Pero, ¿sabes?, Bernardin ni se inmutó. Es un hombre espiritual. Podría decir que nos entendimos.

Son las reglas, una vez más, las que nos separan: las reglas de los hombres, no las de Dios. Mira, Barack, soy parte de la Iglesia Católica, pero crecí como baptista. Podía haberme afiliado a la Iglesia Metodista, a la de Pentecostés o a cualquier otra, es así de simple. Pero a Dios se le ocurrió enviarme a la de Santa Catalina. Y a Él lo que realmente le importa es si estoy por la labor de ayudar a otros, no si enseño correctamente el catecismo.

Asentí, aunque decidí no preguntarle qué era el catecismo. En Indonesia pasé dos años en una escuela musulmana y otros dos en una católica. En la escuela musulmana, el profesor le escribió a mi madre para decirle que hacía muecas cuando estudiábamos el Corán. Mi madre no se preocupó demasiado. «Sé respetuoso», me dijo. En la escuela católica, cuando era hora de rezar, simulaba cerrar los ojos, pero luego atisbaba lo que ocurría en el aula. No pasaba nada. No descendían los ángeles. Sólo una monja vieja y enjuta y treinta niños morenos murmurando palabras. A veces me pillaba la monja y su severa mirada hacía que mis párpados se cerrasen de nuevo. Pero eso no cambiaba lo que sentía por dentro. Y ahora, escuchando a Will, me sentía igual; mi silencio era como cerrar los ojos.

El autobús se detuvo en el solar del aparcamiento de la iglesia y Will se situó junto al conductor. Les dio a todos las gracias por haber asistido a la reunión y les animó a que siguieran implicados.

—Es un largo camino el que estamos recorriendo —dijo—, pero esta noche he visto lo que podemos hacer cuando realmente queremos. Esa extraordinaria sensación que ahora sentís tenemos que mantenerla hasta que el barrio renazca de nuevo.

Unos cuantos sonrieron y le respondieron con un «amén». Pero cuando salía del autobús oí a una mujer detrás de mí que le decía bajito a su amiga:

—No necesito escuchar nada sobre el barrio, chica. ¿Dónde están esos trabajos de los que estaban hablando?

El día después de la reunión, Marty decidió que ya era hora de que hiciera un trabajo de verdad y me pasó una larga lista de gente a la que había que entrevistar. Trata de saber qué les interesa, me decía. Es por su propio interés por lo que la gente se implica en la organización comunitaria: porque creen que obtendrán algo de ello. Una vez que encuentro un tema por el que se interesa un buen número de gente, puedo hacer que entren en acción. Con suficientes acciones, puedo comenzar a construir algo realmente poderoso.

Temas, combate, poder, intereses particulares. Me gustaban esos conceptos. Sugerían una cierta obstinación, sentimientos laicos; política, no religión. Durante las tres semanas siguientes trabajé día y noche concertando y haciendo entrevistas. Fue más duro de lo que esperaba. Había una resistencia interna que podía sentir cada vez que cogía el teléfono. Las imágenes de Gramps llamando para contratar seguros invadían mi mente: la impaciencia del que respondía al otro lado de la línea, el sentimiento de vacío de los mensajes sin respuesta. La mayoría de mis citas eran por la tarde, visitas a domicilio, y la gente estaba cansada después de un día de trabajo. A veces iba únicamente para descubrir que la persona se había olvidado de la cita, y tenía que recordarle a él o a ella quién era yo, mientras me miraban con suspicacia desde detrás de la puerta entreabierta.

Aun así, esos eran problemas menores. Una vez que los superabas descubrí que a la gente le gustaba tener la oportunidad de manifestar su opinión sobre un concejal vago o el vecino que se negaba a cortar el césped. Cuantas más entrevistas hacía, más temas recurrentes empezaba a oír. Supe, por ejemplo, que la mayoría de la gente de la zona había crecido más al norte o en el West Side de Chicago, en los oprimidos enclaves negros que unos restrictivos pactos habían creado durante la mayor parte de la historia de la ciudad. La gente con la que hablé tenía buenos recuerdos de aquel mundo independiente, pero también se acordaban de la falta de calefacción, luz y espacio para respirar (eso, y el ver cómo sus padres consumían la vida en un agotador trabajo mecánico).

Unos pocos habían seguido a sus padres hasta las acererías o a las cadenas de montaje. Pero fueron muchos más lo que encontraron empleo como mensajeros, conductores de autobús, profesores y trabajadores sociales, aprovechando la rigurosa aplicación de las leyes contra la discriminación en el sector público. Esos empleos daban dinero y deparaban suficiente seguridad como para pensar en solicitar una hipoteca. Con la entrada en vigor de la *fair housing law**, empezaron a comprar casas, una por una, en Roseland y otros barrios de blancos. No porque estuvieran realmente interesados en mezclarse con los blancos, insistían, sino porque las casas allí eran asequibles y tenían pequeños patios para sus

* Ley de viviendas a precios asequibles.

hijos; porque las escuelas eran mejores y las tiendas más baratas, y quizá, simplemente, porque podían.

A menudo, cuando escuchaba esas historias, me encontraba recordando las que me contaban Gramps, Toot y mi madre, historias sobre adversidades y emigración, el deseo de una vida mejor. Pero había una diferencia inevitable entre lo que estaba oyendo ahora y lo que yo recordaba, como si las imágenes de mi niñez volvieran atrás. En esas historias nuevas, los carteles que decían «Se vende» se multiplicaban por todas partes, como dientes de león bajo el sol del verano. Las piedras volaban a través de las ventanas y podían oírse las voces preocupadas de unos padres ansiosos llamando a sus hijos para que entraran en casa y dejaran sus inocentes juegos. Manzanas enteras cambiaban de manos en menos de seis meses, barrios enteros en menos de cinco años.

En esas historias, dondequiera que blancos y negros se encontrasen, el resultado estaba garantizado: cólera y dolor.

La zona nunca se recuperaba totalmente de esta conmoción racial. Los bancos y las tiendas se marchaban junto con sus clientes blancos, ocasionando la decadencia de las principales calles comerciales. Los servicios urbanos empeoraban. No obstante, cuando los negros que ahora viven en sus casas desde hace diez o quince años miran hacia atrás para ver la manera en que han cambiado las cosas, lo hacen con cierta satisfacción. Con el respaldo que proporcionan dos fuentes de ingresos habían pagado las letras de la casa y del coche, tal vez la universidad a sus hijos o hijas cuyas fotos de graduación llenaban la repisa de la chimenea. Habían levantado sus hogares y mantenido a su prole alejada de los peligros de las calles, y crearon asociaciones de vecinos para asegurarse de que otros lo harían también.

Era al hablar del futuro cuando una cierta inquietud aparecía en sus voces. Hacían alusión a un primo o a un hermano que iba a menudo a pedirles dinero; o a un adolescente, sin empleo, que todavía vivía en casa. Incluso el éxito de aquellos chicos que se habían graduado en la universidad y conseguido un puesto en el mundo de los funcionarios administrativos albergaba algún elemento negativo: cuanto más éxito tenían mayores eran las posibilidades de que se mudaran lejos. Su lugar lo ocupaban familias más jóvenes e inestables, era la segunda ola de emigrantes desde los barrios más pobres; recién llegados que no siempre podían hacer frente a los pagos de la hipoteca o invertir en el mantenimiento de sus viviendas. Aumentaban los robos de coches; los parques llenos de hojarasca estaban desiertos. La gente empezó a pasar más tiempo en casa; invertían en elaboradas puertas de hierro forjado, se preguntaban si podrían permitirse vender a la baja y retirarse a un clima más cálido, quizá volver al sur.

Así que, a pesar de la merecida satisfacción que estos hombres y mujeres sentían por haber hecho algo bien, a pesar de la evidencia irrefutable de su propio progreso, nuestras conversaciones estaban marcadas por una ominosa tensión. Los hogares abandonados y tapiados, las ruinosas fachadas de las tiendas, los envejecidos feligreses de las iglesias, los jóvenes de familias desconocidas que se pavoneaban por las calles —vocingleras reuniones de adolescentes que daban de comer patatas fritas a sus bebés para que dejasen de llorar, los pañales usados tirados por el edificio—, todo susurraba dolorosas verdades, les decía que el progreso alcanzado era efímero, arraigado en una tierra estéril; que quizá se acabaría antes que sus propias vidas.

Y era este sentimiento ambivalente, de avance individual y declive colectivo, lo que yo creía que explicaba algunas de las actitudes que preocupaban a Will cuando hablamos la noche del mitin. Lo había escuchado en el desmedido orgullo que sentían algunos hombres ante el bien aprovisionado bar que habían construido en los sótanos de sus casas, con sus lámparas de lava y paredes de espejo. En las fundas de plástico que las mujeres ponían para proteger sus pulcras alfombras y sofás. En todo aquello, uno veía un decidido esfuerzo para reafirmar la creencia de que las cosas podían, de hecho, cambiar si sólo algunas personas comenzaran a actuar de la forma correcta.

—Intento no pasar con el coche por Roseland siempre que puedo —me decía cierta tarde una señora del cercano Brooklyn Heights—. La gente de allí es peligrosa. Puede verse por el estado en que mantienen sus casas. No veías cosas así cuando los blancos vivían por allí.

Distinciones entre barrios, luego entre manzanas, y finalmente hasta entre vecinos de una manzana; intentos de contener, controlar el declive. Pero me di cuenta de algo. La mujer que estaba tan preocupada por las costumbres más groseras de sus vecinos tenía una foto de Harold en la cocina, justo al lado de una copia del Salmo Veintitrés. Lo mismo que el joven que vivía en un apartamento ruinoso a unas cuantas manzanas de distancia, y que intentaba ganarse la vida como *disc jockey* en los bailes. Tal y como había sucedido con los parroquianos de la barbería de Smitty, la elección de Harold les había proporcionado una nueva idea de ellos mismos. O tal vez fuera una idea antigua nacida en tiempos más fáciles. Harold era algo que todavía tenían en común: él ofrecía una posibilidad de redención colectiva y esa, justamente, era mi idea sobre la organización comunitaria.

Puse mi informe de la tercera semana sobre la mesa de Marty y me senté mientras él lo leía.

—No está mal —dijo una vez que hubo terminado.

—¿No está mal?

—Sí: no está mal. Estás empezando a escuchar. Pero todavía es demasiado abstracto…, como si estuvieras haciendo una encuesta o algo así. Si quieres organizar a la gente debes evitar las cuestiones periféricas e ir directo a sus corazones. A lo que les hace vibrar. De otro modo no conseguirás establecer la relación que necesitas para que se involucren.

Marty empezaba a ponerme nervioso. Le pregunté si nunca le había preocupado convertirse en alguien demasiado calculador, si la idea de sondear en la psique de la gente y ganarse su confianza simplemente para construir una organización no sería una manipulación. Suspiró.

—No soy poeta, Barack. Soy organizador comunitario.

¿Qué quería decir con eso? Me fui de la oficina de un humor horrible. Más tarde tuve que admitir que Marty tenía razón. Todavía no tenía ni idea de cómo transformar lo que oía en una movilización. La cierto es que fue casi al final de mis entrevistas cuando se me presentó una oportunidad única.

Fue durante una reunión con Ruby Styles, una señora corpulenta que trabajaba como directora de una oficina en el norte de la ciudad. Habíamos estado hablando de Kyle, su hijo adolescente, un chico brillante pero difícil que comenzaba a tener problemas en la escuela. Fue en este momento cuando ella mencionó el incremento en la actividad de las pandillas. A uno de los amigos de Kyle le habían disparado la semana pasada, dijo, justo enfrente de su casa. El chico estaba bien, pero ahora Ruby estaba preocupada por la seguridad de su hijo.

Presté atención: esto sonaba a interés común. Durante los días siguientes conseguí que Ruby me presentara a otros padres que compartían sus temores y que se sentían frustrados por la falta de respuesta de la policía. Cuando sugerí que invitásemos a la autoridad del distrito a una reunión de vecinos para que la comunidad pudiera manifestar sus preocupaciones, todos estuvieron de acuerdo; y mientras hablábamos de cómo informar de la reunión, una de las señoras mencionó la existencia de una iglesia baptista en la manzana donde habían disparado al chico y que su pastor, el reverendo Reynolds, podría estar dispuesto a comunicárselo a sus feligreses.

Estuve una semana haciendo llamadas, y cuando por fin di con el reverendo Reynolds, su respuesta me pareció prometedora. Me informó de que era el presidente de la alianza ministerial local («iglesias que se unen para predicar el evangelio social»). Me dijo que el grupo celebraba al día siguiente su reunión habitual, y que estaría encantado de incluirme en el orden del día.

Colgué el teléfono lleno de entusiasmo y a la mañana siguiente, temprano, llegué a la iglesia del reverendo Reynolds. Dos mujeres jóvenes, vestidas con togas blancas y guantes, me recibieron en el vestíbulo y me acompañaron hasta una gran sala de reuniones, donde unos diez o doce negros de cierta edad hablaban de pie, formando un círculo. Un caballero de apariencia particularmente distinguida se acercó a saludarme:

—Usted debe de ser el hermano Obama —dijo mientras estrechaba mi mano—. Soy el reverendo Reynolds. Llega justo a tiempo, estábamos a punto de empezar.

Nos sentamos en torno a una gran mesa y el reverendo Reynolds nos invitó a orar antes de darme la palabra. Controlando mi nerviosismo, hablé a los ministros de Dios de la creciente actividad de las pandillas, de la reunión que habíamos planeado y les pasé unas octavillas para que las distribuyeran entre sus feligreses.

—Con vuestro liderazgo —dije mientras iba entrando en el tema principal— éste puede ser un primer paso para la cooperación en todo tipo de asuntos. Arreglar las escuelas, devolver el empleo al barrio…

Justo cuando pasaba las últimas octavillas, un hombre alto, de piel tostada, entró en la habitación. Llevaba un traje azul de chaqueta cruzada y una gran cruz de oro sobre la corbata escarlata. El pelo estirado y peinado hacia atrás a la *pompadour*.

—Hermano Smalls, se acaba de perder una presentación magnífica —dijo el reverendo Reynolds—. Este joven, el hermano Obama, quiere organizar una reunión sobre el reciente tiroteo de las pandillas.

El reverendo Smalls se sirvió una taza de café y examinó atentamente la octavilla.

—¿Cuál es el nombre de tu organización? —me preguntó.

—Proyecto de Desarrollo de las Comunidades.

—Desarrollo de las Comunidades... —arqueó una ceja—. Creo recordar a un blanco que vino para hablar sobre cierto tipo de desarrollo o algo parecido. Un tipo divertido. Tenía nombre judío. ¿Te has puesto en contacto con los católicos?

Le dije que algunas iglesias católicas de la zona se habían involucrado.

—Eso es, ahora me acuerdo —el reverendo Smalls tomó un sorbo de su café y se recostó en la silla—. Le dije a ese blanco que lo mejor que podía hacer era recoger sus bártulos y marcharse. No necesitamos nada de eso por aquí.

—Yo...

—Escucha... ¿Cuál es tu nombre? ¿Obama? Escucha Obama, puede que tus intenciones sean buenas. No me cabe duda. Pero lo último que necesitamos para resolver nuestros problemas es asociarnos a un montón de dinero blanco, a las iglesias católicas y a organizadores comunitarios judíos. No les interesamos. La archidiócesis de esta ciudad está dirigida por racistas fríos como el mármol. Siempre ha sido así. Los blancos vienen aquí pensando que saben lo que es mejor para nosotros, contratan a un puñado de elocuentes hermanos, universitarios como tú, que no tienen ni idea de lo que están haciendo pero lo único que quieren es controlar la situación. Es todo una cuestión política, y a nuestro grupo no le interesa.

Tartamudeando dije que la Iglesia siempre había llevado la voz cantante a la hora de apoyar asuntos de interés comunitario, pero el reverendo Small negó con la cabeza.

—No lo entiendes —dijo—. Las cosas han cambiado con el nuevo alcalde. Conozco al comandante de policía del distrito desde que era un poli que patrullaba las calles. Todos los concejales de esta zona se han comprometido a potenciar la comunidad negra. ¿Por qué deberíamos protestar y seguir enfrentándonos a nuestra propia gente? Cualquiera de los que están sentados en esta mesa tiene línea directa con el Ayuntamiento. Fred, ¿no habló usted con el concejal para conseguir permiso para su aparcamiento?

El resto de los presentes en la sala permanecía en silencio. El reverendo Reynolds se aclaró la garganta.

—Obama es nuevo en esto, Charles. Sólo intenta ayudar.

El reverendo Smalls sonrió y me dio unas palmaditas en el hombro.

—No me malinterpretes. Como iba diciendo, sé que tus intenciones son buenas. Necesitamos sangre joven para que nos ayude con la causa.

Lo único que intento decirte es que ahora estás en el lado equivocado de la batalla.

Me quedé allí sentado, hirviéndome la sangre, mientras los eclesiásticos continuaron hablando de un servicio concelebrado de Acción de Gracias que tendría lugar en el parque al otro lado de la calle. Cuando se acabó la reunión, el reverendo Reynolds y unos cuantos más me dieron las gracias por mi asistencia.

—No se tome a Charles muy en serio —me aconsejó uno de ellos—. A veces es un poco duro.

Pero me di cuenta de que ninguno se fue con mis octavillas. Más tarde, a lo largo de la semana, cada vez que intenté ponerme en contacto con alguno de los eclesiásticos, sus secretarias continuaban diciéndome que estaban fuera.

Seguimos adelante con la reunión de la policía, que resultó ser un pequeño desastre. Sólo aparecieron treinta personas, dispersas entre filas de sillas vacías. La autoridad del distrito canceló su asistencia y en su lugar envió a un oficial del Departamento de Relaciones con la Comunidad. Cada pocos minutos, una pareja de gente mayor entraba buscando el bingo. Pasé la mayor parte de la tarde desviando a los despistados escaleras arriba, mientras que una desanimada Ruby, sentada en el escenario, oía cómo el policía disertaba sobre la necesidad de la disciplina paterna.

A la mitad de la reunión llegó Marty.

Cuando finalizamos se levantó y me puso una mano en el hombro.

—Te sientes como una mierda, ¿no?

Así era. Me ayudó a recoger, luego me llevó a tomar un café e hizo hincapié en algunos de mis errores. El problema de las pandillas era algo demasiado general para que impresionara a la gente: los asuntos debían ser concretos, específicos y solucionables. Debería haber aleccionado mejor a Ruby, y haber puesto menos sillas. Y lo más importante, necesitaba pasar más tiempo conociendo a los líderes* de la comunidad, las octavillas no sacaban a la gente de sus casas en un día de lluvia.

—Lo que me trae a la memoria… —dijo mientras nos levantábamos para irnos—. ¿Qué pasó con aquellos pastores con los que te ibas a reunir?

*. El autor utiliza el término *leaders* (líderes), para referirse a los vecinos más influyentes y participativos en los asuntos de la comunidad.

Le conté sobre el reverendo Smalls. Marty empezó a reírse.

—Supongo que fue una buena idea que no te acompañara, ¿eh?

No me hizo gracia.

—¿Por qué no me previniste sobre Smalls?

—Te previne —dijo Marty mientras abría la puerta de su coche—. Te dije que Chicago está dividido y que los políticos lo utilizan en beneficio propio. Y eso es lo que Smalls es: un político que utiliza alzacuello. En cualquier caso no es el fin del mundo. Deberías estar contento, aprendiste pronto tu lección.

Sí, pero, ¿qué lección? Mientras veía cómo Marty se alejaba conduciendo volví a pensar en el día de la reunión: el sonido de la voz de Smitty en la barbería; las filas de caras negras y blancas presentes en el auditorio de la escuela por el cierre de la fábrica y el sentimiento de Marty de haber sido traicionado; el cardenal, un hombre pequeño, pálido y humilde, con sotana negra y gafas, sonriendo en el escenario mientras Will lo hacía desaparecer entre sus brazos con un abrazo de oso; Will, tan seguro de que ambos se entendían.

Cada imagen conllevaba su propia lección, cada una estaba sujeta a interpretaciones distintas. Pues había tantas iglesias como tipos de fe. Tal vez hubo una época en la que todas esas distintas creencias convergieron (la multitud agolpándose frente el Lincoln Memorial, los Freedom Riders ante el mostrador encargando sus almuerzos). Pero esos momentos fueron parciales, incompletos. Con los ojos cerrados pronunciábamos las mismas palabras, pero en nuestros corazones cada uno rezábamos a nuestros propios dioses; cada uno encerrado en sus recuerdos; todos aferrados a nuestra absurda magia.

Alguien como Smalls lo había entendido, pensé. Entendía que los hombres de la barbería no quisieran que la victoria electoral de Harold —su victoria— estuviese condicionada. No querían oír que sus problemas iban más allá de lo que representaba un grupo de concejales blancos poco escrupulosos o que su redención era incompleta. Tanto Marty como Smalls sabían que en la política, como en la religión, el poder descansa en la certeza, y la certeza de un hombre siempre amenaza la de otro.

Entonces, de pie en el aparcamiento vacío de un McDonald's del South Side de Chicago, me di cuenta de que yo era un hereje. O algo peor, ya que hasta un hereje debe de creer en algo, aunque no sea más que en la verdad de su propia duda.

NUEVE

El complejo de viviendas públicas de los Jardines Altgeld se halla en el extremo sur de Chicago: dos mil apartamentos ordenados en bloques de edificios de ladrillo de dos plantas con puertas de color verde militar y unas mugrientas y ridículas persianas. Todo el mundo en la zona, para abreviar, se refería a Altgeld como «los Jardines», más tarde me di cuenta de la ironía del nombre, que evocaba algo agradable y bien cuidado, una tierra bendecida.

Sí, había una arboleda al sur del barrio, y fluyendo en dirección sureste estaba el río Calumet, donde a veces veías a alguien lanzar el sedal tranquilamente a las oscuras aguas. Pero los peces que nadaban allí tenían un color extraño, cataratas en los ojos, y unas protuberancias detrás de las branquias. La gente se comía sus capturas sólo si no tenía más remedio.

Al este, al otro lado de la autovía, estaba el vertedero del Lago Calumet, el más grande del Medio Oeste.

Y al norte, cruzando directamente la calle, estaba la depuradora de aguas residuales del Distrito Sanitario Metropolitano. Los vecinos de Altgeld no podían ver la depuradora ni los tanques al aire libre que se extendían a lo largo de más de kilómetro y medio. Como parte de un reciente plan de embellecimiento, el distrito conservó un extenso terraplén frente al complejo, moteado de árboles jóvenes plantados a toda prisa que, mes tras mes, se negaban a crecer. Eran como pelos arrojados sobre la cabeza de un calvo. Pero no había nada que los funcionarios pudieran hacer para eliminar el olor: un olor fuerte y pútrido cuya intensidad dependía de la temperatura y la dirección del viento, y que se colaba por las ventanas aunque estuvieran cerradas.

El hedor, las toxinas, el paisaje vacío y deshabitado. Durante cerca de un siglo, los escasos kilómetros cuadrados alrededor de Altgeld habían recibido los despojos de decenas de fábricas, era el precio que la gente había tenido que pagar por sus empleos bien remunerados. Ahora que el trabajo había desaparecido y que todos aquellos que pudieron se habían marchado, parecía normal que se utilizaran las tierras como vertedero.

Un vertedero..., y un lugar donde alojar a los negros pobres. Altgeld bien podía ser único por su aislamiento, pero compartía con otros proyectos de la ciudad una historia común: los sueños de los reformistas para dotar a los pobres de una vivienda digna; las políticas que habían concentrado estos complejos lejos de los barrios de los blancos para impedir que familias obreras vivieran allí; las ilegales adjudicaciones efectuadas por la Autoridad para la Vivienda de Chicago (CHA); y la ulterior mala gestión y abandono. Sin embargo, no era tan horrible como los proyectos de las torres de pisos —el Robert Taylors y el Cabrini Greens—, con los huecos de las escaleras pintados de negro y los vestíbulos manchados de orín y marcas de ocasionales tiroteos. El índice de ocupación de Altgeld se había estabilizado en el noventa por ciento, y si entrabas en los apartamentos veías que estaban bien conservados, con pequeños detalles —una tela estampada extendida sobre la tapicería raída, un calendario antiguo que permanecía colgado en la pared por sus fotografías de playas tropicales—, lo que implicaba el deseo de tener un hogar.

No obstante, todo lo concerniente a «los Jardines» parecía en estado de constante deterioro: techos que se derrumbaban, tuberías que reventaban, aseos atascados. Cenagosas rodadas de neumáticos surcaban los pequeños parches de agostado césped, moteados de tiestos vacíos (rotos unos, inclinados otros, algunos más a medio enterrar). Incluso las cuadrillas de mantenimiento de la CHA habían dejado de fingir que las reparaciones se harían en cualquier momento. Así que la mayoría de los niños de Altgeld crecían sin haber visto jamás un jardín. Aquellos que nunca habían salido de allí estaban acostumbrados, y parecía que encontraban un cierto placer en acelerar el deterioro.

Tomé el desvío hacia Altgeld en la calle 131. Aparqué frente a la iglesia de Nuestra Señora de los Jardines, un edificio de ladrillo con terraza situado cerca de la parte trasera de la urbanización. Fui allí para reunirme con algunos de nuestros principales líderes, hablar de los problemas que se presentaban en nuestra tarea organizativa y ver cómo podríamos arreglar las cosas. Paré el motor y me puse a buscar mi maletín, y de pronto algo me detuvo. Quizá fuese el panorama. El asfixiante cielo gris. Cerré los ojos y recliné la cabeza en el asiento del coche, me sentía como el capitán de un barco que se iba a pique.

Habían pasado más de dos meses desde la desastrosa reunión con la policía, y las cosas habían empeorado. No hubo manifestaciones, ni sentadas, ni canciones que hablaran de libertad. Sólo una serie de errores y malentendidos, tedio y nerviosismo. Parte del problema era nuestra base, que —en la ciudad, al menos— nunca había sido numerosa: ocho parroquias católicas desperdigadas por varios barrios, todas con feligreses negros pero dirigidas por sacerdotes blancos. Sacerdotes que eran hombres aislados, la mayoría de ascendencia polaca o irlandesa, individuos que habían entrado en el seminario en la década de 1960 con la intención de servir a los pobres y curar las heridas raciales, pero que adolecían del entusiasmo de sus antepasados misioneros; y aunque más amables y, quizá, mejores, su modernidad los hacía más vulnerables. Sacerdotes que habían visto sus sermones de hermandad y bondad pisoteados por la estampida de los blancos, y sus esfuerzos por reclutar nuevos miembros recibidos con suspicacia por las caras oscuras —en su mayoría baptistas, metodistas y feligreses de la iglesia de Pentecostés— que rodeaban ahora sus templos. Marty los había convencido de que la planificación comunitaria les sacaría del aislamiento, que no sólo iba a detener el declive del barrio sino que inyectaría nueva energía a sus parroquias y reavivaría sus espíritus. Frágil esperanza, sin embargo, y cuando me reuní con ellos ya estaban decepcionados y resignados.

—Lo cierto es —me dijo uno de los sacerdotes—, que la mayoría de nosotros estamos a la espera de un traslado. La única razón que me mantiene aquí es que no hay nadie dispuesto a sustituirme.

La moral era aún peor entre los seglares como Ángela, Shirley, o Mona, las señoras que había conocido en la reunión. Eran vitales y simpáticas, tres mujeres que —sin un marido que les ayudara— se las arreglaban para sacar adelante a sus hijos, haciendo juegos malabares con un montón de trabajos a tiempo parcial y proyectos de pequeños negocios, además de organizar las tropas de las Girl Scout, desfiles de moda y campamentos de verano para el montón de niños que deambulaban por la iglesia todos los días. Como ninguna de las tres vivía en Altgeld —todas eran propietarias de pequeñas casas al este del complejo—, en cierta ocasión les pregunté qué era lo que les motivaba. Antes de que terminara la pregunta hicieron una mueca irónica, como si les hubiera dado pie para que comenzaran su actuación.

—¡Cuidado, chica! —le dijo Ángela a Shirley, lo que hizo reír a Mona alegremente— Barack está a punto de entrevistarte. Tiene toda la pinta.

Entonces Shirley dijo.

—Barack, somos mujeres maduras, aburridas y sin nada mejor en que emplear nuestro tiempo. Pero… —y en ese instante Shirley apoyó una mano sobre su cadera y con la otra se llevó el cigarrillo a los labios, como si fuera una estrella de cine—, si aparece Mister Perfecto, entonces, ¡cuidado: adiós Altgeld, hola Monte Carlo!

Sin embargo, no eran bromas lo que escuchaba de ellas últimamente. Sólo quejas: que Marty no se preocupaba de Altgeld, que Marty era arrogante y no escuchaba sus sugerencias...

Pero sobre todo se lamentaban de que la nueva bolsa de empleo que habíamos anunciado a bombo y platillo la noche de la reunión había resultado un fracaso. Según había planeado Marty, una universidad estatal de los suburbios había sido elegida para poner en marcha el programa (era una cuestión de eficacia, explicó él, puesto que la universidad ya tenía los ordenadores instalados). Desgraciadamente, dos meses después de la fecha prevista para el comienzo nadie había encontrado trabajo a través del programa de empleo. Los ordenadores no funcionaban bien, la base de datos estaba plagada de errores; enviaban a la gente a entrevistas para trabajos inexistentes. Marty estaba furioso y, al menos una vez a la semana, tenía que conducir hasta la universidad, maldiciendo entre dientes mientras trataba de sonsacar respuestas a unos funcionarios que parecían más preocupados por el programa de subvenciones del año siguiente. Pero a las mujeres de Altgeld no les preocupaban las frustraciones de Marty. Lo único que sabían era que 500.000 dólares habían ido a parar a alguna parte, y no había sido a su barrio. Para ellas, la bolsa de empleo no era más que la prueba de que Marty las había utilizado para promover un plan secreto, y que por alguna razón eran los blancos de los suburbios los que estaban consiguiendo los trabajos que a ellas les habían prometido.

—Marty sólo va a lo suyo —refunfuñaban.

Hice todo lo que pude por mediar en el conflicto, defendí a Marty de las acusaciones de racismo, y a él le sugerí que tuviese más tacto. Marty me dijo que yo estaba perdiendo el tiempo. Según él, Ángela y los otros líderes de la ciudad estaban dolidos porque él se había negado a contratarlos para que gestionaran el programa.

—Esto es lo que destruye a muchas de las llamadas organizaciones comunitarias. Empiezan por obtener dinero del gobierno. Contratan enormes plantillas que no hacen nada. Enseguida se convierten en oficinas de mecenazgo, con clientes a los que hay que servir. No líderes. *Clientes*, a los que prestar *servicio* —escupía las palabras como si estuvieran sucias—. ¡Por Dios, sólo de pensarlo me pongo enfermo! —y luego, como aún se podía ver que estaba enfadado, añadió:— Si vas a hacer este trabajo, Barack, no tiene que importarte si le vas a caer bien a la gente o no. Ellos no te quieren.

Patrocinio, política, sentimientos heridos, reivindicaciones raciales, todo era lo mismo para Marty, distracciones que lo apartaban de su principal objetivo, vicios de una causa noble. Por entonces seguía intentando incorporar a los sindicatos, convencido de que ellos engrosarían nuestras filas, llevarían nuestro barco a buen puerto. Un día a finales de septiembre, nos pidió a Ángela y a mí que le acompañásemos a una reunión con los enlaces sindicales de LTV Steel, una de las pocas acererías que quedaban en la ciudad. Marty tardó casi un mes en fijar la reunión, pero ese día estaba exultante, hablaba a gran velocidad sobre la compañía, el sindicato y las nuevas fases de la campaña de organización.

Finalmente, el presidente local —un joven y atractivo irlandés que acababa de ser elegido porque había prometido reformas— entró en el salón junto con dos fornidos negros, tesorero y vicepresidente del sindicato respectivamente. Después de las presentaciones nos sentamos y Marty expuso sus argumentos. La empresa se estaba preparando para dejar el negocio de la manufactura del acero y las concesiones salariales no harían sino prolongar la agonía. Si el sindicato quería mantener los puestos de trabajo, tenía que dar nuevos y atrevidos pasos. Sentarse con las iglesias y desarrollar un plan de compra de la empresa por parte de los trabajadores. Negociar con el Ayuntamiento la concesión de servicios públicos y las tasas de impuestos durante el traspaso. Presionar a los bancos para que concedieran préstamos destinados a invertir en las nuevas tecnologías necesarias para que la fábrica volviera a ser competitiva.

Durante todo el monólogo, los representantes sindicales se movían inquietos en sus sillas. Por último, el presidente se puso en pie y le dijo a Marty que sus ideas merecían un estudio más profundo, pero que en ese momento el sindicato tenía que centrarse en tomar una decisión inmediata sobre la propuesta de la dirección. Una vez en el aparcamiento, Marty parecía perplejo.

—No están interesados —me dijo moviendo su cabeza—. Son como ratas corriendo hacia un precipicio.

Lo lamenté por Marty. Pero aún más por Ángela. No había dicho una sola palabra durante la reunión, pero cuando salíamos del aparcamiento del sindicato para llevarla a casa me dijo:

—No entendí una sola palabra de lo que dijo Marty.

Y supongo que fue entonces cuando comprendí la dificultad de lo que Marty había tratado de impulsar y la gravedad de su error. No era que Ángela se hubiera perdido algunos detalles de la presentación de Marty; según seguíamos hablando quedaba claro que había comprendido sus propuestas, al menos tanto como lo había hecho yo; no, el significado real de su observación era el siguiente: ella dudaba de la importancia que tendría para su situación el mantener abierta la LTV. Aliarse con los sindicatos podía ayudar a que los pocos negros que seguían en las fábricas mantuvieran sus empleos; pero, a corto plazo, no iba a disminuir las listas de parados crónicos. Una bolsa de empleo ayudaría a los trabajadores con conocimientos y experiencia a encontrar otro trabajo; pero no serviría para enseñar a leer o a calcular a los adolescentes negros que habían abandonado los estudios.

En otras palabras, era distinto para los negros. Tan distinto ahora como la había sido anteriormente para los abuelos de Ángela, boicoteados por los sindicatos y más tarde insultados por esquiroles; y para sus padres, excluidos de los mejores trabajos patrocinados que la *Machine*[*] podía ofrecer, antes de que *patrocinio* se convirtiera en una palabra sucia. En su afán por luchar con los poderosos agentes de bolsa del distrito financiero y los banqueros inversores con sus elegantes trajes, Marty quiso borrar esas diferencias como parte de un infeliz pasado. Pero para alguien como Ángela, el pasado *era* el presente; fijaba los términos de su mundo con una fuerza infinitamente más real que cualquier noción de solidaridad de clases. Esto explicaba el porqué, mientras podían, no se habían mudado más negros a las afueras; el porqué solo un reducido número de negros había ascendido la escalera que conducía al sueño americano. Explicaba el porqué el paro estaba más extendido y era más perdurable, más desesperante, en los barrios negros; y el porqué Ángela

[*] *Machine* o *Chicago Machine*, nombre con el que se conoce a la organización del Partido Demócrata del Condado de Cook que dominó la vida política de Chicago desde 1930 a 1970.

no tenía paciencia con aquellos que querían tratar a los negros y a los blancos exactamente igual.

Esto explicaba Altgeld.

Miré el reloj: las dos y diez. La hora de dar la cara. Salí del coche y llamé al timbre de la iglesia. Ángela abrió y me llevó a una habitación donde estaban esperando los otros líderes: Shirley, Mona, Will y Mary, una señora blanca no muy habladora, de cabellos oscuros, que daba clase en la escuela primaria de Santa Catalina. Me disculpé por haber llegado tarde y me serví un poco de café.

—Bien —dije mientras me sentaba en el alféizar de la ventana—. ¿Por qué tenéis esas caras tan largas?

—Lo vamos a dejar —dijo Ángela.

—¿Quién lo va a dejar?

Ángela se encogió de hombros.

—Bueno…, yo. No puedo hablar por nadie más.

Miré alrededor de la habitación. Los otros apartaron la mirada, como un jurado que fuese a dictar un veredicto desfavorable.

—Lo siento, Barack —siguió diciendo Ángela—. No tiene nada que ver contigo. La verdad es que estamos cansados. Llevamos en esto casi dos años y no hemos conseguido nada.

—Entiendo que estés frustrada, Ángela. Todos lo estamos un poco. Pero necesitas darte más tiempo. Nosotros…

—No tenemos más tiempo —interrumpió Shirley—. No podemos seguir haciendo promesas a nuestra gente y que luego nada suceda. Necesitamos algo *ya*.

Jugueteé con mi taza de café, intentando pensar algo más que decir. Las palabras se confundían en mi cabeza y por un momento me asaltó el pánico. Luego el pánico dio paso al enojo. Estaba furioso con Marty, por haberme convencido para venir a Chicago. Furioso con los líderes por su escasa visión de futuro. Furioso conmigo mismo por creer que alguna vez habría podido cerrar la brecha que había entre ellos. De repente me acordé de lo que Frank me había dicho aquella noche en Hawai, después de saber que Toot había sentido miedo de un negro.

Así son las cosas, dijo. Tú también tendrías que acostumbrarte.

Malhumorado, miré por la ventana y vi a varios niños reunidos al otro lado de la calle. Estaban tirando piedras a la ventana tapiada con tablones de un apartamento vacío, con las capuchas de sus sudaderas sobre la cabeza parecían monjes en miniatura. Uno de los chicos se acercó al edificio y empezó a tirar con fuerza de una pieza suelta de contrachapado que estaba clavada a lo ancho de la puerta del apartamento, entonces tropezó y se cayó, haciendo reír a los demás. De repente, una parte de mí sintió el deseo de unirse a ellos y destrozar, pedazo a pedazo, el resto del moribundo paisaje. En vez de eso, me volví hacia Ángela.

—Permíteme preguntarte algo —dije, señalando la ventana—. ¿Qué supones que va a pasar con esos niños de ahí fuera?

—Barack…

—No, sólo te estoy haciendo una pregunta. Dices que estás cansada, lo mismo que lo está la mayoría de la gente de aquí. Así que sólo trato de imaginarme lo que les va a pasar a esos chicos. ¿Quién va a garantizarles que van a tener una oportunidad? ¿El concejal? ¿Los trabajadores sociales? ¿Las pandillas? —podía oír cómo se iba elevando mi tono de voz, pero no me contuve—. ¿Sabes?, no vine aquí porque necesitase un empleo. Vine porque Marty me dijo que había gente que se tomaba en serio lo de hacer algo para cambiar sus barrios. No me importa lo que sucediera en el pasado. Sólo sé que estoy aquí, y comprometido a trabajar con vosotros. Si hay un problema, lo arreglaremos. Y si creéis que no habéis conseguido nada después de haber trabajado conmigo, entonces yo seré el primero en deciros que abandono. Pero si estáis pensando en dejarlo ahora, entonces quisiera que respondieseis a mi pregunta.

Me callé e intenté leer sus caras. Parecían sorprendidos por mi arrebato, aunque ninguno lo estaba más que yo. Sabía que me movía en un terreno difícil; no conocía a ninguno de ellos lo suficientemente bien como para saber que mi plan no me estallaría en la cara. En ese momento no tenía otra baza que jugar. Los chicos de fuera se marcharon calle abajo. Shirley fue a servirse más café. Después de un silencio que pareció durar diez minutos, Will finalmente tomó la palabra.

—No sé lo que pensarán los demás, pero yo creo que ya hemos hablando bastante de este desbarajuste. Marty sabe que tenemos problemas. Por eso contrató a Barack. ¿No es así, Barack? —yo asentí cautelosamente—. Las cosas continúan mal por aquí. Nada ha cambiado —y volviéndose hacia mí, añadió—. Lo que *yo* quiero saber es qué es lo que vamos a hacer de ahora en adelante.

Le dije la verdad.

—No lo sé, Will. Dímelo tú.

Will sonrió, y percibí que acabábamos de superar la crisis. Ángela consintió continuar unos meses más. Yo estuve de acuerdo en que debíamos dedicar más tiempo a Altgeld. Pasamos la siguiente media hora hablando de estrategias y distribuyendo tareas. Cuando salíamos, Mona se acercó y me cogió del brazo.

—Has llevado muy bien la reunión, Barack. Parece que sabes lo que estás haciendo.

—No lo sé Mona, no tengo ni idea.

Ella se echó a reír.

—Bien, te prometo que no se lo diré a nadie.

—Te lo agradezco, Mona. De verdad que te lo agradezco.

Aquella noche llamé a Marty y le conté grosso modo lo que había pasado. No le sorprendió: varias iglesias de los suburbios ya estaban empezando a retirarse. Me dio algunas sugerencias para abordar el tema del empleo en Altgeld y luego me aconsejó que retomara mis entrevistas.

—Vas a tener que buscar nuevos líderes, Barack. Will es un chico estupendo, pero, ¿de verdad quieres depender de él para mantener tu organización a flote?

Entendí el punto de vista de Marty. Por muy bien que me cayera Will, y por mucho que apreciara su apoyo, tenía que admitir que algunas de sus ideas eran…, bueno, excéntricas. Le gustaba fumar porros al final de una jornada de trabajo («Si Dios no quisiera que fumásemos esto, no lo habría puesto en la tierra»). Se marchaba de cualquier reunión que encontrara aburrida. Siempre que me acompañaba a entrevistar a algunos feligreses de su iglesia empezaba a discutir con ellos sobre la correcta interpretación de las Escrituras, el fertilizante para el césped que habían elegido o la inconstitucionalidad del impuesto de la renta (creía que los impuestos violaban la Declaración de Derechos y se negaba escrupulosamente a pagarlos).

—Quizá si escucharas un poco a los demás—le dije una vez— serían más receptivos.

Will movió la cabeza.

—Yo *escucho*. El problema es que no saben lo que dicen.

Ahora, después de la reunión en Altgeld, Will tenía una nueva idea.

—Esos negros equivocados de la iglesia de Santa Catalina no van a hacer nunca nada —dijo—. ¡Si queremos que se haga algo, tenemos que llevar la protesta a las calles!

Hizo hincapié en que la mayoría de la gente que vivía en las cercanías de Santa Catalina estaba en el paro y era combativa, el tipo de gente a la que debíamos dirigirnos, añadió. Y como no se sentirían cómodos yendo a una reunión organizada por una iglesia que no era la suya, deberíamos hacer una serie de reuniones callejeras en los alrededores de West Pullman, posibilitando que se reunieran en terreno neutral.

Al principio me mostré escéptico. Pero como estaba dispuesto a respaldar cualquier iniciativa, ayudé a Will y a Mary a confeccionar una octavilla que se distribuiría en la manzana más cercana a la iglesia. Una semana más tarde estábamos los tres en una esquina, soportando al viento de finales de otoño. Al principio la calle estaba vacía, las sombras cubrían las filas de *bungalows* de ladrillo. Después, poco a poco, la gente comenzó a salir, primero de uno en uno, luego dos a la vez, mujeres con redecilla en el pelo, hombres con camisas de franela o cortavientos, arrastrando los pies entre las quebradizas hojas muertas, avanzando despacio hacia el corro que iba en aumento. Cuando los reunidos pasaban de la veintena, Will explicó que Santa Catalina formaba parte de un esfuerzo organizativo mayor y por tanto «quisiéramos que hablaseis con vuestros vecinos sobre las cosas de las que os quejáis cuando estáis sentados ante la mesa de la cocina».

«Bueno, todo lo que puedo decir es que ya era hora», dijo una mujer.

Durante un buen rato, la gente habló de baches y alcantarillas, de señales de tráfico y solares abandonados. Cuando se hizo de noche, Will anunció que, a principios del mes siguiente, trasladaríamos las reuniones al sótano de Santa Catalina. Mientras caminábamos de regreso a la iglesia todavía podía oír el sonido de la multitud detrás de nosotros, un murmullo en la evanescente luz. Will se dirigió a mí sonriendo.

—Te lo dije.

Repetimos esas reuniones callejeras en tres, cuatro, cinco manzanas (Will en el centro, con su alzacuello y la chaqueta de los Chicago Cubs, Mary iba y venía entre la multitud repartiendo formularios de adhesión). Cuando cambiamos las reuniones al interior ya teníamos un grupo cercano a las treinta personas dispuestas a trabajar por poco más que una taza de café.

Fue antes de una de esas reuniones cuando me encontré a Mary, sola en el vestíbulo de la iglesia, haciendo café. El orden del día estaba escrito de manera impecable en un papel de estraza pegado a la pared con cinta adhesiva; las sillas todas colocadas. Mary me saludó con la mano mientras buscaba en un armario la leche y el azúcar, y me dijo que Will llegaría con un poco de retraso.

—¿Necesitas ayuda? —le pregunté.

—¿Me puedes alcanzar eso?

Le bajé el azúcar que estaba en la estantería superior.

—¿Algo más?

—No, creo que todo está preparado.

Me senté viendo cómo terminaba de arreglar las tazas. Mary era una persona a la que resultaba difícil conocer. No le gustaba hablar de ella ni de su pasado. Era la única blanca de la ciudad que trabajaba con nosotros, una de las, quizá, cinco personas blancas que se quedaron en West Pullman. Sabía que tenía dos hijas, una de diez y otra de doce años; la menor con una discapacidad que le impedía caminar con normalidad y necesitaba terapia habitualmente.

También sabía que el padre estaba ausente, aunque Mary nunca lo nombraba. Sólo por conversaciones intrascendentes y retazos de frases pronunciadas a lo largo de muchos meses, supe que había crecido en una ciudad pequeña de Indiana, en el seno de una familia numerosa irlandesa de clase obrera. No sé cómo, allí conoció a un negro; habían estado saliendo juntos en secreto y se casaron; su familia jamás le volvió a hablar, y los recién casados se mudaron a West Pullman, donde compraron una casa pequeña. Luego el marido se marchó y Mary se encontró varada en un mundo que apenas conocía y sin nada, a excepción de la casa y dos hijas mulatas, incapaz de volver al mundo que había conocido.

A veces me detenía en casa de Mary sólo para saludarla, atraído tal vez por la soledad que allí percibía, el paralelismo que existía con mi propia madre y el de sus hijas conmigo, unas niñas bonitas y cariñosas cuyas vidas eran mucho más difíciles de lo que jamás había sido la mía: unos abuelos que las rechazaron, compañeros de clase negros que se burlaban de ellas, y un ambiente envenenado. No obstante, la familia contaba con un cierto apoyo. Después de que el padre se marchara, los vecinos se mostraron solidarios ayudándoles a arreglar las goteras del tejado, invitándolas a barbacoas y fiestas de cumpleaños, recomendando a Mary para cualquier trabajo. Sin embargo, había límites en la aceptación de la familia por los vecinos, fronteras invisibles en la amistad que Mary podía tener con las mujeres —en particular las casadas— que conocía. Sus únicas verdaderas amigas eran sus hijas, y ahora Will, cuya propia caída y singular fe les había dado algo íntimo que compartir.

Cuando estaba todo preparado para la reunión, Mary se sentó observando cómo garabateaba algunas notas de última hora.

—¿Te importa si te pregunto algo, Barack?

—No, adelante.

—¿Por qué estás aquí? Haciendo este trabajo, quiero decir.

—Por el *glamour*.

—No, lo digo en serio. Tú mismo dijiste que no lo necesitabas. Y tampoco eres muy religioso, ¿verdad?

—Bueno…

—¿Entonces, por qué lo haces? Tanto Will como yo lo hacemos porque es parte de nuestra fe. Pero tú, yo no…

En ese momento se abrió la puerta y entró el señor Green. Era un hombre mayor que vestía chaqueta de cazador y una gorra cuyas orejeras le caían sobre el mentón.

—¿Qué tal está, señor Green?

—Bien, muy bien, aunque helándome…

El señor Turner y el señor Albert entraron a continuación, luego el resto del grupo, todos abrigados debido a los asaltos de un invierno prematuro. Se desabrocharon los abrigos, se sirvieron ellos mismos un café y entablaron una sosegada e intrascendente conversación que ayudó a caldear la habitación. Por último entró Will, vistiendo unos tejanos rotos y una camiseta roja sobre la que se podía leer «Diácono Will». Después de pedirle a la señora Jeffrey que dirigiera la oración, abrió la reunión. Mientras hablaban yo tomaba notas e intervenía sólo cuando empezaban a divagar. De hecho, pensaba que la reunión ya había durado demasiado —unos cuantos se habían marchado una hora después de comenzada— cuando Will añadió un tema nuevo al orden del día.

—Antes de que levantemos la sesión —anunció—, quiero que intentemos algo. Esta es una organización que tiene como base la iglesia, lo que significa que tenemos que dedicar una parte de estas reuniones a reflexionar sobre nosotros mismos, nuestra relación con los demás, nuestra relación con Dios. Así que quiero pediros a todos que os toméis sólo un minuto para pensar en lo que os ha traído aquí esta noche, en algunos pensamientos o sentimientos de los que no hayáis hablado y que me gustaría que compartieseis con el grupo —Will dejó que el silencio se adueñara del lugar durante varios minutos—. ¿Nadie quiere compartir sus pensamientos? —repitió. La gente, incómoda, miraba la mesa—. De acuerdo —dijo—, voy a compartir algo que ha estado rondándome en la cabeza durante algún tiempo. Nada importante, sólo recuerdos. ¿Sabéis? Mi gente no era rica ni nada de eso. Vivíamos en Altgeld. Pero cuando pienso en mi niñez, recuerdo que fueron buenos tiempos. Recuerdo que iba con mi familia al bosque de Blackburn para coger bayas. Recuerdo los cochecitos que hacía con mis amigos utilizando cajones de fruta vacíos y viejas ruedas de patín, las carreras alrededor del aparcamiento. Las excursiones al campo con la escuela, las reuniones con todas las familias en el parque los días de fiesta, todo el mundo en la calle, sin miedo, y cuando en verano dormíamos en el patio porque en el interior de la casa hacía mucho calor. Un montón de buenos recuerdos… parecía que siempre estaba sonriendo, riendo…

De repente, Will dejó de hablar e inclinó la cabeza. Creí que se preparaba para estornudar, pero cuando volvió a levantarla, vi cómo las lágrimas resbalaban por sus mejillas. Siguió hablando con la voz quebrada.

—Y, ¿sabéis?, ya no veo niños sonriendo por aquí. Uno los mira, los escucha…, parecen estar siempre preocupados, furiosos por algo. No creen en nada. Ni siquiera en sus padres. Ni en Dios. Ni en ellos mismos. Y eso no está bien. Ese no es el modo en que se supone que deben ser las cosas…, niños que no sonríen.

De nuevo interrumpió su monólogo y sacó un pañuelo del bolsillo trasero de sus pantalones para sonarse la nariz. Entonces, como si la visión de este hombrón sollozando hubiera regado la seca superficie de sus corazones, los presentes en la sala empezaron a hablar de sus propios recuerdos, en tono solemne y sin reparos. Hablaban de la vida en las pequeñas ciudades del sur; de las tiendas de barrio donde se reunían los hombres para enterarse de las noticias del día o echar una mano a las mujeres con la compra, de la forma en que los adultos cuidaban de los hijos de sus vecinos («no podías hacer ninguna travesura, porque tu madre tenía ojos y oídos a lo largo y ancho de la manzana»), el sentido de decoro público que aquellas familias habían ayudado a mantener. En sus voces había no poca nostalgia, fragmentos de una memoria selectiva; pero todo lo que contaban era vívido y verdadero, describía una pérdida compartida. Por la sala circuló, de boca en boca, una sensación testimonial de frustración y esperanza y, cuando habló la última persona, esa sensación quedó suspendida en el aire, estática y palpable. Luego todos unimos nuestras manos, en mi izquierda la del señor Green, gruesa y callosa, en la derecha la de la señora Turner, frágil y apergaminada al tacto; y juntos pedimos valor para cambiar las cosas.

Ayudé a Will y Mary a ordenar las sillas, a enjuagar y guardar la cafetera y apagar las luces. En el exterior, la noche era clara y fría. Me subí el cuello de la chaqueta y rápidamente evalué la reunión: Will tenía que controlar la duración de sus intervenciones; teníamos que investigar el asunto de los servicios de la ciudad antes de la próxima reunión y entrevistar a todos los que habían venido. Cuando finalicé mi lista de asuntos pendientes, rodeé por los hombros a Will.

—Esa reflexión final ha sido muy fuerte, Will.

Miró a Mary y ambos sonrieron.

—Nos hemos dado cuenta de que no has compartido nada con el grupo —dijo Mary.

—Se supone que el organizador tiene que mantener una cierta distancia.

—¿Quién lo dice?

—Está en mi manual del organizador comunitario. Vamos, Mary, te llevaré a casa.

Will se subió en su bicicleta y nos dijo adiós con la mano. Mary y yo recorrimos con el coche las cuatro manzanas de distancia que había hasta su casa. La dejé frente a su puerta y esperé a ver cómo se alejaba unos cuantos pasos antes de estirarme sobre el asiento del pasajero y bajar el cristal de la ventana.

—Oye, Mary.

Se volvió y se inclinó para mirarme.

—Sabes, en cuanto a lo que me preguntaste antes, sobre por qué hago esto. Te diré que tiene algo que ver con la reunión de esta noche. Lo que quiero decir es que… no creo que nuestros motivos sean muy diferentes.

Mary asintió, y se dirigió al encuentro de sus hijas.

Una semana más tarde estaba de vuelta en Altgeld, tratando de meter en mi minúsculo coche a Ángela, Mona y Shirley. Mona, que estaba sentada en la parte de atrás, se quejaba de que no había sitio.

—¿Pero qué clase de coche es éste? —preguntaba.

Shirley movió su asiento hacia delante.

—Está hecho para las chicas delgaditas con las que sale Barack.

—¿Con quién nos reunimos de nuevo?

Había planificado tres reuniones, esperando encontrar una estrategia de trabajo que estuviera a la altura de las necesidades de la gente de

Altgeld. Dado que, al menos por ahora, parecía que un nuevo *boom* de la industria manufacturera estaba fuera de nuestro alcance. Las grandes empresas habían optado por establecerse en los corredores suburbanos, y ni siquiera Gandhi hubiera conseguido que se reinstalaran cerca de Altgeld en un futuro próximo. Por otro lado, allí quedaba parte de la economía que podía denominarse local, una economía de consumidores de segundo nivel —de comercios, restaurantes, teatros y servicios— que en otras zonas de la ciudad seguían funcionando como incubadoras de la vida civil. Lugares donde las familias podrían invertir sus ahorros y poner en marcha un negocio, y en los que se podían encontrar trabajos para los no cualificados; lugares con una economía a escala humana, lo bastante transparente para que la gente la entendiera.

Lo más parecido a una zona comercial estaba en Roseland, así que seguimos la ruta del autobús subiendo por la avenida Michigan, con sus tiendas de pelucas y licorerías, de ropa rebajada y pizzerías, hasta que llegamos frente a un antiguo almacén de dos pisos. Accedimos al edificio por una pesada puerta de metal y descendiendo unas estrechas escaleras bajamos al sótano que estaba lleno de muebles viejos. Un hombre delgado, enjuto y fuerte, estaba sentado en una pequeña oficina. Llevaba perilla y un gorro de lana que acentuaba aún más sus prominentes orejas.

—¿En que puedo ayudarles?

Le expliqué quiénes éramos, y que antes habíamos hablado por teléfono.

—Correcto, correcto.

Hizo un gesto a dos hombres altos que estaban a ambos lados de su mesa, y éstos pasaron por delante de nosotros saludándonos con la cabeza.

—Escuchen, vamos a tener que hacer esto con rapidez porque ha surgido algo. Soy Rafiq al Shabazz.

—Te conozco —dijo Shirley al estrechar la mano de Rafiq—. Tú eres Wally, el hijo de la señora Thompson. ¿Cómo está tu madre?

Rafiq le dirigió una sonrisa forzada y nos pidió que tomásemos asiento. Nos explicó que era el presidente de la Coalición para la Unidad de Roseland, una organización que se ocupaba de una serie de actividades políticas para promover la causa de los negros y que, según él, había jugado un importante papel en la elección del alcalde Washington. Cuando le preguntamos de qué manera las iglesias podrían involucrarse para fomentar el desarrollo de la economía local, nos entregó un folleto en el que se acusaba a las carnicerías árabes de vender carne en mal estado.

—Ese es el quid de la cuestión —dijo Rafiq—. La gente de fuera de nuestra comunidad que gana dinero a nuestra costa y que no respetan a nuestros hermanos y hermanas. Aquí, sobre todo, son coreanos y árabes los que llevan los comercios, y los judíos todavía son los propietarios de la mayor parte de los edificios. Ahora, a corto plazo, queremos asegurarnos de que se protegen los intereses de los negros, ¿comprendes? Cuando escuchamos que algún coreano está tratando mal a un cliente tomamos cartas en el asunto. Vamos a insistir en que nos respeten y que hagan alguna contribución a la comunidad, que financien algunos de nuestros programas, o lo que sea.

Eso a corto plazo. Esto —Rafiq señaló un mapa de Roseland colgado en la pared, con algunas zonas señaladas en rojo— es a largo plazo. Todo lo relacionado con la propiedad. Un plan global para la zona. Negocios de los negros, centros para la comunidad..., los más de ocho mil metros íntegros. Ya hemos empezado a negociar con los propietarios blancos de algunos de esos inmuebles para que nos los vendan a un precio razonable. Así que, si todos estáis interesados en la creación de empleos, podéis ayudarnos a difundir el mensaje de este plan. Ahora mismo el problema que tenemos es la falta de apoyo de la gente de Roseland. En lugar de dar un paso adelante prefieren seguir a los blancos a los suburbios. Pero los blancos no son tontos. Están esperando a que nos vayamos de la ciudad para volver, porque saben que el valor de las propiedades sobre las que ahora nos hallamos es extraordinario.

Uno de los hombres corpulentos volvió a entrar en el despacho de Rafiq, que se puso en pie.

—Me tengo que ir —dijo bruscamente—. Pero hablaremos de nuevo.

Nos estrechó la mano y luego su ayudante nos condujo hasta la puerta.

—Parece que lo conocías, Shirley —dije cuando salimos del edificio.

—Sí, antes de que se pusiera ese nombre rimbombante era simplemente Wally Thompson. Podrá cambiarse el nombre, pero no puede ocultar ese par de orejas que tiene. Creció en Altgeld, y creo que Will y él iban juntos a la escuela. Wally era un destacado pandillero antes de convertirse en musulmán.

—El que ha sido un golfo, seguirá siendo golfo —dijo Ángela.

Nuestra siguiente parada era la Cámara de Comercio local, que se encontraba en la segunda planta de lo que parecía una casa de empeños. Dentro nos encontramos con un negro regordete que estaba ocupado apilando cajas.

—Buscamos al señor Foster —dije.

—Yo soy Foster —respondió sin levantar la vista.

—Nos han dicho que usted era el presidente de la Cámara…

—Bueno, en eso tiene razón. *Era* el presidente. Renuncié la semana pasada.

Nos ofreció tres sillas y hablamos mientras trabajaba. Nos explicó que durante quince años había sido el propietario de la tienda de material de escritorio que había calle abajo, y que durante los últimos cinco fue presidente de la Cámara. Que hizo cuanto pudo por organizar a los comerciantes locales, pero la falta de apoyo acabó por desanimarlo.

—No me oirán quejarme de los coreanos —dijo mientras apilaba unas cuantas cajas junto a la puerta—. Son los únicos que pagan las cuotas de la Cámara. Saben de negocios y entienden lo que significa la cooperación. Hacen un fondo común con su dinero y se prestan unos a otros. Algo que nosotros no hacemos, ¿ve? Los comerciantes negros que estamos por aquí somos como cangrejos en un cubo —se puso derecho y se secó la frente con un pañuelo—. No sé. Quizá no se nos pueda culpar por ser como somos. Creo que todos esos años que pasamos sin tener la menor oportunidad se han llevado parte de nosotros. Y ahora es más duro de lo que fue para los italianos o los judíos hace treinta años. Hoy en día, una tienda pequeña como la mía tiene que competir con las grandes cadenas. Es una batalla perdida a menos que hagas lo que esos coreanos: poner a trabajar a la familia durante dieciséis horas al día, siete días a la semana. Nosotros, como raza, no estamos dispuestos a volverlo a hacer. Hemos trabajado durante tanto tiempo para nada que ahora pensamos que no tenemos porqué rompernos la espalda sólo para sobrevivir. En cualquier caso eso es lo que le decimos a nuestros hijos. No diré que yo sea diferente. Yo les digo que no quiero que sigan con el negocio. Quiero que se coloquen en alguna empresa grande, donde puedan sentirse cómodos…

Antes de marcharnos, Ángela le preguntó si existía alguna posibilidad de que los jóvenes de Altgeld encontrasen algún trabajo a tiempo parcial. El señor Foster la miró como si estuviera loca.

—Todos los comerciantes de por aquí rechazan unas treinta solicitudes al día —dijo—. Adultos. Ciudadanos de la tercera edad. Obreros experimentados dispuestos a aceptar cualquier cosa. Lo siento.

Cuando caminábamos de regreso al coche, pasamos por una tienda pequeña de ropa llena de vestidos baratos y jerséis de colores vivos, con

dos envejecidos maniquíes blancos, ahora pintados de negro, en el esca-
parate. La tienda estaba pobremente iluminada, pero en la parte de atrás
pude ver a una mujer coreana cosiendo a mano mientras un niño dormía
a su lado. La escena me devolvió a mi niñez, a los mercados de Indonesia:
los vendedores ambulantes, los curtidores de pieles, las viejas mascando
betel mientras espantaban a las moscas de sus frutas sacudiendo con unas
escobillas.

Siempre había dado por descontado que la existencia de esos mercados formaba parte del orden natural de las cosas. Ahora, sin embargo,
cuando pensaba en Altgeld y Roseland, en Rafiq y el señor Foster, veía
aquellos mercados de Yakarta como en realidad eran: frágiles, preciosos.
La gente que vendía sus productos allí puede que fueran pobres, más
pobres incluso que las gentes de Altgeld. Cargaban sobre sus espaldas
unos treinta kilos de leña para el fuego todos los días, comían poco,
morían jóvenes. Y a pesar de tanta pobreza, en sus vidas seguía habiendo
un orden perceptible, una urdimbre de rutas comerciales e intermedia-
rios, sobornos que pagar y costumbres que mantener, hábitos ancestrales
que una generación ponía en práctica todos los días entre el regateo, el
ruido y los remolinos de polvo.

Fue esa falta de coherencia lo que hizo de Altgeld un lugar tan desesperado, pensé; y la pérdida del orden establecido lo que había convertido
a Rafiq y al señor Foster, cada uno a su manera, en personas tan amarga-
das. ¿Cómo podíamos remendar una cultura una vez que se había rasga-
do? ¿Cuánto tiempo iba a llevarnos eso en la tierra del dólar?

Sospechaba que más tiempo del que le llevó estructurarse. Intenté
imaginarme a los obreros indonesios abriéndose paso hacia el tipo de
fábricas que una vez se asentaron a lo largo de las orillas del río Calumet,
formando parte de las filas de asalariados que montaban los aparatos de
radio o las zapatillas que se vendían en la avenida Michigan. Imaginé a
esos mismos trabajadores indonesios, de aquí a diez o veinte años, cuando sus fábricas hubieran tenido que cerrar como consecuencia de la aparición de una nueva tecnología o de los salarios más bajos que se pagaban en cualquier otra parte del globo. Y luego el amargo descubrimiento
de que sus mercados habían desaparecido, de que ya no sabían cómo
tejer sus cestos, fabricar sus muebles o cultivar sus propios alimentos;
que, aunque recordaran tales habilidades, los bosques que les proporcio-
naban las materias primas estaban ahora en manos de las empresas
madereras, los cestos que antes tejían habían sido sustituidos por otros

de plástico más duraderos. La existencia misma de las fábricas, los intereses de las madereras, la manufactura del plástico, habían hecho que su cultura quedara obsoleta. Los valores del trabajo duro y la iniciativa individual se habían vuelto dependientes de un sistema de creencias resultado de la mezcla de la emigración, la urbanización y las viejas series importadas de televisión. Algunos de ellos habrían de prosperar en este nuevo orden. Otros se trasladarían a América. Y el resto, los millones que se quedaban atrás, en Yakarta, Lagos, o en el West Bank, se instalarían en su propios Jardines de Altgeld, presos de una desesperación aún más profunda.

No intercambiamos palabra alguna durante el trayecto que nos llevaba hasta nuestra última reunión con el administrador de una sucursal cercana de la Oficina de Empleo y Formación dependiente de la alcaldía (MET), que colaboraba remitiendo a los trabajadores a unos programas de formación por toda la ciudad. Tuvimos problemas para encontrar el lugar —resultó que estaba a cuarenta y cinco minutos en coche desde Altgeld, en una calle trasera del distrito electoral de Vrdolyak— y, cuando llegamos el administrador se había marchado. Su ayudante no sabía cuándo estaría de vuelta, pero nos entregó un montón de coloridos folletos.

—Esto no nos sirve para nada —dijo Shirley mientras se dirigía a la puerta—. Mejor nos hubiéramos quedado en casa.

Mona se dio cuenta de que yo tardaba en salir de la oficina.

—¿Qué es lo que está mirando? —le preguntó a Ángela.

Les mostré la parte de atrás de uno de los folletos. Había una lista de todos los proyectos que el MET tenía en la ciudad. Ninguno de ellos estaba por debajo de la calle noventa y cinco.

—Esto es —dije.

—¿El qué?

—Acabamos de encontrar un objetivo.

Tan pronto como volvimos a los Jardines, redactamos el borrador de una carta dirigida a la señora Cynthia Álvarez, directora general del MET. Dos semanas más tarde acordó reunirse con nosotros en los Jardines. Decidido a no repetir mis errores, trabajamos, incluido el comité de dirección, hasta la extenuación: preparé un guión para la reunión, insistí una y otra vez para que las otras iglesias enviaran a su gente, desarrollé los puntos de una petición concreta (cuota de empleo y creación de un centro de formación en el Far South Side) que creíamos que el MET podría asumir.

Dos semanas de preparativos y, a pesar de todo, la noche de la reunión tenía un nudo en el estómago. A las seis y cuarenta y cinco sólo habían aparecido tres personas: una mujer joven con un bebé que no dejaba de babear sobre su diminuto pijama, una señora mayor que envolvió con cuidado un montoncito de galletas en una servilleta que luego guardó en el bolso, y un borracho que enseguida se recostó y se durmió en una silla de la última fila. Conforme iban pasando los minutos me imaginaba una vez más las sillas vacías, el cambio de planes de la funcionaria del MET en el último minuto, la mirada de decepción en las caras de los líderes...: el olor mortal del fracaso.

Entonces, dos minutos antes de las siete, empezó el goteo de gente. Will y Mary llevaron un grupo de West Pullman, luego entraron los niños y los nietos de Shirley, llenando una fila entera de asientos; poco después llegaron otros residentes de Altgeld que debían un favor a Ángela, a Shirley o a Mona. Había cerca de cien personas en la sala cuando apareció la señorita Álvarez, una méjico americana grande y altiva, acompañada por dos jóvenes blancos que caminaban despacio tras ella.

—Ni siquiera sabía que esto estaba aquí —oí que decía uno de los ayudantes al oído del otro cuando traspasaron la puerta.

Le pregunté si quería que le guardara el abrigo y, nervioso, negó moviendo la cabeza.

—No..., no, gracias. Lo... llevaré puesto, gracias.

Los líderes se desenvolvieron muy bien aquella noche. Ángela expuso el asunto que nos ocupaba a los allí reunidos, y le explicó a la señorita Álvarez lo que esperábamos de ella. Cuando la señorita Álvarez evitaba una respuesta concreta, Mona saltaba y la presionaba para que respondiera con un sí o un no. Y cuando finalmente prometió que tendríamos un centro receptor del MET en la zona dentro de seis meses, la multitud estalló en aplausos. El único imprevisto se produjo a mitad de la reunión, cuando el borracho de las últimas filas se puso de pie y empezó a gritar que necesitaba un empleo. Inmediatamente, Shirley se le acercó y le dijo algo al oído que le hizo caer de espaldas en su asiento.

—¿Qué fue lo que le dijiste? —le pregunté a Shirley más tarde.

—Eres demasiado joven para saberlo.

Una hora después la reunión había terminado: la señorita Álvarez y sus ayudantes se marcharon a toda prisa en un gran coche azul, y la gente estrechó la mano a Ángela y a Shirley. Mientras se hacía la valoración, todas las mujeres sonreían.

—Has hecho un trabajo magnífico, Barack —me dijo Ángela dándome un gran abrazo.

—¿No os prometí que conseguiríamos algo?

—Desde luego que sí —dijo Mona, haciendo un guiño.

Les dije que las iba a dejar solas durante un par de días y salí hacia mi coche sintiéndome un poco mareado. Puedo hacer este trabajo, me dije. Y cuando acabemos, tendremos organizada toda esta maldita ciudad. Encendí un cigarrillo y, en mi autocomplaciente estado de ánimo, imaginé que llevaba a los líderes de la comunidad hasta el centro de la ciudad para sentarnos con Harold y discutir el destino de la misma. Entonces, bajo la luz de una farola, a unos pasos de distancia, vi al borracho de la reunión dando vueltas lentamente, mirando su alargada sombra. Salí del coche y le pregunté si necesitaba que le ayudara para volver a casa.

—¡No necesito ayuda! —gritó mientras intentaba mantenerse derecho— ¡De nadie! ¿Me comprendes? ¡Tonto del culo hijo de puta… qué tratas de decirme… mierda…!

Su voz se apagó. Antes de que yo pudiera decir algo más se volvió y echó a andar tambaleándose por la calle, desapareciendo en la oscuridad.

DIEZ

Con la llegada del invierno la ciudad se volvió monocroma: árboles negros contra un cielo gris sobre la tierra blanca. Anochecía a media tarde, sobre todo cuando llegaban las ventiscas de nieve, interminables tormentas de la pradera que acercaban el cielo a la tierra, mientras que las luces de la ciudad se reflejaban en las nubes.

El trabajo se hacía más duro con un tiempo así. Montones de finos copos blancos se colaban por los resquicios de mi coche, por el cuello y por las aberturas de mi abrigo. Cuando hacía las entrevistas, nunca pasaba el tiempo suficiente en un mismo lugar como para descongelarme, era difícil encontrar espacio para aparcar en las angostas calles debido a la nieve apilada (todo el mundo, al parecer, conocía alguna anécdota sobre las peleas ocasionadas por conseguir un espacio donde aparcar después de una fuerte nevada, y el consecuente altercado o tiroteo). La asistencia a las reuniones se tornó más esporádica; la gente llamaba en el último momento para decir que tenían gripe o que no les arrancaba el coche; los que venían estaban deprimidos y enfadados. Algunas veces, al volver a casa después de esas reuniones, con las ráfagas de viento del norte que venían del lago sacudiendo mi coche de un carril a otro, olvidaba momentáneamente donde estaba, mis pensamientos eran un embotado reflejo del silencio.

Marty sugirió que me tomara más tiempo libre, que me relacionara fuera del trabajo. Su preocupación era profesional, y según él, sin apoyo exterior, un organizador perdía perspectiva y podía quemarse rápidamente. Y tenía razón, ya que la gente que conocía por motivos de trabajo eran, por lo general, mucho mayores que yo, con unas inquietudes y exigencias que no facilitaban las relaciones de amistad. Cuando no estaba trabajando, los fines de semana los pasaba normalmente solo, en un apartamento vacío, conformándome con la compañía de los libros.

Sin embargo no presté atención al consejo de Marty, quizá porque, a medida que estrechaba lazos con los líderes, encontré que me ofrecían algo más que una simple amistad. Después de las reuniones podía irme con alguno de los hombres a la taberna local para ver las noticias o escuchar viejas canciones —los Temptations, los O'Jays— atronando en la máquina de discos que había en cualquier rincón. El domingo iba a los servicios religiosos de distintas iglesias y dejaba que las mujeres me tomaran el pelo cuando me confundía con la liturgia y las oraciones. En una fiesta de Navidad en los Jardines bailé con Ángela, Mona y Shirley, bajo una esfera que lanzaba destellos luminosos por toda la sala. Intercambiaba anécdotas deportivas, entre vaharadas de queso rancio y albóndigas, con maridos que habían sido arrastrados a la reunión de mala gana; aconsejaba a sus hijos e hijas sobre sus solicitudes para ingresar en la universidad, y jugaba con los nietos sentándolos sobre mis rodillas.

Era durante esos momentos, cuando la familiaridad o el desaliento hacían desaparecer la barrera entre el organizador y el líder, que empecé a comprender lo que Marty quería decir cuando insistía en que tenía que llegar hasta el centro de las vidas de la gente. Recuerdo, por ejemplo, la noche que estaba sentado en la cocina de la señora Crenshaw, engullendo las galletas caseras quemadas que me obligaba a comer cada vez que me pasaba por su casa. Se estaba haciendo tarde, casi había olvidado el motivo de mi visita, y como ocurrencia de última hora decidí preguntarle por qué seguía participando en el PTA tanto tiempo después de tener a sus hijos criados. Acercó su silla hasta la mía y empezó a contarme que había crecido en Tennessee, que la habían obligado a abandonar los estudios porque su familia sólo podía permitirse mandar a un hijo a la universidad, un hermano que más tarde moriría en la II Guerra Mundial. Tanto su marido como ella estuvieron trabajando en una fábrica durante años, decía, para que su hijo no tuviera que interrumpir su educación, un hijo que había ido a Yale para graduarse en Derecho.

Una historia fácil de comprender, pensé: el sacrificio generacional, la justa recompensa de la fe en la familia. Sólo cuando le pregunté a la señora Crenshaw qué estaba haciendo ahora su hijo me contó que le habían diagnosticado esquizofrenia unos años antes, y que ahora se pasaba los días leyendo periódicos en su habitación, porque temía salir de casa.

Mientras hablaba su voz mantenía el mismo tono, era la voz de alguien que había conseguido superar la tragedia.

O aquella vez que me encontraba en el sótano de Santa Elena con la señora Stevens esperando a que empezara la reunión. No conocía mucho a la señora Stevens, sólo sabía que estaba interesada en la renovación del hospital local. Charlando de temas intrascendentes le pregunté por qué estaba tan preocupada por mejorar la atención médica de la zona; su familia parecía bastante sana. Y entonces me contó que, cuando tenía veinte años, casi perdió la vista a causa de unas cataratas. Estaba trabajando como secretaria y, aunque su situación empeoraba y su oftalmólogo la declaró clínicamente ciega, ella le ocultó la dolencia a su jefe por miedo a ser despedida. Día tras día se refugiaba en el baño para leer los memorandos de su jefe con una lupa y luego los memorizaba, línea por línea, antes de mecanografiarlos; cuando los demás se marchaban ella permanecía varias horas en la oficina para finalizar los informes que tenían que estar listos a la mañana siguiente. De esta forma mantuvo su secreto durante casi un año, hasta que ahorró el dinero suficiente para poder operarse.

O el señor Marshall, un soltero de treinta y pocos años que trabajaba como conductor de autobús para la Transit Authority. No era el típico líder —no tenía niños, vivía en un apartamento—, y me intrigaba conocer el porqué estaba tan interesado en hacer algo sobre la drogadicción entre los adolescentes. Un día me ofrecí para llevarlo a recoger un coche que había dejado en el taller y se lo pregunté. Me habló sobre los sueños de riqueza de su padre en un remoto pueblo de Arkansas, de las amargas experiencias que tuvo en el mundo de los negocios, de las veces que lo estafaron, de su descenso al infierno del juego y la bebida, de cómo perdió su casa y su familia; y, finalmente, del día que le sacaron de una zanja, ahogado en su propio vómito.

Eso fue lo que, día a día, me enseñaron los líderes de la comunidad: que las motivaciones personales que se suponía que yo debía estar buscando iban mucho más allá de la inmediatez de las propuestas, que tras la conversación intrascendente, las biografías esquemáticas y las opiniones aceptadas por la mayoría, la gente guardaba en su interior una explicación capital de su personalidad. Historias asombrosas y terroríficas, plagadas de sucesos que les atormentaban o inspiraban. Historias sagradas.

Y creo que fue esa percepción la que me permitió dar más de mí mismo a mis compañeros de trabajo, salir del largo aislamiento que había llevado conmigo a Chicago. Al principio fui cauteloso, temiendo que mi vida anterior pudiera ser demasiado extraña para la sensibilidad del South Side; que de algún modo pudiera perturbar lo que la gente esperaba de mí. En cambio, mientras escuchaban las anécdotas que les contaba de Toot, de Lolo, de mis padres, de las cometas que volábamos en Yakarta o de cuando asistía a las clases de danza en Punahou, negaban con la cabeza, se encogían de hombros o se reían, preguntándose cómo una persona con mi trayectoria había acabado, como dijo Mona, tan «ciudadanizado» o, lo que más les desconcertaba: por qué estaría dispuesto alguien, de manera voluntaria, a pasar un invierno en Chicago mientras podía estar al sol en la playa de Waikiki. Entonces, algunos de ellos contaban anécdotas que apoyaban o contradecían la mía, un nudo que enlazaba nuestras experiencias: un padre perdido, un coqueteo adolescente con el delito, un corazón errante, un simple momento de gracia. Conforme pasaba el tiempo, supe que todas esas historias, reunidas, me habían ayudado a aglutinar mi mundo, a encontrar el lugar y los objetivos que había estado buscando. Marty tenía razón: si escarbas lo suficiente siempre encontrarás una comunidad. Sin embargo, se equivocaba a la hora de calificar el trabajo. También había poesía: un mundo luminoso siempre presente bajo la superficie, un mundo que la gente podía ofrecerme como un regalo, si tan sólo me acordaba de pedirlo.

Por no hablar de la alegría que me proporcionaba todo lo que aprendía de los líderes. Si a veces demostraban una fuerza de voluntad que yo no había ni imaginado, también me obligaban a reconocer el poder de las fuerzas tácitas que retrasaban nuestro esfuerzo, secretos que manteníamos tanto con nosotros mismos como con los demás.

Eso es lo que, por ejemplo, ocurrió con Ruby. Después de nuestra reunión fallida con el jefe de policía temí que se alejara de la organización. En lugar de eso se metió de cabeza en el proyecto, trabajando incansablemente para construir una red de vecinos que pudieran asistir con regularidad a nuestros actos, aportando ideas para inscribir votantes o trabajando con los padres de los escolares. Ruby era el sueño de cualquier organizador comunitario: alguien con un talento virgen, avispada, constante, entusiasmada con la política, ansiosa por aprender. Y luego estaba Kyle Jr., su hijo, que me caía muy bien. Acababa de cumplir los catorce, y en su confusión interna —de repente jugando y saltando conmigo, mientras lanzábamos a canasta en el parque del barrio, y al momento siguiente aburrido y huraño— podía ver reflejados mis conflictos juveniles. A veces Ruby me preguntaba por él, enojada por sus mediocres notas o por el corte que se había hecho en la barbilla, desconcertada por la desafiante actitud de un adolescente.

—La semana pasada decía que iba a ser un rapero —me contaba—. Hoy me ha dicho que va a ir a la Academia del Ejército del Aire para ser piloto de combate. Cuando le pregunto por qué, sólo me dice: «para poder volar». Como si fuera tonta. Lo juro Barack, a veces no sé si abrazarlo o darle unos azotes en su escuálido trasero.

—Prueba las dos cosas —le decía yo.

Justo un día antes de Navidad, le pedí a Ruby que se pasara por mi oficina para que recogiera el regalo de Kyle. Yo estaba al teléfono cuando entró, y por el rabillo del ojo me pareció ver algo distinto en ella, aunque no podía decir exactamente qué. Hasta que no colgué el teléfono y Ruby se volvió hacia mí, no me di cuenta de que sus ojos, normalmente de un color marrón cálido, a tono con su piel, tenían una sombra azul opaca, como si le hubieran pegado en las pupilas unos botones de plástico. Me preguntó si todo iba bien.

—¿Qué te has hecho en los ojos?

—¡Ah, *esto*! —Ruby agitó la cabeza riendo— Sólo son lentes de contacto, Barack. La empresa para la que trabajo hace lentes cosméticas y a mí me hacen descuento. ¿Te gustan?

—Tu ojos estaban estupendamente antes.

—Es sólo por diversión —dijo ella, bajando la mirada—. Algo diferente, ¿ya sabes?

Me quedé allí de pie, sin saber lo que decir. Finalmente me acordé del regalo de Kyle y se lo di.

—Para Kyle —le dije—. Un libro sobre aviones…, pensé que podría gustarle.

Ruby asintió con la cabeza y puso el libro dentro del bolso.

—Eres muy amable Barack, estoy segura de que le gustará —entonces se levantó de forma un tanto abrupta y se alisó la falda—. Bueno, mejor será que me vaya —dijo, apresurándose hacia la puerta.

Durante el resto del día, y el siguiente, estuve pensando en los ojos de Ruby. Había manejado mal la situación, me decía a mí mismo, la había avergonzado por esa pequeña coquetería cuando en su vida no podía permitirse muchas. Me di cuenta de que una parte de mí esperaba de ella y de los otros líderes que poseyeran una especie de inmunidad contra el

bombardeo de imágenes que alimentaban las inseguridades de los americanos —las esbeltas modelos de las revistas de moda, los hombres de
mandíbulas cuadradas en su veloces coches—, imágenes a las que yo
mismo era vulnerable y de las que había intentado protegerme. Cuando
le mencioné el incidente a una amiga mía negra, ella se manifestó al
respecto de manera contundente.

—¿De qué te sorprendes? —dijo mi amiga con impaciencia—. ¿De
que los negros aún nos odiemos a nosotros mismos?

No, le dije, no era sorpresa exactamente lo que sentía. Desde mi primer y espantoso descubrimiento de las cremas blanqueadoras en la revista *Life*, me había llegado a familiarizar con el léxico que las comunidades de color utilizaban para describir las características de su propia
gente: buen pelo, mal pelo; labios finos o gruesos; si eres de color claro,
lo consigues, si eres realmente negro, lo tienes difícil. En la universidad,
la política de la moda negra y las dudas sobre la autoestima que esa moda
representaba había sido un tema frecuente, aunque delicado, un tópico
en las conversaciones de los estudiantes negros, especialmente entre las
mujeres, que sonreían amargamente cuando veían a un hermano militante salir siempre con chicas delgaditas y de piel más clara (pero criticaban
abiertamente a cualquier negro que fuera lo bastante estúpido para hacer
un comentario sobre sus peinados).

Por lo general me quedaba callado cuando se abordaban esos temas y
en privado evaluaba mi grado de contaminación. Pero me di cuenta de que
esas conversaciones rara vez se mantenían en grupos numerosos, y nunca
delante de los blancos. Más tarde percibí que la posición de la mayoría de
los estudiantes negros en las universidades donde predominaban los blancos era ya demasiado débil, que nuestra identidad estaba demasiado dilui-
da para aceptar que nuestro orgullo negro seguía estando incompleto. Y
admitir nuestras confusiones y dudas ante los blancos, abrir nuestras men-
tes para que las examinaran aquellos que, para empezar, habían causado la
mayor parte del daño, parecía ridículo, una expresión de autodesprecio,
pues no existía motivo alguno para esperar que los blancos viesen nuestras
luchas particulares como un reflejo de sus propias almas, y no otra evidencia más de la patología social negra.

Creo que fue mientras consideraba esa dicotomía, lo que hablábamos
en privado y lo que hacíamos en público, cuando aprendí a no dar mayor
importancia a la tan aireada autoestima de los negros como cura de todos
nuestros males, ya se tratara del consumo de drogas, de los embarazos de

las adolescentes o los delitos entre los propios negros. Cuando llegué a Chicago, la palabra *autoestima* parecía estar en boca de todos: activistas, presentadores de los debates en televisión, educadores y sociólogos. Era un cajón de sastre que servía para describir nuestro dolor, una forma aséptica de hablar de las cosas que habíamos mantenido ocultas. Pero cada vez que trataba de precisar el concepto de autoestima, las cualidades específicas que esperábamos inculcar, los medios concretos que nos permitirían sentirnos bien con nosotros mismos, la conversación parecía seguir siempre un derrotero de retroceso infinito. ¿No te gustas por tu color o porque no sabes leer y no encuentras trabajo? O tal vez porque no te quisieron cuando eras niño. ¿O quizá no te querían porque eras demasiado negro? ¿O demasiado claro? ¿O porque tu madre se inyectaba heroína en las venas…, y, en cualquier caso, por qué lo hacía? ¿Era la sensación de vacío que sentías producto de un pelo estrambótico o estaba motivada porque tu apartamento no tenía calefacción ni muebles decentes? ¿O era porque, en el fondo, te imaginabas un universo sin Dios?

Quizá uno no podía eludir esas preguntas en el camino a la salvación personal. Pero dudaba de que el discurso sobre la autoestima pudiera servir como eje central de una efectiva política negra. Exigía un autocontrol excesivamente honesto de la gente; sin esta honestidad, el discurso degeneraría fácilmente en una ambigua exhortación. Tal vez con más autoestima habría menos negros pobres, pensaba para mí, pero no me cabía ninguna duda de que la pobreza había hecho muy poco por nuestra autoestima. Mejor sería concentrarse en lo que todos estábamos de acuerdo. Dar a ese joven negro una formación adecuada y un trabajo. Enseñar a ese otro niño negro a leer y aritmética en una escuela segura y bien dotada de fondos. Una vez atendidas las necesidades básicas, cada uno podría descubrir su auténtica valía.

Ruby hizo vacilar mi predisposición, el muro que yo había levantado entre psicología y política, el estado de nuestras carteras y nuestras almas. De hecho, ese episodio en concreto fue sólo el ejemplo más trágico de lo que veía y escuchaba cada día. Y era patente cuando un líder negro me explicaba por casualidad que él nunca trataba con contratistas de su mismo color («un negro lo echará todo a perder, y acabaré pagándole a los blancos para que lo hagan de nuevo»); o en el argumento que exponía otra de ellos para justificar el porqué no podía movilizar a los feligreses de su iglesia («los negros son unos vagos, Barack: no quieren hacer nada»). A menudo, en tales observaciones, la palabra *nigger* reemplazaba a *ne-*

gro, una palabra que antes me gustaba creer que se utilizaba como una chanza, con irónica complicidad, una broma interna que denotaba nuestra capacidad de aguante como pueblo. Hasta la primera vez que la esuché en boca de una joven madre para decirle a su hijo que no valía una mierda, o vi cómo los adolescentes la utilizaban cuando realmente querían joder a alguien con una rápida ráfaga de insultos en un combate verbal. La transformación del significado original de la palabra nunca acababa; al igual que las otras defensas que construíamos para protegernos de posibles daños, ésta, también, implicaba el golpearnos primero a nosotros mismos.

Si el lenguaje, el humor, las historias de la gente corriente, fueran el material del que estaban hechas familias, comunidades y economías, entonces no se podría separar la fortaleza del dolor y las deformaciones que persisten en nuestro interior. Y eran las consecuencias de esa realidad, ahora me daba cuenta, lo que más me había enfurecido cuando miré a los ojos de Ruby. Las historias que había escuchado del grupo de líderes, todos los testimonios de coraje, sacrificio y superación de las grandes desigualdades, no habían surgido simplemente de la lucha contra la peste o la sequía, o ni siquiera de la mera pobreza. Habían surgido de una odiosa experiencia concreta. Y el odio no había desaparecido; dio forma a otra versión de la historia enterrada en lo más profundo de cada uno y en cuyo centro estaban los blancos (algunos crueles, otros ignorantes, a veces una simple cara, otras la imagen sin rostro de un sistema que exigía dominar nuestras vidas). Tuve que preguntarme si se podrían restaurar los vínculos de la comunidad sin el exorcismo colectivo de la figura fantasmagórica que perturbaba los sueños de los negros. ¿Podría Ruby quererse a sí misma sin odiar los ojos azules?

Rafiq al-Shabazz había resuelto esos interrogantes a su entera satisfacción. Yo había comenzado a verle más a menudo, pero la mañana posterior a la reunión del DCP con el personal de la Oficina para el Empleo y la Formación de la alcaldía, me llamó por teléfono para soltarme un agitado monólogo sobre el centro de ayuda al empleo que habíamos pedido a la ciudad.

—Tenemos que hablar, Barack —dijo—. Qué es lo que estáis intentando hacer para que las necesidades de la formación profesional encajen en el plan de desarrollo global en el que he estado trabajando. No puedo pensar en esto de manera aislada…, tengo que ver el cuadro completo. Tú no conoces las fuerzas que aquí confluyen. Es algo grande, tío. Todo tipo de gente dispuesta a apuñalarte por la espalda.

—¿Quién eres?

—Rafiq. ¿Qué pasa, es que es demasiado temprano para ti?

Lo era. Le puse en espera y cogí una taza de café, luego le pedí que empezara de nuevo, esta vez más despacio. Finalmente entendí que Rafiq quería que la nueva oficina de admisión del MET que le habíamos propuesto a la ciudad estuviese en un edificio cercano a su oficina en la avenida Michigan. No le pregunté el motivo de su interés: dudaba que me diera una respuesta concreta y, en cualquier caso, imaginaba que nos vendría bien un aliado en el problemático proceso de negociación con la señorita Álvarez. Si el local que él tenía en mente contaba con los requisitos indispensables, dije, entonces estaba dispuesto a presentarlo como una posible opción.

Así que Rafiq y yo constituimos una alianza incómoda que no fue muy bien acogida por los líderes del DCP. Comprendía su preocupación: siempre que nos sentábamos con Rafiq para planificar nuestra estrategia común interrumpía la reunión con interminables sermones sobre las maquinaciones secretas que se estaban tramando y la facilidad con que los negros estaban dispuestos a traicionar a su gente a lo largo del proceso. Era una táctica negociadora efectiva, pues al ir elevando progresivamente la voz y dilatando las venas del cuello, Ángela, Will y los otros enmudecían repentinamente y miraban a Rafiq como si fuera un epiléptico en mitad de un ataque. Más de una vez tuve que intervenir y gritarle, no porque estuviera enfadado sino para que se callara, hasta que finalmente se dibujaba una pequeña sonrisa debajo de su bigote y podíamos seguir trabajando.

Sin embargo, cuando estábamos solos, Rafiq y yo podíamos, a veces, tener una conversación normal. Con el tiempo, aunque de mala gana, llegué a sentir admiración por su tenacidad, arrojo y, según sus propias palabras, cierta sinceridad. Me aseguró que había sido el jefe de una banda mientras crecía en Altgeld; que había encontrado la religión, decía, bajo la guía de un líder musulmán local no afiliado a la Nación del Islam del predicador Louis Farrakhan.

—Si no hubiera sido por el islam, tío, lo más seguro es que estuviese muerto —me dijo un día—. Tenía una actitud muy negativa, ¿comprendes? Habiendo crecido en Altgeld, me he empapado del veneno con el que nos alimentan los blancos. Mira, los chicos con los que estás trabajando tienen los mismos problemas, aunque todavía no se hayan dado cuenta. Se pasan media vida preocupados por lo que piensan los blancos. Empiezan a sentirse culpables por la mierda que ven cada día, pensando que no pueden hacer nada mejor hasta que los blancos decidan lo contrario. Pero en el fondo saben que eso no es así. Han visto lo que este país ha hecho a sus madres, padres y hermanos. Así que la verdad es que odian a los blancos, pero no lo pueden admitir. Se reprimen, luchan entre ellos. Malgastan mucha energía de ese modo. Te diré qué admiro de los blancos —continuó—. Saben quiénes son. Mira los italianos. A ellos no les importaba la bandera americana ni todo lo demás cuando llegaron aquí. Lo primero que hicieron fue instaurar la Mafia para asegurar sus intereses. Los irlandeses: coparon el Ayuntamiento y encontraron trabajo para sus hijos. Los judíos, lo mismo… ¿Me vas a decir que a ellos les importa más un niño negro del South Side que sus parientes de Israel? Mierda. Es una cuestión de raza, Barack, de mirar por los tuyos. Punto. Los negros son los únicos lo bastante estúpidos para preocuparse por sus enemigos.

Ésa era la verdad para Rafiq, y no malgastaba sus fuerzas en analizarla. El suyo era un mundo hobbesiano donde la desconfianza era un hecho real y las lealtades iban de la familia a la mezquita y de allí a la raza negra: a partir de ahí dejaban de aplicarse las nociones de lealtad. Esa estrechez de miras, sangre y tribu, le había proporcionado una especie de clarividencia selectiva, un medio de focalizar su atención. La autoestima de los negros les había otorgado el sillón de la alcaldía, podía argumentar, igual que esa misma autoestima había dado un giro a las vidas de los drogadictos bajo la tutela de los musulmanes. Progresar estaba a nuestro alcance, siempre que no nos traicionáramos a nosotros mismos.

¿Pero, en qué consistía exactamente la traición? Desde la primera vez que leí la biografía de Malcolm X intenté desenmarañar los dobles hilos del nacionalismo negro, argumentando que el mensaje que sostiene —de solidaridad y autoconfianza, disciplina y responsabilidad común— no necesitaba depender del odio a los blancos más de lo que dependía de su altruismo. Podíamos decirle a este país en que se equivocaba, me decía a mí mismo y a cualquier amigo negro que quisiera escucharme, sin dejar de creer en su capacidad de cambio.

Sin embargo, al hablar con autodeclarados nacionalistas como Rafiq, llegué a la conclusión de que condenar todo lo que fuese blanco cumplía

una importante función en su edificante mensaje; cómo, al menos psico-
lógicamente, lo uno dependía de lo otro. Porque cuando los nacionalistas
hablaban de potenciar los valores como única solución posible para erradicar la pobreza entre los negros, él estaba criticando de manera implícita, si no explícita, a la audiencia negra: no teníamos que haber vivido
como lo hicimos. Y mientras que había algunos que podían aceptar este
duro mensaje y utilizarlo para forjarse una nueva vida —aquellos con la
misma imperturbable determinación que una vez Booker T. Washington
exigió a sus seguidores—, para muchos negros ese discurso era una bo-
fetada a los argumentos que los blancos siempre habían aireado para
explicar la pobreza de los negros: que continuábamos aquejados si no de
inferioridad genética, sí de inferioridad cultural. Era un mensaje que ignoraba el principio o la culpa, un mensaje al margen de la historia, sin un
guión o trama que subrayara el avance. Para un pueblo al que ya se había
despojado de su historia, y en general mal preparado para recuperarla de
forma distinta a como se mostraba en la pantalla del televisor, el testimo-
nio de lo que veíamos día a día sólo parecía confirmar las peores sospechas que teníamos sobre nosotros mismos.

El nacionalismo proporcionó esa historia, un cuento moral inequívo-
co fácil de difundir y de entender. Un ininterrumpido ataque a la raza
blanca, la constante enumeración de los brutales padecimientos de los
negros en este país, discursos ambos presentados como el contrapeso
que impediría que las ideas, tanto personales como de la comunidad,
naufragasen en un océano de desesperación. Sí, diría el nacionalista, los
blancos y no vuestros defectos inherentes son los responsables del estado en el que os encontráis. De hecho, los blancos son tan duros de corazón y tan retorcidos que no podemos esperar nada de ellos. El desprecio
que sentís por vosotros mismos y que os lleva a beber o a robar, lo plan-
taron ellos en vuestro interior. Eliminadlo de vuestro pensamiento y libe-
rad vuestro auténtico poder. *¡En pie, poderosa raza!*

Este proceso de desviación, esta manera de hacer autocrítica mientras
nos desmarcamos del objeto censurado, ayuda a explicar el tan cacarea-
do éxito que la Nación del Islam había conseguido en la recuperación de
drogadictos y criminales. Pero, si su discurso era el adecuado para los
que ocupaban los peldaños inferiores de la vida americana, hacía refe-
rencia a las continuas dudas del abogado que se había esforzado mucho
por obtener éxito y que todavía notaba el incómodo silencio que se hacía
cuando entraba en el club deportivo; a aquellos jóvenes estudiantes uni-

versitarios que sopesaban cautelosamente la distancia que había entre ellos y la vida en las miserables calles de Chicago, con el peligro que esa distancia suponía; a todos los negros que, según parece, compartían conmigo una voz que les susurraba «en realidad éste no es tu lugar».

En cierto sentido, Rafiq tenían razón al insistir en que, en el fondo, todos los negros eran potenciales nacionalistas. La rabia estaba ahí, reprimida y a veces interiorizada. Y mientras pensaba en Ruby y en sus ojos azules, en los adolescentes llamándose *nigger* y cosas todavía peores unos a otros, me preguntaba si, al menos por ahora, Rafiq no tendría también razón al preferir reorientar ese odio; tanto si era una política negra que suprimía la ira contra los blancos en general, como otra que fracasase a la hora de elevar la lealtad a la raza por encima de todo, ¿no eran ambas inadecuadas?

Era un pensamiento doloroso, tan doloroso ahora como lo había sido años atrás. Contradecía la moral que mi madre me había inculcado, una moral de distinciones sutiles: entre individuos de buena voluntad y aquellos que me querían mal, entre la malicia y la ignorancia, cuando no la indiferencia. Yo tenía un interés personal en ese esquema moral. Había descubierto que, aunque lo intentara, no podía escapar. Y tal vez incluso fuera un esquema que los negros de este país ya no podían permitirse; quizá debilitaría su determinación e incitaría a la confusión dentro de sus filas. En tiempos difíciles se requieren soluciones drásticas y, para muchos negros, los tiempos eran siempre difíciles. Si el nacionalismo podía propiciar una fuerte y efectiva independencia y llevar a efecto su promesa de autorespeto, entonces el daño que pudiera ocasionar a los blancos bienintencionados o el conflicto interno que causaba a gente como yo apenas tendría consecuencias.

Si el nacionalismo pudiera conseguirlo... Pero, tal y como se desarrollaron los acontecimientos, la eficacia y no las cuestiones ideológicas fueron la causa de la mayoría de mis disputas con Rafiq. En cierta ocasión, después de una difícil reunión con el MET, le pregunté si él podría sacar a sus seguidores a la calle en caso de que fuese necesaria una confrontación pública con el Ayuntamiento.

—Yo no tengo tiempo para ir por ahí repartiendo octavillas y explicándole al personal lo que está pasando —dijo—. A la mayoría de la gente de por aquí le importa un bledo a que bando perteneces. Cuando la hay, se trata de negros que juegan a dos bandas y arman la de Dios. Lo fundamental es mantener nuestro plan y conseguir que el Ayuntamiento lo acepte. Así es como se hace, no con una multitud gritando y todo lo demás. Una vez que hayamos cerrado el acuerdo, podrás anunciarlo como quieras.

No estaba de acuerdo con el enfoque de Rafiq. A pesar de todo el amor que profesaba a los negros parecía desconfiar terriblemente de ellos. Pero también me daba cuenta de que su enfoque estaba condicionado por sus limitaciones: ni su organización ni su mezquita, descubrí, contaban con más de cincuenta afiliados. Su influencia no se debía a un fuerte soporte organizativo, sino a su tesón para hacer acto de presencia en cada reunión que tuviera lo más mínimo que ver con Roseland y reducir al silencio a sus oponentes.

Lo que era válido para Rafiq lo era también para la ciudad; sin el efecto aglutinador de la campaña de Harold, el nacionalismo sólo era una actitud, no un programa concreto, un conjunto de reivindicaciones y no una fuerza organizada, imágenes y sonidos que inundaban las ondas de los medios de comunicación y las tertulias. Entre los escasos grupos que enarbolaban el estandarte nacionalista, sólo la Nación del Islam tenía un número significativo de seguidores: los críticos sermones del ministro Farrakhan llenaban, por lo general, los auditorios, y el número de los que escuchaban sus retransmisiones radiofónicas era todavía mayor. Pero los miembros activos de la Nación, en Chicago, eran bastante menos (algunos miles, quizá, aproximadamente el numero de fieles de cualquiera de las grandes congregaciones negras de la ciudad), una base que rara vez, si es que lo había hecho alguna, se movilizó en torno a candidatos políticos o para apoyar programas importantes. De hecho, la presencia física de la Nación en los barrios era nominal, se limitaba exclusivamente a unos cuantos afiliados impecables con su traje y pajarita que vendían *The Final Call*, el periódico de la Nación, en los cruces de las principales vías públicas.

En ocasiones le compraba el periódico a alguno de esos educados vendedores, en parte porque me daba lástima verlos con sus calurosos trajes en verano y sus ligeros abrigos en invierno; o a veces porque los titulares sensacionalista me llamaban la atención: (CONFESIONES DE UNA MUJER CAUCÁSICA: LOS BLANCOS SON EL DEMONIO). En primera página uno podía encontrar los discursos de los distintos pastores, así como noticias que parecían directamente tomadas del teletipo de la Associated Press si no fuera por un cierto retoque editorial («El senador judío Metzembaum ha anunciado hoy...»). El periódico tenía también una sección de salud, que se completaba con las recetas de platos sin carne de cerdo del ministro Farrakhan; anuncios de venta de videocasetes con sus discursos (se aceptaba VISA o MasterCard); y la publicidad de una línea de productos de tocador (pasta de dientes y similares) que había lanzado la Nación bajo la marca POWER, como parte de una estrategia para conseguir que los negros gastasen dinero dentro de su comunidad.

Después de un tiempo, los anuncios de los productos POWER dejaron de ocupar un lugar destacado en *The Final Call*; al parecer muchos de los que disfrutaban con los discursos del ministro Farrakhan continuaban usando Crest para cepillarse los dientes. El que la campaña de POWER flaqueara ponía al descubierto la dificultad que entrañaba cualquier negocio de y para los negros: las barreras para iniciarlo, la falta de financiación, la ventaja con la que contaban tus competidores después de haberte mantenido al margen del juego durante más de trescientos años.

Pero también sospechaba que ese asunto reflejaba la inevitable tensión que se originaba cuando el mensaje del ministro Farrakhan quedaba reducido a una trivial realidad: vender dentífrico. Intentaba imaginarme al director de los productos POWER viendo su proyección de ventas. Puede que durante un instante se preguntase si tenía sentido distribuir la marca en las grandes cadenas de supermercados donde los negros preferían comprar. Si rechazaba la idea, entonces podía considerar otra posibilidad: ¿se podrían permitir los supermercados propiedad de negros, que trataban de competir con las grandes cadenas nacionales, dedicar espacio en sus estanterías a un producto que garantizaba el distanciamiento de los potenciales clientes blancos? ¿Acaso comprarían los consumidores negros dentífrico por correo? ¿Y qué ocurriría en el caso de que el proveedor más barato de cualquiera de los ingredientes que se utilizaban para fabricar la pasta de dientes fuera blanco?

Temas de competencia, decisiones forzadas por la economía de mercado y la regla de la mayoría..., los problemas del poder. Era la implacable realidad: que los blancos no eran simples fantasmas que debíamos expulsar de nuestros sueños sino un elemento diverso y activo en nuestras vidas cotidianas, lo que finalmente explicaba que el nacionalismo prosperase como emoción y se tambaleara como programa político. Mientras que el nacionalismo continuara siendo una maldición catártica sobre la raza blanca podía ganarse el aplauso del adolescente en paro que escuchaba la radio, o del hombre de negocios que veía los *late-night* en la televisión. Pero la influencia de tan unificador fervor sobre las decisiones prácticas a las que los negros se enfrentaban cada día era discutible. Se transigía por doquier. El contable negro preguntaba: ¿cómo voy a abrir una cuenta en un banco propiedad de los negros si me cobran más por abonarme los cheques y no me dan un crédito porque dicen que no puedo hacer frente a las cuotas? La enfermera negra decía: los blancos con los que trabajo no son tan malos y, aunque lo fueran, no puedo dejar mi trabajo, ¿quién pagará el alquiler mañana, o alimentará hoy a mis hijos?

Rafiq no tenía respuestas para este tipo de preguntas. Estaba menos interesado en cambiar las reglas del poder que en el color de quienes lo ostentaban y que, de hecho, gozaban de sus prebendas. Sin embargo nunca había demasiado espacio en la cúspide de la pirámide; articulada en tales términos, la liberación de los negros se demoraría extraordinariamente. Durante esa espera sucedieron algunas cosas divertidas. Lo que en boca de Malcolm una vez pareciera una llamada a las armas, la declaración de que ya no toleraríamos más lo intolerable, vino a ser lo mismo que él había intentado erradicar: abono para la fantasía, una nueva máscara para la hipocresía, otra excusa más para no hacer nada. Políticos negros menos dotados que Harold descubrieron lo que sus colegas blancos sabían desde hacía tiempo: que la incitación al odio racial podía compensar multitud de limitaciones. Líderes más jóvenes, ansiosos por darse a conocer, llegaron aún más lejos: fueron de puerta en puerta por toda la ciudad pregonando teorías conspiratorias (los coreanos estaban fundando un nuevo Ku Klux Klan, doctores judíos inyectaban a los niños negros el virus del sida). Era un atajo a la fama, aunque no siempre a la fortuna. Al igual que sucedía con el sexo y la violencia en la televisión, la ira negra siempre tenía gran audiencia.

Ninguno de los vecinos del barrio con los que hablé se tomaba muy en serio tales teorías. La mayoría no esperaba que la política mejorase sus vidas, y mucho menos si se les pedía algo. Para ellos el voto, si es que lo utilizaban, equivalía a una entrada para un buen espectáculo. Los negros, me decían, no tenemos poder para influir en los ocasionales brotes del antisemitismo o en los ataques a los asiáticos y, en cualquier caso, necesitamos una válvula de escape de vez en cuando, ¿qué crees que dice esa gente de nosotros a nuestras espaldas, tío?

Sólo palabras. Sin embargo no me preocupaba únicamente el daño que pudieran hacer a la coalición o el sufrimiento que causaba a otros, sino la distancia que separaba nuestras palabras de nuestros actos, el efecto que estaban produciendo en nosotros como individuos y como pueblo. Ese abismo corrompía tanto el lenguaje como el pensamiento, nos hizo olvidadizos y alentó la mentira. Con el tiempo erosionó nuestra habilidad para responsabilizarnos, en tanto que personas y como pueblo. Y aunque esto no era exclusivo de los políticos y nacionalistas negros —a Ronald Reagan le iba bastante bien con su característico malabarismo verbal, y la América blanca parecía siempre dispuesta a gastar enormes sumas de dinero en terrenos de la periferia y seguridad privada para negar la indisoluble unión entre blancos y negros—, eran los negros los que menos podían permitirse tales ilusiones. En este país siempre se había dado por sentado que la supervivencia de los negros dependía de una mínima ilusión; pero esa ilusión no aparecía por ningún lado en la vida cotidiana de la mayoría de negros que conocí. En lugar de adoptar una honestidad inquebrantable en nuestros asuntos públicos, parecía que estábamos soltando nuestro asidero, dejando que nuestra psique colectiva anduviera a su antojo, incluso mientras nos hundíamos en la mayor desesperación.

La permanente lucha para unir palabras y actos, el sincero deseo de un plan realizable (¿no dependía la autoestima justamente de eso?). Esa creencia era la que me había llevado a ser organizador comunitario, y la que tal vez me llevara a concluir, quizá por última vez, que las nociones de pureza —de raza o cultura— ya no podían servir de base para la autoestima del típico negro americano, como tampoco me servían a mí. Nuestro sentimiento de integridad tendría que haber surgido de algo más que los lazos de sangre que heredamos. Tenía que encontrar sus raíces en la vida de la señora Crenshaw, en la del señor Marshall, en la de Ruby y Rafiq; en todos los confusos y contradictorios detalles de nuestra experiencia.

Estuve fuera durante dos semanas para visitar a mi familia. Cuando volví, llamé a Ruby y le dije que necesitaba que viniera a una reunión ese sábado por la noche.

Una pausa larga.

—¿Sobre qué?

—Verás. Te recogeré a las seis…, comeremos algo antes.

El lugar a donde nos dirigíamos estaba a una hora de camino del apartamento de Ruby, en uno de los barrios de la zona norte adonde habían emigrado el jazz y el blues buscando actuaciones remuneradas. Encontramos un restaurante vietnamita y, ante un plato de fideos y gambas, hablamos de su jefe y de los problemas de espalda que ella estaba padeciendo. La conversación, sin pausa ni reflexión, parecía forzada; mientras hablábamos evitamos mirarnos a la cara.

Cuando pagué la cuenta del restaurante, el teatro, que estaba en el local de al lado, ya estaba lleno. Un acomodador nos guió hasta nuestros asientos, que se encontraban delante de los de un grupo de adolescentes negras en viaje de estudios. Algunas de ellas, por indicación de una señora que se sentaba a su lado —la profesora, supuse—, examinaban atentamente sus programas. La mayoría de las jóvenes estaban demasiado entusiasmadas para permanecer quietas en sus asientos; susurraban, se reían tontamente del largo título de la obra y no dejaban de hacer preguntas a la señora que las acompañaba y que mostró una paciencia admirable.

De pronto se apagaron las luces de la sala y las chicas se callaron. Luego se encendió una tenue luz azul y siete mujeres negras aparecieron en el escenario, vestidas con faldas y chales vaporosos, como si hubiesen quedado congeladas en una extraña postura. Una de ellas, alta y vestida de color marrón, empezó a declamar:

> *...medias notas dispersas*
> *sin ritmo; sin melodía*
> *una risa consternada que cae*
> *sobre el hombro de una muchacha negra*
> *es divertida; es histérica*
> *la ausencia de melodía en su danza*
> *no se lo digas a nadie*
> *está bailando sobre latas de cerveza y guijarros...*

Mientras hablaba, las otras mujeres, lentamente, cobraron vida, un coro de sombras y siluetas color caoba y beige, obesas y delgadas, jóvenes y no tan jóvenes, estirando sus extremidades por todo el escenario.

> *...alguien; cualquiera*
> *canta una canción de la chica negra*
> *hazla salir*

para que se conozca
para que te conozca
pero canta sus ritmos
compasión; lucha; tiempos difíciles
canta su canción de vida...

Durante la hora siguiente, las actrices, por turnos, cantaron sus historias. Cantaron sobre el tiempo perdido, las ilusiones incumplidas, sobre lo que pudo haber sido y no fue. Cantaron a los hombres que las amaron, a los que las traicionaron, las violaron, y las abrazaron; cantaron sobre el dolor que sentían esos hombres, dolor que a veces era comprendido y a veces perdonado. Se mostraron unas a otras sus cicatrices, sus deformados pies; dieron a conocer su belleza en la cadencia de sus voces, el leve roce de una mano, belleza marchita, plena, escurridiza. Lloraron por los niños abortados, por los niños asesinados, por las niñas que ellas fueron un día. Y a lo largo de todas sus canciones, violentas, airadas, dulces, impávidas, bailaban *double-dutch* y rumbas, *bump* y valses solitarios; danzas que las empapaban en sudor y partían el corazón. Danzaron hasta parecer un sólo espíritu. Al final de la obra, ese espíritu comenzó a cantar un único y simple verso:

He hallado la bondad en mí
Y la amo; la amo con toda la fuerza de mi corazón.

Las luces se encendieron; las actrices saludaron; las adolescentes que estaban detrás de nosotros aplaudieron como locas. Ayudé a Ruby con su abrigo y salimos hacia el aparcamiento. La temperatura había bajado; las estrellas destellaban en el negro cielo como si fueran de hielo. Mientras esperábamos a que se calentara el coche, Ruby se inclinó y me besó en la mejilla.

—Gracias.

Sus ojos, de color marrón oscuro, brillaban. Tomé su mano enguantada y la apreté entre las mías antes de que nos pusiéramos en marcha. No hablamos una sola palabra durante el camino de regreso a South Side, hasta que la dejé en la puerta de su casa y le deseé buenas noches. Nunca rompimos aquel precioso silencio.

ONCE

Llegué al aparcamiento del aeropuerto a las tres y cuarto y corrí hacia la terminal tan rápido como pude. Jadeante aún, di varias vueltas buscando entre una multitud de hindúes, alemanes, polacos, tailandeses y checos que recogían sus equipajes.

¡Maldita sea! Sabía que tenía que haber salido antes. Quizá preocupada por mi tardanza ella habría intentando llamarme. ¿Le había dado el teléfono de la oficina? ¿Y si había perdido el vuelo? ¿Y si había pasado delante de mí y no me había dado ni cuenta?

Miré la fotografía que llevaba en la mano, la misma que me había enviado dos meses antes y que ahora estaba algo descolorida de tanto manosearla. Luego alcé la vista, y la fotografía cobró vida: una mujer africana salía por la puerta de la aduana caminando con paso elegante, sus resplandecientes e inquisitivos ojos se encontraron con los míos, su rostro, de facciones suaves y oscuras que parecían esculpidas, resplandeció como una rosa mientras sonreía.

—¿Barack?

—¿Auma?

—¡Oh, Dios mío…!

Abracé a mi hermana y la levanté en volandas, reímos sin parar mientras nos mirábamos. Tomé su equipaje y caminamos hacia el aparcamiento, entonces ella se cogió de mi brazo. Y en ese momento supe que la quería de un modo tan natural, tan fácil e intenso que, más tarde, cuando se hubo marchado, me sorprendí recelando de ese amor, intentando encontrarle una explicación. Ni siquiera ahora puedo entenderlo. Sólo sé que era un amor verdadero, que lo continúa siendo, y que estoy agradecido por él.

—Bueno, hermano —dijo Auma mientras íbamos en el coche hacia la ciudad—, tienes que contármelo todo.

—¿Sobre qué?

—Sobre tu vida, claro.

—¿Desde el principio?

—Empieza por donde quieras.

Le hablé de Chicago y de Nueva York, de mi trabajo como organizador comunitario, de mi madre y abuelos, de Maya (dijo que mi padre le había contado tantas cosas sobre ellos que tenía la impresión de que ya los conocía). Ella me describió Heidelberg, donde estaba intentando terminar un master en lingüística, y la dura experiencia de vivir en Alemania.

—Supongo que no me puedo quejar —dijo—. Tengo una beca y un apartamento. No sé lo que estaría haciendo si todavía estuviera en Kenia. No es que me apasione Alemania, la verdad. Ya sabes, a los alemanes les gusta pensar que son muy liberales en su trato con los africanos, pero si escarbas un poco te das cuenta de que siguen teniendo la misma actitud de su infancia. En sus cuentos de hadas los duendes son siempre negros. Y esas cosas no se olvidan fácilmente. A veces intento imaginarme lo difícil que tuvo que ser para el Viejo salir de casa por primera vez. Quizá sentía la misma soledad…

El Viejo. Así es como Auma llamaba a nuestro padre. A mí me gustaba el apodo, sonaba familiar y distante a la vez, una fuerza básica imposible de comprender del todo. Una vez en mi apartamento, Auma cogió la foto del Viejo que estaba sobre el estante, un retrato de estudio que mi madre había conservado.

—Parece tan inocente, ¿verdad? Tan joven —sostuvo la foto junto a mi cara—. Tienes su misma boca.

Le dije que debería descansar un poco mientras yo iba a la oficina a trabajar unas cuantas horas.

Pero negó con la cabeza.

—No estoy cansada. Déjame ir contigo.

—Te sentirás mejor después de una siesta.

—¡Ay, Barack! Eres tan mandón como el Viejo. ¿Y sólo le viste una vez? Pues debes de llevarlo en la sangre…

Me reí, pero ella no; sin embargo, inspeccionó mi rostro como si tuviera que resolver un enigma, un problema que, bajo la animada charla, le atormentaba el corazón.

Esa misma tarde la llevé a dar una vuelta por el South Side, tomé el mismo camino que había recorrido durante mis primeros días en Chicago, sólo que ahora lo hacía en compañía de algunos de mis recuerdos. Cuando nos detuvimos en mi oficina, Ángela, Mona y Shirley estaban allí. No pararon de preguntarle a Auma cosas sobre Kenia, cómo se hacía las trenzas y por qué hablaba de esa forma tan bonita, como la reina de Inglaterra, y las cuatro se lo pasaron en grande hablando de mí y mis extrañas costumbres.

—Parece ser que te quieren mucho —me dijo al salir de la oficina—. Me recuerdan a nuestras tías de Kenia —Auma bajó la ventanilla del coche y sacó la cara al viento, viendo pasar la avenida Michigan: las ruinas del Teatro Roseland, un garaje lleno de coches oxidados—. ¿Lo estás haciendo por ellas, Barack? —me preguntó— Lo de organizar cosas para la comunidad.

Me encogí de hombros.

—Por ellas. Por mí.

La misma expresión de perplejidad, de miedo, volvió a aparecer en el rostro de Auma.

—No me gusta mucho la política —me dijo.

—¿Y eso?

—No sé. La gente siempre acaba decepcionada.

Cuando llegamos a casa había una carta para ella en el buzón. Era de un estudiante alemán de Derecho con el que me contó que estaba saliendo. La carta era voluminosa, al menos siete páginas, y mientras yo preparaba la cena se sentó a leerla en la mesa de la cocina y empezó a reír, a suspirar y a chasquear la lengua. De pronto, las facciones de su cara se suavizaron y se puso melancólica.

—Creía que no te gustaban los alemanes —le dije.

Se frotó los ojos y rió.

—Bueno…, Otto es diferente. ¡Es tan dulce! ¡Y en ocasiones lo trato tan mal! No sé, Barack. A veces creo que me resulta imposible confiar plenamente en alguien. Pienso en lo que el Viejo hizo con su vida, y la idea del matrimonio me da…, ¿cómo decís vosotros?…: escalofríos. Además, debido al trabajo de Otto tendríamos que vivir en Alemania. Me imagino lo que sería vivir como una extranjera el resto de mi vida y no creo que pudiera soportarlo —dobló la carta y la volvió a meter en el sobre—. ¿Y tú, Barack? ¿Tienes los mismos problemas, o es tu hermana la única que está tan confusa?

—Creo que sé cómo te sientes.

—Cuéntame.

Fui al frigorífico, saqué dos pimientos verdes y los puse en la tabla de cortar.

—Verás…, había una mujer en Nueva York a la que amaba. Era blanca. Tenía el pelo negro y los ojos jaspeados de verde. Su voz sonaba como una campanilla. Estuvimos saliendo durante casi un año. Nos veíamos sobre todo los fines de semana, a veces en su casa, otras en la mía. Vivíamos en nuestro universo privado. Solos los dos…, ocultos…, cálidos. Teníamos nuestro propio idioma, nuestras costumbres. Así es como era. En fin, un día me invitó a la casa de campo de su familia. Sus padres estaban allí, una gente muy elegante y agradable. Era un otoño maravilloso, estábamos rodeados de bosques. Navegamos en piragua por un lago circular medio helado lleno de pequeñas hojas doradas que venían de la orilla. La familia conocía la zona a la perfección. Sabían cómo se habían formado las colinas, cómo los deslizamientos glaciales habían dado lugar al lago, conocían los nombres de los primeros pobladores blancos —sus antepasados— y los de los indios que habitaron allí antes que ellos y que habían cazado en esa misma tierra. El propietario de la casa era el abuelo, que a su vez la había heredado del suyo. La biblioteca estaba repleta de libros tan antiguos como la casa y de fotografías suyas con gente famosa: presidentes, diplomáticos, empresarios. El recinto respiraba seriedad. Y allí, de pie, me di cuenta de que nuestros dos mundos, el de mi amiga y el mío, estaban tan distantes como Kenia de Alemania. Y supe que, si seguíamos juntos, sería yo el que finalmente viviría en el suyo. Al fin y al cabo, era lo que había estado haciendo durante casi toda mi vida. De los dos, yo era el único que sabía vivir como un extranjero.

—¿Y qué pasó?

—La alejé de mí. Empezamos a discutir. Comenzamos a pensar en el futuro y eso supuso demasiada presión para nuestro pequeño y cálido universo. Una noche la llevé a ver una nueva obra de un dramaturgo negro. Era una obra dramática, aunque muy divertida, típico humor afroamericano. El público era mayoritariamente negro, y todo el mundo se reía, aplaudía y gritaba como si estuviera en la iglesia. Al acabar la función, me preguntó por qué los negros siempre estaban tan enojados. Le contesté que era a causa de la memoria —nadie pregunta por qué los judíos recuerdan el Holocausto, creo que le dije—, ella respondió que la ira sólo era un callejón sin salida. Tuvimos una discusión muy fuerte, justo delante del teatro. Cuando volvimos al coche empezó a llorar. Me dijo que no podía ser negra, que lo sería si pudiera, pero que no podía. Sólo podía ser ella misma, y eso no era suficiente.

—Es una historia triste, Barack.

—Supongo que sí… Quizá la cosa no hubiera funcionado incluso si ella hubiese sido negra. Quiero decir que hay algunas mujeres negras que me hubieran roto el corazón del mismo modo —sonreí y eché los pimientos cortados en la cacerola, luego me volví hacia Auma—. La cosa es que —proseguí, ahora sin sonreír—, cada vez que pienso en lo que aquella chica me dijo esa noche en la puerta del teatro, me siento un tanto avergonzado.

—¿Sabes algo de ella?

—Recibo una felicitación suya en Navidad. Ahora es feliz. Conoció a alguien. Y yo tengo mi trabajo.

—¿Con eso basta?

—A veces sí.

Me tomé el día libre y lo pasamos juntos. Visitamos el Instituto de Arte —yo quería ver las cabezas reducidas del Museo Field, pero Auma se negó—, rebusqué viejas fotos en mi armario, y fuimos al supermercado, donde Auma llegó a la conclusión de que los estadounidenses eran gente simpática y con sobrepeso. Era testaruda a veces, otras traviesa, y en ocasiones se echaba el peso del mundo sobre sus hombros, pero siempre mostraba una confianza en sí misma que identifiqué como una reacción adquirida: mi propia respuesta a la incertidumbre.

No hablamos mucho sobre nuestro padre, como si nuestra conversación se detuviera siempre que tratábamos de aproximarnos a su recuerdo. Y fue aquella misma noche, después de cenar y dar un largo paseo por el deteriorado muro del lago, cuando ambos sentimos que, si queríamos ser sinceros, no podíamos seguir silenciando el tema. Hice té y Auma empezó a hablarme del Viejo, al menos lo que podía recordar.

—No puedo decir que realmente lo conociera, Barack. Quizá nadie lo conocía… de verdad. Su vida era tan dispersa. La gente, incluso sus propios hijos, sólo conocían retazos de su vida. Yo le temía. Cuando nací ya se había marchado. Primero a Hawai con tu madre, y luego a Harvard. Cuando volvió a Kenia, tanto Roy, nuestro hermano mayor, como yo, éramos todavía niños. Hasta ese momento habíamos estado viviendo con nuestra madre en el campo, en Alego. Yo era demasiado pequeña para recordar detalles de su visita. Tenía cuatro años, y Roy seis, así que tal vez él puede contarte más sobre lo que pasó. Sólo recuerdo que llegó con una norteamericana llamada Ruth, y que nos sacó de casa de nuestra madre para llevarnos a vivir con ellos en Nairobi. Recuerdo que esa señora, Ruth, fue la primera persona blanca que vi de cerca y que, de repente, se suponía que iba a ser mi nueva madre.

—¿Por qué no te quedaste con tu madre?

Auma negó con la cabeza.

—La verdad es que no lo sé. En Kenia los hombres se quedan con los hijos cuando se divorcian, si es que los quieren, claro. Se lo he preguntado a mi madre, pero para ella es difícil hablar de ese asunto. Sólo decía que la nueva mujer del Viejo no quería vivir con otra esposa, y que ella, mi madre, pensó que estaríamos mejor viviendo con mi padre, porque era rico.

«Durante esos primeros años al Viejo le fue muy bien. Trabajaba en una petrolera norteamericana, la Shell, creo. Eso ocurrió poco tiempo después de la independencia, por entonces el Viejo estaba bien relacionado con los altos cargos del gobierno. Había ido al colegio con muchos de ellos. El vicepresidente, los ministros, todos venían a casa de vez en cuando, bebían y hablaban de política. Tenía una casa grande, un buen coche, y todo el mundo estaba impresionado por lo joven que era y el conocimiento que había adquirido en el extranjero. Además, tenía una esposa norteamericana, lo que no era muy frecuente, aunque más tarde, cuando todavía estaba casado con Ruth, de vez en cuando salía con mi madre. Como si tuviera que demostrarle a la gente que también podía tener a esa preciosa mujer africana cada vez que quisiera. Nuestros otros cuatro hermanos vinieron al mundo durante esos años. Mark y David, hijos de Ruth, nacieron en nuestra gran casa de Westlands. Abo y Bernard eran de mi madre, y vivían con ella y su familia al norte del país. Por aquél entonces ni Roy ni yo conocíamos a Abo y Bernard. Nunca venían a vernos, y cuando el Viejo nos visitaba siempre lo hacía solo, sin decirle nada a Ruth.

«No pensé demasiado en eso hasta más tarde, en nuestras vidas divididas en dos, porque yo era demasiado joven. Creo que para Roy fue más difícil, porque era lo bastante mayor para acordarse de Alego, de cómo vivíamos en la aldea con nuestra madre y nuestra gente. Para mí todo iba bien. Ruth, nuestra nueva madre, se mostraba simpática y nos trataba

casi como a sus propios hijos. Sus padres eran ricos, creo, y nos mandaban unos regalos preciosos desde Estados Unidos. Yo me ponía muy
contenta cada vez que llegaba un paquete suyo. Pero a veces Roy no
aceptaba esos regalos, ni siquiera cuando nos mandaban golosinas. Recuerdo que una vez se negó a aceptar unos bombones que nos habían
mandado, pero luego, por la noche, cuando pensaba que estaba dormida,
lo vi comiéndose alguno de los que yo había dejado encima del aparador.
Pero no dije nada, creo que él no era feliz.

«Después, las cosas empezaron a cambiar. Cuando Ruth dio a luz a
Mark y luego a David toda su atención fue para ellos. El Viejo dejó la
petrolera americana para trabajar en el gobierno, en el Ministerio de Turismo. Debía tener aspiraciones políticas, y al principio le fue bien en el
gabinete. Pero hacia 1966 ó 1967 las divisiones se hicieron aún más pa-
tentes en Kenia. El presidente Kenyatta era de la tribu mayoritaria, los
kikuyu. Los luo, la segunda tribu más numerosa, empezaron a quejarse
porque los mejores empleos iban a parar a manos de los kikuyu. El gobierno estaba plagado de intrigas. El vicepresidente Odinga, un luo, afir-
mó que el gobierno se estaba corrompiendo y que en lugar de servir a los
que habían luchado por la independencia, los políticos keniatas habían
ocupado el lugar de los colonos blancos, comprando los negocios y las
tierras que debían redistribuirse entre el pueblo. Odinga intentó fundar
su propio partido, pero le pusieron bajo arresto domiciliario por comu-
nista. Otro popular ministro luo, Tom M'boya, fue asesinado por un pis-
tolero kikuyu. Los luo empezaron a manifestarse en las calles, y la policía gubernamental reprimió las protestas. Murieron muchos. Todo eso
alimentó los recelos entre tribus.

«Casi todos los amigos del Viejo guardaron silencio y se adaptaron a
la situación. Pero él comenzó a hablar abiertamente. Decía que el
tribalismo arruinaría el país, y que funcionarios poco cualificados copa-
ban los mejores puestos. Sus amigos le advirtieron que no hablara así en
público, pero a él no le importaba. Siempre pensó que sabía lo que había
que hacer. Cuando alguien que no contaba con méritos suficientes ascen-
día por encima de él en el escalafón, se quejaba sin reparos: «¿Cómo
puedes ser mi jefe?», le dijo a uno de los ministros, «si aún estoy ense-
ñándote a hacer bien tu trabajo». Informaron a Kenyatta de que el Viejo
era problemático, y le convocaron para que fuera a ver al presidente.
Según cuentan, Kenyatta le dijo al Viejo que, como no podía tener la
boca cerrada, no volvería a trabajar hasta que andase descalzo.

«No sé si la historia es totalmente cierta. Pero lo que sí sé es que teniendo al presidente como enemigo las cosas empezaron a irle mal al Viejo. Ninguno de los ministerios le daba trabajo. Lo vetaron en el gobierno y pasó a formar parte de la lista negra. Cuando acudió a las empresas extranjeras para solicitar un empleo tampoco lo consiguió, ya que habían sido advertidas al respecto. Empezó a buscar trabajo en el extranjero y le dieron un puesto en el Banco Africano de Desarrollo en Addis Abeba, pero antes de que pudiera empezar a trabajar el gobierno revocó su pasaporte y ni siquiera pudo salir de Kenia.

«Finalmente tuvo que aceptar un trabajo inferior en el Departamento de Aguas. Y eso gracias a que uno de sus amigos se apiadó de él. Aquel trabajo le permitía traer comida a casa, pero lo hundió. Empezó a beber y muchos de sus conocidos dejaron de venir a casa porque era peligroso que les vieran con él. Le dijeron que si pedía perdón, si cambiaba de actitud, quizá las cosas serían diferentes. Pero él se negó y siguió diciendo lo que pensaba.

«Sólo empecé a comprender la situación cuando me hice mayor. En aquel momento veía únicamente que la vida en casa se había vuelto difícil. El Viejo nunca hablaba con Roy, ni conmigo, excepto para regañarnos. Llegaba a casa muy tarde, borracho, y yo tenía que escuchar como, a gritos, le decía a Ruth que le preparase algo de comer. Su cambio de carácter volvió a Ruth rencorosa. A veces, cuando no estaba en casa, ella nos decía a Roy y a mí que nuestro padre estaba loco y que se compadecía de nosotros por tener un padre así. Yo no la culpaba, puede que hasta le diera la razón. Pero me daba cuenta de que, incluso más que antes, nos trataba de forma diferente a sus propios hijos. Nos decía que, como no éramos hijos suyos, no podía ayudarnos. Tanto Roy como yo empezamos a sentir que estábamos solos y, cuando Ruth dejó al Viejo, ese sentimiento no estaba muy lejos de ser una realidad.

«Ella se marchó cuando yo tenía doce o trece años, después de que el Viejo tuviera un grave accidente de tráfico. Había estado bebiendo, creo, y el conductor del otro coche, un granjero blanco, murió en el accidente. El Viejo pasó mucho tiempo en el hospital, casi un año, durante el cual Roy y yo prácticamente vivimos solos. Cuando salió del hospital fue a visitaros a Hawai. Nos dijo que tu madre y tú volveríais con él, y que entonces seríamos una auténtica familia. Pero cuando apareció solo, mi hermano y yo tuvimos que ocuparnos de él.

«A raíz del accidente el Viejo perdió su trabajo en el Departamento de Aguas y nos encontramos con que no teníamos donde vivir. Durante algún tiempo estuvimos dando tumbos, viviendo con los parientes, pero al final nos dieron de lado porque ellos también tenían problemas. Entonces encontramos una casa destartalada en un barrio marginal de la ciudad, y allí vivimos durante varios años. Fue una época muy dura. El Viejo tenía que pedirle dinero prestado a la familia para que pudiéramos comer. Cada día se sentía más avergonzado, su carácter empeoró. A pesar de nuestros problemas, ni a Roy ni a mí nos dijo jamás que las cosas fueran mal. Y eso era lo que más dolía: los aires de grandeza que adoptaba cuando nos decía que éramos los hijos del doctor Obama. ¡Teníamos la despensa vacía y él seguía haciendo contribuciones a obras benéficas sólo para mantener las apariencias! A veces discutía con él, pero se limitaba a decirme que era una niña tonta y que no lo entendía.

«Su relación con Roy era aún peor. Tenían unas peleas tremendas. Al final Roy se marchó. Dejó de venir a casa y empezó a vivir con otra gente. Así que me quedé sola con él. A veces permanecía despierta toda la noche, esperando a que llegase, preocupada por si le había pasado algo malo. Cuando entraba lo hacía tambaleándose, iba a mi habitación y, si estaba dormida, me despertaba para que le hiciera de comer o porque quería compañía. Me contaba lo infeliz que era y cómo lo habían traicionado. Yo tenía tanto sueño que no entendía lo que me decía. Para mis adentros empecé a desear que una de esas noches se quedara en la calle y no volviera nunca más.

«Mi salvación fue el Instituto Kenia. Era un centro para chicas antes reservado a los británicos. Muy estricto, y en esa época todavía muy racista. Cuando ingresé, una vez que se había marchado la mayoría de estudiantes blancos, empezaron a admitir profesores africanos. Fui una estudiante aplicada. El centro funcionaba en régimen de internado, así que durante el curso me quedaba allí en lugar de estar con el Viejo. La escuela me daba un cierto sentido de orden, algo a lo que aferrarme.

«Un año, el Viejo no pudo pagar la matrícula y me mandaron a casa. Estaba tan avergonzada que no paré de llorar durante toda la noche. No sabía lo que hacer. Pero tuve suerte. Una de las directoras se enteró de mi situación y me dieron una beca que me permitió continuar estudiando allí. Es triste decirlo, pero a pesar de que lo quería y de lo mucho que me preocupaba, me alegraba de no tener que vivir con él. Le dejé en su mundo y jamás volví la vista atrás.

«Durante los dos últimos años de instituto la situación del Viejo mejoró. Kenyatta murió, y él volvió a trabajar en el gobierno. Consiguió un puesto en el Ministerio de Economía y empezó a tener de nuevo dinero e influencia. Pero creo que nunca se recuperó de la amargura que le había causado ver cómo compañeros de su misma promoción, políticamente más astutos, ocupaban cargos de mayor responsabilidad. Además era demasiado tarde para recomponer su familia. Durante mucho tiempo vivió solo en un hotel, incluso cuando pudo permitirse comprar una casa. Tuvo relaciones esporádicas con varias mujeres, europeas, africanas, pero ninguna fructificó. Apenas nos veíamos y, cuando eso ocurría, no sabía cómo comportarse conmigo. Aun así pretendía ser un padre modélico, que me decía cómo debía de actuar, pese a que éramos unos perfectos desconocidos el uno para el otro. Recuerdo que cuando conseguí la beca para estudiar en Alemania tuve miedo de decírselo. Pensaba que argumentaría que era demasiado joven y utilizaría su influencia para que no me diesen el visado de estudiante, que tenía que expedir el gobierno. Así que me fui sin decirle adiós.

«Fue ya en Alemania cuando empecé a desembarazarme de la ira que sentía hacia él. La distancia me hizo comprender por lo que había pasado, e incluso el porqué nunca fue capaz de entenderse a sí mismo. Sólo al final, tras haber destrozado su vida, creo que empezó a cambiar. La última vez que le vi estaba en viaje oficial representando a Kenia en una conferencia internacional en Europa. Sentía un cierto temor, ya que no había hablado con él desde hacía mucho tiempo. Pero cuando llegó a Alemania parecía muy relajado, casi apacible. Lo pasamos muy bien. ¿Sabes? ¡Podía ser encantador incluso cuando se comportaba de modo irrazonable! Me llevó a Londres, nos quedamos en un hotel de lujo, y en un club británico me presentó a todos sus amigos. Me acercaba la silla ceremoniosamente y me elogiaba delante de sus conocidos, diciéndoles lo orgulloso que estaba de mí. En el vuelo de vuelta de Londres me gustó el vasito de cristal en el que le servían el whisky, y le dije que me lo iba a llevar, pero él me dijo: «No tienes porqué hacerlo». Llamó a la azafata y le pidió que me trajera un juego de vasos, como si el avión fuera suyo. Cuando la azafata me los dio, me sentí de nuevo como una niña. Como su princesa.

«El último día de su visita me llevó a almorzar y hablamos del futuro. Me preguntó si necesitaba dinero e insistió en que lo aceptara. Me dijo que cuando volviera a Kenia me buscaría un marido que estuviera a mi altura. Lo que intentaba hacer era conmovedor…, como si tratara de compensarme por el tiempo perdido. Por entonces había tenido otro hijo más, George, la madre era una chica joven con la que vivía. Así que le dije, «tanto Roy como yo somos adultos. Tenemos nuestras vidas, nuestros recuerdos, y lo que ha pasado entre nosotros es difícil de olvidar. Pero George aún es un crío, tienes una nueva oportunidad para rectificar con él». No me dijo nada, sólo asintió como si…, como si…»

Durante un rato, Auma se quedó mirando fijamente la foto de nuestro padre, que parecía desenfocada bajo la tenue luz. Luego se puso en pie y se dirigió a la ventana, dándome la espalda. Cruzó los brazos por delante del pecho y con las manos se aferró los hombros, como si con aquel abrazo tratara de detener las convulsiones producto de sus sollozos. Despacio, me acerqué a ella por detrás y la abracé mientras continuaba llorando, sentí que la invadía una profunda tristeza.

—Ya ves, Barack —me dijo entre sollozos—. Estaba empezando a conocerle. Justo en el momento en que…, en que quizá hubiera podido aclarar sus dudas. A veces pienso que habría podido cambiar su forma de ser, que hubiera podido encontrar un poco de paz interior. Cuando murió me sentí… engañada. Tan engañada como te debiste sentir tú.

En la calle, un coche chirrió al girar en una esquina; un hombre solitario cruzó bajo el halo amarillento de un semáforo. De repente imperó la fuerza de voluntad de Auma, recuperó la compostura, su respiración se tranquilizó, y se secó las lágrimas con la manga de la camisa.

—¡Ay!, mira lo que has conseguido que haga tu hermana —me dijo, y dejó escapar una frágil risa. Luego se volvió hacia mí—. ¿Sabes? ¡El Viejo hablaba mucho de ti! Le enseñaba tu foto a todo el mundo, y a nosotros nos decía lo bien que te iba en el colegio. Supongo que tu madre y él se escribían. Y creo que sus cartas le reconfortaban. En los malos tiempos, cuando todos le dieron la espalda, venía a mi cuarto con sus cartas y me las leía en voz alta. Me despertaba y me obligaba a escucharlas. Cuando terminaba, agitándolas en su mano, me decía lo amable que había sido tu madre. «¡Ves!», me decía, «¡Al menos hay alguien que se preocupa por mí!» Y luego lo repetía para sí mismo una y otra vez…

Mientras Auma se cepillaba los dientes le preparé el sofá cama. Se acurrucó bajo la manta y rápidamente se durmió. Pero yo me quedé despierto, retrepado en un sillón, con la lámpara del escritorio encendida y mirando la serenidad de su rostro, escuchando el ritmo de su respiración, intentando encontrarle algún sentido a lo que me había contado. Me sentí como si hubieran vuelto mi mundo del revés; como si me hubiera despertado y el sol fuera azul y el cielo amarillo, o como si escuchase a los animales hablar como hombres. Durante toda mi vida había tenido una sola imagen de mi padre, una contra la que a veces me había rebelado pero nunca cuestionado, una imagen que más tarde intenté hacer mía. El brillante universitario, el amigo generoso, el líder ejemplar: todo lo que había sido mi padre. Todo eso y más, porque, exceptuando su breve visita a Hawai, nunca había estado presente para malograrla, porque yo no había visto lo que quizá la mayoría de los hombres ven en algún momento de sus vidas: cómo van menguando los cuerpos de sus mayores, el fracaso de sus más preciadas ilusiones, sus rostros surcados por la pena y el remordimiento.

Sí, había visto la debilidad en otros hombres: las decepciones de Gramps, las concesiones de Lolo. Ambos se habían convertido en referencias para mí; hombres a los que podía amar pero nunca emular, hombres blancos y mulatos cuyos destinos no tenían nada que ver con el mío. Y en la imagen de mi padre, el negro, el hijo de África, concentré todas las cualidades que quería para mí, las cualidades de Martin y Malcolm, de DuBois y Mandela. Y si más tarde vi que los negros que conocía —Frank, Ray, Will o Rafiq— no cumplían tan nobles pautas, si había aprendido a respetarlos por las dificultades que tuvieron que superar y que yo reconocía como propios, la voz de mi padre, no obstante, había permanecido impoluta, inspiradora, reprendiendo, dando o retirando su aprobación. «No trabajas lo bastante duro, Barry. Tienes que ayudar a tu gente en su lucha. ¡Despierta, hombre negro!»

Ahora, mientras estaba sentado a la luz de una solitaria bombilla, meciéndome levemente en el sillón, esa imagen se había desvanecido. Y, ¿qué había en su lugar? ¿Un borracho amargado? ¿Un marido maltratador? ¿Un burócrata derrotado y solitario? ¡Y pensar que durante toda mi vida había estado luchando contra un fantasma! Por un momento me sentí confuso; si Auma no hubiera estado en la habitación, probablemente me habría reído a carcajadas. El rey había sido derrocado. Se abre el telón de esmeralda. Ya puede desmandarse la agitación de mi cabeza; ahora puedo hacer lo que me venga en gana. Porque, ¿quién, exceptuando a mi propio padre puede impedirlo? Tengo la impresión de que, da igual lo que haga, no será mucho peor de lo que hizo él.

La noche pasó. Intenté recomponerme, sentía la insatisfacción de aquella recién lograda liberación. ¿Qué me impedía sucumbir a la misma derrota que había acabado con el Viejo? ¿Quién me protegería ante la duda o me advertiría de las trampas que parecían tendidas en el alma de un negro? Fantasear con mi padre, al menos, me había impedido caer en la desesperación. Ahora estaba muerto de verdad. No podía decirme nunca más cómo tenía que vivir.

Todo lo que podría revelarme, quizá, era lo que le había pasado. Y encontrarme con que, a pesar de toda aquella nueva información, seguía sin saber qué clase de hombre había sido mi padre. ¿Qué había sido de su ímpetu, de su esperanza? ¿Qué había dado forma a sus ambiciones? De nuevo imaginé la primera y única vez que nos vimos, el hombre que ahora conocía debió tener mis mismos miedos, había vuelto a Hawai para rebuscar en su pasado y recuperar la mejor parte de sí mismo, la que se había extraviado. Ese hombre fue tan incapaz de expresarme sus verdaderos sentimientos entonces como yo de expresar mis deseos infantiles. Nuestra mutua contemplación nos congeló, incapaces de evitar la sospecha de que si analizábamos nuestras verdaderas personalidades revelaríamos sus carencias. Ahora, quince años después, miraba el rostro dormido de Auma y veía el precio que habíamos pagado por tal silencio.

Diez días después, mi hermana y yo estábamos sentados en las duras sillas de plástico de la terminal del aeropuerto, mirando los aviones a través de las paredes de cristal. Le pregunté en qué pensaba, y sonrió.

—Pensaba en Alego. En Home Square, la tierra de nuestro abuelo, donde todavía vive Granny, nuestra abuelita. Es un sitio precioso, Barack. Cuando estoy en Alemania y hace frío en la calle, cuando me siento sola, a veces cierro los ojos y me imagino allí. Sentada en la aldea, rodeada por los grandes árboles que plantó nuestro abuelo. Granny está hablando, me cuenta algo gracioso, también puedo oír cómo la vaca sacude el rabo detrás de nosotros, y ver a los pollos picoteando al borde de los cultivos, puedo oler el fuego que sale de la choza donde cocinamos. Y bajo el mango, cerca de los maizales, veo el lugar donde está enterrado el Viejo…

Había llegado la hora de embarcar. Seguimos sentados, Auma cerró los ojos y apretó mi mano.

—Tenemos que volver a casa —me dijo—. Tenemos que volver a casa, Barack, y ver al Viejo allí.

DOCE

Rafiq había hecho todo lo posible para adecentar el lugar. Encima de la entrada colgó un cartel nuevo y había calzado la puerta para mantenerla abierta y que entrara la luz de la primavera. Los suelos estaban recién fregados y el mobiliario cambiado de sitio. Rafiq vestía un traje negro y llevaba una corbata de cuero del mismo color; su *kufu* de piel estaba tan pulido que brillaba. Durante varios minutos reordenó una gran mesa plegable que estaba colocada en uno de los lados de la habitación, indicó a dos de sus hombres cómo debían presentar las galletas y el ponche, y trató insistentemente de nivelar la fotografía de Harold que colgaba de la pared.

—¿Te parece que está derecho? —me preguntó.

—Está derecho, Rafiq.

El alcalde iba a venir a cortar la cinta inaugural del nuevo centro de empleo del MET en Roseland. Era todo un logro. Durante semanas Rafiq había implorado que las actividades comenzaran en su sede. No había sido el único. El concejal también había dicho que estaría encantado de mantener una reunión con el alcalde en su oficina. El senador estatal, un viejo sinvergüenza que había cometido el error de apoyar a uno de los candidatos blancos en las últimas elecciones municipales, había prometido ayudarnos a recaudar fondos para cualquier proyecto que pusiéramos en marcha si le incluíamos en el programa. Incluso el reverendo Smalls había llamado sugiriendo que nos haríamos un favor a nosotros mismos si dejábamos que fuese él quien presentara a su «buen amigo Harold». Cada vez que entraba en la oficina del PCD, mi secretaria me entregaba un montón de mensajes nuevos.

—No hay duda de que te has convertido en alguien muy popular, Barack —solía decirme antes de atender el teléfono, que sonaba por enésima vez.

Miré a la multitud que se congregaba en el almacén de Rafiq. La mayoría eran políticos acompañados por sus seguidores, todos miraban de reojo hacia la puerta de cuando en cuando, mientras que unos policías de paisano hablaban por sus *walkie-talkies* y examinaban el entorno. Mientras trataba de ir al otro lado de la sala, me encontré con Will y Ángela, y me los llevé aparte.

—¿Estáis listos?

Asintieron.

—Recordad —dije—, tenéis que convencer a Harold para que venga a nuestro mitin en otoño, pero tenéis que hacerlo cuando su jefe de gabinete esté presente. Contadle todo el trabajo que estamos haciendo aquí, y el porqué...

En ese momento un murmullo se extendió entre la multitud, seguido de una repentina calma. Acto seguido, una gran caravana de vehículos se detuvo junto al local, se abrió la puerta de una limusina y detrás de un nutrido grupo de policías vi al gran hombre en persona. Vestía traje azul y una trenca arrugada; tenía el pelo canoso un tanto alborotado, y era más bajo de lo que me imaginaba. Aún así, su prestancia era innegable y su sonrisa la de un hombre en el cenit de su poder. Inmediatamente, la muchedumbre comenzó a corear su nombre —«¡Ha-rold! ¡Ha-rold!»— y el alcalde hizo una pequeña pirueta mientras mantenía su mano en alto en señal de gratitud. Con la señorita Álvarez y los policías de paisano encabezando la comitiva, Harold se abrió paso entre la multitud. Pasó por delante del senador y del concejal. Por delante de Rafiq y de mí. Ignoró la mano extendida del reverendo Smalls y, finalmente, se detuvo delante de Ángela.

—Señorita Rider —la tomó de la mano e hizo una ligera inclinación—, es un placer. He oído cosas maravillosas acerca de su trabajo.

Ángela parecía estar en otro mundo. El alcalde le preguntó si tendría la amabilidad de presentarle a sus colaboradores, y ella comenzó a reír y a mariposear antes de recuperar la compostura necesaria para acompañarlo hasta donde se encontraban los restantes líderes. Todos estaban en posición de firmes, como una fila de *scouts*, esbozando la misma forzada sonrisa. Cuando acabó de pasar revista, el alcalde le ofreció el brazo a Ángela y caminaron juntos hacia la puerta, seguidos por la multitud.

—Cariño, ¿te lo puedes creer? —le susurró Shirley a Mona.

La ceremonia duró unos quince minutos. La policía había cerrado al tráfico dos manzanas de la avenida Michigan. Se habían instalado un pequeño escenario delante del local donde pronto abriría el centro del MET. Ángela presentó a todos los miembros de la iglesia que habían trabajado en el proyecto, así como a los políticos asistentes; Will pronunció un breve discurso sobre el DCP. El alcalde nos felicitó por nuestro compromiso cívico, mientras que el senador, el reverendo Smalls y el concejal se las arreglaban para colocarse detrás de él, sonriendo abiertamente a los fotógrafos que habían contratado. Se cortó la cinta y finalizó la ceremonia. Mientras la limusina se alejaba veloz hacia el siguiente acto, la multitud se dispersó de forma casi instantánea, dejándonos a unos cuantos en medio de la calle, ahora llena de basura arrastrada por el viento.

Me dirigí hacia Ángela, que estaba hablando con Shirley y Mona.

—Cuando le oí decir «señorita Rider» —andaba diciendo—, os juro que casi me muero.

Shirley sacudió la cabeza.

—Chica, te crees que no lo sé.

—Tenemos las fotos para demostrarlo —dijo Mona levantando la Instamatic que tenía en la mano.

Intenté intervenir en la conversación.

—¿Hemos conseguido una fecha para el mitin?

—Y entonces va y me dice que parezco demasiado joven para tener una hija de catorce años. ¿Te lo puedes creer?

—¿Aceptó venir a nuestra reunión? —volví a preguntar.

Las tres me miraron, molestas.

—¿Qué mitin?

Hice un gesto de enfado con las manos y dando grandes zancadas me dirigí a la calle. Cuando llegué a mi coche, oí la voz de Will tras de mí.

—¿Adónde vas con tanta prisa?

—No lo sé. A algún sitio —intenté encender un cigarrillo, pero el viento apagaba la cerilla una y otra vez. Solté un par de juramentos mientras tiraba las cerillas al suelo y me volví hacia Will —¿Quieres saber algo, Will?

—¿Qué?

—Que no somos serios. Así es. Tenemos la oportunidad de mostrarle al alcalde que somos una parte activa de esta ciudad, un grupo que necesita que se le tenga en cuenta. ¿Y qué es lo que hacemos? Actuamos como un puñado de niñatos fascinados por el estrellato, eso es lo que hacemos. Revolotear y mostrar una sonrisa de oreja a oreja, preocupados de si hemos salido o no en la foto con él.

—¿Es que tú no has salido en la foto? —Will sonrió y me mostró una instantánea hecha con la Polaroid. Después me pasó el brazo por los hombros— ¿Puedo decirte una cosa, Barack? Necesitas animarte un poco. Tú dices que no somos serios, pero para Ángela y los demás esto ha sido lo más emocionante que les ha pasado en todo el año. Y dentro de otros diez seguirán pavoneándose. Lo de hoy les hace sentirse importantes. Y tú lo has hecho posible. Entonces, ¿cuál es el problema si se les ha olvidado invitar a Harold al mitin? Siempre podemos volver a llamarlo.

Me subí al coche y bajé la ventanilla.

—Olvídalo, Will, lo que pasa es que me siento frustrado.

—Sí, puedo verlo. Pero deberías preguntarte por qué.

—¿Y tú que crees?

Will se encogió de hombros.

—Creo que estás intentado hacer un buen trabajo, y creo también que nunca estás satisfecho. Quieres que todo suceda rápido, como si tuvieras que demostrar algo.

—No estoy intentando demostrar nada, Will.

Arranqué el coche y comencé a alejarme, pero no lo suficientemente rápido como para no escuchar su despedida.

—Tú no tienes que demostrarnos nada, Barack. Te queremos, tío. ¡Jesús te ama!

Había transcurrido casi un año desde mi llegada a Chicago y nuestro trabajo, por fin, había empezado a dar fruto. El grupo de Will y Mary que se reunía en la esquina de la calle había crecido y ahora lo componían un total de cincuenta personas; organizaban limpiezas del barrio, patrocinaban reuniones informativas sobre carreras profesionales para los jóvenes de la zona, y consiguieron cerrar acuerdos con el concejal para mejorar los servicios de saneamiento. Más al norte, la señora Crenshaw y la señora Stevens habían presionado a la Concejalía de Parques para que rehabilitaran los parques y las zonas recreativas; trabajos que ya habían comenzado. Las calles se habían reparado, canalizado las alcantarillas, y estaban en marcha varios programas sobre prevención de delitos. Y donde antes se encontraba un almacén vacío ahora se había abierto el nuevo centro de empleo.

Mi prestigio crecía al mismo ritmo que el de la organización. Comencé a recibir invitaciones para formar parte de comités y para dirigir talleres. Los políticos locales conocían mi nombre aunque todavía no supieran pronunciarlo. Y en cuanto a lo concerniente a nuestros líderes, poco podía equivocarme.

—Tendría que haberle visto cuando llegó aquí —oí que Shirley le decía un día a un nuevo líder—. No era más que un crío. Te lo juro, cuando lo veo ahora es como si fuera otra persona.

Hablaba como lo haría una madre orgullosa de su hijo: me había convertido en una especie de hijo pródigo sustituto.

El aprecio de los que trabajaban contigo, las mejoras concretas del barrio, cosas a las que incluso se les podría haber puesto precio, deberían haber bastado. Y aún así, lo que Will había dicho era cierto. Nunca estaba satisfecho.

Quizá todo ello tuviera que ver con la visita de Auma y las noticias que me había traído del Viejo. Y si antes había tenido la necesidad de estar a la altura de sus expectativas, ahora me sentía como si tuviera que pagar por todos sus errores. Sólo que todavía no tenía muy clara la naturaleza de los mismos. Aún no podía interpretar las señales de alarma que me mantendrían alejado de los pasos equivocados que había dado. Debido a esa confusión, y a que la imagen que tenía de él seguía siendo tan contradictoria —a veces una cosa, a veces otra, pero nunca las dos a la vez—, sentía que, durante ciertos momentos del día y de manera aleatoria, estaba viviendo según un guión preestablecido, continuando en el error, prisionero de su tragedia.

Además, estaban mis problemas con Marty. Aquella primavera separamos nuestras actividades; desde entonces se había pasado la mayoría del tiempo en las iglesias de los suburbios, donde resultó que a los feligreses, tanto blancos como negros, lo que realmente les preocupaba era que se repitiese una nueva huida de los blancos y la depreciación del valor de la vivienda, similar a la que había barrido el South Side diez años atrás, más que el tema del desempleo.

Eran asuntos difíciles, marcados por ese racismo y discriminación que Marty encontraba tan repugnante. Así que decidió ir a otro lugar, contrató a un nuevo organizador para hacer el trabajo cotidiano en los suburbios mientras él se ocupaba de una nueva organización en Gary, ciudad en la que tiempo atrás la economía se había derrumbado (según Marty, las cosas estaban tan mal que a nadie le importaba el color del organizador). Un día, me pidió que lo acompañase.

—Esta no es la mejor manera de conseguir una buena formación —explicó—. El South Side es muy grande. Hay demasiadas distracciones. No es culpa tuya, tendría que haberme dado cuenta antes.

—Pero no puedo irme ahora. Acabo de llegar.

Me miró con cara de infinita paciencia.

—Escucha, Barack, tu lealtad es admirable, pero lo que ahora tienes que hacer es preocuparte por tu propio progreso. Si te quedas aquí seguro que vas a fracasar. Abandonaras la organización comunitaria incluso antes de realmente haberlo intentado.

Marty lo tenía todo calculado: el tiempo que necesitaría para encontrar y formar a alguien que me sustituyera, o la necesidad de dejar un presupuesto decente si me iba. Mientras lo escuchaba exponer sus planes pensé que no había creado ningún vínculo afectivo con persona o lugar alguno durante los tres años que llevaba trabajando en la zona, que cualquier calor humano o contacto que pudiera necesitar procedía de otro lugar: de su amable esposa o de su joven y bien parecido hijo. En su trabajo, era sólo la idea lo que le motivaba, la idea que simbolizaba una fábrica cerrada y que era más grande que la propia fábrica, más que Ángela y Will o los solitarios curas que habían decidido trabajar con él. Esa idea podía surgir en cualquier sitio; para Marty simplemente era cuestión de encontrar la combinación adecuada de circunstancias, la mezcla correcta de componentes.

—Marty.

—¿Qué?

—Yo no voy a ningún sitio.

Finalmente llegamos a un acuerdo: él me proporcionaría el asesoramiento que aún necesitaba. Los honorarios que percibiría por ello le servirían para sufragar su trabajo en cualquier otro lugar. No obstante, en nuestras reuniones semanales no dejaría de recordarme la elección que yo había hecho, que mis pequeños logros no implicaban riesgo alguno, y que los trajeados hombres del centro todavía eran los que daban las órdenes.

—La vida es corta, Barack —me decía—. Si no intentas de verdad cambiar las cosas, mejor será que lo dejes.

Ah, sí. El *verdadero* cambio. En la universidad me había parecido un objetivo asequible, una prolongación de mi voluntad y de la fe de mi madre, igual que subir la media de mis notas o dejar de beber: bastaba con aceptar las responsabilidades. Sólo que ahora, un año después de trabajar como organizador, nada parecía tan sencillo. ¿Quién era responsable de que existiera Altgeld?, me preguntaba. Por allí no había paletos mastica cigarros como Bull Connor*, ni matones blandiendo porras como los de Pinkerton**. Sólo un pequeño grupo de hombres y mujeres negros de avanzada edad, un grupo que se caracterizaba más por su miedo y leve afán de lucro que por su malicia o cautela. Gente como el señor Anderson, director del proyecto de Altgeld, un hombre mayor, casi calvo, al que faltaba un año para jubilarse. O la señora Reece, una mujer rechoncha, con la cara como un acerico, que era la presidenta del consejo oficial de inquilinos, y que se pasaba la mayor parte del tiempo defendiendo las pequeñas prerrogativas que acompañaban su cargo: su remuneración y una plaza en el banquete anual, la posibilidad de conseguir que su hija pudiese elegir el mejor apartamento, y un empleo para su sobrino en la oficina de la CHA. O el reverendo Johnson, pastor de la señora Reece y responsable de la única gran iglesia de Altgeld, quien me interrumpió, la primera y única vez que nos vimos, en cuanto me oyó pronunciar la palabra *organizar*.

—La CHA no es el problema —dijo el buen reverendo—. El problema son esas jóvenes, empeñadas en toda suerte de fornicación.

Algunos inquilinos de Altgeld me contaron que el señor Anderson no reformaba los apartamentos de aquellos que estuvieran en contra de la señora Reece y de su lista de candidatos para las elecciones del LAC, que la señora Reece, a su vez, estaba controlada por el reverendo Johnson, y que el reverendo Johnson era propietario de un servicio de guardias de seguridad que había contratado la CHA. Desconocía la veracidad de esas acusaciones, y tampoco me importaba gran cosa. Los tres reflejaban la actitud de la mayoría de la gente que trabajaba en Altgeld: profesores, consejeros sobre drogadicción, policías. Algunos sólo estaban allí por la paga; otros querían ayudar de verdad. Pero cualesquiera que fuesen sus

---

*   Theophilus Eugene «Bull» Connor (1897-1973) fue oficial de policía en en la ciudad sureña de Birmingham, Alabama, durante el American Civil Rights Movement. Fue miembro del Ku Klux Klan, y un acérrimo defensor de la segregación racial.

**   Allan Pinkerton (1819-1884), detective y espía escocés, famoso por fundar la Agencia Pinkerton, la primera agencia de detectives. Tras su muerte la agencia continuó funcionando, aunque pronto se convirtió en el enemigo más poderoso de los incipientes sindicatos obreros de Estados Unidos y Canadá.

motivos, en algún momento todos compartían un profundo hastío. Habían perdido la confianza que una vez pudieron haber tenido en su competencia para cambiar la degradación que veían a su alrededor. Esa pérdida de confianza disminuyó su capacidad de indignación. El concepto de responsabilidad —la suya, la de otros— lentamente socavado, había sido reemplazado por un espíritu cáustico y desesperanzado.

Así que, en cierto modo, Will tenía razón: sí, tenía algo que demostrar, a la gente de Altgeld, a Marty, a mi padre, a mí mismo. Que lo que hacía servía para algo; que no era un loco persiguiendo sueños imposibles. Más tarde, cuando intenté explicarle algo de esto a Will, se rió en mi cara mientras negaba con la cabeza y optaba por achacar mi actitud el día de la inauguración a un caso de celo juvenil.

—Verás Barack, tú eres el gallo joven —me dijo—, y Harold el gallo viejo. El gallo viejo entró y acaparó la atención de las gallinas, lo que obligó al gallo joven a darse cuenta de que tenía una o dos cosas que aprender.

A Will pareció divertirle la comparación, y yo me reí con él. Pero, en el fondo, sabía que no había entendido cuáles eran mis ambiciones. Sobre todo yo quería que Harold triunfara. Al igual que mi padre, el alcalde y sus éxitos parecían indicarme hasta dónde era posible llegar. Su inteligencia, su poder, eran la medida de mis esperanzas. Y cuando lo escuché aquel día, encantador y simpático, en lo único que pude pensar fue en las limitaciones de ese poder. En la periferia, Harold podía hacer que los servicios que prestaba la ciudad fuesen más equitativos. Ahora los profesionales negros conseguían un mayor número de contratas de la ciudad. Teníamos un superintendente escolar negro, un jefe de policía negro, un director de la CHA negro. La presencia de Harold brindaba consuelo, al igual que lo hacían el Jesús de Will y el nacionalismo de Rafiq. Pero más allá de la brillante victoria de Harold, en Altgeld y en otros lugares, nada parecía haber cambiado.

Me preguntaba si, una vez lejos de los focos, Harold pensaba en todas esas limitaciones. Si al igual que el señor Anderson o la señora Reece, o cualesquiera de los funcionarios negros que ahora dirigían la vida de los barrios marginales de la ciudad, se sentía tan atrapado como aquellos a los que servía, heredero de una triste historia, parte de un sistema cerrado con escasa capacidad de maniobra, un sistema que perdía fuerza día a día, hasta caer en el estancamiento.

Me preguntaba si él también se sentía prisionero del destino.

Fue Martha Collier quien finalmente me levantó el ánimo. Era la directora del Carver Elementary, uno de los dos colegios de primaria de Altgeld. La primera vez que la llamé para pedirle una cita, no me hizo demasiadas preguntas.

—Cualquier ayuda puede serme útil —dijo—. Le veré a las ocho y media.

El colegio lo formaban tres edificios grandes de ladrillo, en forma de «U» alrededor de una amplia y sucia parcela llena de socavones, en el límite sur de Altgeld. Una vez en el interior, un guardia de seguridad me mostró el camino hasta la oficina principal, donde una mujer negra de constitución fuerte y mediana edad, que vestía un traje azul, hablaba con otra más joven de aspecto desaliñado.

—Ahora vete a casa y descansa un poco —le dijo la señora Collier, pasándole el brazo por encima del hombro—. Voy a hacer unas llamadas y veré si puedo arreglarlo.

Acompañó a la mujer hasta la puerta y después se dirigió a mí.

—Usted debe de ser Obama. Entre. ¿Un café? —antes de que tuviera oportunidad de contestarle dijo a su secretaria:— Tráigale al señor Obama una taza de café. ¿Han llegado los pintores? —la secretaria negó con la cabeza y la señora Collier frunció el ceño— No me pases ninguna llamada —dijo, mientras yo la seguía a su despacho—, excepto si es ese contratista chapucero. Quiero decirle lo que pienso de la porquería de trabajo que ha hecho.

Su despacho apenas estaba amueblado, de las paredes tan sólo colgaban unos cuantos diplomas acreditativos de los servicios prestados a la comunidad y el póster de un chico negro en el que se leía: «Dios, no crea deshechos». La señora Collier me ofreció una silla y dijo:

—Esa joven que acaba de salir de la habitación es la madre de una de nuestras alumnas. Una yonqui. A su novio lo detuvieron anoche y no puede salir bajo fianza. Así que, dígame: ¿qué puede hacer su organización por alguien como ella?

La secretaria entró con mi café.

—Esperaba que usted tuviera alguna sugerencia —contesté.

—¿Algo así como echar este sitio abajo y darle a la gente la oportunidad de empezar de nuevo? No lo creo.

Había sido profesora durante veinte años, y llevaba otros diez como directora. Estaba acostumbrada a tener enfrentamientos con sus superiores —antes todos blancos, y ahora la mayoría negros— sobre los suministros, los planes de estudio y la política de contratación. En Carver había fundado un centro familiar al que podían acudir los padres de los adolescentes para aprender junto a ellos.

—La mayoría de los padres de aquí quieren lo mejor para sus hijos —dijo la señora Collier—. Pero no saben cómo dárselo. Por eso les asesoramos en temas de nutrición, de salud, y en cómo soportar el estrés. Enseñamos a leer a los padres que lo necesitan para que puedan hacerlo junto a sus hijos en casa. Cuando es posible les ayudamos a conseguir el certificado de educación secundaria o los contratamos como ayudantes de los profesores —la señora Collier tomó un sorbo de su café—. Lo que no podemos hacer es cambiar el medio social al que esas chicas y sus bebés tienen que volver cada día. Tarde o temprano, el alumno abandona el colegio y los padres también dejan de venir…

El teléfono sonó; había llegado el pintor.

—Le diré una cosa, Obama —dijo la señora Collier, poniéndose de pie—. Venga la próxima semana y háblele a nuestro grupo de padres. Averigüe lo que tienen en mente. No quiero ilusionarlo. Pero si los padres deciden armarle algún jaleo, yo no se lo puedo impedir, ¿no le parece?

Soltó una carcajada y me condujo al pasillo, donde una fila de niños de cinco y seis años, que no dejaban de moverse, se preparaba para entrar en clase. Unos cuantos saludaron con la mano y nos sonrieron. Un par de chicos al final de la cola daban vueltas y vueltas con los brazos pegados al cuerpo; una niña pequeñita se tiraba del jersey para sacárselo por la cabeza, pero se le enredó en las mangas. Mientras el profesor trataba de guiarlos escaleras arriba, pensaba en lo felices y confiados que parecían, y que pese a las difíciles condiciones que muchos de ellos habían tenido que padecer cuando nacieron —paridos prematuramente, o engendrados por una madre con alguna adicción, y casi todos marcados por el toque harapiento de la pobreza—, la alegría que parecían encontrar simplemente moviéndose, la curiosidad que manifestaban ante cada cara nueva, eran las mismas que las de los niños de cualquier otro lugar. Verlos me hizo recordad algo que Regina me dijo años atrás, en otro tiempo y lugar: «no todo gira en torno a ti».

—Son lindos, ¿verdad? —dijo la directora Collier.

—Sí que lo son.

—El cambio viene más tarde, dentro de unos cinco años, aunque parece que cada vez se produce antes.

—¿Qué cambio?

—Cuando sus ojos dejan de reír. Sus gargantas todavía pueden emitir sonidos, pero si les miras a los ojos te das cuenta de que algo se ha desconectado en su interior.

Empecé pasando varias horas a la semana con los alumnos y sus padres. Todas las madres eran adolescentes que aún no habían cumplido los veinte años. La mayoría de ellas no había salido de Altgeld, y a su vez fueron criadas por madres que tenían su misma edad. A los catorce o quince años hablaban sin ningún tipo de reparos sobre embarazos, de cómo habían abandonado los estudios, de los débiles vínculos familiares, de cómo sus padres aparecían y desaparecían de sus vidas. Me hablaron de cómo funcionaba el sistema, que suponía casi siempre esperar: esperar para ver al asistente social, esperar frente al mostrador donde canjeaban en metálico el cheque de la ayuda social, y vuelta a esperar en la parada del autobús que las llevaría al supermercado más próximo, a unos ocho kilómetros de distancia, sólo para comprar pañales en oferta.

Dominaban los mecanismos de supervivencia de su limitado mundo y no se avergonzaban por ello. Sin embargo no eran cínicas, y eso me sorprendía. Todavía tenían ambiciones. Chicas como Linda o Bernadette Lowry, dos hermanas a las que la señora Collier había ayudado a conseguir el certificado de educación secundaria. Bernadette asistía al instituto de la comunidad. Linda, que estaba embarazada de nuevo, se quedaba en casa para cuidar a Tyrone, el hijo de Bernadette, y a su propia hija, Jewel, pero, según ella, también iría al instituto en cuanto diera a luz. Después, las dos encontrarían un buen trabajo, decían, tal vez en la industria alimentaria, o como secretarias. Entonces se mudarían de Altgeld. Un día, que estábamos en el apartamento de Linda, me enseñaron un álbum que guardaban, lleno de recortes de la revista de decoración *Better Homes and Gardens*. Me mostraron las blancas y relucientes cocinas con suelos de parqué y me dijeron que, con el tiempo, ellas tendrían una casa igual. Tyrone tomaría clases de natación; Jewel haría ballet, decían.

A veces, al escuchar tan inocentes sueños, tenía que luchar contra la urgente necesidad de arrullar a esas chicas y a sus bebés, de abrazarlos con fuerza y no soltarlos nunca. Las chicas lo percibían, creo, y Linda, con su imponente belleza morena, sonreía a Bernadette y me preguntaba por qué no me había casado todavía.

—Supongo que aún no he encontrado a la mujer adecuada —respondía yo.

Entonces Bernadette le daba un manotazo a Linda en el brazo, al tiempo que decía,

—¡Vale ya! Estás haciendo que el señor Obama se ruborice.

Y las dos se reían mientras yo me daba cuenta de que, a mi manera, yo les parecía tan inocente a ellas como ellas me lo parecían a mí.

Mi plan con los padres era sencillo. Todavía no teníamos poder para cambiar la política estatal de ayuda social, tampoco para crear puestos de trabajo o para incrementar de forma sustancial la ayuda económica a los colegios. Pero sí podíamos empezar a mejorar los servicios básicos en Altgeld: arreglar los aseos, la calefacción, las ventanas. Unos cuantos logros en ese campo y me imaginaba a los padres constituyendo el núcleo de una auténtica asociación independiente de inquilinos. Con esa estrategia en mente, en la siguiente reunión, pasé a todos los presentes unos formularios de reclamaciones y les pedí que recogiesen las quejas de los vecinos de sus respectivas manzanas. Aceptaron el plan y, cuando finalizó la reunión, una de las madres, la señora Sadie Evans, se me acercó con un recorte de periódico en la mano.

—Ayer vi esto en el periódico, señor Obama —dijo Sadie—. No sé si significa algo, pero quería saber qué pensaba usted.

Era una notificación oficial, en letra pequeña, publicada en la sección de anuncios por palabras. Decía que la CHA había abierto el plazo de admisión de ofertas de contratistas cualificados para eliminar los aislamientos de amianto en la oficina de la gerencia de Altgeld. Les pregunté a los padres si les habían informado del peligro potencial de la exposición al amianto. Todos dijeron que no.

—¿Cree que hay amianto en nuestros apartamentos? —preguntó Linda.

—No lo sé, pero lo podemos averiguar. ¿Quién quiere llamar al señor Anderson a la oficina de la gerencia?

Miré por la habitación pero nadie levantó la mano.

—¡Venga!, a ver, alguien. Yo no puedo hacer esa llamada, yo no vivo aquí.

Finalmente Sadie alzó la mano.

—Llamaré yo —dijo.

Yo no hubiera elegido a Sadie. Era una mujer menuda con una voz chillona que le hacía parecer excesivamente tímida. Solía vestir faldas que le llegaban hasta la rodilla y llevaba siempre consigo una Biblia encuadernada en piel. A diferencia de otras madres, estaba casada con un joven que trabajaba de dependiente en una tienda durante el día y estudiaba para ser pastor. Fuera de la iglesia no se relacionaban con nadie.

Todo esto hacía que pareciese una especie de inadaptada dentro del grupo, y no estaba seguro de que diera la talla para tratar con la CHA. Pero cuando volví a mi oficina aquel día, mi secretaria me pasó el recado de que Sadie ya había concertado una cita con el señor Anderson y que había llamado a los demás padres para comunicárselo. A la mañana siguiente encontré a Sadie esperando en la puerta de la oficina de la gerencia de Altgeld, sola, como una huérfana en la fría y húmeda neblina.

—No parece que vaya a venir nadie más, ¿verdad, señor Obama? —dijo mientras miraba su reloj.

—Llámeme Barack —le respondí—. Escuche, ¿todavía quiere que sigamos adelante con esto? Si no se siente a gusto podemos aplazar la reunión para otro día en que haya más padres.

—No sé... ¿Cree que me puedo meter en un lío?

—Creo que tiene derecho a una información que concierne a su salud. Pero eso no quiere decir que el señor Anderson piense lo mismo. Estaré apoyándola, al igual que a los otros padres, pero tiene que hacer lo que crea conveniente.

Sadie se ajustó el abrigo y miró nuevamente el reloj.

—No deberíamos hacer esperar al señor Anderson —dijo, y se precipitó hacia la puerta.

Por la expresión de la cara del señor Anderson cuando entramos en su despacho, resultaba evidente que no esperaba que yo estuviera allí. Nos ofreció asiento y nos preguntó si queríamos café.

—No, gracias —dijo Sadie—. Le agradezco enormemente que nos haya recibido, a pesar de haberle avisado con tan poco tiempo —con el abrigo todavía puesto, sacó el recorte con la notificación y lo puso cuidadosamente encima de la mesa del gerente—. Algunos padres del colegio vieron esto en el periódico y nos preocupa... Bueno, querríamos saber si también hay amianto en nuestros apartamentos.

El señor Anderson echó una ojeada al aviso y lo apartó a un lado.

—No tiene que preocuparse, señora Evans —dijo—. Estamos renovando este edificio, y al derribar una de las paredes los albañiles encontraron amianto en el aislamiento de las tuberías. Se está eliminando como medida preventiva.

—Entiendo..., ¿y no deberían tomarse esas mismas medidas preventivas en nuestros apartamentos? Por si también allí hay amianto.

La trampa ya estaba tendida, la mirada del señor Anderson y la mía se cruzaron. Un encubrimiento generaría tanta publicidad como el mismo amianto, me dije. La publicidad me facilitaría el trabajo. Pero aún así, al ver al señor Anderson moverse inquieto en su silla, intentando sopesar la situación, una parte de mí quería advertirle de que no lo hiciera. Tenía la incómoda sensación de que su forma de ser me resultaba familiar, la de un hombre mayor que se sentía engañado por la vida: con frecuencia había visto es misma mirada en los ojos de mi abuelo. En cierto modo quería dar a entender al señor Anderson que comprendía su dilema, quería decirle que bastaría con que explicase que los problemas de Altgeld estaban allí antes de su llegada, y que, si admitía que él también necesitaba ayuda, entonces habría esperanza de encontrar una solución.

Pero no dije nada y el señor Anderson lo negó.

—No, señora Evans —le dijo a Sadie—, no hay amianto en las viviendas. Hemos realizado unos análisis muy completos.

—Bueno, es un alivio —dijo Sadie—. Gracias, muchas gracias.

Se levantó, le dio la mano al señor Anderson y se dirigió hacia la puerta. Yo estaba a punto de decir algo, cuando se dio la vuelta y miró al director del proyecto.

—Perdone —dijo—, he olvidado pedirle algo. Los otros padres..., bueno, les gustaría ver una copia de los análisis que han hecho. De los resultados, digo. Ya sabe, para que todo el mundo sienta que sus hijos están seguros.

—Yo..., los informes están en la oficina del centro —dijo el señor Anderson, tartamudeando—. Ya archivados, ¿entiende?

—¿Cree que nos puede conseguir una copia para la semana que viene?

—Sí, claro..., por supuesto. Veré qué puedo hacer. La semana que viene...

Cuando salimos, le dije a Sadie que lo había hecho muy bien.

—¿Piensa que nos está diciendo la verdad?

—No lo sé, pero pronto lo averiguaremos.

Pasó una semana. Sadie llamó a la oficina del señor Anderson: le dijeron que tardarían otra semana en tener las copias. Pasaron dos semanas y nadie devolvía las llamadas a Sadie. Intentamos contactar con la señora

Reece, después con el director de distrito de la CHA, más tarde enviamos una carta al director ejecutivo de la CHA, con copia a la alcaldía. No hubo respuesta.

—¿Qué hacemos ahora? —preguntó Bernadette.

—Vamos al centro. Si ellos no vienen a nosotros, nosotros iremos a ellos.

Al día siguiente planificamos nuestra actuación. Se redactó otra carta al director ejecutivo del CHA, en la que le informábamos que en dos días nos presentaríamos en su despacho para exigirle una respuesta sobre el asunto del amianto. Luego emitimos un breve comunicado de prensa. Los alumnos de Carver volvieron a casa con un pin en sus chaquetas en el que se instaba a los padres a que se uniesen a nosotros. Sadie, Linda y Bernadette se pasaron casi toda la tarde llamando a sus vecinos.

Pero cuando llegó la hora de la verdad sólo conté ocho cabezas en el autobús amarillo que había aparcado frente al colegio. Bernadette y yo nos quedamos en la explanada del parking, intentando reclutar a otros padres que venían a recoger a sus hijos. Unos se excusaron, diciendo que tenían una cita con el médico o que no habían podido encontrar canguro. Otros ni siquiera se molestaron en buscar una excusa, pasando de largo ante nosotros como si fuéramos pordioseros. Cuando llegaron Ángela, Mona y Shirley para ver cómo iban las cosas, insistí en que se vinieran con nosotros para darnos apoyo moral. Todo el mundo estaba deprimido, todo el mundo excepto Tyrone y Jewel, que se entretenían haciendo muecas al señor Lucas, el único padre presente. La directora Collier subió y se puso a mi lado.

—Imagino que ya estamos todos —dije.

—Es mejor de lo que esperaba —contestó—. El Ejército de Obama.

—Exacto.

—Buena suerte —dijo, y me dio una palmada en la espalda.

El autobús pasó delante de la antigua incineradora y de la acerería Ryerson Steel, atravesó el Parque Jackson y después continuó por Lake Shore Drive. Cuando nos aproximábamos al centro pasé un guión del plan que íbamos a llevar a cabo y les pedí a todos que lo leyeran detenidamente. Mientras esperaba a que terminaran, me di cuenta de que el señor Lucas fruncía profundamente el ceño. Era un hombre bajo y amable, que tartamudeaba un poco. Trabajaba haciendo chapuzas por Altgeld y ayudaba a la madre de sus hijos siempre que podía. Me acerqué a él y le pregunté si había algún problema.

—No leo muy bien —me dijo, quedamente.

Los dos miramos la hoja de papel plagada de letras.

—Vale —caminé hasta la parte delantera del autobús—. ¡Escuchen todos! ¡Vamos a repasar juntos el guión para asegurarnos de que se entiende bien! ¿Qué es lo que queremos?

—¡Una reunión con el director!

—¿Dónde?

—¡En Altgeld!

—¿Y qué haremos si nos dicen que ya nos contestarán por carta?

—¡Decirles que queremos una respuesta ahora!

—¿Y qué ocurrirá si hacen algo que no esperamos?

—¡Convocar una reunión!

—¡Los reventaremos! —gritó Tyrone.

La oficina de la CHA estaba en un sólido edificio gris en el centro del Loop. Salimos en fila del autobús, entramos en la recepción y nos subimos apretujados en el ascensor. En la cuarta planta accedimos a un vestíbulo muy luminoso, donde había una recepcionista sentada ante una imponente mesa.

—¿Les puedo ayudar en algo? —dijo sin apenar levantar la mirada de su revista.

—Queríamos ver al director, por favor —dijo Sadie.

—¿Tienen cita?

—Él... —Sadie se volvió hacia mí.

—Sabe que veníamos —dije.

—Bien, pues no está en su despacho ahora mismo.

Sadie dijo:

—Por favor, ¿lo puede comprobar con su ayudante?

La recepcionista nos miró con frialdad, pero ni nos inmutamos.

—Siéntense —dijo finalmente.

Los padres se sentaron y todo el mundo se mantuvo en silencio. Shirley iba a encender un cigarrillo, pero Ángela le dio un codazo.

—Se supone que nos preocupa la salud, ¿no?

—Para mí ya es demasiado tarde, chica —dijo Shirley entre dientes, pero metió de nuevo el paquete en el bolso.

Un grupo de hombres trajeados salió por la puerta que había tras la mesa de la recepcionista y se quedaron mirando de arriba a abajo al grupo, mientras se dirigían al ascensor. Linda susurró algo a Bernadette y ésta le respondió de la misma manera.

—¿Qué cuchichea todo el mundo? —pregunté en voz alta.

Los niños rieron mi comentario. Bernadette dijo:

—Me siento como si estuviera esperando para ver al director del colegio.

—Oídme todos —dije—. Hacen estas oficinas tan grandes para que la gente se sienta intimidada. Recordad que esto es una oficina *pública*. La gente que trabaja aquí son responsables ante nosotros.

—Perdónenme —nos dijo la recepcionista, alzando la voz tanto como la mía—. Me han dicho que el director no podrá verles hoy. Cualquier problema que tengan deben comunicárselo al señor Anderson, en Altgeld.

—Verá, ya hemos hablado con el señor Anderson —dijo Bernadette—. Si el director no está aquí, quisiéramos ver a su ayudante.

—Lo siento, pero eso no es posible. Si no se marchan ahora mismo tendré que llamar a los de seguridad.

En ese momento las puertas del ascensor se abrieron y aparecieron varios periodistas junto con varios equipos de distintos canales de televisión.

—¿Ésta es la protesta por el amianto? —me preguntó uno de ellos.

Señalé a Sadie:

—Ella es la portavoz.

Los equipos de televisión empezaron a preparar las cámaras y los reporteros sacaron sus cuadernos. Sadie se disculpó y me llevó aparte.

—No quiero hablar delante de las cámaras.

—¿Por qué no?

—No lo sé. Nunca he hablado para la televisión.

—No te preocupes.

Tras unos minutos las cámaras empezaron a grabar y Sadie, con voz un tanto temblorosa, ofreció su primera rueda de prensa. Mientras contestaba las preguntas, una mujer vestida de rojo y con demasiado rímel en las pestañas apareció en la recepción. Dirigió una sonrisa forzada a Sadie, y se presentó como la ayudante del director, la señorita Broadnax.

—Lamento que el director no esté aquí —dijo—. Si me acompañan estoy segura de que podremos aclarar todo este asunto.

—¿Hay amianto en todas las viviendas de la CHA? —gritó un periodista.

—¿Se reunirá el director con los padres?

—Nos interesa encontrar la mejor solución posible para los vecinos —gritó por encima de su hombro la señorita Broadnax.

La seguimos hasta una amplia sala en la que varios funcionarios con aire desganado ya estaban sentados alrededor de una mesa. La señorita Broadnax comentó lo guapos que eran los niños y ofreció a todos café y donuts.

—No queremos donuts —dijo Linda—. Queremos respuestas.

Y eso fue todo. Sin que yo dijera nada los padres averiguaron que no se había hecho ningún análisis y obtuvieron la promesa de que comenzarían a hacerlos al final del día. Negociaron una reunión con el director, recogieron unas cuantas tarjetas de visita y dieron las gracias a la señorita Broadnax por su atención. La fecha de la reunión se anunció a la prensa antes de que volviésemos a apelotonarnos en el ascensor camino del autobús. Ya en la calle, Linda insistió en que invitase a todos a palomitas con caramelo, incluido el conductor del autobús. Mientras el autobús se alejaba traté de hacer una evaluación, resaltando la importancia de la preparación y de cómo habíamos trabajado todos en equipo.

—¿Vieron la cara que puso esa mujer cuando aparecieron las primeras cámaras?

—¿Y qué me dicen de su comportamiento con los niños? Trataba de quedar bien con nosotros para que no le hiciéramos ninguna pregunta.

—¿Y Sadie, no ha estado estupenda? Hizo que nos sintiéramos orgullosos.

—Tengo que llamar a mi prima para asegurarme de que ha conectado el vídeo. ¡Vamos a salir en la tele!

Traté de evitar que hablasen todos a la vez, pero Mona me tiró de la camisa.

—Déjalo, Barack. Toma —me dio una bolsa de palomitas—. Come.

Me senté a su lado. El señor Lucas sentó a los niños en su regazo para que vieran la Fuente de Buckingham. Mientras masticaba las pegajosas palomitas miré el lago, en calma y de color turquesa, e intenté recordar si había existido otro momento más positivo.

Ese viaje en autobús provocó en mí un cambio fundamental. Fue un cambio importante no sólo porque modificó mis circunstancias concretas (riqueza, seguridad, fama), sino porque abrió perspectivas y tuvo un efecto estimulante independientemente de la euforia inmediata y las decepciones posteriores. Ese viaje en autobús me hizo seguir adelante. Y puede que su efecto todavía perdure.

La publicidad nos vino bien, desde luego. El día después de nuestra visita a las oficinas de la CHA la cara de Sadie estaba en todas las cadenas de televisión. La prensa, que había olido sangre, descubrió que en otro proyecto del South Side se habían aislado tuberías con amianto descompuesto. Los concejales empezaron a convocar comisiones con carácter urgente. Los abogados nos llamaron por teléfono para interponer una demanda judicial colectiva.

Pero, al margen de eso, ocurrió que, mientras preparábamos nuestra reunión con el director de la CHA, empecé a vislumbrar que estaba sucediendo algo maravilloso. Los padres comenzaron a hablar sobre las ideas que tenían para futuras campañas. Otros se incorporaron por vez primera al proyecto. El sondeo que con anterioridad habíamos previsto llevar a cabo manzana a manzana se puso en marcha, y ahí estaba Linda, embarazada y andando como un pato, yendo de puerta en puerta para recoger los formularios. El señor Lucas, incapaz de leerlos por sí mismo, explicaba a los vecinos cómo rellenarlos correctamente. Incluso aquellos que se oponían a nuestros esfuerzos empezaron a prestarnos atención: la señorita Reece acordó copatrocinar el acto, y el reverendo Johnson permitió que algunos de sus feligreses lo anunciaran en la misa del domingo. Parecía como si el modesto pero sincero paso que había dado Sadie hubiese abierto un mar de esperanza, permitiendo a la gente de Altgeld reivindicar un poder que siempre había estado allí.

La reunión se iba a celebrar en el gimnasio de Nuestra Señora, el único edificio de Altgeld que podía acoger a las trescientas personas que esperábamos que asistieran. Los líderes llegaron una hora antes y repasamos nuestras reivindicaciones una última vez: una comisión de residentes trabajaría conjuntamente con la CHA para cerciorarse de si había o no amianto, y que, en caso afirmativo, la CHA fijara un calendario para realizar las reparaciones. Conforme discutíamos unos cuantos detalles de última hora, Henry, el encargado de mantenimiento, me hizo señas desde la cabina de megafonía.

—¿Qué pasa?

—El sistema no funciona. Un cortocircuito o algo así.

—¿Entonces, no tenemos sonido?

—Aquí no. Os las tendréis que apañar con este chisme.

Señaló un pequeño amplificador del tamaño de un maletín, con un micrófono suelto que colgaba de un cordón deshilachado. Sadie y Linda se acercaron y miraron la rudimentaria caja.

—¿Es una broma? —dijo Linda.

Di unos golpecitos en el micro.

—Saldrá bien, sólo tenéis que hablar alto —luego, mirando el amplificador de nuevo, dije—. Procurad que el director no coja el micrófono o acabará hablando durante horas. Ponédselo delante después de que le hayáis hecho las preguntas. Ya sabéis, como en el programa de Oprah.

—Con los que estamos aquí —dijo Sadie, mirando su reloj—, no vamos a necesitar ningún micro.

Pero la gente llegó. Vino gente de todo el distrito de Altgeld: mayores, adolescentes, niños pequeños. A las siete ya habían llegado quinientas personas; a las siete y cuarto, setecientas. Los equipos de televisión empezaron a colocar las cámaras y los políticos locales nos pedían que les diésemos la oportunidad de animar al público. Marty, que había venido a ver el evento, apenas podía contenerse.

—Realmente lo has conseguido, Barack. Esta gente está dispuesta a movilizarse.

Sólo había un problema: el director aún no había llegado. La señorita Broadnax dijo que estaba en un atasco, así que decidimos empezar con la primera parte del orden del día. Cuando finalizamos los preliminares, eran casi las ocho. Podía oír cómo la gente empezaba a quejarse por la tardanza, el calor y la mala ventilación del gimnasio que les obligaba a abanicarse. Cerca de la puerta vi a Marty, que intentaban dirigir a la multitud en un cántico. Me lo llevé aparte.

—¿Qué estás haciendo?

—Estás perdiendo gente. Tienes que hacer algo para que sigan enardecidos.

—Por favor, ¿quieres *sentarte*?

Estaba a punto continuar el acto con la intervención de la señorita Broadnax, para evitar que la gente se marchase, cuando desde el fondo del gimnasio empezó a oírse un murmullo y el director cruzó el umbral rodeado de varios ayudantes. Era un negro pulcro, de complexión media, que aparentaba unos cuarenta años. Mientras se arreglaba la corbata recorrió, con expresión sombría, el camino hasta la parte delantera de la sala.

—Bienvenido —dijo Sadie por el micro—. Tenemos a un montón de gente que quiere hablar con usted.

El público aplaudió. Oímos unos cuantos silbidos. Los focos de la televisión se encendieron.

—Estamos aquí esta noche —dijo Sadie—, para hablar de un problema que amenaza la salud de nuestros hijos. Pero antes de hablar del amianto, necesitamos tratar los problemas cotidianos. ¿Linda?

Sadie le pasó el micrófono a Linda, quien se volvió hacia el director y señaló un montón de formularios de quejas.

—Señor director, ninguno de nosotros aquí en Altgeld esperamos milagros, pero sí unos servicios básicos. Eso es todo, concretamente lo básico. La gente que está aquí se ha tomado la molestia de escribir, y muy claramente, todas las reparaciones que debió hacer la CHA y que nunca hicieron. Así que nuestra pregunta es: ¿se comprometerá aquí, esta noche, frente a todos estos vecinos, a trabajar con nosotros para que se efectúen tales reparaciones?

No tengo muy claro lo que ocurrió a continuación. Recuerdo que Linda se acercó para recoger la respuesta del director, pero cuando él trató de coger el micrófono, Linda lo retiró.

—Responda sí o no, por favor —dijo Linda.

El director dijo algo sobre responder a su manera y de nuevo intentó hacerse con el micro. Y una vez más Linda lo retiró, pero ahora con gesto burlón, como el del niño que incita a su hermano con un helado. Intenté hacerle a Linda una señal con la mano para que olvidase lo que le había dicho antes y le diese el micrófono al director, pero estaba demasiado lejos para que pudiera verme. Mientras tanto, el director ya había cogido el cable y, durante un momento, tuvo lugar un forcejeo entre el distinguido funcionario y la embarazada con blusa y pantalones de *lycra*. Detrás de ellos, Sadie permanecía inmóvil, ruborizada y con los ojos de par en par. El público, que no sabía exactamente qué estaba ocurriendo, empezó a gritar, algunos al director, otros a Linda.

Luego… el caos. El director soltó el cable y se dirigió a la salida. Como si fuesen una especie de criatura unicelular, los asistentes situados cerca de la puerta se lanzaron tras él, de forma que tuvo que emprender un leve trote. Yo también corrí. Cuando pude alcanzar la salida, el director ya estaba a salvo dentro de su limusina, mientas una oleada de gente rodeaba el coche: unos aplastaban sus caras contra los cristales ahumados, otros reían, y algunos otros maldecían, pero la mayoría permanecía de pie sin saber qué hacer. Lentamente la limusina avanzó, metro a metro, hasta que alcanzó un carril que desembocaba en la carretera, una vez allí aceleró dando saltos a causa de los socavones, saltó por encima del bordillo de la acera y, finalmente, se perdió de vista.

Volví al gimnasio aturdido, andando a contracorriente de la gente que se marchaba a casa. Cerca de la puerta, un grupo de asistentes se había reunido en torno a un joven que llevaba una chaqueta de cuero marrón. Era uno de los ayudantes del concejal.

—Todo esto lo ha organizado Vrdolyak —les decía—. Visteis a ese blanco incitando a la gente. Intentaba dejar mal a Harold.

A escasos metros vi a la señora Reece y a varios de sus lugartenientes.

—¡Mire lo que ha conseguido! —me dijo, furiosa—. Esto es lo que pasa cuando se intenta, y se consigue, que los jóvenes se involucren. Han avergonzado a todo Altgeld, en la televisión y en todas partes. Tipos blancos viéndonos actuar como si fuésemos un montón de *niggers*. ¡Justo lo que esperaban!

En el interior sólo quedaban algunos padres. Linda estaba sola en un rincón, llorando. Me acerqué a ella y le pasé el brazo por los hombros.

—¿Estás bien?

—Estoy tan avergonzada —dijo conteniendo un sollozo—. No sé qué me pasó, Barack. Con toda la gente..., siempre acabo estropeando las cosas.

—No estropeastes nada —le dije—. Si lo hizo, fui yo.

Llamé a los demás para que se agruparan en círculo y trate de animarles. La asistencia había sido magnífica, dije, lo que significa que la gente quiere implicarse. La mayoría de los vecinos seguirán apoyando nuestro esfuerzo. Aprenderemos de nuestros errores.

—Y el director seguramente sabe ya quiénes somos —remató Shirley.

Este último comentario produjo algunas risas. Sadie se despidió, pues tenía que irse a casa. Le dije al grupo que yo me encargaría de recogerlo todo. Pero cuando vi a Bernadette coger a Tyrone en brazos y llevárselo, medio dormido, cruzando el gimnasio, sentí que se me encogía el estómago. La señora Collier llamó mi atención con un leve golpe en el hombro.

—¿Y a usted quién lo va a animar? —me preguntó.

No respondí, sólo moví de un lado a otro la cabeza.

—Hay que arriesgarse, a veces las cosas no salen bien.

—Pero las caras que tenían...

—No se preocupe —dijo la señora Collier—. Son duros. Aunque no tanto como parece. Ninguno de nosotros lo somos, incluido usted. Pero lo superarán. Lo sucedido forma parte del proceso de maduración. Y a veces madurar es doloroso.

Las repercusiones de este episodio podían haber sido peores. Al haber empezado tan tarde, sólo una cadena de televisión ofreció el tira y afloja entre Linda y el director. El periódico de la mañana destacó la frustración de los vecinos ante la lenta respuesta de la CHA al problema del amianto y la impuntualidad del director aquella tarde. De hecho, podíamos decir que la reunión había supuesto algo parecido a una victoria, puesto que una semana después había obreros por todo Altgeld, vestidos con una especie de traje espacial y mascarilla, sellando cualquier zona que pudiera suponer un peligro inmediato. La CHA también anunció que había pedido al Ministerio de la Vivienda y de Desarrollo Urbano del Gobierno Federal varios millones de dólares de los fondos de emergencia para reparaciones básicas.

Tales concesiones contribuyeron a animar a algunos de los padres, y tras varias semanas restañando nuestras heridas empezamos a reunirnos de nuevo para asegurarnos de que la CHA cumplía sus promesas. Aún así, al menos en lo referente a Altgeld, no podía quitarme la sensación de que la ventana que con tanto esfuerzo habíamos abierto durante un momento se cerraba de golpe una vez más. Linda, Bernadette, el señor Lucas, todos seguían trabajando en el PCD, pero de mala gana, más por lealtad hacia mí que por la que pudieran deber a los demás. Otros vecinos que se habían incorporado en las semanas previas a la reunión nos abandonaron. La señora Reece se negaba a hablar con nosotros y, aunque no eran muchos los que hacían caso de sus ataques contra nuestros métodos y motivos, la disputa sólo servía para reforzar la sospecha entre los vecinos de que el activismo no cambiaría su situación, sino que les acarrearía unos problemas que no necesitaban.

Un mes después de las reparaciones iniciales, nos reunimos con representantes del Ministerio de la Vivienda y Desarrollo Urbano, intentando presionarles para que aprobasen la petición de presupuesto de la CHA. Además de los fondos de emergencia para operaciones de limpieza, la CHA había solicitado al Gobierno Federal más de un billón de dólares para llevar a cabo reparaciones básicas en proyectos por toda la ciudad. Un blanco alto, de aspecto severo, funcionario del Ministerio, repasó las partidas presupuestarias.

—Permítanme que vaya directo al grano —nos dijo—. La CHA no tiene posibilidades de conseguir ni la mitad de la asignación que se le pide. Se puede eliminar el amianto, o se pueden cambiar cañerías y tejados donde sea necesario. Pero no las dos cosas.

—Así que nos está diciendo que, después de todo esto, vamos a estar peor de lo que estábamos —dijo Bernadette.

—Bueno, no exactamente. Pero esas son las prioridades presupuestarias que hoy por hoy nos vienen de Washington. Lo siento.

Bernadette sentó a Tyrone en su regazo.

—Dígaselo a él.

Sadie no vino con nosotros a esa reunión. Me había llamado para decirme que había decidido dejar de trabajar para el PCD.

—Mi marido cree que no es buena idea que pierda todo ese tiempo en lugar de estar cuidando de mi familia. Dice que la publicidad conseguida se me ha subido a la cabeza..., que me he vuelto arrogante.

Le sugerí que mientras que su familia viviese en Altgeld tendría que seguir implicada.

—Señor Obama, nada va a cambiar —dijo—. Vamos a dedicarnos a ahorrar dinero para poder largarnos de aquí cuanto antes.

TRECE

—Te lo digo, tío, vaya un mundo en el que vivimos.

—Dilo, venga, vaya un mundo en el que vivimos.

—Eso es lo que estoy diciendo.

Íbamos caminando de vuelta al coche después de cenar en Hyde Park y Johnnie estaba muy comunicativo. A menudo se sentía así, sobre todo después de una buena comida acompañada de un buen vino. La primera vez que quedé con él, cuando todavía trabajaba con un grupo cívico del centro, empezó a explicarme la relación entre el jazz y las religiones orientales, luego, dando un súbito giro a la conversación, pasó a analizar los traseros de las negras antes de detenerse en la política monetaria del Banco de la Reserva Federal. En momentos tales, sus ojos se abrían de par en par, hablaba más rápido que de costumbre y su barbuda cara redonda se iluminaba como la de un niño. Supongo que esas eran algunas de las razones por las que había contratado a Johnnie, su curiosidad, su amor por lo absurdo. Era un filósofo del *blues*.

—Te pondré un ejemplo —siguió diciendo Johnnie—. El otro día fui a una reunión en la sede del Estado de Illinois. Ya sabes, ese que está abierto en medio, bueno…, el que tiene un gran atrio y todo eso. Bueno, pues el tío al que tenía que ver aún no había llegado, así que estaba por allí mirando al vestíbulo desde la decimosegunda planta, observando la arquitectura, cuando, de repente, un cuerpo me pasa volando. Un suicida.

—No me lo habías contado.

—Ya, bueno, me impresionó bastante. A pesar de lo alto que estaba pude oír el impacto del cuerpo contra el suelo como si hubiera caído a mi lado. Un sonido horrible. En cuanto ocurrió, los empleados de las oficinas corrieron hacia la barandilla para ver qué había pasado. Todos miramos para abajo, y te aseguro que el cuerpo estaba allí, retorcido y desmadejado. La gente empezó a chillar y a taparse los ojos con las manos. Pero lo raro fue que, cuando dejaron de gritar, la gente volvía a la barandilla para mirar de nuevo. Luego todos volvieron a hacer lo mismo: gritar y taparse los ojos. ¿Por qué hacían eso? ¿Qué esperaban ver la segunda vez? La gente es así. No podemos evitar ese morbo asqueroso... Total, que vino la poli, acordonó el lugar y se llevó el cuerpo. Después, el personal de mantenimiento del edificio empezó a limpiar. Nada especial, ya sabes: una escoba y una fregona. Una vida barrida. Todo quedó limpio en cinco minutos. Parece lógico, supongo..., lo que quiero decir es que no se necesita un equipo o un traje especial. Pero me dio que pensar, ¿cómo te sentirías si fueses uno de esos tíos que tuvieron que limpiar los restos? Alguien tiene que hacerlo, ¿no? ¿Pero, podrías cenar esa noche?

—¿Quién era el que saltó?

—¡Esa sí que es buena, Barack! —Johnnie dio una calada al cigarrillo y exhaló el humo lentamente—. Era una chica blanca, tío, de unos dieciséis o diecisiete años. Una de esas *punkis* con el pelo azul y un aro en la nariz. Después me pregunté qué estaría pensando mientras subía en el ascensor. Lo que quiero decir es que debió de haber gente a su lado mientras subía. Quizá la miraron con desprecio, decidieron que era una *freaky* y volvieron a pensar en sus asuntos. Ya sabes, en su propia promoción, en el partido de los Bulls o en algo por el estilo. Y durante todo ese tiempo, la chica, soportando su sufrimiento, estaba con ellos. Y tuvo que sentir mucho dolor, tío, porque antes de saltar te la imaginas mirando hacia abajo, y sabes lo que esa mierda va a doler —Johnnie pisó el cigarrillo para apagarlo—. Así que de eso te estoy hablando, Barack. Del panorama que tenemos por aquí. De toda esa loca mierda que está pasando. Y entonces vas y te preguntas, ¿ocurrirá lo mismo en algún otro sitio? ¿Existen precedentes de toda esta porquería? ¿Te has preguntado eso alguna vez?

—En qué mundo vivimos —repetí.

—¡Venga ya! Esto es serio, tío.

Casi habíamos llegado al coche de Johnnie cuando oímos una pequeña explosión, seca y breve, como el estallido de un globo. Miramos en dirección al ruido y vimos a un joven aparecer por una esquina que quedaba en diagonal a nosotros. No recuerdo exactamente sus rasgos ni cómo vestía, pero no debía tener más de quince años. Sólo que corría a un ritmo desesperado, que sus zapatillas no hacían ruido al tocar el suelo, que sus piernas y brazos se movían arriba y abajo de forma salvaje y que adelantaba el pecho como si fuese a alcanzar la cinta de una meta inexistente.

Johnnie puso cuerpo a tierra en una zona de césped que había delante de uno de los apartamentos y, rápidamente, yo hice lo mismo. Unos segundos después, otros dos chicos doblaron la misma esquina corriendo también a gran velocidad. Uno de ellos, bajo y gordinflón, con unos pantalones grandes arrugados a la altura de los tobillos, agitaba una pequeña pistola. Sin detenerse para apuntar disparó tres tiros rápidos en dirección al primer chico. Entonces, al darse cuenta de que su objetivo estaba fuera de su alcance, aflojó la marcha y empezó a caminar, metiéndose la pistola debajo de la camisa. Su compañero, un muchacho delgado y orejudo, caminaba a su lado.

—Estúpido hijo de puta… —dijo el chico flaco.

Escupió satisfecho y los dos se rieron antes de seguir calle abajo, niños de nuevo, mientras sus cuerpos proyectaban sus sombras achaparradas sobre el asfalto.

Otro otoño, otro invierno. Me había recuperado de la decepción que supuso la campaña del amianto, trabajaba en otros asuntos y con nuevos líderes. La presencia de Johnnie había aliviado mi sobrecarga de trabajo, y nuestro presupuesto era estable. Lo que había perdido de entusiasmo juvenil lo había ganado en experiencia. Y, de hecho, puede que hubiera sido la cada vez mayor familiaridad con el entorno, la sabiduría que otorga el paso del tiempo, lo que me hizo sentir que algo diferente estaba pasando con los jóvenes de South Side aquella primavera de 1987; que habíamos cruzado una línea invisible, que habíamos dejado atrás un callejón oscuro y sin salida.

No había nada en concreto que pudiera destacar, ninguna estadística rotunda. Los tiroteos desde los coches, las sirenas de las ambulancias, los sonidos de la noche en los barrios abandonados a la droga, a las guerras entre bandas y a los automóviles fantasma, esos barrios donde la policía o la prensa rara vez se aventuraban a entrar hasta que no había un cadáver sobre la acera y la sangre se extendía formando un charco brillante y desigual, todo ello seguía siendo la tónica general. En lugares como Altgeld, los historiales delictivos pasaban de padres a hijos durante generaciones. Recuerdo mis primeros días en Chicago, cuando veía grupos de quince o dieciséis jóvenes pasando el rato en las esquinas de Michigan o Halsted, cubiertos con las capuchas de sus sudaderas, las deportivas desatadas, marcando un inconexo ritmo con los pies para entrar en calor durante los meses de frío, y en verano reducida su vestimenta a una simple camiseta, contestando las llamadas de sus buscas desde la cabina más próxima: grupos que se dispersaban para reunirse poco después, cada vez que pasaban los coches de policía, silenciosos como barracudas.

La situación se parecía más a un cambio de atmósfera, como la electricidad que trae una tormenta inminente. Lo sentí una tarde que conducía de vuelta a casa y vi a cuatro chicos altos que mientras caminaban se entretenían destrozando una fila de árboles que acababa de plantar una pareja de ancianos delante de su casa. Lo sentía cada vez que miraba a los ojos de los jóvenes en silla de ruedas que habían empezado a aparecer por las calles aquella primavera, chicos lisiados antes de llegar a la flor de la vida, sin una sola traza de autocompasión en sus ojos, unos ojos tan desprovistos de emoción, tan fríos que, más que inspirar afecto, atemorizaban.

Eso era lo nuevo: la llegada de un equilibrio distinto entre la esperanza y el temor; la sensación, compartida tanto por adultos como por jóvenes, de que algunos, si no la mayoría, de nuestros chicos iban cayendo sin que pudiéramos rescatarlos. Hasta los vecinos de South Side de toda la vida, como Johnnie, notaron el cambio.

—Nunca he visto una cosa así, Barack —me dijo un día mientras, sentados en su apartamento, tomábamos una cerveza—. Lo que quiero decir es que las cosas ya estaban difíciles cuando yo era adolescente, pero había un límite. Nos colocábamos, nos metíamos en peleas. Pero en público, en casa, si un adulto te veía gritando o comportándote mal, te llamaba la atención. Y la mayoría de nosotros le hacíamos caso, ¿entiendes lo que te digo? Ahora, con las drogas y las armas, todo eso ha desaparecido. No hace falta un grupo de chicos con un arma, basta con que sean uno o dos. Alguien llama la atención a uno de ellos y ¡pum!, el tío se lo carga. La gente oye ese tipo de historias y dejan de recriminarles. Luego los juzgamos a todos por igual, como hacen los blancos. Los vemos por ahí pasando el rato y nos vamos por otro lado. Después de un tiempo, hasta los chicos buenos empiezan a darse cuenta de que no hay nadie que vaya a preocuparse por ellos. Así que suponen que tienen que cuidarse por sí mismos. En definitiva, tienes a chavales de doce años que hacen sus propias jodidas leyes —Johnnie le dio un sorbo a su cerveza, su bigote se manchó de espuma—. No sé, Barack. A veces *me* dan miedo. No tienes más remedio que temer a un tío al que nada le importa. Da igual lo jóvenes que sean.

Una vez en mi apartamento, estuve pensando en lo que había dicho Johnnie. ¿Acaso yo tenía miedo? Creía que no…, al menos no de la forma que él daba a entender. Cuando recorría las calles de Altgeld o de otros barrios conflictivos, mis miedos eran siempre internos: el antiguo temor al desarraigo. Nunca pensé en la agresión física. Ocurría lo mismo con la división entre chicos buenos y malos que había hecho Johnnie y que para mí nunca tuvo lógica alguna. Parecía estar basada en una premisa que desafiaba mi experiencia, la suposición de que los jóvenes podían, de alguna forma, fijar las condiciones de su propio desarrollo. Pensé en el hijo de Bernadette —tenía cinco años— correteando por las deterioradas carreteras de Altgeld, entre una planta depuradora y un vertedero. ¿Qué lugar ocupaba él en la escala de la bondad? Si acababa en una banda o en prisión, ¿sería una prueba de la naturaleza de su ser, un gen descarriado…, o sólo la consecuencia de un mundo falto de sustento espiritual?

Y qué decir de Kyle: ¿cómo explicar por lo que estaba pasando? Me recliné en la silla, pensando en el hijo de Ruby. Acababa de cumplir dieciséis años; en los dos años transcurridos desde mi llegada había crecido varios centímetros, ganado en corpulencia y la sombra que tenía encima del labio superior indicaba un primer conato de bigote. Seguía siendo educado conmigo, todavía le gustaba hablar de los Bulls (según él, este sería el año que Jordan los llevaría a la final). Pero cada vez que pasaba por su casa estaba fuera o había salido para reunirse con sus amigos. Algunas noches, Ruby me llamaba por teléfono sólo para hablar de él: que no sabía por dónde andaba, que sus notas seguían empeorando, que le ocultaba cosas, que la puerta de su cuarto siempre estaba cerrada.

No te preocupes, le decía, yo era mucho peor a su edad. Pienso que no me creía, aunque parecía sentirse mejor al escucharlo. Un día me ofrecí para sondear a Kyle, invitándole a disputar un partido de baloncesto de dos contra dos en el gimnasio de la Universidad de Chicago. Durante la mayor parte del camino a Hyde Park permaneció callado, contestando a mis preguntas con un gruñido o encogiéndose de hombros. Le pregunté si seguía pensando en las Fuerzas Aéreas y me dio a entender que no con un movimiento de cabeza. Se quedaría en Chicago, dijo, encontraría un trabajo y un lugar donde vivir. Le pregunté qué le había hecho cambiar de idea. Dijo que en las Fuerzas Aéreas nunca dejarían a un negro pilotar un avión.

Lo miré enfadado.

—¿Quién te ha dicho esa estupidez?

Kyle se encogió de hombros.

—No necesito que nadie me lo diga. Es así, y punto.

—Tío, esa no es la actitud adecuada. Tú puedes hacer lo que quieras si estás dispuesto a esforzarte.

Kyle se rió con aire de suficiencia y giró la cabeza hacia la ventana; el vaho de su respiración empañaba el cristal.

—Vale, bien..., ¿a cuántos pilotos negros conoce?

El gimnasio estaba casi vacío cuando llegamos. Sólo tuvimos que esperar a que acabase un partido antes de entrar en la cancha. Hacía más de seis meses que ni tan siquiera había visto una pelota de baloncesto, y los cigarrillos me pasaban factura. En el primer cuarto, el tío que me cubría me quitó la pelota de las manos limpiamente y cometí una falta, lo cual me valió el abucheo de los jugadores que estaban en la banda. En el segundo, corría por la línea de medio campo cuando empecé a sentirme ligeramente mareado.

Para no continuar sintiéndome avergonzado, decidí quedarme sentado y ver a Kyle jugar. No lo hacía mal, pero estaba cubriendo a un hermano unos cuantos años mayor que yo, un celador del hospital, bajo, aunque agresivo y muy rápido. Después de varias jugadas quedó claro que el tío había calado a Kyle. Marcó tres canastas seguidas y empezó a decir lo típico en estos casos.

—¿Es eso todo lo que sabes hacer, chico? ¿Cómo puedes dejar que un viejo como yo te deje en tan mal lugar?

Kyle no respondió, pero el juego de ambos se volvió violento. En la siguiente jugada, mientras el celador buscaba la canasta, Kyle le entró duro. El hombre le lanzó la pelota al pecho, después se volvió hacia uno de sus compañeros.

—¿Ves? Este chorizo no me sabe cubrir...

De repente, sin más, Kyle se dio la vuelta. Su puño golpeó de lleno la mandíbula del celador, que cayó al suelo. Corrí hasta la cancha. Los otros jugadores contuvieron a Kyle. La voz le temblaba, mientras que con los ojos abiertos de par en par miraba cómo el tío trataba de ponerse en pie y escupía un sangriento salivazo.

—No soy ningún chorizo —dijo Kyle entre dientes—. No soy ningún chorizo —repitió.

Tuvimos suerte, ya que alguien había llamado al guardia de seguridad que estaba escaleras abajo, pero el celador estaba demasiado avergonzado para denunciar el incidente. De vuelta a casa le leí la cartilla, le hablé sobre cómo debía mantener la calma, de la responsabilidad y de la inutilidad de la violencia. Mis palabras sonaron trilladas, Kyle no me respondió, siguió sentado mirando fijamente la carretera. Cuando terminé, se giró hacia mí y me dijo:

—No se lo digas a mamá, ¿vale?

Pensé que era una buena señal. Le dije que no contaría a Ruby lo que había pasado siempre que él lo hiciera, y accedió a regañadientes.

Kyle era un buen chico; todavía había cosas que le importaban. ¿Sería eso suficiente para salvarle?

Una semana después de la aventura que Johnnie y yo tuvimos en Hyde Park decidí que era hora de aceptar el reto que suponían los colegios públicos.

A los dos nos parecía lógico preocuparnos de este tema. La segregación ya había dejado de ser un tópico importante. Los blancos lo tenían todo, pero daban la espalda al sistema. No había masificación, al menos en los institutos de los barrios de población negra; pero sólo la mitad de los alumnos admitidos se tomaban la molestia de continuar hasta que se graduaban. Por lo demás, los colegios de Chicago seguían estando en una situación de crisis perpetua: presupuestos anuales deficitarios en millones de dólares; escasez de medios, desde libros de texto a papel higiénico; un sindicato de profesores que se declaraba en huelga al menos una vez cada dos años; un exceso de burocracia y una Asamblea legislativa estatal indiferente frente a estos asuntos. Cuanto más conocía el sistema más me convencía de que la reforma escolar era la única solución posible para paliar la grave situación de los jóvenes que veía en la calle; de que sin estabilidad familiar, sin la perspectiva de un trabajo manual que garantizara la manutención de sus familias, la educación era su última y mejor esperanza. Por eso, en abril, en medio de otros asuntos, elaboré un plan de acción y comencé a difundirlo entre mis colaboradores.

La respuesta fue decepcionante.

En parte era una cuestión de egoísmo, de descoordinación comunitaria. En la iglesia los feligreses de más edad me decían que ya habían criado a sus hijos; las madres más jóvenes, como Ángela y Mary, habían enviado a los suyos a colegios católicos. Sin embargo, apenas se hablaba del principal foco de resistencia, es decir, del incómodo hecho de que todas nuestras iglesias estaban repletas de profesores, directores e inspectores de distrito. Muy pocos de estos educadores enviaban a sus hijos a colegios públicos; los conocían demasiado bien para hacerlo. Pero defendían la situación vigente con la misma habilidad y vigor que sus homólogos blancos lo habían hecho dos décadas antes. Según ellos no había suficiente dinero para hacer bien el trabajo (lo cual era totalmente cierto). Las iniciativas reformistas —descentralización o reducción de la burocracia— formaban parte de un esfuerzo de los blancos para volver a hacerse con el control (lo que no era tan cierto). En cuanto a los alumnos, bueno, eran imposibles, vagos, rebeldes, lentos. Quizá no fuera culpa de los chicos, pero desde luego no lo era de los colegios. Puede que no haya jóvenes malos, Barack, pero seguramente hay muchos malos padres.

En mi mente, estas conversaciones simbolizaban el acuerdo tácito que habíamos suscrito en la década de 1960, un acuerdo que permitía progresar a la mitad de nuestros hijos, aunque la otra mitad se quedara muy por detrás. Es más, dichas conversaciones me ponían furioso; y a pesar del tibio apoyo de nuestra junta directiva, tanto Johnnie como yo decidimos seguir adelante y visitar algunas escuelas del distrito, esperando aumentar el número de residentes de la zona involucrados en nuestro proyecto que, hasta ese momento, estaba circunscrito a los jóvenes padres de Altgeld.

Comenzamos por el instituto de Kyle que era el que gozaba de la mejor reputación. Lo formaba un solo edificio, relativamente nuevo, con un aire impersonal y descuidado: pilares de hormigón desnudos, largos pasillos austeros y ventanas que no podían abrirse, con los cristales tan opacos como las de los invernaderos. El director, un hombre atento y bien parecido llamado Lonnie King, nos dijo que estaba muy ilusionado por trabajar con grupos comunitarios como el nuestro. Mencionó que uno de los tutores del colegio, un tal señor Asante Moran, tenía previsto poner en marcha un programa de tutelaje dirigido a jóvenes del colegio, y sugirió que debíamos conocerlo.

Siguiendo las indicaciones del señor King, llegamos a un pequeño despacho en la parte trasera del edificio. Estaba decorado con temas afri-

canos: un mapa del continente, grabados de antiguos reyes y reinas africanos, una colección de tambores y calabazas y un tapiz de estilo kente
colgado de la pared. Detrás de la mesa estaba sentado un hombre alto, de
mandíbula prominente, con un gran bigote parecido a un manillar. Iba
vestido como si hubiese salido de un cuadro africano, una pulsera de
pelo de elefante ceñía su gruesa muñeca. En principio no pareció muy
interesado (tenía una pila de exámenes sobre la mesa y la llamada del
señor King, pensé, había sido una interrupción inoportuna). No obstante
nos ofreció asiento y dijo que le llamásemos Asante, y, conforme se fue
haciendo patente nuestro interés, empezó a explicarnos algunas de sus
ideas.

—Lo primero que tienen que comprender —dijo, mirándonos a
Johnnie y a mí alternativamente—, es que el sistema público de enseñan-
za no está hecho para educar niños negros. Nunca lo ha estado. Los colegios de los barrios marginados se basan en el control social. Punto. Fun-
cionan como rediles, cárceles en miniatura para ser más exactos. Y hasta
que los niños negros no empiecen a escapar del redil y a molestar a los
blancos, la sociedad no prestará la menor atención al problema de la
educación de estos niños. Piensen en lo que implicaría una buena educación para estos chicos. Empezaría por hacer que cada uno de ellos tuviera conciencia de *sí mismo*, de *su* mundo, de *su* cultura, de *su* comunidad.
Ese es el punto de partida de cualquier proceso educativo. Eso es lo que
despierta sus ganas de aprender: la promesa de formar parte de algo, de
controlar su entorno. Pero para un chico negro desde el primer día todo
está al revés. ¿Qué es lo que está aprendiendo?: la historia y la cultura de
otros. Y es más, la cultura que se supone debe aprender es la misma que
lo rechaza de manera sistemática, la que niega su condición humana.

Asante se reclinó en su silla con las manos recogidas sobre el estómago.

—¿Es de extrañar, entonces, que pierdan el interés por aprender? Desde
luego que no. Y es aún peor para los chicos. Las chicas tienen al menos
mujeres mayores con las que hablar, sus madres. Pero los chicos no tienen a nadie. La mitad de ellos ni siquiera conocen a su padre. No hay
quien pueda guiarles durante el proceso que les convertirá en hombres...,
de explicarles el significado de la hombría. Y esa es la mejor receta para
el desastre. Porque, en cualquier sociedad, los jóvenes tienen tendencias
violentas. Y, esas tendencias, o bien se controlan y dirigen hacia actividades creativas o acaban destruyéndolos, a la sociedad, o a ambos. Y eso

es lo que encontramos aquí. Donde puedo intento llenar el vacío. Les enseño historia, geografía, y tradiciones artísticas de África. Trato de inculcarles una escala diferente de valores, algo que contrarreste el materialismo, el individualismo y la gratificación inmediata con la que los bombardean las restantes quince horas del día. Les enseño que los africanos son gente que vive en comunidad, que respetan a sus mayores. Algunos de mis colegas europeos se sienten amenazados por mi discurso, pero les digo que no trato de denigrar otras culturas sino de proporcionar una sólida base a estos jóvenes, pues a menos que estén enraizados en sus tradiciones nunca serán capaces de apreciar lo que el resto del mundo puede ofrecerles…

Alguien llamó a la puerta, un joven larguirucho irrumpió en el despacho. Asante se disculpó: tenía otra cita, pero dijo que le gustaría reunirse de nuevo con nosotros y discutir posibles programas para los jóvenes de la zona. Mientras nos acompañaba hasta la puerta me preguntó el origen de mi nombre, yo le hablé de mis antecedentes.

—¡Eso era lo que pensaba! —dijo, sonriendo, Asante— ¿Sabe?, fue el país que elegí en mi primer viaje al continente. Kenia. Hace quince años, pero aún lo recuerdo como si hubiese sido ayer. Cambió mi vida para siempre. La gente era tan hospitalaria. Y la tierra…, nunca he visto algo tan hermoso. Me sentí como en casa —su cara se iluminó al recordar el pasado—. ¿Cuándo fue la última vez que estuvo allí?

Dudé.

—En realidad, nunca he estado allí.

Por un momento, Asante parecía confuso.

—Bueno… —dijo tras una pausa—, estoy seguro de que, cuando vaya, también cambiará su vida.

Dicho esto nos estrechó la mano, hizo un gesto al joven que estaba esperando en el hall para que pasase y cerró la puerta tras él.

Johnnie y yo permanecimos en silencio la mayor parte del camino de vuelta a la oficina. Nos encontramos con tráfico lento, y entonces Johnnie me dijo:

—¿Te puedo preguntar algo, Barack?

—Claro.

—¿Por qué no has ido nunca a Kenia?

—No lo sé. Quizá tengo miedo de lo que me pueda encontrar allí.

—¡Ah! —Johnnie encendió un cigarrillo y bajó la ventana para que saliera el humo— Es curioso —dijo—, como el escuchar a Asante me ha hecho pensar en mi viejo. No es que tenga mucha cultura ni nada parecido. No sabe ni dónde está África. Cuando mi madre murió, tuvo que criarnos él solo a todos los hermanos. Estuvo conduciendo un camión de repartos para Spiegel durante veinte años. Lo despidieron antes de que pudiera tener derecho a una pensión, así que todavía trabaja para otra compañía, pero haciendo lo mismo todos los días. Cargando los muebles de otros. Me parece que nunca disfrutó de la vida, ya sabes lo que quiero decir. Los fines de semana solía quedarse en casa, algunos de mis tíos iban a visitarle, bebían, escuchaban música y se quejaban del comportamiento de sus jefes durante la semana. El jefe hizo esto, el jefe hizo lo otro. Pero si alguno hablaba de hacer algo diferente o tenía una idea nueva, los demás lo despedazaban. «¿Cómo va un jodido *nigger* como tú a poner un negocio?», decía alguno de ellos. «Quítale ese vaso a Jimmy, el vino se le ha subido a la cabeza», apostillaba otro. Y reían, pero no en su interior, yo lo sabía. A veces, si andaba por allí, mis tíos la tomaban conmigo. «Oye, *chico*, seguro que tienes la cabeza bien dura» «¡Eh! *chico*, estás empezando a hablar como un blanco, con sus misma grandes palabras».

Johnnie lanzó un chorro de humo hacia la neblina exterior.

—Cuando estaba en el instituto me avergonzaba de él. De mi viejo, quiero decir. Trabajando como un burro y emborrachándose con sus hermanos. Juré que nunca acabaría así. Pero, ¿sabes?, después, cuando lo pensaba, me daba cuenta de que mi viejo nunca se reía cuando le decía que quería ir a la universidad. Quiero decir que nunca dijo nada a favor ni en contra, pero siempre se aseguró de que mi hermano y yo nos levantáramos para ir al colegio, de que no tuviéramos que trabajar, de que no nos faltase algún dinerillo para nuestros gastos. Recuerdo que el día de mi graduación apareció trajeado y con corbata, luego me dio la mano. Eso fue todo..., me dio la mano, y después volvió al trabajo...

Johnnie dejó de hablar. El tráfico se había despejado. Empecé a pensar en los grabados que había en el despacho de Asante —en el de Nefertiti en su trono de oro, regia, piel oscura; en el de Shaka Zulu, temible y orgulloso en su túnica de piel de leopardo—, y después mi pensamiento voló años atrás, hasta el día de antes de la visita de mi padre, en que fui a la biblioteca en busca de mi reino mágico, de mi gloriosa herencia. Me preguntaba qué importancia tendrían esos grabados para el chico que acabábamos de dejar en el despacho de Asante. Probablemente no tanta como para el propio Asante, pensé. Un hombre dispuesto a escuchar. Una mano tendida a los jóvenes.

—Él estuvo allí —le dije a Johnnie.

—¿Quién?

—Tu padre. Estuvo allí por ti.

Johnnie se rascó el brazo.

—Sí, eso creo Barack.

—¿Se lo has dicho alguna vez?

—No, no se nos da muy bien hablar —Johnnie miró por la ventanilla, después se volvió hacia mí—. Quizá debería hacerlo, si...

—Sí, John —le dije, asintiendo—. Quizá deberías hacerlo.

En los dos meses siguientes, Asante y la directora Collier nos ayudaron a desarrollar una propuesta para crear una red de asesoramiento dirigida a los jóvenes, algo que proporcionase a los adolescentes que estaban en peligro un servicio de orientación y tutoría, y que también involucrase a los padres en un calendario de reformas a largo plazo. Se trataba de un proyecto emocionante, pero mi mente estaba en otro lugar. Cuando la propuesta estuvo definida, le dije a Johnnie que iba a estar fuera unos días, pero que él debía seguir adelante con algunas de las reuniones que habíamos concertado para conseguir un apoyo más amplio.

—¿A dónde vas? —me preguntó.

—A ver a mi hermano.

—No sabía que tuvieras un hermano.

—No hace mucho que lo tengo.

A la mañana siguiente volé a Washington D. C., donde ahora vivía mi hermano Roy. La primera vez que hablamos fue durante la visita de Auma a Chicago; ella me contó que Roy se había casado con una empleada del Cuerpo de Paz Americano y que se había trasladado a los Estados Unidos. Un día lo llamamos para saludarlo. Parecía contento de tener noticias nuestras y, al escuchar su voz profunda y serena, parecía que siempre hubiésemos estado en contacto. Su trabajo, su esposa, su nueva vida en Estados Unidos, todo era «maravilloso», dijo. Pronunció la palabra lentamente, prolongando las sílabas: «ma-raa-vi-lloo-so». Una visita mía sería «fan-tás-tii-caa». Quedarme en su casa con él y su esposa no supondría «niin-gún proo-blee-ma». Después de colgar el teléfono, le dije a Auma que parecía que estaba bien. Ella me miró con gesto de duda.

—Bueno, con Roy nunca se sabe —me dijo—. No siempre muestra sus verdaderos sentimientos. En ese sentido es como el Viejo. De hecho, aunque no se llevaban bien, me lo recuerda en muchas cosas. Al menos, así era en Nairobi. No lo veo desde el funeral de David, y puede que el matrimonio lo haya calmado.

Auma no dijo mucho más; aunque según ella tenía que conocerlo. Así que lo volví a llamar y, juntos, organizamos la visita. Yo volaría hasta Washington para pasar un fin de semana largo, veríamos los lugares de interés turístico y lo pasaríamos estupendamente. Pero cuando lo busqué en la cada vez más vacía sala de llegadas nacionales, no vi a Roy por ninguna parte. Llamé a su casa y me contestó él con tono de excusa.

—Escucha, hermano, ¿te puedes quedar en un hotel por esta noche?

—¿Por qué? ¿Pasa algo?

—Nada serio. Es que, bueno, he tenido una pequeña discusión con mi esposa. Y no creo que sea muy buena idea que te quedes aquí esta noche, ¿comprendes?

—Claro...

—Llámame cuando encuentres un hotel, ¿vale? Nos veremos esta noche para cenar. Te recogeré a las ocho.

Me quedé en la habitación más barata que pude encontrar, y esperé. A las nueve llamaron a la puerta. Cuando abrí me encontré con un hombre grande, con las manos en los bolsillos y una sonrisa que dejaba entrever una bonita dentadura a lo largo de su tez de ébano.

—¡Eh, hermano! —dijo— ¿Cómo te va?

En las fotografías que tenía de Roy aparecía más espigado, vestía un blusón con estampado africano, el pelo a lo afro, perilla y bigote. El hombretón que me abrazaba ahora diría que pesaba más de cien kilos y tenía los pómulos aplastados bajo unas pesadas gafas. La perilla había desaparecido, la camisa africana había sido sustituida por un chaquetón deportivo gris, camisa blanca y corbata. Auma tenía razón, pensé. Su parecido con el Viejo era desconcertante. Mirando a mi hermano, sentía como si tuviera diez años otra vez.

—Has ganado algo de peso —le dije cuando nos dirigíamos a su coche.

Roy se miró el estómago y le dio una palmadita.

—Tío, es la comida rápida. Está por todos lados. McDonald's, Burger King. Ni siquiera tienes que bajarte del coche para comer. Dos porciones de carne, salsa especial, lechuga, queso. El Double Whooper con queso —sacudió la cabeza—. Lo puedes tener sobre la marcha. ¡Como te guste! ¡Fantástico!

Echó la cabeza hacia atrás y comenzó a reír, emitiendo un sonido mágico, interno, que hacía temblar todo su cuerpo, como si no pudiese resistir las maravillas que esta nueva vida le ofrecía. Su risa era contagiosa, aunque yo no me reía mientras íbamos camino del restaurante. Su Toyota era demasiado pequeño para él —parecía un niño en un auto de choque— y, según vi, no dominaba del todo ni el cambio de marcha ni las reglas de tráfico, incluido el límite de velocidad. En dos ocasiones casi chocamos de frente; y en otra saltamos el bordillo al tomar una curva.

—¿Siempre conduces así? —le grité, tratando de hacerme oír por encima de la música que sonaba a todo volumen en su radiocasete.

Roy sonrió y cambió a quinta.

—¿No se me da muy bien, eh? Mary, mi mujer, también se queja siempre. Especialmente desde el accidente...

—¿Qué accidente?

—¡Ah!, no fue nada. Ya ves que todavía sigo aquí. ¡Vivo y coleando!

Y nuevamente se empezó a reír moviendo la cabeza, como si el coche funcionase al margen de él, como si el que llegásemos a salvo fuese una muestra más de la bendición divina.

El restaurante era mejicano, estaba junto a un puerto deportivo, y elegimos una mesa con vistas al agua. Pedí una cerveza, Roy una margarita. Durante un rato sostuvimos una conversación intrascendente sobre mi trabajo y su empleo como contable en una gran sociedad financiera. Comió con apetito, bebió otro margarita, y entre bromas y risas me contó sus aventuras en Norteamérica. Pero durante la cena empezó a notarse el esfuerzo que estaba haciendo. Finalmente, no pude evitar preguntarle por qué no nos había acompañado su mujer. Su sonrisa se desvaneció.

—Creo que nos vamos a divorciar —dijo.

—Lo siento.

—Dice que está harta de que salga hasta tan tarde. Que bebo demasiado. Que cada día me parezco más a mi padre.

—¿Y qué crees tú?

Bajó la cabeza y me miró con gesto triste; las llamas de las velitas de la mesa reflejadas en los cristales de sus gafas parecían bailar como diminutas hogueras.

—Lo cierto es que —dijo echándose hacia delante—, no me gusto. Y culpo al Viejo por ello.

Durante la hora siguiente me volvió a referir los momentos difíciles de los que Auma ya me había hablado: cómo lo arrancaron de los brazos

de su madre, alejándolo de todo lo que conocía; el repentino empobreci-
miento del Viejo; las discusiones, la ruptura y la huida final. Me contó
cómo había sido su vida después de abandonar la casa de nuestro padre;
cómo, yendo de la casa de un familiar a la de otro, logró que lo admitieran
en la Universidad de Nairobi, el empleo que, una vez graduado, consiguió en una empresa local de contabilidad; cómo, sin ayuda de nadie,
había aprendido a ser disciplinado en el trabajo, llegando siempre temprano y terminando sus tareas, a pesar de que hubiera salido hasta muy
tarde la noche anterior. Al escucharlo sentí la misma admiración que
cuando Auma me habló de su vida, la tenacidad que ambos habían demostrado, la misma fuerza obstinada que les había permitido superar los
momentos difíciles. Excepto que en Auma había percibido la voluntad
de dejar atrás el pasado, la capacidad de perdonar, aunque no de olvidar.
Los recuerdos que Roy tenía del Viejo parecían más recientes, más sar-
cásticos; para él, el pasado seguía siendo una herida abierta.

—Nada le parecía lo suficientemente bueno —me dijo mientras, retiraban nuestros platos—. Era listo, y nunca te dejaba que lo olvidases. Si
venías a casa siendo el segundo de tu clase, te preguntaba por qué no
habías sido el primero. «Eres un Obama», decía. «Deberías ser el mejor». Y realmente lo creía. Pero después lo veía borracho, arruinado, viviendo como un mendigo; y entonces me preguntaba cómo alguien tan
listo podía caer tan bajo. Para mí no tenía ningún sentido. Ninguno. Incluso después de que me fuese a vivir solo, incluso después de su muerte, seguí intentando resolver este enigma. Era como si no pudiera escapar de su influjo. Recuerdo que tuvimos que llevar su cuerpo a Alego
para el funeral y yo, como primogénito, era responsable de los preparativos. El gobierno quería un entierro cristiano. La familia quería un entierro musulmán. Vino gente de todas partes a Home Square; lo velamos
según la tradición luo, quemando un tronco durante tres días y escuchando cómo la gente lloraba y gemía. No conocía ni a la mitad de los que
estaban allí. Sólo querían comida y cerveza. Algunos murmuraban que el
Viejo había sido envenenado y yo debía vengarlo. Otros robaron cosas
de la casa. Después, la familia se enzarzó en una tremenda disputa por la
herencia. La última novia del Viejo, la madre de nuestro hermano George,
lo quería todo. Nuestra tía Sarah estaba de su parte. Otros se pusieron del
lado de la familia de mi madre. Te lo aseguro, ¡fue una locura! Todo
parecía ir mal. Cuando terminó el funeral yo quería estar solo. La única
persona en la que confiaba era David, nuestro hermano pequeño. Un tío

legal. Se parecía un poco a ti, sólo que era más joven, tenía quince o dieciséis años. Su madre, Ruth, lo había criado como a un americano. Pero, ¿sabes? David se rebeló. Quería a todo el mundo. Huyó de casa y se vino a vivir conmigo. Le dije que tenía que volver a su casa, pero se negó. No quería ser norteamericano, dijo. Era africano. Era un Obama. Cuando David murió todo acabó para mí. Estaba seguro de que nuestra familia estaba maldita. Empecé a beber, a pelearme, nada me importaba. Imaginé que si el Viejo había muerto, que si David había muerto, yo tenía que morir también. A veces me pregunto qué habría pasado si me hubiera quedado en Kenia. Pero entonces allí estaba Nancy, la chica norteamericana con la que había estado saliendo. Había vuelto a los Estados Unidos, así que un día la llamé y le dije que quería ir allí. Cuando me dijo que sí, me compré un billete y cogí el primer avión a Washington. No hice la maleta, no di aviso en la oficina, ni dije adiós a nadie, nada. Pensé que podía empezar desde cero. Pero ahora sé que es imposible. Te crees que lo puedes controlar, pero eres como una mosca en una telaraña. A veces pienso que por eso me gusta la contabilidad. Te pasas todo el día manejando números. Los sumas, los multiplicas, y, si tienes cuidado, siempre encuentras una solución. Hay continuidad. Con los números puedes tener control...

Roy le dio otro sorbo a su bebida y, de repente, su discurso se relentizó, como si hubiera caído en un pozo profundo, como si nuestro padre lo hubiera poseído.

—Ya lo ves, soy el mayor. Según la tradición luo ahora soy el cabeza de familia. Soy responsable de ti, de Auma, y de los más pequeños. Es responsabilidad mía que las cosas vayan bien. Pagar los colegios de los menores. Asegurarme de que Auma se case adecuadamente. Construir una casa en condiciones y reunir a la familia.

Me incliné sobre la mesa para cogerle la mano.

—No tienes que hacerlo tú solo, hermano —le dije—. Podemos compartir la carga.

Pero era como si no me hubiera oído, seguía mirando por la ventana, cuando, como si saliera de un trance, le hizo una seña a la camarera.

—¿Quieres beber algo más?—Mejor pedimos la cuenta.

Roy me sonrió.

—Veo que te preocupas demasiado, Barack. Ese también es mi problema. Creo que tenemos que aprender a dejarnos llevar por la corriente. ¿No es eso lo que decís aquí? «Déjate llevar por la corriente...»

Roy volvió a reír, tan alto que la gente de la mesa de al lado se volvió para mirar. Pero la magia ya se había esfumado de su risa; ahora sonaba hueca, como si viajáramos por un amplio espacio vacío.

Al día siguiente cogí un avión (Roy necesitaba pasar algún tiempo con su mujer y yo no tenía dinero para pagar otra noche de hotel). Desayunamos juntos, y con la luz de la mañana parecía más animado. En la puerta de embarque del aeropuerto nos dimos la mano y nos abrazamos, prometió visitarme una vez las cosas se hubiesen arreglado. En el vuelo a Chicago, y durante el resto del fin de semana, no pude dejar de pensar que Roy, en cierto modo, estaba en peligro, que los viejos demonios lo arrastraban hacia el abismo y que yo, si fuera mejor hermano, debería intervenir para evitar su caída.

Seguía pensando en Roy cuando Johnnie entró en mi despacho a última hora de la tarde del lunes.

—Has vuelto antes de tiempo —dijo—. ¿Qué tal el viaje?

—Bien. Fue agradable ver a mi hermano —asentí mientras tamborileaba con los dedos en el filo de mi mesa—. ¿Y qué ha pasado mientras he estado fuera?

Johnnie se dejó caer en una silla.

—Bueno —dijo—, nos hemos reunido con un senador del Estado. Se ha comprometido a presentar un proyecto de ley para conseguir fondos para un programa piloto. Tal vez menos de medio millón, pero será suficiente.

—Eso es magnífico. ¿Y qué hay de los directores de institutos?

—Acabo de volver de una reunión con el señor King, el director del colegio de Asante. Los demás no me han devuelto la llamada.

—Está bien. ¿Qué te ha dicho el señor King?

—¡Bueno! Se deshizo en sonrisas —dijo Johnnie—. Se mostró encantado con la propuesta. Y se entusiasmó cuando supo que podríamos conseguir fondos. Me dijo que animaría a otros directores para que trabajasen con nosotros y que contásemos con su apoyo. «No hay nada más importante que salvar a nuestros jóvenes», dijo.

—Suena bien.

—De acuerdo. *Suena* bien. Entonces, cuando estaba a punto de salir de su despacho, va y me da *esto*, así, de repente.

Johnnie metió la mano en su maletín y me dio unos papeles. Leí unas cuantas líneas antes de devolvérselo.

—¿Un currículum?

—Pero no es un currículum cualquiera, Barack. Es el currículum de su *mujer*. Parece que se aburre en casa y el señor King piensa que sería una «excelente» directora para nuestro programa. Sin prisas, ¿entiendes? Considerarlo una vez que se haya asignado el dinero, ya sabes lo que quiero decir.

—Te dio el currículum de su esposa...

—No sólo el de ella —Johnnie volvió a meter la mano en su maletín, y sacó otro folio que agitó ante mí—. ¡También el de su hija! Me dijo que sería una «excelente» asesora.

—¡No...!

—Escucha, Barack, el tío ya lo había calculado todo. ¿Y, sabes? Mientras estuvimos hablando ni pestañeó. Actuó como si fuera la cosa más natural del mundo. Fue increíble —Johnnie, que no dejaba de negar con la cabeza, de repente se puso a gritar como si fuera un predicador—. ¡Jesucristo! ¡El doctor Lonnie King! ¡Ese sí que es un hermano valiente! ¡Un hermano emprendedor! El programa aún no ha empezado y él ya tiene planes de futuro.

Empecé a reírme.

—¡No quiere sólo *un* trabajo! ¡Quiere *dos*! Vas a hablar con él sobre los chicos y te da el jodido currículum de toda su familia...

Siguiendo la broma grité:

—¡Doctor Lonnie King! ¡Jesucristo! ¡El doctor Lonnie King!

A Johnnie le dio la risa nerviosa y yo no pude evitar imitarle, hasta que literalmente nos partimos de risa, tomábamos aire y repetíamos de nuevo el nombre —«¡Doctor Lonnie King!»— como si contuviera la mayor de las verdades, el elemento más básico de un mundo elemental. No paramos de reír hasta que enrojecimos y nos dolía el costado, hasta llorar, hasta que nos sentimos completamente exhaustos y no podíamos más, entonces decidimos tomarnos el resto del día libre e ir a buscar un par de cervezas.

Esa noche, bien pasadas las doce, un coche se detuvo delante de mi edificio, con varios adolescentes dentro y unos altavoces tan potentes que el suelo de mi apartamento empezó a temblar. He aprendido a ignorar tales alborotos. ¿A dónde van a ir si no?, me dije. Pero esa noche en particular tenía a alguien en casa; además, mis vecinos de al lado acababan de llegar con su hijo recién nacido, así que me puse unos bermudas y fui escaleras abajo para charlar con nuestros visitantes nocturnos. Conforme me iba acercando al coche cesaron las voces y todas las cabezas se volvieron hacia mí.

—Escuchad, aquí hay gente que está intentando dormir. ¿Por qué no vais a otro sitio?

Los cuatro chicos que estaban en el interior del coche no dijeron palabra, ni siquiera se movieron. El viento despejó mi somnolencia y, de repente, allí sobre la acera, en medio de la noche y vestido con unos bermudas, me sentí totalmente desamparado. El interior del coche estaba demasiado oscuro para ver sus caras, así que no podía intuir su edad, si estaban sobrios o borrachos, ni sus intenciones. Uno de ellos podía ser Kyle. Otro podía ser Roy. Un tercero podía ser Johnnie. El cuarto podía ser yo. Allí, de pie, traté de recordar los días en que también me sentaba en un coche, invadido por un rencor que no sabía expresar y desesperado por demostrar cuál era mi lugar en el mundo. La sensación de que la razón estaba de mi parte cuando le gritaba a Gramps por algún motivo ahora olvidado. Cómo me ardía la sangre en una pelea de instituto. El contoneo con que entraba en clase cuando estaba colocado o bebido, sabiendo que mis profesores detectarían mi aliento a cerveza o a porro, desafiándoles a que me dijeran algo. Trato de verme a mí mismo a través de los ojos de esos chicos, en esos momentos personifico, aunque esporádicamente, la autoridad, y sé lo que deben estar pensando: si uno sólo de ellos no puede acabar conmigo, los cuatro sí que podrán.

Pienso en esa compleja y vociferante afirmación de la personalidad —mientras trato de leer sus imperceptibles caras en la oscuridad del interior del coche—, y en que para esos jóvenes, que pueden ser más fuertes o más débiles de lo que lo era yo a su edad, la única diferencia que cuenta es que el mundo en el que yo pasé esos años difíciles era mucho más compasivo. Estos chicos no tienen margen para el error; si llevan armas no les ofrecerán ninguna protección ante esa verdad. Y es esa verdad, que seguramente perciben pero que no pueden admitir y que, de hecho, deben rechazar si quieren despertarse mañana, es la que le ha forzado a ellos, o a otros como ellos, a cerrar finalmente la puerta a cualquier tipo de compasión que una vez pudieron sentir. Su desafiante masculinidad no podrá ser frenada, como al final lo fue la mía, por la sensación de tristeza producida por el orgullo herido de un hombre mayor. A su rabia no la detendrá la sensación de miedo que se apoderaba de mí cuando le partía un labio a otro chico o conducía a toda velocidad por la autopista con la ginebra nublándome la mente. Mientras permanecía allí, de pie, me vi pensando que en algún momento la culpa y la empatía le dicen a ese sentido que yace enterrado que se necesita un cierto orden, no necesariamente el orden social existente, sino algo más fundamental y más exigente; un sentido que trascienda a ese que has puesto en riesgo, un deseo que, sin importar lo fluido que a veces pueda parecer tal orden, no se esfume en el universo. Sospecho que para estos chicos la búsqueda de ese orden será larga y difícil: un orden que los considere como algo más que objetos de miedo o escarnio. Y esa sospecha me aterroriza, porque ahora tengo un lugar en el mundo, un empleo, un programa que seguir. Y por mucho que me quiera convencer de lo contrario, esos chicos y yo nos estamos separando, viviendo en tribus que hablan un idioma diferente y se rigen por normas distintas.

El motor se puso en marcha y el coche chirrió al alejarse. Me volví a mi apartamento con la certeza de que había sido estúpido y afortunado. Con la certeza de que, después de todo, estaba asustado.

CATORCE

El edificio se levantaba en uno de los barrios más antiguos del South Side. Aunque parecía sólido necesitaba urgentemente algunas reparaciones en la fachada y quizá un tejado nuevo. La iglesia era oscura, varios de los bancos estaban desvencijados y astillados; la moqueta rojiza desprendía un olor rancio y húmedo; en varios puntos el entarimado del suelo se levantaba o se hundía como la superficie de una pradera. El despacho del reverendo Philips era igual de vetusto y pobre, estaba alumbrado por una anticuada lámpara de sobremesa que proyectaba un mortecino resplandor ámbar por toda la habitación. Incluso el reverendo Philips era viejo. Con las persianas bajadas, rodeado por montones de polvorientos libros antiguos y tan inmóvil como un retrato, parecía desvanecerse en la pared. Sólo su níveo cabello era visible, su voz, grandilocuente e incorpórea, era como si emanara de un sueño.

Estuvimos hablando casi una hora, sobre todo de la iglesia. No tanto de su iglesia como de la Iglesia, la iglesia históricamente negra, la iglesia como institución, la iglesia como concepto. El reverendo era un erudito, comenzó la conversación relatándome la historia de la religión de los esclavos, me habló de los africanos que, una vez desembarcados en tierras hostiles, se sentaron alrededor del fuego y fusionaron los nuevos mitos con los ritmos antiguos, por lo que sus cantos se convirtieron en el receptáculo de las ideas más radicales: supervivencia, libertad y esperanza. El reverendo prosiguió su relato recordando la iglesia sureña de su juventud: un pequeño edificio de madera, encalado, construido con el sudor y los peniques ahorrados trabajando el campo, donde en las calurosas y radiantes mañanas de los domingos todo el silencioso horror y las heridas abiertas durante la semana se diluían entre lágrimas y un clamor de agradecimientos. Las rítmicas palmadas, las manos, trémulas, al viento como abanicos avivando las ascuas de esas mismas obstinadas ideas: supervivencia, libertad y esperanza. Abordó el tema de la visita de Martin Luther King a Chicago, me dijo que había sido testigo de los celos que surgieron entre algunos de los pastores de King, de su miedo a que les usurparan el cargo; de la aparición de los musulmanes negros, cuya rabia el reverendo Philips comprendía: era su propia rabia, una rabia de la que él no esperaba librarse del todo jamás, pero que había aprendido a controlar mediante la oración (y que había procurado no transmitir a sus hijos).

Luego me habló de las iglesias de Chicago. Había cientos de ellas y parecía conocerlas todas: las pequeñas instaladas en locales comerciales y las que se ubicaban en grandes edificios de piedra; las congregaciones de negros charol*, erguidos en sus asientos como cadetes militares, entonando sus severos himnos, las de los carismáticos, que se convulsionan mientras sus cuerpos expresan el ininteligible lenguaje de Dios. La mayoría de las iglesias importantes de Chicago habían sido una mezcla de estas dos, me explicó el reverendo Philips, un ejemplo de las bendiciones ocultas de la segregación, la forma de obligar al abogado y al médico a vivir y a rezar junto a la sirvienta y el obrero. Al igual que un enorme corazón palpitante, la iglesia hacía circular mercancías, información, valores e ideas que iban y venían, una y otra vez, entre ricos y pobres, cultos y analfabetos, pecadores y justos.

No estaba seguro, dijo, del tiempo que su iglesia seguiría cumpliendo esa función. Sus feligreses más acomodados se habían mudado a barrios mejores en las afueras. Aunque seguían volviendo cada domingo, bien fuese por lealtad o costumbre. Pero su implicación ya no era la misma. Dudaban antes de ofrecerse como voluntarios para cualquier actividad —un programa de tutoría, visitas a domicilio— que les pudiera retener en el centro de la ciudad después de anochecer. Querían más seguridad alrededor de la iglesia, un aparcamiento vallado que protegiera sus coches. El reverendo Philips sospechaba que, una vez que él falleciera, muchos de esos feligreses dejarían de venir. Crearían nuevas iglesias tan pulcras como sus urbanizaciones. Temía que el vínculo con el pasado se

* *High-yella* en el original. Negros de piel muy oscura. Hemos optado por el término *charol* por ser el que se utiliza en varios países del Caribe.

acabara rompiendo, que los hijos no retuvieran en la memoria esa primera reunión alrededor del fuego...

Su voz comenzó a debilitarse. Me di cuenta de que estaba cansado. Le pedí que me presentara a otros pastores que pudieran estar interesados en la organización comunitaria y mencionó algunos nombres. Había un joven pastor muy dinámico, dijo, un tal reverendo Jeremiah Wright Jr., de la Trinity United Church of Christ, con el que quizá mereciera la pena hablar; su mensaje parecía interesar a jóvenes como yo. El reverendo Philips me dio su número de teléfono y, cuando me disponía a marcharme, le dije:

—Si consiguiéramos reunir unas cincuenta iglesias, podríamos invertir algunas de esas tendencias de las que ha hablado.

El reverendo Philips asintió y dijo:

—Puede que tenga razón, señor Obama. Usted tiene algunas ideas interesantes. Pero verá, las iglesias de por aquí están acostumbradas a hacer las cosas a su manera. A veces, incluso los fieles más que los pastores —me abrió la puerta y entonces se detuvo—. A propósito, ¿a qué iglesia pertenece?

—Yo..., yo atiendo a varios servicios.

—Pero, ¿no es feligrés de ninguna?

—Creo que sigo buscando.

—Bueno, lo puedo entender. Pero pertenecer a una iglesia podría ayudarle en su labor. No importa a cual. Lo que pedís a los pastores exige que dejemos de lado nuestras preocupaciones sacerdotales en favor de la profecía. Eso requiere una gran dosis de fe por nuestra parte. Nos hace que queramos saber de dónde provine la suya. La fe, quiero decir.

Una vez en la calle, me puse las gafas de sol y pasé por delante de un grupo de ancianos que habían colocado sus sillas de jardín en la acera para jugar una partida de *bid whist*. Hacía un día maravilloso, casi veinticuatro grados a finales de septiembre. En lugar de conducir directamente a mi próxima cita decidí quedarme un rato y me senté en el asiento del coche con las piernas fuera, mientras miraba a los ancianos jugar a las cartas. No hablaban mucho. Me recordaban a los que solían jugar al *bridge* con Gramps: las mismas manos gruesas y artríticas, los mismos calcetines ligeros y llamativos y los mismos zapatos increíblemente puntiagudos; las mismas gotas de sudor cayéndoles por los pliegues del cuello, justo debajo de sus gorras. Intenté recordar los nombres de aquellos hawaianos, los trabajos que habían desempeñado para ganarse la vida, y me preguntaba si quedaba algo de ellos en mí. Aquellos viejos negros siempre me habían parecido misteriosos; un misterio que formaba parte de lo que me había traído a Chicago. Y ahora que me marchaba de la ciudad, me preguntaba si los comprendía mejor que antes.

No le había contado a nadie mi decisión, excepto a Johnnie. Pensé que habría tiempo para anunciarla más adelante. No tendría noticias de las distintas facultades de Derecho hasta enero. Para entonces, nuestro nuevo programa dirigido a los jóvenes estaría en marcha y funcionando, y yo habría conseguido reunir el presupuesto del próximo año e incluso, con un poco de suerte, habría atraído a unas cuantas iglesias más. Se lo dije a Johnnie sólo porque necesitaba saber si estaba dispuesto a quedarse y ocupar mi lugar como organizador principal (y quizá también porque era mi amigo y necesitaba darle explicaciones). Sólo que Johnnie no veía la necesidad de explicación alguna. En cuanto le enumeré las universidades en las que había solicitado admisión —Harvard, Yale, Stanford— sonrió abiertamente y me dio una palmada en la espalda.

—¡Lo *sabía*! —gritó.

—¿Qué sabías?

—Que era sólo cuestión de tiempo que te marcharas de aquí, Barack.

—¿Por qué pensaste eso?

Johnnie sacudió la cabeza y rió.

—Jodido Barack..., pues porque tú tienes *posibilidades*, por eso. Porque tú te *puedes* ir. Mira, sé que eres un hermano concienzudo y todo lo demás, pero cuando alguien tiene la posibilidad de elegir entre Harvard y Roseland, uno no puede perder mucho tiempo pensándose si ha de optar por Roseland —asintió de nuevo—. ¡Harvard! Maldita sea. Sólo espero que te acuerdes de tus amigos cuando estés en una de esas lujosas oficinas del centro.

Por alguna razón, la risa de Johnnie hizo que me pusiera a la defensiva. Insistí en que volvería al barrio. Le dije que no tenía intención de dejarme deslumbrar por la riqueza y el poder que Harvard representaba, y que él tampoco debía. Johnnie levantó las manos en un burlón gesto de rendición.

—¡Oye! A mí no tienes que decirme todo eso. Yo no soy el que se va.

Me quedé callado, avergonzado por mi arrebato.

—Vale, sí..., sólo digo que voy a volver, eso es todo. No quiero que tú y los líderes os forméis una idea equivocada.

Johnnie esbozó una cariñosa sonrisa.

—Nadie va a formarse una idea equivocada, Barack. Tío, estamos orgullosos de verte triunfar.

El sol se deslizaba ahora por detrás de una nube. Dos de los jugadores de cartas se pusieron los cortavientos que tenían colgados en los respaldos de las sillas. Encendí un cigarrillo e intenté descifrar la conversación que había tenido con Johnnie. ¿Había desconfiado de mis intenciones? ¿O era yo el que desconfiaba de mí mismo? Me parecía haber repasado mi decisión al menos cien veces. Necesitaba un descanso, eso estaba claro. Quería ir a Kenia: Auma había vuelto ya a Nairobi y daría clases en la universidad durante un año. Sería el momento ideal para una larga visita.

Y también tenía cosas que aprender en la Facultad de Derecho, cosas que me ayudarían a introducir auténticos cambios. Aprendería sobre tasas de interés, fusiones empresariales, el procedimiento legislativo; sobre alianzas empresariales con los bancos; por qué podían triunfar o fracasar los negocios inmobiliarios. Aprendería sobre la complejidad del poder del dinero, con todos sus pormenores, un conocimiento que no tenía antes de venir a Chicago pero que podría utilizar a donde fuera preciso, en Roseland, en Altgeld; llevarlo de vuelta como el fuego de Prometeo.

Esa es la historia que me había empezado a contar, la misma que, imaginé, mi padre se habría contado veintiocho años atrás, cuando embarcó en un avión rumbo a Norteamérica, la tierra de los sueños. Posiblemente él también había creído que actuaba guiado por un gran destino, que no estaba simplemente huyendo de su insignificancia. De hecho, había vuelto a Kenia, ¿no? Aunque volvió como un hombre roto, sus planes, sus sueños, pronto se convertirían en polvo...

¿Me sucedería a mí lo mismo? Quizá Johnnie tuviera razón, puede que más allá de las justificaciones todo quedaba reducido a una simple huida. Una huida de la pobreza, del aburrimiento, del crimen o de los grilletes que suponían el color de tu piel. Quizá, al irme a la Facultad de Derecho estaría repitiendo un modelo que se había iniciado siglos antes, en el momento mismo en que los blancos, incitados por su propio miedo a la inconsecuencia, desembarcaron en las costas africanas, con sus armas y ciega ambición, para arrastrar lejos de allí a los conquistados cargados de cadenas. Ese primer encuentro había vuelto a dibujar el mapa de la vida de los negros, cambiado el centro de su universo, creado la idea misma de la huida: una idea que había perdurado en Frank y en esos otros negros viejos que habían encontrado refugio en Hawai; en Joyce, la chica de ojos verdes del Occidental College, que sólo quería ser una persona; en Auma, dividida entre Alemania y Kenia; en Roy, descubriendo que no podía empezar desde cero. Y aquí, en el South Side, entre los feligreses del reverendo Philips, algunos de los cuales probablemente se manifestaron junto a Martin Luther King, creyendo entonces que lo hacían por una noble causa, por los derechos y los principios y por todas las criaturas de Dios. En algún momento se dieron cuenta de que el poder era inflexible y los principios inestables, y que incluso después de que se aprobasen leyes y cesaran los linchamientos, lo más parecido a la libertad todavía seguía siendo huir, si no física al menos emocionalmente, huir de nosotros mismos, lejos de aquello que conocíamos, volar fuera del alcance del imperio de los blancos... o permanecer más cerca, en su seno.

Las analogías no eran del todo correctas. La relación entre negro y blanco, el significado de huida, nunca supondrían para mí lo que supusieron para Frank, para el Viejo, o incluso para Roy. Y con la segregación imperante en Chicago y siendo tan tensas las relaciones raciales, el éxito del movimiento en favor de los derechos civiles al menos había creado ciertos puntos de coincidencia entre las comunidades, más espacio donde gente como yo podía desenvolverse. Ahora era posible trabajar en la comunidad negra como organizador comunitario o como abogado y vivir en el centro de la ciudad. O a la inversa: podía trabajar en un importante bufete de abogados pero vivir en el South Side y comprarme una gran casa, conducir un bonito coche, contribuir con mi donativo a la NAACP y a la campaña electoral de Harold y dar conferencias en los institutos locales. Un modelo a seguir, me dirían, un ejemplo de negro con éxito.

¿Y tenía eso algo de malo? Obviamente Johnnie creía que no. Había sonreído, ahora me daba cuenta, no porque me juzgase, sino precisamente porque no lo hacía; ya que tanto él como los líderes, no veían nada malo en el éxito. Esa era una de las lecciones que había aprendido en los dos últimos años y medio, ¿no?: que la mayoría de los tipos negros no eran como el padre de mis sueños, el protagonista de las anécdotas de mi madre, lleno de elevados ideales y rápido en emitir juicios. Eran más como mi padrastro, Lolo, gente práctica que sabía que la vida era demasiado dura para juzgar las opciones de los demás, demasiado caótica para vivir según unos ideales abstractos. Nadie esperaba que me sacrificara. Ni Rafiq, quien últimamente me había estado presionando para que le ayudase a recaudar fondos de las fundaciones de blancos para su último proyecto; ni el reverendo Smalls, que había decidido presentar su candidatura para senador del Estado y estaba ansioso por conseguir nuestro apoyo. Por lo que a ellos concernía, mi color siempre había sido requisito bastante para ser miembro de la comunidad, suficiente cruz con la que cargar.

¿Era eso lo que me había traído a Chicago?, me preguntaba. ¿El simple deseo de ser aceptado? En parte sí, desde luego, el sentimiento de pertenecer a una comunidad. Pero también existía otro sentimiento, un impulso más exigente. Por supuesto que podías ser negro y que te importase un bledo lo que pasara en Altgeld o en Roseland. No tenías por qué preocuparte por chicos como Kyle, ni por madres jóvenes como Bernadette o Sadie. Pero ser justo con uno mismo y con los demás, dar sentido al sufrimiento de una comunidad y aliviarlo: eso requería algo más. Requería el tipo de compromiso que la directora Collier afrontaba cada día en Altgeld. Requería el tipo de sacrificio que un hombre como Asante estaba deseoso de hacer por sus alumnos.

Requería fe. Miré hacia arriba, a la pequeña ventana en la segunda planta de la iglesia, imaginándome al viejo pastor en su interior, preparando su sermón del domingo. «¿De dónde procede tu fe?», me había preguntado. De repente se me ocurrió que no tenía respuesta. Quizá, todavía, tenía fe en mí mismo. Pero eso nunca es suficiente.

Apagué mi cigarrillo y arranqué el coche. Miré por el espejo retrovisor y, mientras me alejaba, observé a los silenciosos jugadores de cartas desaparecer de mi vista.

Con Johnnie al frente de las actividades cotidianas de la organización, pude reunirme con otros pastores negros de la zona, esperando convencerles de que se unieran a nosotros. Era un proceso lento, porque, a diferencia de sus homólogos católicos, casi todos eran tremendamente independientes, estaban afianzados en sus iglesias y no necesitaban ayuda exterior. Siempre que hablaba con ellos por teléfono, la primera vez se solían mostrar recelosos, evasivos y suspicaces: ¿por qué este musulmán —o lo que era peor, este irlandés, O'Bama— les pedía unos minutos de su tiempo? Los pocos con los que me reuní se asemejaban a los arquetipos de las novelas de Richard Wright y de los sermones de Malcolm X: santurrones de barba cana que predicaban castillos en el aire o habilidosos fanáticos con flamantes coches y el ojo siempre puesto en el platillo de la colecta.

No obstante, en la mayoría de los casos, una vez que tenía la oportunidad de reunirme personalmente con ellos me marchaba muy impresionado. Como grupo resultaban serios, trabajadores, con una confianza y seguridad en sus propósitos que los hacía, con diferencia, los mejores organizadores del barrio. Eran generosos con su tiempo, se interesaban en los proyectos y, sorprendentemente, estaban dispuestos a someterse a mi examen. Un pastor me habló de su antigua adicción al juego. Otro sobre sus años como ejecutivo de éxito y su secreta adicción a la bebida. Todos me hablaron de etapas en las que tuvieron dudas sobre su fe; de la corrupción del mundo y de la de sus propios corazones; de tocar fondo, del orgullo perdido; y, finalmente, de su resurrección, una persona nueva ligada a algo superior. Esa era la fuente de su confianza, insistían: su caída y consiguiente redención. Eso era lo que les daba autoridad para predicar la Buena Nueva.

Algunos de ellos me preguntaban si había oído la Palabra de Dios. «¿Sabe de dónde proviene su fe?»

Cuando pregunté por otros pastores con los que pudiera hablar, algunos me dieron el nombre del reverendo Wright. Era el mismo ministro que el reverendo Philips había mencionado el día que estuve en su iglesia. Según parecía, los pastores más jóvenes veían al reverendo Wright como una especie de mentor, y a su iglesia como el modelo de lo que esperaban lograr. Los pastores mayores eran más cautos en sus elogios, estaban impresionados por el rápido crecimiento del número de feligreses de Trinity, si bien se mostraban desdeñosos por su popularidad entre los jóvenes profesionales negros («una iglesia de *buppies**», me dijo uno de ellos).

Finalmente, hacia finales de octubre, tuve la oportunidad de visitar al reverendo Wright y ver su iglesia. Estaba en plena calle 95, en un barrio eminentemente residencial, a unas cuantas manzanas de la urbanización Louden Home. Me esperaba algo imponente, pero resultó ser un modesto edificio bajo de ladrillo rojo y ventanas puntiagudas, con un jardín de árboles de hoja perenne y rodeado por un cuidado seto. Clavado en el césped, un pequeño letrero en letras mayúsculas rezaba: LIBERTAD PARA SUDÁFRICA. En el interior de la iglesia hacía fresco y se percibía el murmullo producto de la actividad. Un grupo de pequeños procedente de la guardería esperaban para ser recogidos. Luego pasaron por mi lado unas

---

* *Buppies*: *yuppies* negros.

adolescentes vestidas para lo que parecía ser una clase de baile africano. Cuatro ancianas salieron del sagrario, una de ellas gritó: «¡Dios es bondad!», a lo que las otras rápidamente contestaron «¡Siempre!»

Poco después, una mujer bien parecida y vivaz vino hasta mí y se presentó como Tracy, una de las ayudantes del reverendo Wright. Dijo que el reverendo iba a retrasarse unos minutos y me ofreció café. Mientras la seguía hasta una cocina que había en la parte posterior del edificio, comenzamos a charlar sobre la iglesia, luego la conversación derivó hacia ella. Dijo que había tenido un año difícil: su marido había fallecido recientemente, y que en cuestión de semanas se mudaría a las afueras. Le había costado mucho tomar esa decisión, ya que había vivido casi toda su vida en la ciudad. Pero decidió mudarse por el bien de su hijo adolescente. Según ella, ahora muchas más familias negras vivían fuera de la ciudad; su hijo podría ir tranquilamente por la calle sin que nadie lo molestara; el colegio al que iría ofrecía clases de música, tenía una gran banda y los instrumentos y los uniformes eran gratis.

—Siempre quiso estar en una banda de música —dijo dulcemente.

Seguíamos hablando cuando me fijé en un hombre de unos cuarenta años que se aproximaba a nosotros. Tenía el pelo gris, bigote canoso y perilla. Vestía un traje gris con chaleco. Se movía con lentitud, metódicamente, como si estuviera ahorrando energía, ojeando su correo mientras caminaba, canturreando para sí una sencilla melodía.

—Barack —dijo, como si fuéramos viejos amigos—, veamos si Tracy me permite que robe unos minutos de tu tiempo.

—No le haga caso, Barack —dijo Tracy, levantándose y arreglándose la falda—. Debería haberle advertido que a veces al reverendo le gusta decir tonterías.

El reverendo Wright sonrió y me condujo a un pequeño despacho un tanto desordenado.

—Siento llegar tarde —dijo mientras cerraba la puerta—. Estamos intentando construir un sagrario nuevo y he tenido que reunirme con la gente de los bancos. Y, déjame decirte, siempre quieren algo más de ti. Lo último es que me haga otro seguro de vida, por si caigo muerto mañana. Creen que sin mí la iglesia se hundirá.

—¿Y es eso verdad?

El reverendo Wright negó con la cabeza.

—Yo no soy la iglesia, Barack. Si me muero mañana espero que mis feligreses me hagan un entierro decente. Me gusta pensar que derramarán unas cuantas lágrimas. Pero tan pronto esté dos metros bajo tierra volverán a retomar el trabajo, tratando de que esta iglesia pueda cumplir con su misión.

El reverendo, hijo de un pastor baptista, se había criado en Filadelfia. Al principio se resistió a la vocación de su padre. Tras salir de la universidad se alistó en los Marines, luego coqueteó con el alcohol, el islam y el nacionalismo negro de la década de 1960. Aunque, al parecer, su vocación permaneció viva en su corazón. Finalmente fue admitido en Harvard, después en la Universidad de Chicago, donde pasó seis años y se doctoró en Historia de la Religión. Aprendió hebreo y griego, leyó a Tillich, a Niebuhr y a los teólogos negros de la liberación. La cólera y el humor de la calle, su erudición y algún sabio consejo, fue lo que trajo consigo a Trinity hacía ya casi dos décadas. Y aunque transcurrió un cierto tiempo antes de que nos conociéramos mejor, en esa primera reunión, pese a las frecuentes negativas del reverendo, quedó de manifiesto su enorme talento —su habilidad para unir, o debería decir reconciliar, los efectos contradictorios de la experiencia vivida por el pueblo negro—, y sobre todo ello se había construido esencialmente el éxito de Trinity.

—Aquí confluyen muchas y distintas formas de pensar—me dijo—. El africanista, el tradicionalista… De vez en cuando tengo que meter mano en el asunto, suavizar las cosas antes de que se pongan feas. Pero eso no suele ocurrir a menudo. Normalmente, si alguien tiene una idea para desempeñar un nuevo ministerio sacerdotal, le digo que haga todo lo posible por llevarlo adelante.

Obviamente su enfoque había funcionado: durante su ministerio la congregación pasó de doscientos a cuatro mil feligreses, existían asociaciones para todos los gustos, desde las caribeñas hasta las que impartían clases de yoga. El reverendo Wright estaba particularmente satisfecho con el progreso en lo relativo a la incorporación de feligreses masculinos, aunque admitió que todavía tenía mucho camino por recorrer.

—No hay nada más duro que llegar a los hermanos jóvenes como tú —dijo—. Les preocupa parecer débiles, lo que sus colegas puedan decir de ellos. Tratan de convencerse a sí mismos de que la iglesia es cosa de mujeres: admitir que tienen necesidades espirituales es señal de debilidad.

El reverendo me miró de una forma que me puso un tanto nervioso. Así que decidí cambiar de conversación y tocar un tema que me era más familiar. Le hablé del PCD y de los proyectos en los que estábamos trabajando, le expliqué el porqué era necesario que se implicaran grandes iglesias como la suya. Tomó asiento, pacientemente escuchó mis argumentos, y cuando terminé hizo una señal de conformidad con la cabeza.

—Intentaré ayudarte en lo que pueda —dijo—. Pero has de saber que involucrarnos en tu proyecto no va a ser precisamente fácil.

—¿Por qué?

El reverendo Wright hizo un gesto de impotencia.

—Algunos de mis compañeros no aprecian lo que hacemos. Unos creen que somos demasiado radicales. Otros, que no lo suficiente. Hay quienes no gustan del énfasis que ponemos en la historia de África, en la educación…

—Alguna gente dice —le interrumpí—, que la iglesia es demasiado elitista.

La sonrisa del reverendo se desvaneció.

—Todo eso es basura —dijo, tajante—. La gente que propaga esas porquerías sólo demuestra su confusión. Están dominados por ese asunto de las clases sociales que impide que trabajemos juntos. La mitad de ellos piensa que un ex pandillero o un antiguo musulmán no tienen nada que hacer en una iglesia cristiana. La otra mitad cree que cualquier negro educado o con un empleo, o cualquier iglesia que respete la erudición, de alguna manera es sospechosa. Nosotros no creemos en esas falsas divisiones. No se trata de cuánto dinero ganas, Barack. La policía no comprueba mi cuenta corriente cuando me para y me despatarra contra el coche con los brazos en alto. Esos hermanos cuya educación deja mucho que desear, como el sociólogo de la Universidad de Chicago, que hablan sobre «el decadente significado de la raza», ¿en qué país viven?

¿Pero no había algo de verdad en lo de la división de clases?, me preguntaba. Referí la conversación que había tenido con su ayudante, la predisposición de aquellos con medios a marcharse lejos de la línea de fuego. Se quitó las gafas y se restregó lo que, entonces vi, era un par de ojos cansados.

—Le he dado a Tracy mi opinión respecto a mudarse fuera de la ciudad —dijo en voz baja—. Ese hijo suyo va a salir de aquí y no tendrá ni idea de quién es ni dónde está.

—Es duro poner en riesgo la seguridad de tu hijo.

—La vida en este país no es segura para un negro, Barack. Nunca lo ha sido. Y probablemente nunca lo será.

Una secretaria llamó para recordarle al reverendo Wright su próxima cita. Nos dimos la mano, y estuvo de acuerdo en que Tracy me preparara una lista de los feligreses que debía conocer. Después, en el aparcamiento, me senté en el coche y hojeé un folleto plateado que había cogido en la recepción. Contenía una serie de compromisos —un «Sistema de Valores Negros»— que los feligreses habían adoptado en 1979. En el primer lugar de la lista figuraba un compromiso con Dios, «que nos dará la fuerza para abandonar la pasividad piadosa y convertirnos en cristianos negros activistas, soldados de la libertad negra y de la dignidad de toda la humanidad». El siguiente compromiso era con la comunidad y la familia negra, la educación, la ética en el trabajo, la disciplina y la autoestima.

Una lista generosa, sincera, no tan diferente, pensé, de los valores que el viejo reverendo Philips debió haber aprendido en su encalada iglesia rural dos generaciones atrás. En el folleto de Trinity había un pasaje en particular que destacaba sobre los demás, un compromiso con un tono muy personal, más elaborado que el resto. «Repudio de la Búsqueda del Status de la Clase Media,» rezaba el título. «Si bien es permisible perseguir unos ingresos como los de la clase media con todo nuestro esfuerzo», decía el texto, aquellos bendecidos con la capacidad o la buena suerte para lograr el éxito en la sociedad norteamericana deben evitar la «trampa psicológica de la clase media negra, que hipnotiza al hermano o a la hermana que triunfa, haciéndole creer que es mejor que el resto y le lleva a pensar en términos de 'nosotros' y 'ellos' en lugar de '¡NOSOTROS TODOS!'»

Durante las semanas siguientes, mientras me reunía con varios feligreses de Trinity, pensé con frecuencia en esta declaración. Decidí que el reverendo Wright tenía razón, al menos en parte, al rechazar las críticas a la iglesia, puesto que la mayoría de sus fieles eran básicamente clase obrera, los mismos profesores, secretarias y funcionarios que te encontrabas en otras grandes iglesias de congregaciones negras a lo largo de la ciudad. Los residentes de las viviendas municipales cercanas y los programas destinados a satisfacer las necesidades de los pobres —asesoramiento legal, tutorías, programas contra la droga— consumían una cantidad importante de los recursos de la iglesia.

Aún así, era innegable que la iglesia contaba con un mayor número de profesionales negros entre sus feligreses: ingenieros, médicos, contables y directores de empresas. Algunos de ellos habían crecido en Trinity, otros habían llegado procedentes de distintas confesiones. Muchos me dijeron que durante años no habían practicado ningún tipo de religión (una elección consciente para algunos, debida en parte a un despertar político o intelectual, pero eran más aquellos a los que la iglesia le había parecido irrelevante mientras se dedicaban a estudiar una carrera en instituciones mayoritariamente blancas).

Sin embargo, en algún momento todos me contaron que habían llegado a un punto muerto espiritual. Un sentimiento incipiente y opresivo a la vez, como si hubiesen sido separados de ellos mismos. De forma intermitente primero y después con más regularidad habían vuelto a la Iglesia, y en Trinity encontraron algunas de las cosas que las distintas religiones esperan ofrecer a sus prosélitos: refugio espiritual y la oportunidad de que los dones de cada cual fuesen valorados y reconocidos de la forma que una nómina nunca lo podría hacer; la seguridad de saber que, cuando los huesos se entumecieran y el pelo se volviese gris, formaban parte de algo que perduraría tras su muerte y que, cuando les llegase la hora, habría una comunidad que los recordaría.

Pero no todo lo que esa gente buscaba era estrictamente religioso. No se congregaban allí sólo por Jesús. Trinity, pensé, con sus temas africanos y su énfasis en la historia de la negritud, continuaba desempeñando la función que el reverendo Philips había descrito anteriormente como redistribución de valores y propagación de ideas. Sólo que ahora esa redistribución no iba en una única dirección, la del profesor o el médico que veían como un deber cristiano ayudar al aparcero o al joven recién llegado del sur a adaptarse a la vida de la gran ciudad. Ahora, la corriente cultural también fluía en la dirección opuesta. A su manera así lo atestiguaban tanto el antiguo pandillero como la madre adolescente —al afirmar que habían salido de la más absoluta pobreza, de ahí su legitimidad—, y su presencia en la iglesia proporcionaba al abogado o al doctor una «educación callejera». Una iglesia como Trinity, al abrir sus puertas a todo aquél que quisiera entrar, aseguraba a sus fieles que sus destinos quedarían inseparablemente unidos, que todavía había un inteligible «nosotros».

Esta comunidad cultural, en sí misma, era un programa eficaz, más flexible que el simple nacionalismo y ofrecía más apoyo que mi propia concepción de la organización. Aún así, no podía dejar de preguntarme si sería suficiente para evitar que la gente abandonara la ciudad o para mantener a los jóvenes fuera de la cárcel. ¿Podría la fraternidad cristiana entre el administrador negro de un colegio y, digamos, el padre de un alumno negro cambiar la forma de dirigir los colegios? ¿Podría el interés en mantener tal unidad permitir al reverendo Wright oponerse enérgicamente a las últimas propuestas de reforma de la vivienda pública? ¿Y qué ocurriría si hombres como el reverendo Wright fracasaban al adoptarla, si iglesias como Trinity se negaban a comprometerse con el auténtico poder y desviaban la atención del verdadero conflicto, entonces qué posibilidad habría de mantener esa gran comunidad intacta?

A veces hacía estas preguntas a la gente con la que me reunía. Me respondían con la misma mirada perpleja que me habían dirigido tanto el reverendo Philips como el reverendo Wrights. Para ellos, los principios del folleto de Trinity eran actos de fe, tan serios como creer en la Resurrección. Tienes buenas ideas, me decían. Quizá si te unieses a la iglesia podrías ayudarnos a desarrollar un programa comunitario. ¿Por qué no te pasas por aquí el domingo?

Y yo me encogía de hombros y daba vueltas a la respuesta, incapaz de confesar que no podía distinguir entre la fe y la mera locura, entre la fe y el sufrimiento; que si bien no dudaba de la sinceridad que había en sus voces, seguía siendo un escéptico que dudaba de mis propios motivos y recelaba de la conversión por conveniencia, pues tenía demasiadas disputas con Dios como para aceptar una salvación ganada con tanta facilidad.

La víspera del Día de Acción de Gracias, Harold Washington murió.

Ocurrió inesperadamente. Tan sólo unos meses antes Harold había sido reelegido, después de derrotar fácilmente a Vrdolyak y a Byrne, rompiendo el punto muerto en el que se había encontrado la ciudad durante los cuatro últimos años. En esta ocasión había hecho una campaña prudente, gestionada de forma profesional y sin el fervor de 1983. Una campaña de consolidación, de presupuestos equilibrados y obras públicas. Dispuesto a hacer las paces, tendió la mano a algunos de los antiguos políticos, irlandeses y polacos, integrantes de la legendaria *Chicago Machine*. Los miembros de la comunidad empresarial, resignados a su presencia, contribuyeron con sus donaciones. Su poder era tan sólido que los rumores de insatisfacción surgieron de sus propias bases: entre los nacionalistas negros molestos por su interés en atraer a los blancos y los hispanos a su campo de acción, entre los activistas decepcionados por su fracaso a la hora de frenar el avance de la pobreza, y entre la gente que prefería el sueño a la realidad, la impotencia al compromiso.

Harold no hizo mucho caso a ese tipo de críticas. No veía ninguna razón para correr grandes riesgos, ni para precipitarse. Dijo que sería alcalde durante los siguientes veinte años.

Y entonces murió. De forma repentina, simple, rotunda, casi ridícula en su naturalidad, el corazón de un hombre obeso que sucumbía.

Llovió constantemente durante ese frío fin de semana. En el barrio, las calles estaban tranquilas. Dentro y fuera de las casas la gente lloraba. Las emisoras de radio dirigidas a los negros, evocando al difunto, emitían una y otra vez los discursos de Harold. La capilla ardiente se instaló en el Ayuntamiento, la fila de dolientes que fueron a rendirle su último tributo daba la vuelta a varias manzanas. La totalidad de la población negra parecía aturdida, impactada, desorientada, asustada ante el futuro.

En el momento del funeral, los más cercanos a Washington ya habían superado el impacto inicial. Comenzaron a reunirse, a reagruparse, intentando decidir una estrategia para mantener el control mientras elegían al sucesor de Harold. Pero era demasiado tarde. No había una organización política en marcha, ni principios claramente definidos que seguir. Toda la política de la negritud se había concentrado en un hombre que brillaba como el sol. Ahora que se había ido, nadie se ponía de acuerdo en lo que su presencia había significado.

Sus colaboradores se pelearon. Surgieron las facciones. Circularon rumores. Para el lunes, el día que la corporación municipal tenía que elegir a un nuevo alcalde que desempeñara el cargo hasta la convocatoria de nuevas elecciones, la coalición que puso a Harold en el poder ya estaba más que desintegrada. Esa noche fui al Ayuntamiento para presenciar su segunda muerte. La gente, negros en su mayoría, se había concentrado en el exterior de la sala consistorial desde primera hora de la tarde: personas mayores, curiosos, hombres y mujeres con pancartas y letreros. Gritaban a los concejales negros que habían concertado acuerdos con el bloque blanco. Agitaban billetes de dólar ante el concejal negro de voz melosa —una reliquia de la época de la *Chicago Machine*— al que los concejales blancos habían dado su apoyo. Le llamaban traidor y Tío Tom. Coreaban, pateaban y juraban que de allí no se moverían.

Pero el poder era paciente y sabía lo que quería; el poder podía superar eslóganes, oraciones y vigilias a la luz de las velas. Sobre la media noche, justo antes de que votase la corporación, la puerta de la sala consistorial se abrió por un instante y vi a dos concejales haciendo un aparte. Uno, negro, había sido el hombre de confianza de Harold; el otro, blanco, el de Vrdolyak. Susurraban entre sí y sonreían de cuando en cuando, después, como vieran que la multitud todavía continuaba protestando, esos dos hombres grandes, obesos, embutidos en sus trajes de botonadura doble, rápidamente dejaron de sonreir y se volvieron hacia la multitud con gesto serio, ambos tenían la misma mirada ávida: la de aquellos que conocen de antemano el resultado.

Después de ver eso me marché. Me abrí camino a empujones entre la gente que inundaba la calle y crucé la Plaza Daley en dirección a mi coche. El viento soplaba frío y cortante como una cuchilla, entonces vi un letrero hecho a mano que cayó al suelo a mi paso. En gruesas letras mayúsculas se podía leer: SU ESPÍRITU PERVIVE. Y, debajo de las palabras, esa foto que tantas veces había visto mientras esperaba mi turno en la barbería de Smitty: ese rostro bien parecido de cabello entrecano, la sonrisa indulgente, los ojos chispeantes que ahora volaban por el espacio vacío, igual que una hoja de otoño.

Los meses pasaron a un ritmo frenético, teniendo siempre en mente todas las cosas que quedaban por hacer. Trabajamos con una coalición de ámbito municipal para apoyar la reforma de los colegios. Celebramos una serie de reuniones con vecinos de origen mejicano en el South East Side, planificando una estrategia medioambiental común para la zona. Volví loco a Johnnie intentando meterle en la cabeza las cosas que yo había tardado tres años en aprender.

—¿Con quién te has reunido esta semana? —le preguntaba.

—Pues con esa mujer, la señora Banks, en la iglesia True Vine Holiness. Parece que tiene fuerza..., espera, ¡ah, sí!, aquí está. Profesora, interesada en la educación. Creo que trabajará con nosotros, seguro.

—¿Qué hace su marido?

—Bueno, se me olvidó preguntarle...

—¿Qué piensa del sindicato de profesores?

—¡Maldita sea, Barack! ¡Sólo tenía media hora...!

En febrero recibí la carta de admisión de Harvard. Me llegó con un grueso paquete de información. Me trajo a la memoria el que recibí de Punahou un verano, catorce años atrás. Y cómo Gramps se había pasado toda la noche leyendo los distintos apartados del catálogo: lecciones de música, cursos de nivel avanzado, asociaciones corales y de oratoria. Y la forma en que lo agitó ante mí, diciendo que sería mi pasaporte hacia el éxito, que los amigos que hiciera en un colegio como Punahou serían para toda la vida, que me movería en círculos más interesantes y que tendría todas las oportunidades que él nunca había tenido. Recuerdo que, al final de la tarde, sonrió mientras cariñosamente con su mano me revolvía el pelo. Su aliento olía a whisky y los ojos le brillaban como si estuviese a punto de llorar. Y yo le devolví la sonrisa fingiendo que lo comprendía, pero en realidad deseaba seguir estando en Indonesia, corriendo descalzo por un arrozal, hundiendo los pies en el barro húmedo y frío, formando parte de la pandilla de chicos mestizos que corrían tras una cometa andrajosa.

Ahora sentía algo parecido.

Esa semana había programado un almuerzo formal en nuestra oficina para los más de veinte pastores cuyas iglesias habían acordado unirse a nuestra organización. La mayoría de los invitados acudió a la cita. También nuestros líderes más importantes. Juntos discutimos estrategias para el año siguiente, y hablamos sobre lo que habíamos aprendido tras la muerte de Harold. Fijamos fechas para celebrar un seminario de formación, acordamos una lista de cuotas, y debatimos sobre la perenne necesidad de seguir reclutando iglesias. Cuando terminamos, anuncié que me iría en mayo y que Johnnie me sustituiría como director.

A nadie le sorprendió. Todos se acercaron y me felicitaron. El reverendo Philips me aseguró que había tomado una sabia decisión. Ángela y Mona dijeron que siempre habían sabido que algún día yo aspiraría a algo más importante. Shirley me preguntó si estaba dispuesto a asesorar a un sobrino suyo que se había caído en una arqueta y quería presentar una demanda.

Sólo Mary parecía disgustada. Después de que la mayoría de los pastores se hubiera marchado, nos ayudó a Will, a Johnnie y a mí a recoger. Cuando le pregunté si quería que la llevara a casa, negó moviendo la cabeza.

—¿Qué os pasa a los hombres? —dijo, mirándonos a Will y a mí. Su voz temblaba ligeramente mientras se ponía el abrigo—. ¿Por qué siempre esa prisa? ¿Por qué lo que tenéis no es nunca suficientemente bueno?

Iba a decir algo, pero pensé en las dos hijas de Mary que la esperaban en casa, en el padre que nunca conocerían. Así que guardé silencio, la acompañé a la puerta y le di un abrazo. Cuando ya se había ido, volví a la sala de reuniones donde Will estaba dando cuenta de un plato de alitas de pollo que había sobrado.

—¿Quieres? —me preguntó entre bocado y bocado.

Dije que no y me senté frente a él en la mesa. Will me observó durante un rato, masticando en silencio, chupando los restos de salsa picante de sus dedos.

—Se le coge cariño a este sitio, ¿eh? —dijo finalmente.

Asentí.

—Sí, Will, así es.

Le dio un sorbo a su refresco y soltó un pequeño eructo.

—Tres años no son una larga ausencia —dijo.

—¿Cómo sabes que voy a volver?

—No sé *cómo* lo sé —dijo apartando el plato—. Lo *sé,* y ya está.

Sin mediar más palabra, fue a lavarse las manos antes de montarse en su bicicleta y desaparecer calle abajo.

Ese domingo me desperté a las seis de la mañana. Todavía estaba oscuro en el exterior. Me afeité, cepillé la pelusa de mi único traje y llegué a la iglesia a las siete y media. La mayoría de los bancos ya estaban ocupados. Un acomodador que llevaba guantes blancos me condujo hasta un sitio libre delante de unas señoras mayores que llevaban pamelas con plumas. Los hombres, altos y serios, vestían traje, corbata y *kufis* de color marrón. Los niños lucían sus ropas de domingo. Un padre del colegio de la señora Collier me saludó desde lejos agitando la mano; un funcionario de la CHA con quien había tenido varias discusiones lo hizo secamente, con una ligera inclinación de cabeza. Llegué hasta mi asiento en el centro de la fila, y allí quedé encajonado entre una señora mayor regordeta, que no se movió para hacerme algo más de sitio, y una joven familia compuesta por cuatro miembros, el padre ya estaba sudando debido a su gruesa chaqueta de lana, y la madre le decía a los niños que dejaran de darse patadas.

—¿Dónde está Dios? —escuché que el menor de los niños le preguntaba a su madre.

—¡Cállate! —le contestó su hermano.

—Calmaos los dos —dijo la madre.

El pastor asociado de Trinity, una señora de mediana edad que tenía el pelo canoso y mostraba gran compostura, leyó el boletín y dirigió las somnolientas voces que entonaron unos cuantos himnos tradicionales. Después, el coro invadió el pasillo central, todos sus miembros iban vestidos con túnicas blancas y chales con motivos africanos, batían palmas y cantaban. Según se desplegaban en abanico detrás del altar, un órgano seguía el trepidante ritmo de los tambores:

¡Soy tan feliz, Jesús elevó mi espíritu!
¡Soy tan feliz, Jesús elevó mi espíritu!
¡Soy tan feliz, Jesús elevó mi espíritu!
Cantando Gloria, Aleluya.
¡Jesús elevó mi espíritu!

Cuando los feligreses se unieron al coro, los diáconos y después el reverendo Wright aparecieron bajo la gran cruz que colgaba de las vigas. El reverendo permaneció en silencio mientras se leían las oraciones, miraba las caras que tenía delante y la cesta de la colecta pasando de mano en mano. Cuando finalizó la cuestación, subió al púlpito y leyó los nombres de los enfermos y fallecidos esa semana. Cada vez que pronunciaba un nombre se producía un cierto revuelo en algún punto del recinto, el murmullo de los feligreses que se identificaban con él.

—Unamos nuestras manos —dijo el reverendo—, mientras nos arrodillamos y oramos a los pies de esta vieja y tosca cruz...

—Sí...

—Señor, en primer lugar venimos a darte las gracias por lo que has hecho por nosotros... Venimos a darte las gracias, sobre todo, por tener a Jesús. Señor, procedemos de diferentes clases sociales. Algunas consideradas altas, otras bajas..., pero todas iguales a los pies de esta cruz. ¡Señor, gracias! Por Jesús, Señor..., que comparte y soporta nuestras tribulaciones, te damos las gracias...

Esa mañana, el título del sermón del reverendo Wright era «La Audacia de la Esperanza*». Empezó con un pasaje del Libro de Samuel: la historia de la estéril Ana, a la que sus enemigos vituperaban, y que lloraba y temblaba mientras rezaba a su Dios. La historia le recordaba, decía, el sermón que un pastor compañero suyo había predicado en una conferencia hacía unos años, y en el que el mencionado pastor relataba que había ido a un museo y se encontró delante de un cuadro titulado *Esperanza*.

---

* La Audacia de la Esperanza, título que Barack Obama eligió para su segundo libro, publicado en español por la Editorial Península, Barcelona, 2007.

—El cuadro representaba a una arpista —explicó el reverendo Wright—, una mujer que, a primera vista, parecía que estuviera sentada en la cima de una gran montaña. Pero, cuando lo mirabas más de cerca podías ver que la mujer estaba ensangrentada y llena de cardenales, su ropa hecha jirones, y el arpa se reducía a una sola cuerda deshilachada. Si desplazabas la mirada a la parte inferior del cuadro, podías ver un valle donde por todos lados aparecían los estragos de la hambruna, la maquinaria militar, un mundo gimiendo a causa de las luchas y de las privaciones. Ese es nuestro mundo, un mundo donde los grandes cruceros tiran más comida en un día que la que los habitantes de Puerto Príncipe ven en un año, donde la avaricia de los blancos dirige un mundo de pobreza, en un hemisferio el *apartheid*, en el otro la apatía... ¡Ese es el mundo sobre el que se asienta la esperanza!

Y así continuó, reflexionando sobre un mundo en decadencia. Mientras los niños que estaban a mi lado hacían garabatos en el boletín de la iglesia, el reverendo Wright habló de Sharpsville[*] y de Hiroshima, de la crueldad de los políticos de la Casa Blanca y del Senado estatal. Conforme el sermón se iba desarrollando, las historias sobre los conflictos se volvían más prosaicas, el sufrimiento más cercano. El reverendo habló sobre las privaciones a las que tendrían que hacer frente los feligreses el día de mañana, del dolor de los que estaban lejos de la cumbre de la montaña, preocupados por cómo podrían pagar la factura de la electricidad. Pero también del sufrimiento de los que estaban más cercanos a esa metafórica cumbre: la mujer de clase media que parecía tener cubiertas todas sus necesidades y a la que su marido trataba como si fuera «la criada, el servicio transporte y el de acompañantes, todo en uno»; el niño a cuyos adinerados padres les preocupaba más «la textura del pelo en el exterior de su cabeza que la calidad de la educación que hubiera dentro de la misma».

—¿No es ese acaso el mundo en el que nos desenvolvemos cada uno de nosotros?

—¡Amén!

—Como Ana, ¡todos hemos pasado momentos amargos! A diario nos enfrentamos al rechazo y la desesperación.

---

[*] El 21 de marzo de 1960 centenares de negros, hombres y mujeres, se reunieron en Sharpsville, África del Sur, y marcharon juntos para protestar contra el sistema racista que los oprimía. Las fuerzas de policía del apartheid dispararon sobre la gente desarmada, mataron a unas sesenta personas e hirieron a muchas más.

—¡Dilo!

—Y por eso, debéis tened en cuenta una vez más el cuadro del que os hablaba antes. ¡Esperanza! Al igual que Ana, esa arpista mira hacia las estrellas, unas débiles notas suben flotando al firmamento. Y se atreve a invocar la esperanza... Tiene la audacia... de hacer música... de alabar a Dios... con la única cuerda... que le queda.

En ese momento la gente comenzó a gritar, a levantarse de los bancos, a aplaudir y a llorar, un poderoso viento elevaba la voz del reverendo hasta las vigas del techo. Mientras contemplaba lo que sucedía desde mi asiento, empecé a percibir girando a mi alrededor la música de estos últimos tres años: era el valor y el miedo de Ruby y Will. El orgullo de raza y la ira de hombres como Rafiq. El deseo de dejarse llevar, de escapar, el deseo de entregarse a un Dios que, de alguna manera, podía poner límite a la desesperanza.

Y en esa única nota —¡esperanza!— oí algo más. A los pies de esa cruz, en el interior de los miles de iglesias a lo largo de la ciudad, me imaginaba las historias de los negros de a pie fundirse con las de David y Goliat, Moisés y el Faraón, con las de los cristianos pasto de los leones, la de Ezequiel en el Valle de los Huesos Secos. Estas historias —de supervivencia, libertad y esperanza— se convertían en nuestra historia, en mi historia. La sangre derramada era nuestra sangre, las lágrimas nuestras lágrimas; y así, en este día radiante, esta iglesia de negros fue una vez más la nave que portaba la historia de un pueblo a las generaciones futuras y al corazón de un mundo superior. Nuestras experiencias y éxitos se tornaron a la vez únicos y universales, negros y más que negros. Al relatar nuestro viaje, las narraciones y las canciones nos proporcionaron los instrumentos para reivindicar recuerdos de los que no teníamos por qué avergonzarnos, recuerdos más próximos que los del antiguo Egipto, recuerdos que toda la gente podía estudiar y llevar en el corazón, y con los que podíamos empezar a resurgir. Y si una parte de mí continuaba sintiendo que esta comunión dominical a veces simplificaba nuestra condición, que a veces podía enmascarar o suprimir los auténticos conflictos que nos desgarraban y que sólo podrían cumplir su promesa a través de la acción, también sentí, por primera vez, cómo ese espíritu llevaba consigo, incipiente, incompleta, la posibilidad de ir más allá de nuestros limitados sueños.

—¡La audacia de la esperanza! Todavía recuerdo a mi abuela, cantando en casa «En algún lugar existe un rincón soleado..., no descanses hasta encontrarlo...»

—¡Así es!

—¡La audacia de la esperanza! Aquellos días que no podíamos pagar las facturas. Aquellos días en los que parecía que jamás llegaría a ser nada... cuando tenía quince años y me arrestaron, y me acusaron de hurto mayor por robar un coche... y aún así, mi madre y mi padre rompían a cantar...:

Gracias, Jesús. Gracias, Jesús.
Gracias, Jesús. Gracias, Jesús.
Gracias, Jesús.
Gracias, Señor.
Me rescataste de
un lugar lejano, muy lejano.

—Su cántico no tenía ningún sentido para mí. ¿Por qué Le daban las gracias con todos los problemas que tenían?, me preguntaba. Pero, claro, yo sólo miraba la dimensión terrenal de sus vidas.

—¡Cuéntalo, ahora!

—¡No comprendía que estuvieran hablando de la dimensión espiritual! ¡De su relación con Dios! ¡No comprendía que Le dieran las gracias por adelantado por todo lo que tenían la osadía de esperar de mí! ¡Sí, te doy las gracias, Jesús, por no abandonarme cuando yo lo hago! ¡Oh, sí, Jesús! ¡Gracias...!

Mientras el coro se ponía en pie para volver a cantar y la congregación aplaudía a los feligreses que se dirigían al altar a la llamada del reverendo Wright, sentí que alguien me tocaba levemente la mano. Miré y vi al mayor de los dos niños que estaban sentados junto a mí que, con cara de duda, me ofrecía un pañuelo de papel. La madre, que estaba a su lado, me dirigió una leve sonrisa antes de centrar su atención en el altar. Y fue en el momento en que le di las gracias al chico cuando sentí las lágrimas rodando por mis mejillas.

—¡Oh, Jesús—oí a la mujer mayor sentada a mi lado susurrar dulcemente—, gracias por traernos hasta aquí!

TERCERA PARTE

KENIA

QUINCE

Mi vuelo despegó del Aeropuerto de Heathrow bajo un cielo que amenazaba tormenta. Un grupo de jóvenes británicos, vestidos con chaquetas de sport que no les quedaban demasiado bien, ocuparon la parte trasera del avión, y uno de ellos —un chico pálido, desgarbado y con acné— se sentó a mi lado. Leyó atentamente un par de veces las instrucciones de emergencia y, una vez en el aire, se dirigió a mí para preguntarme a dónde iba. Le respondí que iba a Nairobi a visitar a mi familia.

—He oído que Nairobi es un lugar encantador. No me importaría detenerme allí un par de días. Yo voy a Johannesburgo.

Luego me contó que tanto él como sus compañeros estaban integrados en un programa diseñado conjuntamente por el gobierno británico y varias compañías mineras surafricanas. Trabajarían en ellas durante un año como parte de las prácticas de sus estudios de licenciatura en geología.

—Parece que andan escasos de personal especializado, así que si tenemos suerte puede que nos contraten de forma indefinida. Es una buena oportunidad para ganar un salario adecuado, a menos que estés dispuesto a congelarte en una condenada plataforma petrolífera del Mar del Norte. Pero eso no es para mí, gracias.

Le comenté que, si les dieran la oportunidad, muchos surafricanos negros podrían estar interesados en conseguir esa especialización.

—Bueno, creo que tiene razón —me dijo—. No estoy muy de acuerdo con su política racial. Es una pena —después de pensar durante un momento, añadió—. Aunque actualmente el resto de África se están desmoronando, ¿no es cierto? Al menos esa es la información que tengo. Los surafricanos negros no se mueren de hambre como muchos de los habitantes de esos países olvidados de la mano de Dios. No los envidio, claro, pero comparados con esos pobres desgraciados de Etiopía…

Una azafata apareció en el pasillo con auriculares para alquilar y el joven sacó su billetera.

—Por supuesto que trato de estar, y estoy, al margen de la política, ¿sabe? No me interesa. En Inglaterra ocurre igual: todo el mundo cobrando el paro y esos ancianos en el Parlamento diciendo siempre las mismas tonterías. Lo mejor que puedes hacer es ocuparte de tu pequeño rincón en el mundo, eso es lo que digo —localizó la conexión para los auriculares y se los puso en los oídos—. ¿Me despertará cuando sirvan la cena? —me dijo antes de reclinar su asiento para dormir un rato.

Saqué un libro de mi equipaje de mano y traté de leer. Era un relato sobre varios países africanos escrito por un periodista occidental que pasó diez años en África. Un experto en asuntos de ese continente, podríamos decir, alguien que aparentemente se enorgullecía de tener una opinión imparcial. Los primeros capítulos del libro analizaban extensamente la historia del colonialismo: la manipulación de los odios tribales y las fronteras coloniales trazadas a capricho, los desplazamientos, las detenciones, las grandes y pequeñas humillaciones. Los primeros actos heroicos de los líderes independentistas como Kenyatta y Nkrumah estaban bien descritos, así como su posterior deriva hacia el despotismo atribuida, al menos en parte, a diversas maquinaciones producto de la Guerra Fría.

Cuando llegué al tercer capítulo, las imágenes del presente comenzaron a imponerse sobre las del pasado. Hambre, enfermedad, golpes y contragolpes encabezados por jóvenes analfabetos que manejaban los fusiles de asalto Kalashnikov como si fueran el bastón de un pastor. Si África tenía una historia, el autor venía a decir, el presente grado de sufrimiento la había privado de su significado.

Pobres desgraciados. Pobres países olvidados de la mano de Dios.

Cerré el libro al tiempo que me embargaba una cólera familiar, una cólera tanto más exasperante porque no iba dirigida contra algo concreto. A mi lado, el joven británico roncaba suavemente, sus gafas descansaban torcidas sobre su nariz. ¿Acaso estaba enfadado con él? ¿Era culpa suya que, a pesar de toda mi formación y de todas las teorías que conocía, no tuviese una respuesta inmediata para las preguntas que planteaba? ¿Podía culparle por querer mejorar únicamente su rincón del mundo? ¿Estaba quizá enfadado por la familiaridad con la que me había tratado, por suponer que yo, como americano, incluso como americano negro, naturalmente pudiera compartir su simplista visión de África? Una suposición que, en su mundo al menos, suponía un cierto avance, pero que para mí sólo acentuaba mi incómoda posición social: un occidental que no se encontraba del todo en casa en Occidente, un africano de camino a una tierra llena de desconocidos.

Así era como me había sentido durante mi estancia en Europa: crispado, a la defensiva, dubitativo frente a aquellos que no conocía. Pero no era así como lo había planeado. Pensaba que mi escala europea sería una parada maravillosa, una oportunidad de visitar lugares en los que nunca había estado. Durante tres semanas, guía en mano, había viajado de un lado a otro del continente, la mayoría de las veces en autobús y tren. Tomé el té a orillas del Támesis. Contemplé cómo los niños jugaban por los bosques de castaños de los Jardines de Luxemburgo. Crucé la Plaza Mayor al sol del mediodía, con sus sombras a lo De Chirico y los gorriones surcando un cielo azul cobalto. Vi caer la noche sobre el monte Palatino, y allí me quedé, escuchando el viento y sus susurros casi humanos, hasta que aparecieron las primeras estrellas.

Y hacia el final de la primera semana, más o menos, fue cuando me di cuenta de que había cometido un error. No es que Europa no fuese maravillosa, todo era como me lo había imaginado. Sólo que no me pertenecía. Me sentía como si estuviera viviendo el romance de otro. Mi propia e incompleta historia se interponía entre mí y los lugares que contemplaba, como si fuese un panel de cristal. Comencé a sospechar que mi escala europea era otra forma de demora, un nuevo intento de eludir el hacer las paces con el Viejo. Despojado del idioma, despojado del trabajo y la rutina —despojado incluso de la obsesión racial a la que tanto me había acostumbrado y que había tomado (de forma perversa) como señal de madurez—, me había visto obligado a mirar en mi interior y sólo había encontrado un gran vacío.

¿Llenaría ese vacío, finalmente, mi viaje a Kenia? Mis amigos de Chicago así lo creían. Será igual que *Raíces**, me había dicho Will durante mi fiesta de despedida. Asante lo calificó de peregrinación. Para ellos, al igual que para mí, África era más una idea que un país, una nueva tierra

---

* *Raíces*, popular serie de televisión producida en 1988 que trataba la saga familiar del esclavo africano Kunta Kinte y las vicisitudes de su familia en Norteamérica, basada en una novela de Alex Haley, quien fuera también biógrafo de Malcom X.

prometida, llena de tradiciones ancestrales, paisajes majestuosos, nobles contiendas y tambores que parecían hablar. Con la idealización que produce la distancia, queríamos abrazar África de una forma especial: el mismo abrazo que una vez quise darle al Viejo. ¿Pero, qué pasaría una vez que no existiera esa distancia? Era agradable pensar que la verdad, de algún modo, me haría libre. Pero, ¿y si estaba equivocado? ¿Qué ocurriría si la verdad era decepcionante y la muerte de mi padre no significaba nada, tampoco su abandono, y el único lazo que me unía a él, o a África, era un nombre, un tipo de sangre, o el menosprecio de los blancos?

Apagué la lamparita cenital, cerré los ojos y me dejé llevar por los recuerdos del africano que conocí cuando viajaba por España, otro fugitivo. Estaba esperando un autobús nocturno en un bar de carretera a medio camino entre Madrid y Barcelona. Unos pocos hombres sentados en las mesas bebían vino en pequeños vasos de cristal opacos por el uso. A un lado del bar había una mesa de billar; por algún motivo desconocido agrupé las bolas y comencé a jugar mientras recordaba las tardes que pasaba con Gramps en los bares de Hotel Street, con las mujeres que hacían la calle y sus chulos, y mi abuelo como el único blanco del garito.

Cuando estaba terminando la partida, un hombre que vestía un ligero jersey de lana apareció de la nada y me preguntó si me podía invitar a un café. No hablaba inglés, y su español no era mucho mejor que el mío, pero tenía una sonrisa atractiva y la ansiedad de los que necesitan compañía. En la barra del bar me dijo que era de Senegal y que estaba pateándose España buscando trabajo de temporero. Me enseñó una fotografía muy estropeada, que guardaba en la cartera, de una joven de mejillas tersas y redondas. Mi esposa, me dijo; había tenido que dejarla en su país, pero volverían a reunirse tan pronto tuviera el dinero necesario. Entonces le escribiría y haría por traérsela.

Acabamos viajando a Barcelona juntos, ninguno de los dos habló mucho. De cuando en cuando se volvía hacia mí y trataba de explicarme los chistes de un programa español de televisión que ponían en una tele situada encima del asiento del conductor. Poco antes del amanecer nos dejaron frente a una antigua estación de autobuses, y mi amigo me hizo gestos para que me acercara a una corta y gruesa palmera que crecía a un lado de la carretera. De su saco de dormir extrajo un cepillo de dientes, un peine y una botella de agua que me ofreció de forma ceremoniosa. Juntos nos lavamos bajo la bruma matinal, luego, con nuestro equipaje al hombro, emprendimos camino a la ciudad.

¿Cuál era su nombre? Ahora no lo puedo recordar. Un hambriento más lejos de su hogar, uno de los muchos hijos de las antiguas colonias —argelinos, hindúes, pakistaníes— abriendo brecha en las barricadas de sus antiguos amos, haciendo su propia harapienta y azarosa invasión. Y, no obstante, cuando caminábamos hacia Las Ramblas, sentí que le conocía tan bien como se puede conocer a cualquier hombre. Que, viniendo de extremos opuestos del mundo, de una u otra forma hacíamos el mismo viaje. Cuando finalmente nos despedimos permanecí en la calle un buen rato, viendo cómo su delgada figura de arqueadas piernas desaparecía en la lejanía. Una parte de mí deseaba vivir con él una vida de carreteras sin fin y mañanas azules; otra me advertía que tal deseo era una idea romántica tan parcial como la imagen que tenía del Viejo o de África. Permanecí inmóvil hasta que acepté lo sucedido. El senegalés me había invitado a café y me había ofrecido agua, ésa era la única realidad, y quizá todo lo que cualquiera de los dos tenía derecho a esperar: la posibilidad de un encuentro, una historia que compartir, un insignificante acto de amabilidad…

Una turbulencia aérea sacudió el avión; las azafatas sirvieron la cena. Desperté al joven británico que despachó la comida metódicamente, describiendo, entre bocado y bocado, cómo había sido su vida en Manchester. Finalmente caí en un sueño intermitente. Cuando desperté, las azafatas estaban distribuyendo los formularios de aduanas, requisito previo a nuestro aterrizaje. En el exterior todavía era noche cerrada, pero, apoyando mi cara contra la ventanilla, comencé a ver algunas luces dispersas, débiles e imprecisas como luciérnagas, que poco a poco fueron aumentando y dando forma a la ciudad que sobrevolábamos. Minutos después aparecieron una serie de suaves colinas, negras contra una larga fila de luces en el horizonte. Mientras aterrizábamos en la madrugada africana, hilos de nubes altas veteaban el cielo. Sus panzas despedían un resplandor rojizo.

El Aeropuerto Internacional Kenyatta estaba casi vacío. Los funcionarios sorbían sus tazas de té mientras comprobaban los pasaportes. En la sala de recogida de equipajes, una chirriante cinta transportadora vomitaba maletas lentamente. No había ni rastro de Auma, así que me senté sobre mi bolsa de mano y encendí un cigarrillo. Poco después, un guardia de seguridad con una porra de madera se dirigió hacia donde me encontraba. Pensando que quizá estaba en una zona de no fumadores miré a mí alrededor buscando un cenicero pero, en lugar de amonestarme, el guardia sonrió y me pidió un pitillo.

—Su primer viaje a Kenia, ¿verdad? —me preguntó, mientras que le daba fuego.

—Así es.

—Ya veo —y se puso en cuclillas a mi lado—. Usted es americano. Quizá conozca al hijo de mi hermano. Se llama Samson Otieno. Está estudiando ingeniería en Tejas.

Le dije que nunca había estado en Tejas y que por tanto no había tenido oportunidad de conocer a su sobrino. Eso pareció decepcionarle y le dio varias caladas rápidas al cigarrillo. Para entonces, todos los pasajeros de mi vuelo habían abandonado la terminal. Le pregunté al guardia si saldría más equipaje. Expresó sus dudas moviendo negativamente la cabeza.

—Creo que no —me dijo—, pero si espera aquí buscaré a alguien que pueda ayudarle.

Desapareció por la esquina de un largo pasillo y yo me puse en pie para estirar la espalda. La excitación que había sentido de antemano se había esfumado, y sonreí al recordar la bienvenida que había imaginado: las nubes se disipaban, volaban los viejos demonios, la tierra temblaba mientras mis ancestros se levantaban de sus tumbas para celebrarlo. En lugar de eso me sentía cansado y abandonado. Estaba a punto de buscar un teléfono cuando apareció el guardia de seguridad acompañado por una espléndida mujer morena, delgada, cercana al metro ochenta de estatura y vistiendo el uniforme de la British Airways. Se presentó como la señorita Omoro, y me dijo que posiblemente mi equipaje había sido enviado a Johannesburgo por error.

—Siento mucho las molestias —me dijo—. Si rellena este formulario podremos llamar a Johannesburgo y hacer que lo envíen en el próximo vuelo.

Cumplimenté el formulario y la señorita Omoro lo repasó antes de dirigirse a mí.

—¿Por casualidad, no será pariente del doctor Obama? —preguntó.

—Bueno, sí, era mi padre.

La señorita Omoro sonrió compasiva.

—Siento mucho su fallecimiento. Su padre era muy amigo de mi familia. Solía venir con frecuencia a nuestra casa cuando yo era niña.

Comenzamos a charlar sobre el motivo de mi visita, luego ella me habló sobre sus años de estudiante en Londres y su interés por conocer Estados Unidos. Y allí me encontraba yo, tratando de prolongar la conversación, no tanto por la belleza de la señorita Omoro —ya me había mencionado que tenía novio— como por el hecho de que había reconocido mi apellido. Algo que no me había ocurrido nunca ni en Hawai ni en Indonesia, Los Ángeles, Nueva York o Chicago. Por primera vez en mi vida sentí la satisfacción, la sólida identidad que puede proporcionar un nombre, cómo hace posible que otras personas recuerden a alguien de forma que asientan con la cabeza y digan: «Sí, tú eres el hijo de fulano de tal». Nadie en Kenia me preguntaría cómo se deletrea mi nombre, ni lo pronunciaría mal en una lengua extraña. Mi nombre era parte del país, y por tanto también lo era yo, estaba inserto en una red de relaciones, alianzas y envidias que todavía no comprendía.

—¡Barack!

Me volví y vi a Auma saltando detrás de otro guardia de seguridad que no la dejaba pasar a la sala de recogida de equipajes. Me disculpé y corrí hacia ella, nos abrazamos y reímos de la misma tonta manera que cuando nos conocimos. Cerca de nosotros, una señora alta y de piel morena sonreía, Auma se volvió hacia ella y dijo:

—Barack, esta es tu tía Zeituni, la hermana de nuestro padre.

—Bienvenido a casa —dijo Zeituni, y me besó en ambas mejillas.

Les conté lo sucedido con mi equipaje y también les dije que había alguien que trabajaba en el aeropuerto que conoció al Viejo. Pero cuando me volví hacia donde había estado esperando no vi a la señorita Omoro por ninguna parte. Le pregunté al guardia de seguridad si sabía dónde había ido. Se encogió de hombros y me dijo que debía haber terminado su jornada de trabajo.

Auma conducía un viejo Volkswagen escarabajo azul celeste. Para ella el coche suponía una modesta inversión: como keniata residente en el extranjero podía introducir su coche en el país libre de los elevados aranceles de importación. Auma había pensado que podría utilizarlo durante el año que duraría su trabajo en la Universidad de Nairobi y después venderlo por el precio del flete y quizá obtener además un pequeño beneficio. Desgraciadamente había sufrido un golpe cuando iba camino del aeropuerto, y el tubo de escape se había desprendido. Cuando Auma, aferrada con las dos manos al volante, enfiló el renqueante vehículo hacia la autovía de cuatro carriles, no pude evitar la risa.

—¿Debería bajarme y empujar?

Zeituni frunció el ceño.

—¡Eh, Barry, no te metas con este coche! Es un magnífico automóvil. Sólo necesita una capa de pintura. De hecho, Auma me ha prometido que me quedaré con él cuando se marche.

Auma negó con la cabeza.

—¿Ves, Barack?, tu tía está tratando de liarme. Le prometí que lo hablaríamos, eso es todo.

—¿Qué es lo que tenemos que hablar? —dijo Zeituni guiñándome un ojo—. Ya te lo he dicho Auma, te pagaré más que nadie.

Las dos comenzaron a hablar al mismo tiempo, me preguntaron si había tenido un buen viaje, me contaron todos los planes que habían hecho, y me recitaron de arriba a abajo la lista de todas las personas a las que tenía que visitar. Extensas planicies, cubiertas en su mayor parte por hierba de la sabana, se extendían a ambos lados de la carretera, de cuando en cuando una acacia se elevaba contra el horizonte, el paisaje era a la vez primitivo y desnudo. Lentamente, el tráfico se fue haciendo más denso y el goteo de gente procedente de las afueras comenzó a formar una multitud de camino al trabajo, los hombres abotonándose sus ligeras camisas, las mujeres erguidas y con turbantes de brillantes colores. Los coches serpenteaban en las rotondas y, de un carril a otro sorteando baches, bicicletas y peatones, mientras que desvencijados autobuses —conocidos como *matatus*, según me dijeron— se paraban sin ningún tipo de aviso para hacinar más pasajeros en su interior. Todo me era extrañamente familiar, como si ya hubiese estado antes en esa misma carretera. Entonces recordé otras mañanas similares en Indonesia, con mi madre y Lolo hablando en los asientos delanteros del coche, el mismo olor a madera quemada y gasoil, la misma calma que persistía en medio de la actividad matinal, la misma expresión en las caras de la gente mientras iban a enfrentarse a un nuevo día con la única esperanza de sobrevivir, y quizá con la ilusión de que su suerte cambiara, o que al menos no empeorase.

Dejamos a Zeituni en la Fábrica de cerveza Kenia, un enorme edificio donde trabajaba como programadora informática. Cuando se apeaba del coche se inclinó para besarme en la mejilla, luego apuntó con su dedo a Auma.

—Cuida de Barry —dijo—. Asegúrate de que no se pierde otra vez.

Una vez que estuvimos de vuelta en la autovía le pregunté a Auma qué había querido decir Zeituni con lo de que no me volviera a perder.

—Es una expresión muy común aquí —dijo—. Por lo general quiere decir que esa persona no te ha visto durante un tiempo. Te dirán «has estado muy perdido», o «no te pierdas». A veces tiene un significado más serio. Digamos que un hijo o un marido se trasladan a la ciudad, o a Occidente, como nuestro tío Omar, el de Boston. Prometen que volverán una vez finalicen sus estudios. Luego, que enviarán a por la familia cuando se instalen. Al principio escriben una vez a la semana. Después una vez al mes. Más tarde dejan de hacerlo. Nadie les vuelve a ver. Se han perdido. Incluso si sus familiares y amigos saben dónde están.

El Volkswagen se enfrentó a una empinada carretera sombreada por masas de eucaliptos y parras silvestres. Elegantes y vetustas mansiones se alzaban detrás de los setos y los macizos de flores, casas que una vez pertenecieron a los británicos, dijo Auma, y que ahora, en su mayoría, estaban ocupadas por funcionarios gubernamentales y personal de las embajadas extranjeras. En la cima de la carretera hicimos un pronunciado giro a la derecha y aparcamos al final de una entrada de grava, cerca de un edificio amarillo de apartamentos de dos pisos de altura que la universidad alquilaba al profesorado. Una enorme extensión de césped se extendía colina abajo desde los apartamentos hasta encontrarse con varios bananos y una zona boscosa, luego continuaba descendiendo y llegaba a un estrecho y oscuro arroyo que corría a través de un ancho barranco salpicado de rocas.

El apartamento de Auma, pequeño y confortable, con ventanas acristaladas que dejaban que la luz del sol entrara en las habitaciones, estaba en el primer piso. Por todos lados había montones de libros, de la pared colgaba un *collage* de fotografías hecho con retratos de estudio y *polaroids*, un mosaico familiar confeccionado por Auma. En la cabecera de su cama vi un gran póster de una mujer negra que miraba una flor, bajo la cual estaba impresa la leyenda «Tengo un sueño».

—¿Y cuál es tu sueño, Auma? —dije, mientras dejaba en el suelo mi equipaje.

Auma se rió.

—Ese es mi mayor problema, Barack. Demasiados sueños. Una mujer con sueños siempre tiene problemas.

El cansancio acumulado durante el viaje debió hacer acto de presencia, porque Auma me sugirió que me echara una siesta mientras ella iba a la universidad para dar su clase. Me dejé caer en la cama plegable que me había preparado y me quedé dormido con el zumbido de los insectos que pululaban fuera de la ventana. Cuando desperté anochecía, y Auma aún no había llegado. Desde la cocina vi una familia de monos de cara negra reunidos bajo un banano. Los mayores se sentaban cautelosos en la base del árbol, mirando con las cejas fruncidas cómo sus crías jugueteaban entre las largas y retorcidas raíces. Me lavé la cara en el fregadero, puse agua para hacer un té, y abrí la puerta que daba al pequeño jardín. Los monos se detuvieron al instante y me miraron al unísono. A escasos metros, el sonido de unas inmensas alas verdes al batirse inundaba el aire y, como en un sueño, vi ascender a un gran pájaro de cuello largo mientras lanzaba una serie de estridentes gritos y se alejaba hacia distantes doseles.

Esa noche decidimos quedarnos en casa, cocinamos un estofado y nos pusimos al día el uno al otro. A la mañana siguiente fuimos andando hasta la ciudad y paseamos sin ningún destino concreto, simplemente disfrutando del ambiente. El centro era más pequeño de lo que había esperado, y la mayoría de los edificios coloniales permanecían intactos: una tras otra se alineaban las casas de fachadas de estuco blanqueado edificadas cuando Nairobi era poco más que un puesto avanzado que proporcionaba servicios a los constructores del ferrocarril británico. Al lado de esos edificios se levantaba otra ciudad, una ciudad de rascacielos, tiendas elegantes y hoteles cuyos vestíbulos apenas se diferenciaban de sus equivalentes en Singapur o Atlanta. Era una mezcla atrayente e inaprensible, un contraste que parecía repetirse dondequiera que fuésemos: frente a la delegación de ventas de Mercedes-Benz, por donde pasaba una fila de mujeres *masai* de camino al mercado con las cabezas afeitadas, sus cuerpos delgados envueltos en *shukas* rojos y los lóbulos de las orejas estirados y perforados con brillantes cuentas de colores; o a la entrada de la mezquita al aire libre, donde vimos cómo un grupo de empleados de banca se quitaban los zapatos de corte clásico y se lavaban los pies antes de unirse a granjeros y jornaleros en la oración vespertina. Era como si la historia de Nairobi se negara a sedimentarse en niveles ordenados, como si pasado y presente entraran en constante y ruidosa colisión.

Caminamos por el mercado viejo, un edificio cavernoso que olía a fruta madura y a matadero cercano. Un pasadizo en la parte trasera del edificio conducía hasta un laberinto de puestos al aire libre donde los vendedores pregonaban sus mercancías: cestas, bisutería de cobre y otras curiosidades. Me detuve ante uno de los puestos que exponía sobre el mostrador una serie de pequeñas figuras talladas en madera. Reconocí en ellas las que tiempo atrás mi padre me había regalado: elefantes, leones, percusionistas con sus tocados tribales. Sólo son un pequeño detalle, había dicho el Viejo…

—Mire, señor —me dijo el joven que atendía el puesto—. Un maravilloso collar para su esposa.

—Es mi hermana.

—Una hermana muy guapa. Venga, esto le quedará muy bien.

—¿Cuánto cuesta?

—Sólo quinientos chelines. Es precioso.

Auma frunció el ceño y se dirigió al hombre en swahili.

—Te quiere cobrar lo que a un *wazungu* —me explicó—. Precio de blancos.

El joven sonrió.

—Lo siento mucho, hermana —dijo—. Para un keniata, el precio es trescientos chelines.

Detrás del mostrador, una anciana que estaba ensartando cuentas de vidrio me señaló y dijo algo que hizo sonreír a Auma.

—¿Qué ha dicho?

—Dice que a ella le pareces americano.

—Dile que soy luo —dije, mientras me golpeaba el pecho.

La anciana rió y le preguntó a Auma mi nombre. La respuesta hizo que la mujer riera aún más fuerte, me hizo señas para que me pusiera a su lado y me cogió de la mano.

—Dice que no te pareces mucho a un luo —dijo Auma—, pero que tu cara es amable. Dice que tiene una hija y que deberías conocerla, y que si le compras un refresco, te venderá dos figurillas y el collar que está haciendo por quinientos chelines.

El joven fue a comprar refrescos para todos y nos sentamos en unos taburetes de madera que la anciana sacó de un gran baúl. Nos habló de su negocio, del alquiler que tenía que pagar al gobierno por el emplazamiento del puesto, de cómo su otro hijo se había alistado en el ejército porque en el pueblo no quedaba tierra que cultivar. Frente a nosotros, otra mujer tejía cestos de paja de colores. A su lado, un hombre cortaba tiras de cuero para confeccionar asas de bolso.

Contemplé las ágiles manos cosiendo, cortando y tejiendo, al tiempo que escuchaba la voz de la anciana imponiéndose al ruido de labores y trueques, y por un momento el mundo me pareció transparente. Comencé a imaginar el inalterable ritmo de los días, el vivir sobre un terreno firme donde te podías despertar cada mañana sabiendo que todo era igual que ayer, donde veías cómo se hacían las cosas que utilizabas, conocías las vidas de los que las elaboraban y podías tener la seguridad de que todo eso perduraría sin necesidad de terminales informáticas ni máquinas de fax. Y mientras eso ocurría, una procesión de rostros negros pasaba ante tus ojos, las caras redondas y tersas de los niños junto a las curtidas y ajadas de los ancianos. Caras maravillosas que me hicieron comprender la transformación que Asante y otros americanos negros habían sufrido tras su primera visita a África. Por espacio de semanas, o meses, podías experimentar la libertad que da el no sentirte vigilado, la libertad de creer que tu pelo crece como se supone que tiene que crecer, y que tu trasero se balancea de la manera que debe balancearse. Podías ver a alguien hablando solo, como si estuviera loco, o leer sobre el delincuente que aparecía en la primera página del periódico y meditar sobre la corrupción del corazón humano sin tener que pensar si ese criminal o lunático anticipaba en alguna medida tu destino. Aquí el mundo era negro, y tú también. Y podías descubrir todas esas cosas que eran únicas para ti sin tener que vivir una mentira o cometer una traición.

Qué tentación, pensé, volar lejos de aquí guardando este momento intacto. Dejar que esta sensación de felicidad te envolviera tan impecablemente como el joven del puesto envolvía el collar de Auma, y llevármela de vuelta a Estados Unidos para revestirme con ella cuando mi espíritu flaquease.

Pero eso, por supuesto, era imposible. Terminamos nuestros refrescos. El dinero cambió de manos y abandonamos el mercado. El momento se desvaneció.

Giramos en la calle Kimathi, llamada así en recuerdo de uno de los líderes del Mau-Mau. Había leído algo sobre Kimathi antes de salir de Chicago, y recordaba una fotografía suya: era uno de un grupo de hombres con el cabello a lo *rastafari* que vivían en la jungla y captaban a la población nativa mediante juramentos secretos. El prototipo de guerrillero. Había elegido un disfraz ingenioso (Kimathi y el resto de los líderes del Mau-Mau habían servido en regimientos británicos con anterioridad), una imagen que despertaba todos los miedos del occidente colonial, el mismo miedo que Nat Turner había provocado antes de la Guerra de Secesión y el que producen los adictos al *crack* entre los habitantes blancos de Chicago.

Por supuesto que el Mau-Mau es ya parte del pasado de Kenia. Kimathi fue capturado y ejecutado. Kenyatta fue puesto en libertad e investido primer presidente de Kenia. Inmediatamente, aseguró a los blancos, que andaban haciendo las maletas, que las empresas no serían nacionalizadas y que las grandes fincas se mantendrían intactas en tanto los negros controlasen el aparato gubernamental. Kenia se convirtió en el más fiel aliado de Occidente en África, un modelo de estabilidad, un alentador contraste frente al caos de Uganda y el fallido experimento socialista de Tanzania. Los antiguos luchadores por la libertad regresaron a sus aldeas, se alistaron en el servicio civil o iniciaron carreras políticas como parlamentarios. Kimathi se convirtió en el nombre de una calle, completamente domesticado para el consumo turístico.

Tuve la oportunidad de observar a esos turistas mientras almorzaba con Auma en la terraza de la cafetería del Hotel New Stanley. Estaban por todas partes —alemanes, japoneses, americanos— haciendo fotografías, parando taxis, defendiéndose de los vendedores ambulantes, muchos de estos turistas iban vestidos con ropa de safari, como extras en el plató de una película. En Hawai, cuando todavía éramos niños, mis amigos y yo nos reíamos de este tipo de visitantes, con la piel quemada por el sol, sus piernas delgadas y pálidas, bañados por el halo de su obvia superioridad. Aquí, en África, los turistas no parecían tan divertidos. A mí se me antojaban unos usurpadores, encontraba su inocencia vagamente insultante. Se me ocurrió que, sin el más mínimo complejo, expresaban una libertad que ni Auma ni yo podríamos experimentar jamás, una confianza tremendamente sólida en su provincianismo, una confianza reservada a aquellos que habían nacido en el seno de culturas imperialistas.

En ese momento vi a una familia americana que ocupaba una mesa cercana a la nuestra. Inmediatamente, dos camareros africanos acudieron a servirles, con una sonrisa de oreja a oreja. Dado que a nosotros todavía no nos habían atendido, comencé a hacerles señas a ambos, que ahora se encontraban cerca de la cocina, pensando que quizá no nos hubiesen visto. Durante un rato se las apañaron para evitar mis llamadas de atención, pero finalmente un señor mayor con ojos soñolientos se apiadó de nosotros y nos entregó dos cartas. Actuaba como si estuviera resentido, y transcurrieron varios minutos más antes de que volviera a dar señales de vida. La cara de Auma comenzó a mostrar síntomas de enfado, así que de nuevo agité mi mano para que viniera nuestro camarero, que se mantuvo en silencio mientras anotaba nuestra comanda. En ese momento los americanos ya tenían la comida en la mesa y a nosotros no nos habían puesto ni los cubiertos, y escuché cómo una joven rubia que llevaba el pelo recogido con una cola de caballo se quejaba porque no había *kepchut*. Auma se puso de pie.

—¡Vámonos!

Se encaminó hacia la salida, pero de repente se volvió y fue hacia el camarero, que nos miraba imperturbable.

—¡Debería darle vergüenza! —le dijo Auma, con la voz trémula por la indignación— ¡Debería darle vergüenza!

El camarero, con brusquedad, le respondió en swahili.

—¡No me importa cuántas bocas tenga que alimentar, usted no puede tratar a su propia gente como a perros! ¡Mire...! —Auma abrió su bolso y sacó un arrugado billete de cien chelines— ¿Vé? —gritó— ¡Puedo pagar por mi maldita comida!

Auma tiró el billete al suelo y se alejó hacia la calle. Durante varios minutos caminamos sin dirección, hasta que finalmente sugerí que nos sentáramos en un banco junto a la oficina de Correos.

—¿Estás bien? —le pregunté.

Ella asintió con la cabeza.

—Fue algo estúpido, tirar el dinero así —se sentó, puso su bolso a un lado y miramos el tráfico pasar—. ¿Sabes que no puedo entrar en ningún club de cualquiera de esos hoteles si estoy con una africana? —dijo finalmente—. Los *askaris* nos echarán pensando que somos prostitutas. Lo mismo ocurre en los grandes edificios de oficinas. Si no trabajas allí y eres africana, te impedirán el paso hasta que les digas qué es lo que te ha llevado hasta allí. Pero si estás con un amigo alemán se deshacen en sonrisas. «Buenas tardes señorita», te dirán. «¿Cómo está usted?» —Auma negó con la cabeza—. Es por eso que a pesar de su producto interior bruto y de todas las cosas que se puedan comprar aquí, Kenia es el hazmerreír de África. Es la puta del continente, Barack. Le abre las piernas a cualquiera que pueda pagarle.

Le dije a Auma que estaba siendo demasiado crítica con los keniatas, que ocurría lo mismo en Yakarta o en Méjico, era sólo una desafortunada cuestión de dinero. Pero cuando regresábamos al apartamento supe que mis palabras no había conseguido aliviar su amargura. Sospechaba que tenía razón: no todos los turistas de Nairobi habían llegado atraídos por la fauna salvaje. Algunos lo hacían porque Kenia, sin ningún pudor, ofrecía recrear una época en la que la vida de los blancos en tierras extranjeras descansaba confortablemente sobre las espaldas de las razas negras. Una época de inocencia, antes de que Kimathi y otros enfurecidos jóvenes de Soweto, Detroit o el Delta del Mekong, comenzaran a llevar a las calles violencia y revolución. En Kenia un blanco aún podía visitar la casa de Isak Dinesen e imaginarse un romance con una misteriosa y joven baronesa, beber ginebra bajo los ventiladores del Hotel Lord Delamare y contemplar fotografías de Hemingway sonriendo tras una buena jornada de caza, rodeado por los semblantes serios de sus rastreadores. No experimentaría el menor miedo o vergüenza cuando le sirviera una negra, estaría encantado con el cambio de moneda, y dejaría una generosa propina. Y si sentía un leve principio de indigestión al ver un pordiosero leproso a la salida del hotel siempre dispondría de un tónico convenientemente preparado. Pero, a pesar de todo, se instauró el gobierno del hombre negro. Éste es su país. Nosotros sólo estamos de visita.

¿Sabía nuestro camarero que ese gobierno había llegado? ¿Y significaba algo para él? Quizá alguna vez, pensé para mis adentros. Era lo suficientemente mayor como para recordar los días de la independencia, los gritos de «¡*Uhuru*!» (libertad) y el flamear de nuevas banderas. Pero puede que ahora esos recuerdos sólo fuesen para él algo fantástico, distante, ingenuo. Ha aprendido que la misma gente que controlaba la tierra antes de la independencia lo continúa haciendo, que él no puede comer en los restaurantes ni hospedarse en los hoteles que construyeron los blancos. Ve el dinero de la ciudad girando sobre su cabeza, y cómo la tecnología vomita todo tipo de bienes por su boca robótica. Si es ambicioso dará lo mejor de sí mismo para aprender el lenguaje de los blancos y usará sus máquinas, tratando de arreglarse con lo que tiene, igual que hace el conductor de autobuses de Chicago o el técnico informático en Newark, alternando los arrebatos de frustración y entusiasmo con los más comunes de resignación. Y si uno le dice que está al servicio de los intereses del neocolonialismo, o algo parecido, él le responderá que sí, que está a su servicio si es necesario. Los que sirven son los que han tenido suerte. Los que no, se dejan arrastrar por la turbia marea de los chanchullos y los trabajos miserables, donde la mayoría se ahoga.

Pero quizá no sean esos los sentimientos del camarero. Puede que una parte de él se aferre a las historias del Mau-Mau, la misma parte que recuerda el silencio de una aldea durante la noche, o el sonido que hacía su madre mientras molía maíz con un mortero de piedra. Algo en su interior le dice que los caminos del hombre blanco no son los suyos, que los objetos que usa cotidianamente no son los que él fabrica. Y recuerda un tiempo, una forma de imaginarse a sí mismo, que sólo abandona cuando está en peligro. No puede escapar al dominio de sus recuerdos. Y cabalga sobre dos mundos, inseguro en ambos, siempre desequilibrado, participando en cualquier juego que posponga la miseria, y cuidando mucho de descargar su ira sólo sobre aquellos de su misma condición.

Una voz le dice que sí, que han llegado los cambios, las viejas reglas ya no existen, y debe encontrar otras tan rápido como pueda para llenar la barriga y evitar que los blancos se rían de él.

Otra voz le dice que no, que antes él arrasará la tierra.

Esa misma tarde condujimos hasta Kariako, en el oeste, fuimos a un complejo de apartamentos que crecía rápidamente, rodeado de sucios solares. Nubes espesas ocultaban la luna y comenzó a caer una ligera llovizna. Cuando subíamos las oscuras escaleras, un joven se cruzó con nosotros, de un salto alcanzó el destrozado pavimento y desapareció en la noche. En el tercer piso, Auma empujó una puerta que estaba entreabierta.

—¡Barry! ¡Por fin has venido!

Una mujer baja y robusta, de agradable cara morena, me abrazó con fuerza por la cintura. Detrás de ella había unas quince o veinte personas, todas sonreían y me saludaban, como hace la multitud en un desfile. La mujer me miró con el ceño fruncido.

—¿No te acuerdas de mí?

—Pues…

—Soy tu tía Jane. La que te llamó cuando murió tu padre —sonrió y me tomó de la mano—. Ven. Quiero que conozcas a todos los que están aquí. A Zeituni ya la conoces. Ésta… —dijo mientras me llevaba hacia una señora mayor y bien parecida que vestía un vestido verde estampado—, ésta es mi hermana, Kezia. Es la madre de Auma y de Roy Obama.

Kezia me tomó la mano y pronunció mi nombre junto con otras palabras en swahili.

—Dice que por fin ha venido su otro hijo —me tradujo Jane.

—Mi hijo —repitió Kezia, ahora en inglés, asintiendo y dándome un abrazo—. Mi hijo ha vuelto a casa.

Continué estrechando manos de tías, primas, primos, sobrinos y sobrinas por toda la habitación. Todos me saludaban con alegre y desenfadada curiosidad, como si el conocer a un pariente por vez primera fuese algo cotidiano. Había llevado una bolsa de chocolatinas para los niños, y todos se reunieron a mí alrededor, mirándome fija pero educadamente, mientras los adultos trataban de explicarles quién era yo. Me fijé en un adolescente de quince o dieciséis años que, apoyado contra la pared, me contemplaba atentamente.

—Es uno de tus hermanos —me dijo Auma—. Se llama Bernard.

Fui hacia él y nos dimos la mano mientras nos observábamos. No supe bien qué decirle, pero me las arreglé para preguntarle cómo le iba.

—Bien, creo —me respondió en voz baja, lo que provocó la risa de todos los presentes.

Cuando acabaron las presentaciones, Jane me condujo a una mesa no muy grande en la que había cuencos de curry de cabra, pescado frito, coles y arroz. Mientras comíamos me preguntaron cómo estaba mi familia de Hawai, y luego traté de describirles cómo era mi vida en Chicago y mi trabajo como organizador comunitario. Educadamente asintieron con la cabeza, pero parecían algo confusos, así que les mencioné que había estado estudiando Derecho en Harvard ese otoño.

—¡Ah, eso está bien, Barry! —dijo Jane mientras chupaba uno de los huesos del curry—. Tu padre estudió allí. Harás que nos sintamos tan orgullosos de ti como lo estuvimos de él. ¿Te das cuenta, Bernard?, debes estudiar tanto como tu hermano.

—Bernard quiere ser un futbolista famoso —dijo Zeituni.

—¿Es eso cierto? —dije volviéndome hacia él.

—No —dijo, sintiéndose un tanto incómodo por ser el centro de atención—. Solía jugar, eso es todo.

—Bueno… Quizá podamos jugar juntos en alguna ocasión.

Negó con la cabeza.

—Ahora me gusta el baloncesto —dijo con entusiasmo—. Como Magic Johnson.

La comida alivió parte de la excitación inicial, y los niños se congregaron en torno a un gran televisor en blanco y negro que mostraba la espléndida generosidad del presidente: el presidente inaugurando una escuela; el presidente denunciando a periodistas extranjeros y a varios militantes comunistas; el presidente arengando a la nación para que siga el sendero del *nyayo*: «el camino hacía el progreso». Auma me enseñó el resto del apartamento, que consistía en dos dormitorios atestados de un extremo a otro de colchones viejos.

—¿Cuántas personas viven aquí? —pregunté.

—Ahora mismo no estoy segura —dijo Auma—. El número cambia constantemente. Jane no sabe decir que no, así que cada pariente que se traslada a la ciudad o pierde su trabajo acaba aquí. El Viejo y mi madre solían dejar a Bernard aquí muchas veces. Prácticamente lo crió Jane.

—¿Y se lo puede permitir?

—La verdad es que no. Trabaja como telefonista y no gana mucho. Pero no se queja, creo. Y como no puede tener niños, cuida a los de los demás.

Regresamos al salón y me hundí en un viejo sofá. En la cocina, Zeituni daba órdenes a las mujeres más jóvenes sobre cómo fregar los platos. Algunos niños se peleaban por las chocolatinas que les había dado antes. Recorrí la habitación con la mirada: los muebles desgastados, el calendario de hacía dos años, las fotografías antiguas, los querubines azules de cerámica que descansaban sobre tapetes de lino. Era como una copia de los apartamentos de Altgeld, pensé. La misma cadena de madres, hijas y niños. El mismo rumor mezcla de cotilleos y televisión. El eterno círculo: cocinar, limpiar, remediar grandes y pequeñas tragedias. La misma ausencia de hombres.

Nos despedimos alrededor de las diez, prometiendo visitar a todos y cada uno de los miembros de la familia. Cuando nos dirigíamos a la puerta, Jane hizo un aparte y dijo en voz baja a Auma:

—Es necesario que lleves a Barry a ver a tu tía Sarah —luego se dirigió a mí—. Sarah es la hermana mayor de tu padre. La primogénita. Tiene muchas ganas de verte.

—Por supuesto —dije—. ¿Pero, por qué no ha venido esta noche? ¿Vive lejos de aquí?

Jane miró a Auma, y ninguna de las dos mujeres necesitó más palabras.

—Vamos, Barack —dijo finalmente Auma—. Te lo explicaré en el coche.

La carretera estaba vacía y reluciente por la lluvia.

—Jane tiene razón, Barack —me dijo Auma cuando pasábamos por delante de la universidad—. Deberías ir a ver a Sarah. Pero yo no iré contigo.

—¿Por qué no?

—Es por todo ese asunto de la herencia del Viejo. Sarah es uno de los parientes que han impugnado el testamento. Le ha estado contando a la gente que Roy, Bernard y yo no somos hijos del Viejo —Auma suspiró—. No sé. Una parte de mí simpatiza con ella. Su vida no ha sido fácil. Nunca tuvo las mismas oportunidades que nuestro padre para estudiar o ir al extranjero. Eso la amargó. Cree que, de alguna manera, mi madre y yo somos las culpables de la situación.

—¿Pero, en cuánto se calcula la herencia del Viejo?

—No es mucho. Quizá una pequeña pensión del gobierno, una parcela de tierra sin apenas valor... Yo he tratado de mantenerme al margen. Sea lo que sea lo que vayan a heredar ya han gastado más en abogados. Pero como todos esperaban tanto de él... Además, les hizo creer que nadaba en la abundancia, incluso cuando no tenía nada. Así que ahora, en lugar de seguir con sus vidas, se pelean entre ellos pensando que el Viejo va a salir de la tumba para socorrerlos. Bernard ha adoptado la misma actitud. Es un chico inteligente, pero no hace nada en todo el día, sólo sentarse y esperar. Abandonó los estudios y no tiene muchas posibilidades de encontrar un trabajo. Le he dicho que le ayudaría a entrar en una escuela de formación profesional, o a cualquier otra cosa que quiera, con tal de que haga algo. Siempre me dice que sí, pero cuando le pregunto si ha rellenado alguna solicitud o ha hablado con los maestros resulta que lo ha pospuesto. A veces me parece que, a menos que yo dé cada paso con él, todo seguirá igual.

—Quizá yo pueda ayudar.

—Claro, podrías hablar con él. Pero ahora que estás aquí, ahora que has venido desde Norteamérica, eres un heredero más, ¿ves? Por eso Sarah tiene tantas ganas de verte. Piensa que quiero mantenerte lejos de ella porque eres el que tiene más posibilidades.

Cuando aparcábamos el coche comenzó a llover de nuevo. Una solitaria bombilla que sobresalía de uno de los lados del edificio proyectó una maraña de sombras líquidas sobre el rostro de Auma.

—Todo esto me tiene harta, Barack —me dijo casi susurrando—. No te puedes imaginar cómo echaba de menos Kenia cuando estaba en Alemania. Sólo pensaba en volver a casa. Recordaba que aquí nunca me encontraba sola, la familia está por todas partes, nadie envía a sus padres a una residencia de ancianos o deja a sus hijos con desconocidos. Pero vengo aquí y todo el mundo me pide ayuda, siento que se están aferrando a mí y yo me estoy ahogando. Me siento culpable porque he tenido más suerte que ellos. Fui a la universidad. Tengo un trabajo. ¿Pero qué puedo hacer, Barack? Sólo soy humana.

Tomé a Auma por las manos y permanecimos en el coche varios minutos escuchando cómo amainaba la lluvia. Finalmente me dijo:

—Antes me preguntaste cuál era mi sueño, pues bien: construir una maravillosa casa en la tierra de nuestros abuelos. Una casa enorme donde todos pudiéramos estar juntos con nuestras familias. Allí plantaríamos árboles frutales, como hacía nuestro abuelo, los niños aprenderían a hablar luo y lo que significa la tierra, y a través de sus mayores conocerían nuestra forma de vida. Sería una casa que les pertenecería.

—Podemos hacerlo, Auma.

Ella negó con la cabeza.

—Déjame decirte lo que pienso inmediatamente después. Pienso en quién cuidará la casa cuando yo no esté. Pienso en quién puedo confiar para asegurarme que se arregla una fuga de agua o el cercado. Es tremendamente egoísta, lo sé. Y lo único que puedo hacer cuando pienso así es sentirme resentida con el Viejo porque no construyó esa casa para nosotros. Somos los hijos, Barack. ¿Por qué hemos de cuidar de todos ellos? Todo está al revés, es de locos. Tengo que mirar por mí, y también por Bernard. Pero ahora estoy acostumbrada a vivir mi vida, como una alemana. Todo está organizado. Si algo se estropea, lo arreglo. Si algo va mal, es mi culpa. Si tengo dinero, se lo envío a la familia para que lo utilice como le venga en gana, pero no quiero depender de ellos ni que ellos dependan de mí.

—Hay mucha soledad en tus palabras.

—Lo sé, Barack. Por eso sigo viniendo a casa. Por eso sigo soñando todavía.

Pasados dos días todavía no había recuperado mi equipaje. En la oficina de la línea aérea nos dijeron que llamásemos al aeropuerto, pero siempre que lo hacíamos el teléfono estaba comunicando. Finalmente, Auma sugirió que nos presentásemos allí.

En el mostrador de British Airways encontramos a dos chicas jóvenes hablando sobre una discoteca que se acababa de inaugurar. Interrumpí su conversación para preguntarles por mi equipaje. Una de ellas hojeó sin mucho convencimiento un montón de papeles.

—Aquí no figura su reclamación —dijo.

—Por favor, mire de nuevo.

La joven se encogió de hombros.

—Si lo desea puede venir esta noche, sobre las doce. A esa hora llega un vuelo procedente de Johannesburgo.

—Me dijeron que me entregarían el equipaje en mi domicilio.

—Lo siento, pero tampoco tengo aquí el formulario de reclamación de su equipaje. Si quiere, puede rellenar otro.

—¿Está la señorita Omoro? Ella…

—Omoro está de vacaciones.

Auma me apartó a un lado.

—Puesto que usted parece no saber nada, dígame con quién más podemos hablar aquí.

—Si quiere hablar con otra persona tendrá que ir a la ciudad —dijo bruscamente la joven antes de volver a su conversación anterior.

Auma todavía continuaba murmurando entre dientes cuando entramos en la oficina de British Airways en el centro de la ciudad. La oficina estaba en un edificio alto, cuyos ascensores anunciaban electrónicamente cada uno de los pisos con un claro acento victoriano. Una recepcionista, que estaba sentada bajo una fotografía de cachorros de león y niños bailando, nos volvió a decir que deberíamos ir a buscar el equipaje al aeropuerto.

—Quisiera hablar con el director —dije, tratando de no gritar.

—Lo siento, pero el señor Maduri está reunido.

—Mire, señorita, acabamos de llegar del aeropuerto. Allí nos dijeron que viniésemos aquí. Hace dos días me dijeron que me llevarían el equipaje a casa. Y ahora me dicen que ni siquiera sabían que se había perdido. Y yo… —me detuve en mitad de la frase.

La cara de la recepcionista se había convertido en una máscara de piedra inalterable a súplicas o amenazas. Aparentemente Auma veía la situación de la misma forma, a juzgar por los suspiros que se le escapaban. Acabábamos de sentarnos en las sillas del recibidor sin la menor idea de lo que haríamos a continuación cuando, de repente, una mano se posó sobre el hombro de Auma. Se giró y vio que pertenecía a un hombre moreno y fuerte que vestía una chaqueta deportiva azul.

—¡Hola, tío! ¿Qué estás haciendo aquí?

Auma nos presentó, el recién llegado estaba emparentado con nosotros en un grado tan lejano que no me enteré muy bien de nuestra relación. Nos preguntó si estábamos planeando un viaje, entonces Auma le contó lo sucedido.

—Escucha, no te preocupes —dijo—. Maduri es un buen amigo mío. De hecho ahora voy a almorzar con él.

Nuestro tío lanzó una mirada de reproche a la recepcionista, que había estado siguiendo nuestra conversación con considerable interés.

—El señor Maduri ya sabe que está usted aquí —dijo sonriendo.

El señor Maduri resultó ser un individuo fornido, de nariz bulbosa y voz desapacible. Después de haberle contado nuestra historia cogió inmediatamente el teléfono.

—Soy el señor Maduri. ¿Con quién hablo? Escuche, tengo aquí al señor Obama que está tratando de localizar su equipaje. Sí, Obama. Lleva varios días esperándolo. ¿Qué? Sí, mírelo ahora, por favor —pocos minutos después el teléfono sonó—. Sí…, de acuerdo, envíelo a…

Maduri dio a su interlocutor la dirección de la oficina de Auma, luego colgó el teléfono y nos hizo saber que entregarían mi equipaje allí esa misma tarde.

—Llámeme si tiene algún problema —dijo.

Dimos las gracias efusivamente a los dos y nos despedimos rápidamente, preocupados por si nuestra suerte cambiaba en cualquier momento. Al final de la escalera me detuve ante una gran fotografía de Kenyatta que colgaba sobre la ventana de una oficina. Sus ojos irradiaban confianza y astucia. Su poderosa y enjoyada mano asía el bastón tallado de los jefes kikuyu. Auma se detuvo tras de mí.

—Con él comienza todo —dijo—. El Gran Hombre. Y tras él su consejero, su familia, sus amigos, y su tribu. Si quieres conseguir un teléfono, un visado o un trabajo, siempre es lo mismo. ¿Quién es tu familia? ¿Y tus amistades? Si no conoces a nadie puedes ir olvidándote del asunto. Eso es lo que el Viejo nunca comprendió. Volvió aquí pensando que gracias a su formación, a su exquisito inglés, a su dominio de mapas y gráficos, le darían un buen trabajo. Sin embargo olvidó lo que aquí mantiene todo unido.

—Estaba perdido —dije casi en un susurro.

De camino al coche recordé una anécdota que Auma me contó cuando el Viejo ya había caído en desgracia. Una tarde la mandó a la tienda para que le trajese cigarrillos. Ella le recordó que no tenían dinero, pero el Viejo le respondió, impaciente:

—No seas tonta. Dile al tendero que eres la hija del doctor Obama y que le pagaré después.

Auma fue a la tienda y le repitió al tendero lo que el Viejo le había dicho. El tendero se rió y le dijo que se fuera. Como temía volver sin los cigarrillos a casa, Auma fue en busca de un primo al que en cierta ocasión el Viejo había ayudado a conseguir un trabajo y que le dio los chelines que necesitaba. Cuando regresó, el Viejo cogió el paquete y le echó una regañina por haber tardado tanto.

—¿Ves? —le dijo al abrir el paquete—. Ya te dije que no tendrías ningún problema. Todo el mundo conoce a Obama.

Mientras andaba con Auma por la congestionada calle, sentí la presencia de mi padre. Lo veía en los escolares que pasaban corriendo a nuestro lado, con sus piernas delgadas y negras moviéndose como pistones metálicos, embutidas en sus pantalones azules y sus zapatos demasiado grandes. Lo escuchaba en la risa de esa pareja de universitarios que en un pobremente iluminado salón de té sorbían la dulce y cremosa infusión y comían *samosas*[*]. Lo olía en el humo de los cigarrillos de los hombres de negocios que, cubriéndose una oreja con la mano, no cesaban de gritar en la cabina telefónica. En el sudor de los obreros que, con el pecho y la cara cubiertos de polvo, descargaban grava con una carretilla. Creo que, aunque no me diga nada, el Viejo está presente. Está aquí, pidiéndome que comprenda.

[*] La *samosa* es una empanadilla frita, fina y crujiente, rellena de patata y vegetales cocidos y aderezados con curry. También se suele rellenar de carne de pollo o cordero.

DIECISÉIS

A las diez en punto, Bernard estaba tocando el timbre de la puerta. Iba vestido con unos desteñidos pantalones de deporte azules y una camiseta de tirantes demasiado pequeña para él. En las manos, como una ofrenda, sostenía una desgastada pelota de baloncesto color naranja.

—¿Estás listo? —preguntó.

—Casi, dame un minuto para ponerme las zapatillas.

Entró en el apartamento y pasó por encima de la mesa donde había éstado trabajando.

—¿Leyendo de nuevo, Barry? —dijo mientras movía la cabeza—. Si pasas tanto tiempo con los libros tu novia se aburrirá de ti.

Me senté para anudarme las zapatillas.

—Eso me han dicho.

Lanzó la pelota al aire.

—A mí no me interesan los libros. Yo soy un hombre de acción. Como Rambo.

Sonreí.

—De acuerdo, Rambo —dije mientras me levantaba y abría la puerta—. Veamos cómo te mueves en la cancha.

Bernard me miró dubitativo.

—Las canchas están lejos. ¿Dónde está el coche?

—Auma se lo llevó al trabajo —salí al pasillo y comencé a hacer estiramientos—. De todas forma me dijo que están a unos dos kilómetros. Eso es bueno para que calientes tus jóvenes piernas.

Sin demasiado entusiasmo hizo algunos estiramientos conmigo antes de que saliéramos a la carretera principal. Era un día perfecto, una ligera brisa aliviaba el calor del sol, la carretera estaba vacía excepto por una mujer que caminaba en la distancia, con una cesta llena de astillas sobre la cabeza. Cuando no habíamos corrido ni un kilómetro, Bernard tuvo que detenerse, el sudor goteaba por su frente ancha y lisa.

—Ya he calentado suficiente, Barry —dijo, respirando agitadamente—. Creo que ahora deberíamos andar.

El campus de la Universidad de Nairobi ocupa unos diez mil metros cuadrados cerca del centro de la ciudad. Las canchas de baloncesto están situadas en una ligera elevación que domina la pista de atletismo, estaban pavimentadas con guijarros y la hierba crecía en las grietas. Observé a Bernard mientras nos turnábamos lanzando a canasta y pensé en lo generoso y amable que había sido conmigo durante los últimos días al guiarme por la ciudad mientras Auma andaba ocupada calificando exámenes. Me agarraba de la mano tratando de protegerme al cruzar las atestadas calles, su paciencia era infinita cuando me detenía para mirar un edificio o leer un cartel delante del cual él había pasado cientos de veces. Se admiraba de mi extraña forma de ser sin mostrar ninguno de los gestos de aburrimiento o fastidio que yo hubiera manifestado a su edad.

Esa amabilidad, y la ausencia de malicia, le hacían parecer más joven que lo que realmente era. Pero ya había cumplido diecisiete años, me dije a mí mismo, una edad donde algo más de independencia y carácter le vendrían bien. Sabía que podía dedicarme su tiempo y que era paciente conmigo porque no tenía nada mejor que hacer ni sitio en concreto al que ir. Y yo quería hablar con él de eso, así se lo había prometido a Auma: mantener una conversación de hombre a hombre.

—¿Has visto jugar a Magic Johnson? —me preguntó Bernard, mientras se preparaba para lanzar a canasta. La pelota entró por el aro sin red, y yo se la devolví.

—Sólo en la tele.

Bernard asintió con la cabeza.

—En Estados Unidos todo el mundo tiene coche. Y teléfono —más que preguntas sus frases eran afirmaciones.

—La mayoría de la gente. Y no, no todo el mundo.

Lanzó de nuevo y la pelota golpeó ruidosamente el aro.

—Creo que allí se vive mejor —dijo—. Quizá vaya allí. Puedo ayudarte con tu empresa.

—En estos momentos no tengo ninguna empresa. Quizá después de que acabe de estudiar Derecho.

—Debe ser fácil encontrar trabajo.

—No para todo el mundo. Actualmente mucha gente lo está pasando mal. En particular los negros.

Bernard agarró la pelota.

—No tan mal como aquí.

Nos miramos el uno al otro y traté de recordar cómo eran las canchas de baloncesto en Estado Unidos. El sonido de unos disparos cercanos, el tío que te pedía unas monedas en el hueco de la escalera: ésa era una de las imágenes. Las risas de los niños mientras jugaban en el patio trasero de sus casas, sus madres llamándoles para almorzar. Eso también era real. Las dos imágenes colisionaban dejándome sin palabras. Animado por mi silencio, Bernard volvió a ensayar sus jugadas.

Cuando el sol se hizo demasiado fuerte, caminamos hasta una heladería que estaba a unas cuantas manzanas de la universidad. Bernard pidió un helado de chocolate con fruta y nueces y comenzó a comerlo metódicamente, se lo llevaba a la boca de media en media cucharada. Encendí un cigarrillo y me recosté en la silla.

—Auma me dijo que estabas pensando asistir a la escuela de formación profesional —le dije.

Asintió con un movimiento de cabeza, aunque con expresión de desinterés.

—¿Qué tipo de materia te interesa?

—No sé —hundió la cuchara en el helado y se detuvo a pensar durante un momento—. Quizá mecánica del automóvil. Sí…, creo que eso estaría bien.

—¿Has tratado de entrar en algún tipo de curso?

—No. La verdad es que no —en silencio tomó otra media cucharada—. Hay que pagar la matrícula.

—¿Cuántos años tienes, Bernard?

—Diecisiete —dijo con cierta cautela.

—Diecisiete —asentí mientras proyectaba el humo del cigarrillo hacia el techo—. ¿Sabes lo que eso significa, no es verdad? Significa que eres casi un hombre. Alguien con responsabilidades. Hacia tu familia. Hacia ti mismo. Lo que trato de decirte es que ha llegado la hora de que decidas qué es lo que te interesa. Puede ser la mecánica. O cualquier otra cosa. Pero sea lo que sea tendrás que fijarte un objetivo y llegar hasta el final. Tanto Auma como yo podemos ayudarte con las mensualidades de la escuela, pero no podemos vivir la vida por ti. Tendrás que esforzarte. ¿Me entiendes?

Permanecimos en silencio durante un rato, mirando cómo la cuchara de Bernard removía el resto del helado que ya se había licuado. Comencé a imaginar lo carentes de significado que mis palabras debían sonarle a mi hermano, cuyo único pecado había sido nacer en el lado equivocado del compartimentado mundo de nuestro padre. De momento no parecía estar resentido conmigo. Pero quizá se estuviera preguntando por qué trataba de aplicarle mi escala de valores. Lo único que él quería era algunas muestras de atención de mi parte: los casetes de Bob Marley, o mis zapatillas deportivas cuando me marchase. Apenas pedía nada, y aun así lo que yo le ofrecía —consejo, reprimenda, todo lo que ambicionaba para él— parecía menos valioso.

Apagué el cigarrillo y le sugerí que nos marchásemos. Ya en la calle, Bernard me pasó un brazo por el hombro.

—Está bien esto de tener un hermano mayor cerca —dijo antes de despedirse y desaparecer entre la multitud.

¿Qué es una familia? ¿Es sólo una cadena genética, padres e hijos, gente como yo? ¿O es una estructura social, una unidad económica, la solución óptima para criar hijos y dividirse el trabajo? ¿O quizá algo totalmente distinto: un cúmulo de recuerdos compartidos? ¿Un ámbito de amor? ¿Una pasarela sobre el vacío?

Podía enumerar varias posibilidades. Pero nunca había llegado a una conclusión definitiva, consciente de ello y, dadas mis circunstancias, tal esfuerzo estaba destinado al fracaso. En su lugar, tracé una serie de círculos a mi alrededor cuyos límites se modificaban a medida que pasaba el tiempo y cambiaban las caras, pero que no obstante daban la sensación de estar bajo control. Un primer círculo, donde el cariño era constante y sin reservas. Luego el segundo, un ámbito de amor previamente estipulado, donde los compromisos se elegían libremente. Y un tercer círculo para amigos y conocidos, como la alegre señora de pelo gris que se encargaba de hacerme la compra en Chicago. Así hasta que finalmente el círculo se ampliaba para abrazar una nación, una raza, o una específica conducta moral, y los compromisos ya no estaban unidos a una cara o a un nombre, sino a los adquiridos conmigo mismo.

En África, este universo que había construido se derrumbó casi de inmediato. La familia parecía estar en todas partes: en las tiendas, en la oficina de correos, en las calles y parques, todos alborotando y preocupándose por el desaparecido hijo de Obama. Si mencionaba de pasada que necesitaba un cuaderno o espuma de afeitar, podía estar seguro de que alguna de mis tías insistiría en llevarme a un lugar remoto de Nairobi donde encontraría las mejores ofertas sin importar lo que tardásemos en llegar o los inconvenientes que esto pudiera causarle.

—Pero, Barry…, ¿qué es más importante que ayudar al hijo de mi hermano?

Si algún primo se enteraba, por desgracia para él, de que Auma no estaba conmigo y había dejado que me las arreglase por mi cuenta, podía andar los más de cuatro kilómetros de distancia que le separaban del apartamento de mi hermana sólo para ver si yo estaba allí y necesitaba compañía.

—¿Pero, Barry, por qué no me has llamado? Vamos, te voy a presentar a mis amigos.

Y qué decir de las noches, cuando Auma y yo no teníamos más remedio que rendirnos a las numerosas invitaciones de nuestros tíos, sobrinos, primos y primos segundos, que reclamaban nuestra presencia para comer con ellos sin que importara la hora o a cuántas otras cenas habíamos previamente atendido, si no queríamos ofenderlos.

—¡Barry…, puede que no tengamos muchas cosas en Kenia pero, mientras estés aquí, nunca te faltará comida!

Al principio reaccioné a todas estas atenciones como un niño ante el pecho materno: lleno de simple e incuestionable gratitud. Todo ello se ajustaba a mi idea de África y los africanos, y al tremendo contraste existente, cada vez más, con el aislamiento creciente de la vida americana, que en mi opinión era más cultural que racial. Me daba una idea de lo que habíamos sacrificado en aras de la tecnología y la movilidad, algo que aquí —al igual que en las aldeas situadas en las afueras de Yakarta o en los pueblos rurales de Irlanda o Grecia— permanecía intacto: el persistente placer de la compañía, la alegría que proporciona el afecto humano.

A medida que pasaba el día, las tensiones y dudas atenuaron mi alegría. En parte tenían que ver con lo que Auma me había contado esa tarde cuando íbamos en el coche, la clara consciencia de mi relativa buena suerte y las fastidiosas preguntas sobre lo que tal buena suerte suponía. Y no era que nuestros parientes estuvieran sufriendo. Tanto Jane como Zeituni tenían empleo fijo, y Kezia se ganaba la vida vendiendo tela en los mercados. Si se encontraban escasos de dinero siempre podían enviar los niños al campo durante un tiempo. Según me dijeron, allí vivía Abo, otro de mis hermanos, con un tío nuestro en Bahía Kendu, donde siempre había algún trabajo que hacer, comida en la mesa y un techo bajo el que guarecerse.

Aun así, la situación en Nairobi se volvía cada día más difícil. La ropa era casi toda de segunda mano, la visita a la consulta de un médico se reservaba para las emergencias más graves. Prácticamente todos los miembros jóvenes de la familia estaban en paro, incluyendo los dos o tres que habían podido graduarse en alguna de las universidades de Kenia. Si Jane o Zeituni enfermasen, si su empresas cerraran o las despidiesen, no percibirían ningún tipo de prestación social. Sólo tenían a la familia y los parientes más cercanos. Gente que soportaba ese mismo tipo de privaciones.

Ahora, me dije a mí mismo, yo era parte de la familia. Ahora tenía responsabilidades. ¿Pero qué significaba eso exactamente? En Estados Unidos había sido capaz de canalizar esos sentimientos hacia la política como organizador comunitario, lo que suponía una cierta autonegación. En Kenia, esa estrategia parecía totalmente abstracta, incluso autoindulgente. Militar a favor del poder negro no serviría para encontrarle un trabajo a Bernard. La confianza en la democracia participativa no serviría para comprarle a Jane un nuevo juego de sábanas. Por vez primera en mi vida me encontré pensando seriamente en el dinero: en que no lo tenía, en cómo conseguirlo, en la simple pero innegable paz que podía comprar. En cierta medida deseaba vivir según la imagen que de mí tenían mis nuevos parientes: abogado de una gran compañía, hombre de negocios, con mi mano sobre el grifo, listo para derramar como maná las dádivas del mundo occidental.

Pero no era ninguna de esas cosas, por supuesto. Incluso en Estados Unidos la riqueza implicaba un cierto grado de compromiso por parte de aquellos que no habían nacido ricos, el mismo tipo de compromiso que, según podía ver, estaban dándose en Auma cuando trataba, a su manera, de estar a la altura de las expectativas familiares. Ese verano tenía dos trabajos: además de dar clases en la universidad, enseñaba alemán a empresarios keniatas. Con el dinero que ahorraba quería arreglar la casa de Granny en Alego y comprar una pequeña parcela cerca de Nairobi, algo que pudiera revalorizarse, una base sobre la que construir su futuro. Auma tenía planos, calendario, presupuestos y fechas tope: todo lo que ella sabía que se requería para enfrentarse al mundo moderno. El problema era que sus proyectos le exigían desentenderse de los asuntos familiares, y sus presupuestos tener que decir no a las constantes peticiones de dinero que le hacían. Y cuando esto ocurría —cuando ella insistía en ir a casa antes de la cena porque Jane la servía con dos horas de retraso, o cuando se negaba a llevar a ocho personas en su Volkswagen porque sólo cabían cuatro y además destrozarían los asientos— los gestos tácitos de enfado, apenas diferentes del resentimiento, inundaban la habitación. Su impaciencia, su independencia, su permanente disposición a planear el futuro, todo esto era para la familia algo antinatural. Antinatural... y antiafricano.

Era el mismo dilema que el viejo Frank me había planteado el año que dejé Hawai, las mismas tensiones que ciertos niños de Altgeld podían sufrir si se recreaban demasiado haciendo sus deberes escolares, la misma perversa culpa de superviviente que yo podría experimentar si alguna vez se me ocurría hacer dinero y tuviera que pasar cerca de los grupos de jóvenes negros que vagaban en las esquinas mientras iba a mi oficina en el centro de la ciudad. Sin poder ayudar al grupo, un grupo más numeroso incluso que una gran familia, nuestro éxito siempre amenazaba con dejar a otros atrás. Y quizá era eso lo que me hacía sentir intranquilo, el que incluso aquí, en África, los mismos desesperantes modelos todavía mantuvieran su influencia; que nadie aquí pudiera decirme lo que mis lazos de sangre exigían o cómo esas exigencias se podían reconciliar con alguna idea aún más profunda de la relación humana. Era como si nosotros —Auma, Roy, Bernard, y yo— estuviésemos reconciliándonos a medida que convivíamos. Como si el plan que una vez pudo mostrar la dirección y fuerza de nuestro amor, el código que liberaría nuestras buenas acciones, se hubiera perdido tiempo atrás, enterrado junto a nuestros ancestros bajo la silenciosa tierra.

Hacia el final de mi primera semana en Nairobi, Zeituni me llevó a visitar a Sarah, nuestra otra tía. Auma no quería acompañarnos, pero como su mecánico tenía el taller cerca de la casa de Sarah, se ofreció a llevarnos hasta allí. El resto del camino, dijo, tendríamos que hacerlo a pie. La mañana del sábado recogimos a Zeituni y emprendimos viaje hacia el oeste, pasamos apartamentos construidos con bloques prefabricados, parcelas áridas y llenas de basura, hasta que finalmente llegamos al borde de un ancho valle conocido como Mathare. Auma aparcó en el arcén, y a través de la ventanilla del coche pude ver la barriada de chabolas bajo nuestros pies, miles y miles de techos de chapa ondulada destellando bajo el sol como hojas de lirio mojadas, que se extendían, ininterrumpidamente, por el valle en todas direcciones.

—¿Cuánta gente vive aquí? —pregunté.

Auma se encogió de hombros y se volvió para preguntar a nuestra tía.

—¿Tú qué crees, tía? ¿Medio millón más o menos?

Zeituni negó con la cabeza.

—Eso era la semana pasada. Esta semana debe haber un millón.

Auma arrancó el coche y dio marcha atrás.

—No creo que nadie lo sepa con exactitud, Barack. Este sitio crece constantemente. La gente viene del campo buscando trabajo y acaban quedándose aquí para siempre. En una ocasión el Ayuntamiento de la ciudad trató de erradicarlo. Decían que era un peligro para la salud, una vergüenza para Kenia. Emplearon *bulldozers* y la gente perdió lo poco que tenía. Pero claro, como no podían ir a ningún sitio, tan pronto se marcharon las máquinas quienes habían vivido allí lo volvían a reconstruir.

Nos detuvimos frente a un cobertizo de chapa del cual salieron un mecánico y varios aprendices para revisar el coche de Auma. Después de prometerle que estaríamos de vuelta en una hora, Zeituni y yo dejamos a Auma en el taller y comenzamos a descender por una carretera ancha y sin pavimentar. Ya hacía calor y en la carretera no había ni una sola sombra. A ambos lados se levantaban pequeñas chabolas, las paredes eran como un mosaico construido con un entramado de cañas, barro, trozos de cartón y maderas de desecho. Pese a todo estaban bien cuidadas, y la tierra apisonada a la entrada de la casa aparecía barrida con esmero, a ambos lados de la carretera se podían ver pequeños puestos de sastres, zapateros remendones y carpinteros aplicados a su trabajo, y a mujeres y niños vendiendo hortalizas sobre frágiles tenderetes de madera.

Finalmente llegamos a uno de los límites de Mathare, donde se levantaba una serie de edificios de cemento. Eran ocho, con unas doce plantas de altura, estaban inacabados, con las vigas de madera y el rudimentario enfoscado expuestos a los elementos, como si hubieran sufrido un bombardeo aéreo. Entramos en uno de ellos, subimos un estrecho tramo de escalera y salimos al final de un largo y mal iluminado pasillo, al final del mismo vimos a una joven que tendía ropa sobre un patio interior de cemento. Zeituni fue a hablar con la chica, quien sin decir palabra nos guió hasta una puerta baja con la pintura desconchada. Llamamos y nos abrió una señora de mediana edad y constitución fuerte, aunque de baja estatura, y un par de ojos vidriosos y duros en su rostro demacrado. Me cogió de la mano y dijo algo en luo.

—Dice que se avergüenza de recibir al hijo de su hermano en un lugar tan mísero —me tradujo Zeituni.

Pasamos a una habitación pequeña, de unos tres por cuatro metros, suficiente para que cupiesen una cama, un tocador, dos sillas y una máquina de coser. Zeituni y yo ocupamos las sillas, la joven que nos había guiado hasta la habitación de Sarah regresó con dos refrescos tibios. Sarah se sentó en el borde de la cama y se inclinó hacia mí para estudiar mi cara. Auma me había dicho que Sarah hablaba algo de inglés, pero que casi siempre se expresaba en luo. Pero incluso sin que Zeituni me lo tuviera que traducir, adiviné que no estaba contenta.

—Quiere saber por qué has tardado tanto en venir a verla —me tradujo Zeituni—. Dice que es la primogénita de tu abuelo, Hussein Onyango, y que deberías haberla visitado en primer lugar.

—Dile que no quería ser irrespetuoso —dije, mirando a Sarah, aunque no estaba seguro de que me entendiese—. He estado muy ocupado desde que llegué, me ha sido casi imposible venir antes.

El tono de voz de Sarah se hizo más agudo.

—Dice que la gente con la que estás te ha debido contar muchas mentiras.

—Dile que no he escuchado nada contra ella. Dile que la disputa sobre el testamento del Viejo ha hecho que Auma se sintiera incómoda y que por eso no está aquí.

Sarah resopló después de escuchar la traducción y comenzó de nuevo, su voz retumbaba contra las paredes. Cuando finalmente acabó, Zeituni permaneció callada.

—¿Qué ha dicho, Zeituni?

La mirada de Zeituni se posó sobre Sarah mientras contestaba a mi pregunta.

—Dice que el asunto del tribunal no es culpa suya. Dice que todo ha sido obra de Kezia, la madre de Auma. Dice que los hijos que afirman ser de Obama no lo son. Que se llevaron todo lo que él tenía y que dejaron a los herederos auténticos viviendo como pordioseros.

Sarah asintió moviendo la cabeza y sus ojos comenzaron a encenderse.

—Sí, Barry —dijo, de repente, en inglés—. Fui yo quien cuidó de tu padre cuando era niño. Mi madre, Akumu, es también la madre de tu padre. Akumu es tu auténtica abuela, no ésa a la que llamas Granny. Akumu fue quien le dio la vida a tu padre, y tú deberías ayudarla. Y a mí, a la hermana de tu padre. Mira cómo vivo. ¿Por qué no nos ayudas a nosotras, en lugar de a otros?

Antes de que pudiera contestar, Zeituni y Sarah comenzaron a discutir en luo. Finalmente, Zeituni se levantó y se arregló la falda.

—Deberíamos irnos, Barry.

Comencé a levantarme de la silla, pero Sarah tomó una de mis manos con las suyas, su voz se hizo más dulce.

—¿Me darás algo? ¿Para tu abuela?

Saqué la cartera y sentía la mirada de ambas mujeres mientras contaba el dinero que llevaba, unos treinta dólares en chelines. Los puse en la mano seca y agrietada de Sarah que, rápidamente, se los guardó en el pecho bajo la blusa antes de cogerme la mano de nuevo.

—Quédate aquí, Barry —dijo Sarah—. Tienes que conocer a…

—Puedes volver más tarde, Barry —dijo Zeituni—. Vámonos.

En el exterior una luz amarilla y brumosa bañaba la carretera. No soplaba ni una ligera brisa y el calor hacía que la ropa se me pegara al cuerpo. Zeituni, visiblemente molesta, guardaba silencio. Era una mujer orgullosa, esta tía mía. La escena protagonizada por Sarah debía haberla avergonzado. Y luego estaba el asunto de los treinta dólares, Dios sabe que ella les hubiera dado un buen uso…

Anduvimos por espacio de diez minutos antes de que le preguntara a Zeituni cuál había sido el motivo de la discusión entre ella y Sarah.

—No es nada, Barry. Eso es lo que les ocurre a las viejas que no tienen marido.

Zeituni trató de sonreír, pero la tensión desfiguró las comisuras de sus labios.

—Vamos, tía. Dime la verdad.

Zeituni movió la cabeza.

—No sé la verdad. Al menos no toda la verdad. Lo único que sé es que incluso cuando era niña, Sarah siempre estuvo muy unida a su madre, Akumu. Pero Barack sólo quería a mi madre, Granny, la mujer que los crió cuando Akumu se marchó.

—¿Y por qué se fue Akumu?

—No estoy segura. Eso tendrás que preguntárselo a Granny.

Zeituni levantó el brazo para detener el tráfico mientras cruzábamos la calle, luego siguió hablando.

—¿Sabes? Tu padre y Sarah eran muy parecidos, a pesar de que no siempre se llevaron bien. Ella era muy lista, como él, e independiente. Cuando éramos niñas solía decirme que quería estudiar para no tener que depender de ningún hombre. Por eso acabó casándose cuatro veces. Ninguno de los matrimonios duró mucho. Su primer marido murió, pero abandonó a los otros tres, bien porque eran vagos o porque trataron de abusar de ella. La admiro por eso. En Kenia la mayoría de las mujeres aguantan lo que sea. Yo lo hice durante mucho tiempo. Aunque Sarah tuvo que pagar un precio por su independencia —Zeituni se limpió el sudor de la frente con el dorso de la mano—. Tras la muerte de su primer marido, decidió que tu padre tenía que hacerse cargo de ella y de su hijo, puesto que él era el único que había podido estudiar. Es por eso que no le gustan ni Kezia ni sus hijos. Sarah pensaba que Kezia era sólo una joven bonita que quería quedarse con todo. Debes entenderlo, Barry: según la tradición luo, el hijo varón es el único heredero. Sarah temía que, una vez que tu abuelo muriese, todo pasaría a ser propiedad de Barack y sus esposas, y ella se quedaría sin nada.

—Eso no justifica mentir sobre la paternidad de los hijos del Viejo.

—Es cierto, pero…

—¿Pero qué?

Zeituni se detuvo y se giró hacia mí, y dijo:

—Después de que tu padre se fuera a vivir con su esposa americana, Ruth…, bueno..., solía visitar a Kezia. Debes entender que, según la tradición, ella seguía siendo su esposa. Durante una de esas visitas, Kezia quedó embarazada de Abo, otro hermano tuyo al que aún no has conocido. El caso fue que en esa época Kezia vivió con otro hombre durante un cierto tiempo. Así que, cuando se quedó embarazada de nuevo de Bernard, nadie estaba seguro de quién...

Zeituni se calló, dejando que la frase se diera por entendida.

—¿Sabe Bernard esto?

—Sí, lo sabe. Debes entender que ese tipo de cosas no le importaban demasiado a tu padre. Decía que todos eran sus hijos. Consiguió que el otro hombre dejara a Kezia, y siempre que podía le daba dinero para la manutención de los niños. Pero cuando él murió no existía ningún documento que probase que había aceptado a los niños como hijos suyos.

Doblamos una esquina y salimos a una carretera más transitada. Frente a nosotros, una cabra preñada balaba mientras se apartaba de un *matatu* que se acercaba en su dirección.

Por la carretera, dos niñas con las cabezas rapadas que vestían polvorientos uniformes escolares rojos cantaban cogidas de la mano mientras saltaban un arroyo. Una anciana con la cabeza cubierta por un descolorido chal nos hizo señas para que inspeccionásemos las mercancías que tenía en venta: dos latas de margarina llenas de habichuelas, un ordenado montón de tomates y unos pescados secos que colgaban de un alambre como si fueran un rosario de monedas de plata. Miré la cara demacrada de la anciana, que se dibujaba bajo la sombras. ¿Quién era esa mujer?, me pregunté. ¿Acaso mi abuela? ¿Una desconocida? Y qué pasaría con Bernard, ¿deberían mis sentimientos hacia él ser distintos ahora? Dirigí la mirada hacia una parada de autobús, donde acababa de descender un numeroso grupo de jóvenes que se dirigían hacia la carretera, todos altos, delgados y negros, sus huesos se marcaban en las ajustadas camisetas. De repente imaginé la cara de Bernard en todos ellos, multiplicada a lo largo del paisaje, a través de los continentes. Hombres hambrientos, esforzados, desesperados, todos ellos mis hermanos...

—Ahora comprendes lo que sufrió tu padre.

—¿Qué? —me restregué los ojos, levanté la vista y vi a mi tía mirándome fijamente.

—Sí, Barry, tu padre sufrió —repitió Zeituni—. Tenía un corazón demasiado grande, ese era su problema. Cuando vivía, no podía negarle nada a nadie. Y todos le pedían algo. Ya sabes, él fue uno de los primeros jóvenes del distrito que estudiaron en el extranjero. La gente de aquí no conocía a nadie que hubiese viajado antes en avión. Así que lo esperaban todo de él. «Eh, Barack, ahora eres un tío importante. Podrías darme algo. Deberías ayudarme». Siempre la presión de la familia. Y él no sabía decir que no, era tan generoso. ¿Sabes?, aunque estaba decepcionado conmigo me cuidó cuando me quedé embarazada. Quería que fuese a la universidad. Pero no le escuché y me marché con mi marido, y cuando éste empezó a maltratarme y tuve que abandonarlo, sin dinero, sin trabajo, ¿quién crees que me ayudó? Sí, tu padre. Por eso, a pesar de lo que otros digan, siempre le estaré agradecida.

Estábamos llegando al garaje. En la distancia podíamos ver a Auma hablando con el mecánico y escuchar el gemido del motor del VW. Cerca de nosotros, un niño de unos tres años, desnudo, vagaba entre una fila de barriles de petróleo vacíos, sus pies estaban cubiertos de costras de alquitrán. Como si se hubiese sentido repentinamente indispuesta, Zeituni se detuvo de nuevo y escupió sobre el polvo de la calle.

—Cuando la suerte de tu padre cambió —dijo—, esa misma gente a la que había ayudado lo olvidó. Se reían de él. Incluso la familia se negó a acogerlo. ¡Sí, Barry! ¡Lo rechazaron! Decían que Barack se había convertido en un peligro. Sé que todo eso le dolió, pero él no culpó a nadie. Tu padre nunca les guardó rencor. De hecho, cuando fue rehabilitado y de nuevo las cosas le fueron bien, supe que estaba ayudando a los mismos que le traicionaron. Eso es algo que nunca entendí. Yo solía decirle «¡Barack, sólo deberías mirar por ti y por tus hijos! Los demás te han tratado muy mal. Son demasiado vagos para trabajar». ¿Y sabes lo que me decía? Pues te lo diré: «¿Cómo puedes saber que ese hombre no necesita un favorcillo más que yo?»

Mi tía siguió andando, forzó una sonrisa y saludó a Auma agitando la mano. Mientras que nos acercábamos, añadió:

—Te estoy diciendo esto para que sepas la presión que tu padre tuvo que soportar aquí y no le juzgues tan duramente. Debes de aprender de su vida. Si tienes algo, todos querrán un trozo. Así que hay que poner un límite. Si todo el mundo es familia, entonces nadie es familia. Creo que tu padre nunca lo entendió.

Recuerdo una conversación que tuve en Chicago cuando todavía era organizador comunitario. Fue con una mujer que se había criado en el seno de una gran familia, en la Georgia rural. Me dijo que tenía cinco hermanos y tres hermanas, y que todos vivían hacinados bajo el mismo techo. Me habló de los últimos y vanos esfuerzos de su padre para cultivar un pequeño terreno, del huerto de su madre, de los dos cerdos que mantenían en el patio, y de las excursiones con sus hermanos para pescar en las turbias aguas de un río cercano. Escuchándola me di cuenta de que dos de las tres hermanas que había mencionado murieron al nacer, aunque seguían vivas en su mente, eran espíritus con nombre, edad y personalidad, dos hermanas que la acompañaban al colegio y en las tareas rutinarias, que la tranquilizaban cuando lloraba y ahuyentaban sus miedos. Para ella, la familia nunca había sido simplemente un refugio donde vivir. Los muertos también tenían sus reivindicaciones, y sus voces modelaban el curso de sus sueños.

Ahora me tocaba a mí. Recuerdo que, días después de visitar a Sarah, Auma y yo nos encontramos con un amigo del Viejo en la puerta del Banco Barclays. Me di cuenta de que Auma no recordaba su nombre, así que extendí la mano y me presenté. El hombre sonrió y dijo:

—Vaya, vaya..., has crecido tanto. ¿Cómo está tu madre? ¿Y tu hermano Mark? ¿Ha acabado ya la carrera?

En principio me sentí confundido. ¿Conocía a ese hombre? Entonces Auma le explicó que no, que yo era otro hermano, Barack, el que había crecido en Estados Unidos, el hijo de otra madre. Y que David había fallecido. Entonces se produjo un silencio embarazoso mientras el hombre se disculpaba («lo siento, no lo sabía»), luego volvió a mirarme, como para asegurarse de que lo que había oído era verdad. Auma trataba de aparentar que la situación, aunque triste, era en cierto modo una tragedia común. A su lado, yo me preguntaba cómo debía sentirme después de que me hubiesen confundido con un fantasma.

Ya de vuelta en el apartamento, le pregunté a Auma cuándo fue la última vez que había visto a Ruth y a Mark. Apoyó su cabeza en mi hombro y miró al techo.

—En el funeral de David —me dijo—. Aunque para entonces hacía tiempo que habían dejado de hablarnos.

—¿Por qué?

—Ya te dije que el divorcio de Ruth y el Viejo fue algo muy desagradable. Después de que se separaran, ella se casó con un tanzano que dio su apellido a Mark y a David. Ruth los envió a una escuela internacional y se criaron como extranjeros. Además, les dijo que no tenían nada que ver con la familia de su padre —Auma suspiró—. No sé. Quizá porque era el mayor, Mark compartía la actitud de Ruth, así que después del divorcio no tuvo mucho contacto con nosotros. Pero, por alguna razón que desconozco, cuando David alcanzó la adolescencia comenzó a rebelarse contra Ruth. Le dijo que era africano, y comenzó a utilizar el nombre de Obama. A veces faltaba a la escuela y se iba a visitar al Viejo y al resto de la familia, así fue como lo conocimos. Se convirtió en nuestro niño mimado. Y, a pesar de que en ocasiones se comportaba de un modo salvaje, era muy dulce y simpático. Ruth trató de matricularlo en un internado, esperando que eso lo tranquilizase. Pero David acabó escapándose. Nadie lo vio durante meses. Entonces Roy se lo encontró en las afueras de un estadio donde se iba a celebrar un partido de rugby. Estaba sucio, delgado, y pedía limosna. Se rió de Roy y se jactó de vivir en la calle, pasando *bhang** con sus amigos. Roy le dijo que volviera a casa, pero se negó, así que se lo llevó a su apartamento, luego le hizo saber a Ruth que su hijo estaba bien y que se iba a quedar a vivir con él. Cuando lo supo, Ruth se sintió aliviada y furiosa a la vez. Suplicó a David que volviese, pero, cuando éste se negó, aceptó sin protestar el acuerdo con Roy, esperando que finalmente David cambiara de opinión.

Auma tomó un sorbo de té.

—Entonces fue cuando murió David. Mientras vivía con Roy. Su muerte nos afectó a todos, especialmente a Roy. Estaban muy unidos. Pero Ruth nunca lo comprendió. Ella pensaba que nosotros corrompimos a David. Que le habíamos robado a su niño. Creo que nunca nos perdonará.

Después de esa conversación decidí no hablar más sobre David. Podía ver que los recuerdos eran demasiado dolorosos para mi hermana. Unos días después, cuando Auma y yo llegamos a casa, encontramos un coche aparcado a la entrada de los apartamentos. El conductor, un hombre de piel morena con una prominente nuez, le dio una nota a Auma.

—¿Qué es eso? —le pregunté.

—Es una invitación de Ruth —me dijo—. Mark ha vuelto de Estados Unidos para pasar el verano. Nos invita a almorzar.

—¿Quieres ir?

Auma negó con la cabeza, en su cara apareció una expresión de disgusto.

—Ruth sabe que llevo aquí casi seis meses. Yo no le importo. Únicamente nos invita porque siente curiosidad por conocerte. Te quiere comparar con Mark.

—Creo que quizá deba ir solo —dije sin mucho entusiasmo.

Auma volvió a leer la nota, después se la devolvió al conductor y le dijo algo en swahili.

—Iremos los dos —dijo, y se dirigió al apartamento.

Ruth vivía en Westlands, una urbanización de casas lujosas con grandes extensiones de césped y setos bien cuidados, todas tenían una garita ocupada por guardias uniformados. Llovía mientras nos dirigíamos a su casa, las gotas eran como una suave y delicada ducha para los grandes y frondosos árboles. El frescor que desprendían me recordaba las calles de

---

* *Bhang*: preparado hecho a partir de hojas y cálices del cannabis. Puede ser fumado, ingerido, masticado o utilizado en infusiones.

los alrededores de Punahou, Manoa, Tantalus, las calles de Hawai donde vivían las familias más adineradas de algunos de mis compañeros de clase. Mirando por la ventana del coche de Auma, recordaba la envidia que sentía de esos compañeros cuando me invitaban a jugar en sus grandes jardines, o a nadar en sus piscinas. Y, junto a la envidia, otra sensación diferente: el sentimiento de callada desesperación que esas mansiones parecían albergar. El llanto de la hermana de cualquiera de ellos tras una puerta. La visión de una madre escondiendo furtivamente un vaso de ginebra a media tarde. La expresión en la cara del padre sentado, solo en su estudio, la tensión de sus facciones mientras cambiaba de canal para ver los distintos partidos de fútbol universitario que daban por televisión. Una impresión de soledad que quizá no fuese cierta, sólo una proyección de mi propio corazón, pero que, de una forma u otra, me insuflaba el deseo de huir al otro lado del océano. David había huido hacia el mercado y las ruidosas calles, de vuelta a la mala vida y a la diversión que ese desorden produce, de vuelta a esa especie de dolor que un joven podía comprender.

Llegamos a una de las viviendas más modestas de la urbanización y aparcamos en la rotonda de entrada. Una mujer blanca de mandíbula prominente y cabello gris salió de la casa para recibirnos. Tras ella iba un hombre negro de mi estatura y complexión, con un peinado afro y gafas con montura de concha.

—Adelante, adelante —dijo Ruth.

Los cuatro nos estrechamos la mano y entramos al salón. Allí, un señor mayor, calvo y que vestía una chaqueta de safari, jugaba con un niño sobre sus rodillas.

—Este es mi marido —dijo Ruth—, y éste es Joey, el hermano menor de Mark.

—Hola, Joey —le dije mientras me agachaba para darle la mano.

Era un niño muy guapo, tenía la piel color canela y le faltaban dos incisivos. Ruth revolvió los rizos del niño, después miró a su marido y dijo:

—¿No ibais a ir vosotros dos al club?

—Sí, sí —comentó su esposo, mientras se levantaba de la silla—. Vamos, Joey…, ha sido un placer conocerles.

El niño se puso en pie rápidamente y nos miró con una alegre y curiosa sonrisa en su cara hasta, que su padre lo recogió y ambos se marcharon.

—Y bien —dijo Ruth, invitándonos a que nos sentáramos en el sofá mientras nos servía una limonada—. Debo admitir que ha sido toda un sorpresa enterarme de que estabas aquí, Barry. Le decía a Mark que teníamos que saber cómo le habían ido las cosas al otro hijo de Obama. Tu apellido es Obama, ¿no es así? Aunque tu madre se volvió a casar. Me pregunto por qué quiso que conservases ese apellido.

Sonreí como si no hubiera entendido la pregunta.

—Bueno, Mark —dije, dirigiéndome a mi hermano— me han dicho que estudias en Berkeley.

—Standfor —me corrigió. Su voz era grave, su acento totalmente norteamericano—. Estoy en el último curso de física.

—Debe ser difícil —se interesó Auma.

Mark se encogió de hombros.

—No mucho.

—No seas modesto, querido —dijo Ruth—. Las cosas que estudia Mark son tan complicadas que se pueden contar con los dedos de una mano las personas que las entienden —dio unas palmaditas en la mano de Mark y luego se volvió hacia mí—. Barry, tengo entendido que tú iras a Harvard. Igual que Obama. Debes de haber heredado parte de su cerebro. Aunque espero que sólo eso. Obama estaba bastante loco, ¿no es verdad? La bebida empeoró el problema. ¿Llegaste a conocerlo?

—Sólo lo vi una vez. Cuando tenía diez años.

—Ya, entonces tuviste suerte. Eso probablemente explica porqué te va tan bien.

Y así transcurrió la siguiente hora, con Ruth alternando historias sobre los fracasos de mi padre y los éxitos de Mark. Todas las pregunta iban dirigidas exclusivamente a mí, mientras que Auma jugueteaba con la lasaña. Yo quería marcharme tan pronto acabase la comida, pero Ruth sugirió que Mark nos enseñase el álbum familiar de fotografías mientras ella servía el postre.

—Estoy seguro de que no les interesan, madre —dijo Mark.

—Por supuesto que sí —respondió Ruth. Luego su voz sonó extrañamente distante— Hay fotografías de Obama. De cuando era joven…

Seguimos a Mark hasta un estante con libros de donde cogió un gran álbum de fotos. Juntos, nos sentamos en el sofá pasando lentamente las páginas plastificadas. Auma y Roy, morenos, delgados y espigados, todo piernas y ojos, sosteniendo a los dos niños menores en sus brazos, con actitud protectora. El Viejo y Ruth tonteando en una playa. Toda la familia vestida para pasar una noche en la ciudad. Había fotografías de momentos felices, todas ellas extrañamente familiares, como si vislumbrara un universo alternativo que se había desarrollado a mis espaldas. Y también, según pude ver, escenas que reflejaban las fantasías que durante tanto tiempo guardé en secreto. En una de ellas el Viejo nos llevaba con él, a mi madre y a mí, de vuelta a Kenia. En otra deseaba que mis padres, mis hermanas y hermanos, todos, viviésemos bajo el mismo techo. El álbum recogía cómo pudo haber sido y, a su vez, demostraba lo mal que salió todo, la dura realidad de la vida tal y como había sucedido, lo que me entristeció tanto que, después de transcurridos varios minutos, tuve que dejar de mirar.

De vuelta a casa me disculpé con Auma por haberla expuesto a semejante experiencia. Ella sacudió la mano y dijo:

—Podía haber sido peor. Lo siento por Mark, parece muy solo. ¿Sabes? No es fácil ser mulato en Kenia.

Miré por la ventanilla del coche, pensaba en mi madre, en Toot, en Gramps, y en lo agradecido que les estaba: por lo que significaban y por las historias que me contaron. Dirigiéndome a Auma, le dije:

—Aún no lo ha olvidado, ¿no es cierto?

—¿Quién?

—Ruth. Todavía no ha olvidado al Viejo.

Auma permaneció en silencio durante un momento.

—No, Barack, creo que no. Igual que todos nosotros.

La semana siguiente llamé a Mark y le sugerí que fuésemos a almorzar. Pareció vacilar, pero finalmente aceptó encontrarse conmigo en un restaurante hindú del centro de la ciudad. Estaba más relajado que cuando nos conocimos, hizo unos cuantos chistes sobre él mismo y me dio su opinión sobre California y los conflictos internos de la universidad. Mientras comíamos, le pregunté cómo se sentía al volver a casa para pasar el verano.

—Bien —dijo—. Es agradable ver a mis padres. Y a Joey, es un niño encantador —Mark cortó un trozo de su *samosa* y se lo llevó a la boca—. En cuanto a lo demás, te diré que no me siento muy unido a Kenia, otro país africano pobre.

—¿Has pensado instalarte aquí?

Mark tomó un sorbo de su Coca-Cola.

—No —dijo—. Lo que quiero decir es que aquí no hay mucho trabajo para un físico, no en un país donde el hombre de la calle ni siquiera tiene teléfono.

Debí haber interrumpido la conversación en ese punto, pero algo (quizá la seguridad en la voz de este otro hermano, o nuestro ligero parecido, era como mirarme en un espejo empañado) me hizo profundizar aún mas.

—¿Nunca has sentido que te estuvieras perdiendo algo? —le pregunté.

Mark dejó sobre la mesa el tenedor y el cuchillo, y por primera vez durante toda la tarde su mirada se fijó en mí.

—Ya entiendo a dónde quieres llegar —dijo, categórico—. Crees que de una u otra forma estoy cortando con mis raíces, ese tipo de cosas —se limpió la boca y dejó la servilleta sobre el plato—. Pues sí, estás en lo cierto. Hubo una época en la que decidí no pensar más en quién era mi verdadero padre. Para mí estaba muerto, aunque todavía viviese. Sé que era un borracho y que no le importaban ni su mujer ni su hijo. Eso era más que suficiente.

—¿Y eso te ponía furioso?

—Furioso, no. Sólo insensible.

—¿Y eso no te molestaba? Me refiero a no sentir nada.

—Hacia él, no. Me movía por otros derroteros. Las sinfonías de Beethoven. Los sonetos de Shakespeare. Lo sé, no es lo que se supone que deba interesar a un africano. Pero, ¿quién va a decirme lo que me tiene o no que importar? No estoy avergonzado de ser mitad keniata. No me hago muchas preguntas sobre lo que eso significa. Sobre quién soy —se encogió de hombros—. No sé. Quizá debería hacérmelas. No puedo descartar la posibilidad de que, si mirase más atentamente en mi interior, haría…

Por un instante sentí que Mark vacilaba, como un alpinista que ha perdido pie. Pero inmediatamente se recompuso y pidió la cuenta.

—¿Quién sabe? —dijo—. Lo cierto es que no necesito esa tensión. La vida es ya bastante dura como para tener que llevar todo ese exceso de equipaje.

Nos levantamos para salir e insistí en pagar la cuenta. Ya en la calle, con una falta de sinceridad que me partió el corazón, intercambiamos direcciones y prometimos escribirnos. Cuando llegué a casa le conté a Auma cómo había ido la comida. Durante un momento ella miró hacia otro lado, luego comenzó a reír con carcajadas cortas y amargas.

—¿Qué tiene de gracioso?

—Estaba pensando sobre lo extraña que es la vida. ¿Sabes?, tan pronto falleció el Viejo los abogados contactaron con cuantos podían reclamar la herencia. Al contrario que mi madre, Ruth tenía todos los documentos necesarios para probar quién era el padre de Mark. Así que de todas las demandas presentadas por los hijos del Viejo, la de Mark es la única que no ha tenido oposición.

Auma rió de nuevo y miró la fotografía que colgaba en la pared, una copia estaba pegada en el álbum de Ruth, tres hermanos y una hermana, sonriendo dulcemente a la cámara.

DIECISIETE

Hacia el final de mi segunda semana en Kenia, Auma y yo fuimos de safari.

En principio a ella no le gustó mucho la idea. Cuando le enseñé el folleto movió la cabeza con gesto incrédulo. Como la mayoría de los keniatas, relacionaba las reservas naturales con el colonialismo.

—¿Cuántos keniatas crees que pueden permitirse ir de safari? —me preguntó—. ¿Por qué no se puede cultivar todo ese terreno que se dedica a los turistas? Esos *wazungu* se preocupan más por la muerte de un elefante que por la suerte de cien niños negros.

Durante varios días eludimos el asunto. Le dije que estaba dejando que la actitud de otras personas le impidiese conocer su propio país. Ella me respondió que no quería tirar el dinero. Finalmente cedió, no por mi poder de persuasión, sino porque se apiadó de mí.

—Si te devora un animal salvaje en plena naturaleza —dijo— nunca me lo perdonaría.

Así que, a las siete de la mañana de un martes, vimos cómo un fornido conductor *kikuyu* llamado Francis cargaba nuestro equipaje en la baca de un minibús blanco. Con nosotros viajaban un cocinero alto y delgado, llamado Rafael, un italiano de cabello moreno, que respondía al nombre de Mauro, y una pareja inglesa de cuarentones, los Wilkerson.

Salimos lentamente de Nairobi, pero pronto estuvimos en campo abierto cruzando verdes colinas, caminos de tierra roja y pequeñas *shambas** rodeadas de parcelas cultivadas de ralas y agostadas mazorcas de maíz.

---

* *Shamba*: aldea en swahili.

Nadie hablaba, un incómodo silencio que me traía a la memoria momentos similares en Estados Unidos, la pausa en las conversaciones que acompañaba a veces mi aparición en un bar o en un hotel. Me acordé de Auma y Mark, de mis abuelos hawaianos, de mi madre, que aún permanecía en Indonesia, y de lo que Zeituni me había dicho.

Si todo el mundo es familia, entonces nadie es familia.

¿Tenía Zeituni razón? Había viajado a Kenia pensando que, de alguna manera, podía convertir mis múltiples mundos en uno solo donde reinase la armonía. En su lugar, mi mundo parecía haberse dividido en muchos otros, que estallaban frente a la más mínima contradicción. Recordé la mañana que fui con Auma a reservar nuestras plazas. La agencia de viajes era propiedad de unos asiáticos. La mayoría de los pequeños negocios de Nairobi les pertenecían. De inmediato, Auma se puso tensa.

—¿Ves lo arrogantes que son? —me susurró mientras veíamos como una joven hindú mandaba a sus empleados negros de un lado a otro—. Se llaman a sí mismos keniatas, pero no quieren tener nada que ver con nosotros. En cuanto hacen dinero lo envían a Londres o a Bombay.

La actitud de Auma tocó mi fibra sensible.

—¿Cómo puedes censurar a los asiáticos por enviar dinero a su país, después de lo que pasó en Uganda?

Y aunque hubiese continuado hablándole sobre los amigos hindúes y pakistaníes que tenía en Estados Unidos, amigos que me habían prestado dinero cuando me hizo falta y que me habían acogido en sus casas cuando no tenía ningún sitio a donde ir, Auma hubiera continuado impasible.

—Ay, Barack —me habría dicho—. A veces eres tan ingenuo.

Me volví hacia Auma, que miraba por la ventana. ¿Qué efecto esperaba conseguir con mi pequeño sermón? Mis simples fórmulas para la solidaridad en el Tercer Mundo tenían escasa aplicación en Kenia. Aquí las personas de origen hindú eran como los chinos en Indonesia o los coreanos en el sur de Chicago, extranjeros que sabían comerciar y velar por ellos mismos, trabajando al margen de un sistema racista de castas, más visibles y, por tanto, más vulnerables al rencor. No era culpa de nadie. Era una cuestión de historia, una desafortunada circunstancia de la vida.

En cualquier caso, las divisiones en Kenia no se detenían ahí. Siempre había fronteras más sutiles que trazar. Entre las cuarenta tribus negras del país, por ejemplo. Ellas, también, eran una circunstancia de la vida. Uno no notaba tanto el tribalismo entre los amigos de Auma, jóvenes keniatas educados en la universidad que habían crecido con la idea de «una nación: una raza». La tribu sólo significaba algo para ellos a la hora de elegir pareja, o cuando se hacían viejos y la superstición podía impulsar o hundir carreras. Pero también había excepciones. Muchos keniatas todavía utilizaban modelos antiguos de identidad, lealtades más primitivas. Incluso Jane o Zeituni podían decir cosas que me sorprendían. «Los luo son inteligentes pero vagos», o «los kikuyo son tacaños aunque trabajadores», o «los kalenjins..., bueno, ya has visto cómo está el país desde que ellos tomaron las riendas del poder...»

Escuchando a mis tías utilizar esos estereotipos trataba de explicarles el error que cometían.

—Pensar de esa manera es lo que impide que progresemos —les decía—. Todos somos parte de una misma tribu. La tribu negra. La tribu humana. Mirad lo que el tribalismo ha hecho con países como Nigeria o Liberia.

Entonces Jane diría:

—Esos africanos occidentales están locos. ¿Sabes que solían ser caníbales?

Y Zeituni apostillaría:

—Hablas como tu padre, Barry. Él tenía las mismas ideas sobre la gente.

Quería darme a entender que él también era un ingenuo. Que él también gustaba de pelearse con la Historia. Y mira lo que le pasó…

De repente el minibús se paró, sacándome de mi ensimismamiento. Estábamos frente a una pequeña *shamba*, y nuestro conductor, Francis, nos pidió que permaneciéramos en el interior. Minutos después salió de la casa con una jovencita africana, de unos doce o trece años de edad, que vestía pantalones vaqueros, una camisa recién planchada y llevaba una pequeña bolsa de lona. Francis la ayudó a subir al coche y le indicó que se sentara junto a Auma.

—¿Es su hija? —le preguntó Auma, mientras hacía sitio para la chica.

—No —dijo Francis—. Es la hija de mi hermana. Le gusta ver los animales y siempre me está pidiendo que la lleve conmigo. ¿No les importa, verdad?

Todo el mundo lo aprobó con una sonrisa, y la chica, por un momento, se ruborizó al ser el centro de atención.

—¿Cómo te llamas? —preguntó la señora Wilkerson.

—Elizabeth —dijo en voz baja la chica.

—Muy bien, Elizabeth, puedes compartir mi tienda si te apetece —dijo Auma—. Aunque creo que mi hermano ronca.

Torcí el gesto.

—No le hagas caso —dije, y saqué un paquete de galletas.

Elizabeth tomó una y la mordisqueó cuidadosamente por los bordes. Auma cogió el paquete y se lo ofreció a Mauro.

—¿Quiere una? —le preguntó.

El italiano aceptó con una sonrisa, y después Auma ofreció a los demás.

Seguimos carretera adelante hasta adentrarnos en el frescor de las colinas, donde las mujeres andaban descalzas acarreando agua y leña para el fuego, y los niños arreaban a los asnos que tiraban de sus desvencijados carros. Paulatinamente, las *shambas* se fueron haciendo menos frecuentes, dando paso a una maraña de matorrales y bosque, hasta que, de pronto, los árboles a nuestra izquierda desaparecieron y pudimos ver el inmenso cielo.

—El Gran Valle del Rift —anunció Francis.

Salimos del vehículo y nos detuvimos al borde del pronunciado declive, mirando el horizonte. Cientos de metros por debajo de nosotros, la piedra y la vegetación de la sabana se extendían por una llanura sin fin antes de encontrarse con el cielo y guiar nuestra mirada hasta una sucesión de altas nubes blancas. A la derecha, una solitaria montaña se elevaba como una isla sobre el silencioso mar. Como telón de fondo, una cordillera de erosionadas y oscuras colinas. Sólo eran visibles dos señales que delataban la presencia humana: una estrecha carretera que corría hacia el oeste y una estación de seguimiento de satélites, con su enorme antena parabólica blanca dirigida hacia el cielo.

Más adelante, unos cuantos kilómetros al norte, dejamos la carretera principal y nos adentramos en otra de grava. La marcha se hizo más lenta: en algunos lugares los baches ocupaban todo el ancho de la vía y, de cuando en cuando, los camiones que circulaban en dirección opuesta obligaban a Francis a conducir por la cuneta. Finalmente llegamos a la carretera que habíamos visto desde arriba, y comenzamos a avanzar por el valle. El árido paisaje estaba salpicado de matorrales, frágiles acacias espinosas y piedras negras de aspecto extraordinariamente duro. Dejamos atrás pequeños rebaños de gacelas. Un solitario ñu que comía en la base de un árbol. Cebras y unas jirafas, apenas visibles en la distancia. Por espacio de casi una hora no vimos persona alguna, hasta que, a lo lejos, apareció un solitario pastor masai guiando un rebaño de bueyes a través de la desértica llanura. Su cuerpo era tan enjuto y recto como el bastón que portaba.

En Nairobi no había conocido a ningún masai, aunque había leído bastante sobre ellos. Sabía que su vida rural y su valor en la guerra les habían valido la admiración de los ingleses y, aunque los acuerdos alcanzados no se respetaron y los masai se vieron obligados a vivir en reservas, la tribu, pese a la derrota, alcanzó la categoría de mito, como los cherokee o los apaches, el buen salvaje de las tarjetas postales y los libros ilustrados que descansan sobre las mesas de nuestras salas de estar. También sabía que esta especie de pasión occidental por los masai enfurecía a otros keniatas, hacía que se avergonzasen de sus tradiciones y que se les viera como usurpadores que ansiaban la tierra de los masai. El gobierno había tratado de escolarizar obligatoriamente a los niños masai, e impulsar un sistema de leyes para que los adultos pudieran detentar la propiedad de la tierra. El gran reto del hombre negro, según explicaban funcionarios gubernamentales, era civilizar a nuestros hermanos menos afortunados.

Mientras nos adentrábamos en el interior del país, me preguntaba cuánto tiempo podrían sobrevivir los masai. En Narok, una pequeña aldea dedicada al comercio donde paramos para repostar y almorzar, un grupo de niños vestidos con pantalones color caqui y unas camisetas viejas rodearon el minibús, tratando de vendernos bisutería artesanal y chucherías con el mismo agresivo entusiasmo que sus colegas de Nairobi. Dos horas después, cuando llegamos a la puerta de adobe que conducía a la reserva, un masai alto, con una gorra de los Yankees de Nueva York y con el aliento oliéndole a cerveza, se asomó por la ventanilla de nuestro vehículo y nos sugirió una visita guiada a una *boma*, la aldea tradicional masai.

—Sólo cuarenta chelines —nos dijo, sonriendo—. Las fotografías son aparte.

Mientras Francis hacía algunas gestiones en la oficina del director de la reserva, salimos del minibús y seguimos al masai hasta un gran recinto circular, vallado con ramas de acacia espinosa. A lo largo del perímetro se levantaban pequeñas cabañas de barro amasado con excrementos, el centro de la aldea lo compartían varias reses junto a unos niños desnudos. Un grupo de mujeres nos hizo señas para que nos acercásemos a admirar sus calabazas decoradas con cuentas de colores. Una de ellas, una joven madre muy bien parecida que llevaba a su bebé colgado a la espalda, me enseñó una moneda de cuarto de dólar que alguien le había regalado. Consentí en cambiársela por chelines y, como muestra de agradecimiento, me invitó a visitar su choza. El interior de la construcción, que no superaba los dos metros de altura, era oscuro e incómodo. La mujer me dijo que allí era donde su familia cocinaba, dormía y guardaba los becerros recién nacidos. El humo era cegador. No había transcurrido ni un minuto cuando tuve que salir al exterior luchando contra mi deseo de espantar las moscas que formaban dos círculos negros alrededor de los inflamados ojos del bebé.

Cuando regresamos al minibús, Francis ya estaba esperándonos. Condujo a través del portón de entrada y seguimos carretera arriba hasta una pequeña colina árida. Desde allí, al fondo del otro lado de la cima, contemplé el paisaje más maravilloso que jamás había visto. Podía haberme quedado eternamente en ese lugar. Llanuras ondulantes que formaban suaves colinas de color pardo, tan elásticas como la espalda de un león, surcadas por largos retazos de bosque y moteadas de acacias. A nuestra izquierda, curiosamente simétricas en su rayada apariencia, un gran rebaño de cebras pastaba hierba color trigo. A la derecha, un tropel de gacelas huía saltando hacia el bosque. Y hacia el centro se movían miles de ñus, con expresión triste y una joroba que parecía demasiado pesada para que la soportaran sus delgadas piernas. Francis comenzó a avanzar lentamente a través de la manada, los animales se apartaban a nuestro paso para luego volverse a unir tras nuestra estela, como si fueran un banco de peces, el sonido de sus pezuñas al golpear la tierra era similar al que producen las olas cuando chocan contra los acantilados de la costa.

Miré a Auma. Uno de sus brazos rodeaba los hombros de Elizabeth, y las dos mostraban la misma sonrisa silenciosa.

Acampamos en la orilla de un serpenteante arroyo marrón, bajo una enorme higuera repleta de ruidosos estorninos azules. La tarde comenzaba a caer, pero, después de levantar nuestras tiendas y recoger madera para el fuego, aún tuvimos tiempo para conducir hasta una charca cercana, donde antílopes y gacelas se reunían a abrevar. Cuando regresamos, un fuego ardía y nos sentamos para degustar el estofado de Rafael. Francis nos contó parte de su vida. Tenía esposa y seis hijos que vivían en territorio kikuyu. Cultivaban café y maíz en un terreno de aproximadamente cuatro mil metros cuadrados. En su día libre hacía el trabajo más duro: cavar y plantar. Nos dijo que le gustaba trabajar para la agencia de viajes, aunque le molestaba pasar tiempo lejos de su familia.

—Si pudiera, me dedicaría sólo a trabajar la granja —dijo—, pero la KCU hace que sea imposible.

—¿Qué es la KCU? —le pregunté.

—El Sindicato de Cultivadores de Café de Kenia. Son unos ladrones. Deciden qué plantar y cuándo plantarlo. No puedo vender mi café a nadie más, y luego ellos lo venden en el extranjero. Nos dicen que los precios están cayendo, pero aun así lo venden cien veces más caro de lo que a mí me pagan. ¿A donde va la diferencia? —Francis frunció el ceño—. Es tremendo cuando el gobierno le roba a la gente.

—Hablas sin tapujos —dijo Auma.

Francis se encogió de hombros.

—Si lo hiciera más gente quizá las cosas cambiarían. Mira la carretera por la que vinimos esta mañana, cuando entramos al valle. Se supone que esa carretera debía haberse reparado el año pasado. Pero sólo emplearon grava, así que las primeras lluvias la arrastraron. El dinero que se ahorraron seguramente sirvió para construir la mansión de algún pez gordo.

Francis fijó su vista en el fuego mientras se atusaba el bigote con sus dedos.

—Me imagino que no sólo es culpa del gobierno —dijo tras un breve silencio—. A los keniatas no nos gusta pagar impuestos, incluso cuando las cosas se hacen bien. No creemos que debamos dar nuestro dinero a nadie. Los pobres tienen sus razones para sospechar, pero los ricos, los propietarios de los camiones que utilizan las carreteras, no quieren pagar lo que les corresponde. Prefieren que sus vehículos se averíen antes que entregar parte de sus beneficios. Así es como pensamos. Que el problema es de otro.

Eché un leño al fuego.

—No es tan distinto en Estados Unidos —le dije a Francis.

—Probablemente tenga usted razón —respondió—. Pero, mire, un país rico como Norteamérica quizá pueda permitirse ser estúpido.

En ese momento dos masai se acercaron a la hoguera. Francis los saludó, y, mientras se sentaban en uno de los bancos, nos explicó que vigilarían nuestro campamento durante la noche. Ambos eran callados y bien parecidos, la luz del fuego acentuaba sus pómulos, sus enjutas extremidades sobresalían de sus *shukas* rojo sangre, y sus lanzas hincadas en la tierra proyectaban largas sombras sobre los árboles. Uno de ellos, que dijo llamarse Wilson y hablaba swahili, nos contó que vivía en una *boma* situada a unos cuantos kilómetros al este. Su silencioso compañero comenzó a rastrear la oscuridad con el haz de luz que proyectaba su linterna. Auma preguntó si el campamento había sido atacado alguna vez por una fiera salvaje. Wilson sonrió abiertamente.

—Nada grave —dijo—. Pero si tiene que hacer sus necesidades por la noche debe avisarnos para que la acompañemos.

Francis les preguntó sobre los movimientos de diversos animales, y yo me aparté del fuego para mirar las estrellas. Habían pasados años desde la última vez que las contemplé así. Lejos de las luces de la ciudad eran enormes, redondas, y brillaban como joyas. Vi un retazo de bruma en el límpido cielo, y me alejé aún más de la hoguera, pensando que quizá la producía el humo, luego concluí que debía ser una nube. Me preguntaba por qué la nube no se había movido, cuando escuché el sonido de unos pasos a mi espalda.

—Creo que es la Vía Láctea —dijo el señor Wilkerson, mirando hacia el cielo.

—¡En serio!

Entonces levantó el brazo y trazó los límites de la constelación, señalándome la Cruz del Sur. El señor Wilkerson era un hombre de mediana estatura, que hablaba con un tono suave de voz, llevaba gafas redondas y el pelo rubio engominado. Al principio había pensado que era el tipo de persona que pasaba su vida entre cuatro paredes, un contable, o quizá un profesor. Sin embargo, a medida que transcurría el día me di cuenta de que poseía todo tipo de conocimientos prácticos, el tipo de cosas que nunca aprendí pero que siempre quise saber. Podía hablar con Francis sobre el motor del Land Rover, había levantado su tienda cuando yo no había puesto ni la primera estaca, y parecía conocer el nombre de cada pájaro y árbol que veíamos.

Así que no me sorprendí cuando me dijo que había pasado su infancia en Kenia, en una plantación de té en las Tierras Blancas Altas. Parecía que no quería hablar del pasado. Me dijo únicamente que su familia vendió la plantación después de la independencia, que regresaron a Inglaterra y se instalaron en un tranquilo suburbio de Londres. Había estudiado medicina y ejercido de médico en el Servicio Nacional de Salud de Liverpool, donde había conocido a su esposa, que era psiquiatra. Pocos años después la convenció para regresar juntos a África. Decidieron que no vivirían en Kenia, pues el número de médicos sobrepasaba allí la media del continente, y se instalaron en Malaui, donde habían estado trabajando, contratados por el gobierno, los últimos cinco años.

—Superviso a ocho doctores en una región con una población de medio millón de habitantes —me dijo—. Nunca tenemos bastantes suministros, al menos la mitad de lo que compra el gobierno acaba en el mercado negro. Así que sólo podemos centrarnos en lo básico, que, de todas formas, es lo que África realmente necesita. La gente muere víctima de enfermedades que se pueden prevenir. Disentería, viruela y ahora sida, la tasa de infección en ciertas aldeas ha alcanzado ya el cincuenta por ciento. Es una locura.

Su relato era desalentador, pero, a medida que fue desgranando los trabajos que había realizado a lo largo de su vida (perforando pozos, enseñando a gente sin preparación a vacunar niños, distribuyendo preservativos), no me pareció ni cínico ni sentimental. Le pregunté por qué había regresado a África, y él me contestó sin pensarlo, como si esa pregunta la hubiese escuchado cientos de veces.

—Es mi hogar, supongo. La gente, la tierra… —se quitó las gafas y limpió los cristales con un pañuelo— Tiene gracia. Una vez que has vivido aquí durante cierto tiempo la vida en Inglaterra te parece terriblemente encorsetada. Los británicos tienen muchísimas cosas, pero parece que las disfrutan menos. Cuando estoy allí me siento un extranjero.

Se volvió a colocar las gafas.

—Por supuesto que a la larga tendré que ser reemplazado. Eso forma parte de mi trabajo, el hacerme innecesario. Los médicos de Malaui con los que trabajo son excelentes. Competentes. Dedicados. Si pudiésemos construir un hospital para formar nuevos doctores y algunas instalaciones en condiciones, podríamos triplicar su número rápidamente. Y entonces…

—¿Entonces, qué?

Se giró hacia la hoguera del campamento y escuché cómo su voz comenzaba a temblar.

—Quizá nunca pueda llamar a este lugar mi hogar —dijo—. Los pecados de los padres, ya sabe. He aprendido a aceptarlo —hizo una pausa, luego me miró—. Amo este lugar —dijo, antes de volver a su tienda.

Amanece. Al este, el cielo se ilumina por encima del bosque, primero con un color azul profundo que poco después se torna anaranjado y, más tarde, se convierte en un amarillo cremoso. Lentamente las nubes pierden su tinte púrpura y se desvanecen dejando atrás una solitaria estrella. Cuando abandonamos el campamento vemos una manada de jirafas, sus larguísimos cuellos se balancean a un mismo tiempo. Antes de la salida de un sol rojo parecen negras, extrañas siluetas contra un cielo eterno.

Y así fue pasando el día, como si lo viera todo a través de los ojos de un niño, el mundo era un libro ilustrado en tres dimensiones, una fábula, un cuadro de Rousseau. Una manada de leones bostezando sobre la hierba. Búfalos en las ciénagas, sus cuernos semejan pelucas baratas, grandes pájaros picotean sus lomos cubiertos de barro. Hipopótamos en los lechos menos profundos de los ríos, sus ojos y sus narices rosadas parecen pelotas que flotan y desaparecen sobre la superficie del agua. Los elefantes se abanican con sus orejas grandes como plantas.

Y, sobre todo, la quietud, un silencio equiparable a los elementos. Al atardecer, no muy lejos de nuestro campamento, nos encontramos una manada de hienas que se alimentaban con los restos de una bestia salvaje. En la luz amarillenta del ocaso parecían perros del averno, sus ojos como ascuas, las mandíbulas chorreando sangre. Junto a ellas, una fila de buitres esperaba con mirada implacable e impaciente, saltando como jorobados cada vez que una de las hienas se les acercaba demasiado. La escena era salvaje, permanecimos allí durante un buen rato, viendo cómo la vida se alimentaba a sí misma, el silencio imperante solamente era roto por un crujir de huesos, las ráfagas de viento, o el pesado batir de las alas de los buitres tratando de elevarse hasta alcanzar una corriente de aire. Finalmente, cuando conseguían ascender, su enormes y elegantes alas permanecían tan inmóviles como el resto de su cuerpo. Entonces pensé que así debió ser el primer día de la Creación. La misma calma, el mismo chascar de huesos. Allí, al atardecer, sobre aquella colina, imaginé al primer hombre empezando a caminar, su áspera piel al desnudo, su torpe mano sujetando con fuerza un trozo de pedernal, no existe una palabra para el miedo, la esperanza, el temor reverencial al cielo, el atisbo de su propia muerte. Si sólo pudiésemos recordar ese primer paso común, la primera palabra. Esa era anterior a Babel.

Esa misma noche, después de cenar, hablamos largo y tendido con nuestros vigilantes masai. Wilson nos contó que ambos, él y su amigo, habían ascendido a la categoría de *moran*, jóvenes guerreros solteros, el eje de la leyenda masai. Ambos habían dado muerte a un león para probar su hombría, y habían participado en numerosas incursiones para apropiarse de ganado. Pero en la actualidad no había guerras, e incluso el cuatrerismo era cada vez más complicado (el año anterior, otro de sus amigos había muerto por los disparos de un ranchero kikuyu). Finalmente, Wilson había decidido que ser un *moran* era una pérdida de tiempo. Se trasladó a Nairobi para buscar trabajo, pero como apenas tenía estudios acabó de guardia de seguridad en un banco. El aburrimiento lo volvía loco, y optó por regresar al valle, casarse y cuidar su ganado. No hacía mucho tiempo un león había matado a una de sus reses, y, aunque ahora estaba prohibido, él y otros cuatro masai persiguieron y cazaron al animal dentro de la reserva.

—¿Cómo se acaba con un león? —pregunté.

—Los cinco lo acorralamos y utilizamos nuestras lanzas —dijo Wilson—. Entonces el león se abalanza sobre uno de nosotros. Éste se protege con su escudo, mientras que los restantes finalizamos el trabajo.

—Parece peligroso —dije, de forma un tanto estúpida.

Wilson no parecía pensar lo mismo.

—Por lo general sólo se sufren rasguños. Aunque algunas veces no vuelven más que cuatro.

No parecía que nuestro amigo estuviera presumiendo, era como si un mecánico estuviera explicándonos una reparación difícil. Quizá fuera la despreocupación mostrada por Wilson la que hizo que Auma le preguntara a dónde creían ir los masai cuando morían. Wilson pareció no entender la pregunta, pero finalmente sonrió y comenzó a mover la cabeza.

—La vida tras la muerte —dijo, casi riendo— no forma parte de las creencias masai. Cuando mueres, se acabó. Vuelves a la tierra. Eso es todo.

—¿Qué piensas tú, Francis? —preguntó Mauro.

Durante un rato Francis había estado leyendo una pequeña Biblia encuadernada en rojo. Levantó la vista del libro y sonrió.

—Los masai son unos valientes —dijo.

—¿Te educaron en el cristianismo? —le preguntó Auma.

Éste asintió.

—Mis padres se convirtieron antes de que yo naciera.

Mauro comenzó a hablar, mientras mantenía la vista fija en las llamas.

—Yo abandoné la Iglesia. Demasiadas reglas. ¿No crees, Francis, que a veces el cristianismo no es tan bueno? Quiero decir para África, aquí los misioneros lo cambiaron todo. El cristianismo trajo… ¿como diría?

—Colonialismo —apunté.

—Sí, colonialismo. La religión de los blancos, ¿no es así?

Francis puso la Biblia sobre sus rodillas.

—Esas cosas me preocupaban cuando era joven. Los misioneros eran hombres, y como tales se equivocaban. Ahora he comprendido que también yo puedo equivocarme. Que el error no es de Dios. Recuerdo que los misioneros alimentaban a la gente durante las sequías. Algunos enseñaron a los niños a leer. Y mediante esos actos creo que estaban haciendo el trabajo de Dios. Sólo podemos aspirar a vivir según sus mandamientos, aunque nunca estaremos suficientemente a la altura.

Mauro se retiró a su tienda y Francis volvió a enfrascarse en la lectura de la Biblia. A su lado, Auma comenzó a leer un cuento con Elizabeth, el doctor Wilkerson se sentó con las rodillas juntas, remendando sus pantalones, mientras que su esposa, cerca de él, estaba absorta contemplando las llamas de la hoguera. Miré a los masai, que permanecían en silencio y con expresión vigilante. Me pregunté qué pensarían de nosotros. Seguro que se divertían. Su valentía y solidez hacían que me cuestionara mi turbación interior. Y mientras miraba alrededor de la hoguera vi un valor no menos admirable en Francis, en Auma, y también en los Wilkerson. Quizá fuera ese valor, pensaba yo, el que África necesitaba de forma desesperada. Personas buenas y honestas con metas a su alcance y la decisión necesaria para convertirlas en realidad.

El fuego comenzó a apagarse y, uno tras otro, los demás se fueron a la cama, hasta que sólo quedamos Francis, los masai y yo. Cuando me levanté, Francis comenzó a cantar con voz grave un himno en kikuyu, la melodía me resultaba vagamente familiar. Absorto en mis pensamientos, lo estuve escuchando durante un rato. De camino a mi tienda sentí que entendía la lastimera canción de Francis, e imaginé que, a través de la noche despejada, la lanzaba a las alturas, directamente hacia Dios.

El día que Auma y yo regresamos, nos comunicaron que Roy había llegado a la ciudad una semana antes de lo esperado. Sin previo aviso había aparecido en Kariakor maleta en mano, diciendo que estaba harto de esperar en Washington D. C. y que se las había arreglado para coger otro vuelo. La familia, aunque estaba encantada con su vuelta, decidió posponer la gran fiesta hasta nuestro regreso. Bernard, que fue quien nos dio la noticia, dijo que nos esperaban de inmediato. Mientras hablaba no paraba de moverse, como si cada minuto lejos de nuestro hermano mayor supusiera un abandono de sus obligaciones. Pero Auma, que todavía tenía agujetas por haber dormido en la tienda las dos noches anteriores, insistió en tomar un baño.

—No te preocupes —le dijo a Bernard—. A Roy le gusta hacer un drama de todo.

Cuando llegamos, el apartamento de Jane era una pura algarabía. En la cocina las mujeres limpiaban coles y batatas, troceaban pollos y removían el *ugali**. En el salón, los niños ponían la mesa y servían refrescos a los adultos. En medio del alboroto, Roy, sentado con las piernas estiradas y los brazos colgando a ambos lados del sillón, daba su aprobación a todo, asintiendo con la cabeza. Nos hizo señas con la mano para que nos acercásemos y luego nos abrazó. Auma, que no había visto a Roy desde que se marchó a Estados Unidos, dio un paso atrás para observarle mejor.

—¡Has engordado! —le dijo.

—¿Engordado? —dijo Roy mientras reía—. Un hombre ha de tener un apetito voraz —se volvió hacia la cocina—. Lo que me recuerda algo…, ¿dónde está esa cerveza?

No había acabado de hablar cuando Kezia llegó sonriendo y con una cerveza en la mano.

—Barry —dijo en inglés—, éste es el primogénito. El cabeza de familia.

Otra mujer, a la que no había visto antes, rolliza, de pechos grandes y labios pintados de rojo brillante, se acercó furtivamente a Roy y lo rodeó con sus brazos. La sonrisa de Kezia desapareció de su rostro y se marchó a la cocina.

—Cariño —dijo la mujer a Roy—, ¿tienes cigarrillos?

—Sí, espera… —Roy se palpó los bolsillos de la camisa—. ¿Conoces a mi hermano Barack? Barack, ella es Amy. ¿Te acuerdas de Auma? Roy encontró los cigarrillos y encendió uno para Amy. La mujer le dio una larga calada y se inclinó hacia Auma, exhalando anillos de humo mientras hablaba.

—*Por supuesto* que recuerdo a Auma. ¿Cómo estás? ¡Te veo maravillosa! ¡Me gusta lo que has hecho con tu pelo! ¡Es tan… natural!

Amy cogió la botella de Roy, y éste fue a la mesa donde estaba dispuesta la comida. Cogió un plato y se inclinó para oler las humeantes cacerolas.

---

* *Ugali*: gachas de maíz semejantes a la polenta italiana.

—¡*Chapos*! —exclamó, y se sirvió tres *chapatis** en el plato— ¡*Sukuma-wiki***! —gritó mientras añadía un montón de coles— ¡*Ugali*! —volvió a gritar, y cortó dos grandes trozos de la masa de harina de maíz.

Bernard y los niños siguieron sus pasos, repitiendo las palabras de Roy, aunque más bajo. Alrededor de la mesa, tanto Kezia como el resto de nuestras tías estaban radiantes de satisfacción. Desde que llegué nunca las había visto tan contentas.

Después de cenar, mientras Amy ayudaba a nuestras tías a fregar, Roy se sentó entre Auma y yo y nos comunicó que tenía grandes planes. Iba a poner en marcha un negocio de importación y exportación, dijo, vendiendo artesanía del lugar en los Estados Unidos.

—*Chondos*. Tejidos. Tallas de madera. ¡Todas esas cosas causan furor allí! Se venden en los festivales, en las ferias de artesanía, en tiendas especializadas. Ya he comprado algunas muestras para llevármelas de vuelta.

—Esa es una gran idea —dijo Auma—. Enséñame lo que has comprado.

Roy le pidió a Bernard que le trajese unas cuantas bolsas de plástico rosa que estaban en uno de los dormitorios. Dentro había varias tallas de madera de las que se fabricaban por cientos y que se vendían en los tenderetes a los turista en el centro de la ciudad. Auma las inspeccionó con expresión dudosa.

—¿Cuánto has pagado por ellas?

—Sólo cuatrocientos chelines por cada una.

—¡Tanto! Hermano, creo que te han engañado. Bernard, ¿por qué le dejaste pagar ese precio?

Bernard no supo qué contestar. Roy pareció afectado.

—Ya te he dicho que sólo son muestras —dijo mientras envolvía de nuevo las figuras—. Una inversión, para saber lo que el mercado quiere. No puedes ganar dinero a menos que antes lo gastes, ¿no es así, Barack?

—Eso es lo que dicen.

De inmediato Roy volvió a entusiasmarse.

---

* El *chapati* es un pan de harina integral plano, sin levadura y con forma de disco. Se cocina sobre una plancha o sartén muy caliente.

** *Sukuma-wiki*, que en swahili significa «alargar la semana», es un plato hecho con los restos de carne de otras comidas a los que se les añaden vegetales diversos, especialmente un tipo de col rizada.

—¿Ves? Una vez que conozca el mercado enviaré los pedidos a Zeituni. Empezaremos el negocio poco a poco. *Poco-a-poco*. Luego, cuando esté consolidado, Bernard y Abo pueden trabajar para nosotros. ¡Eh, Bernard! ¿Trabajarás para mí?

Bernard asintió sin mucho entusiasmo. Auma estudió la reacción de su hermano menor, luego se dirigió a Roy.

—Bien, ¿y cuáles son los otros planes?

Roy sonrió.

—Amy —dijo.

—¿Amy?

—Amy. Me voy a casar con ella.

—¿*Qué*? ¿Cuánto tiempo ha pasado desde la última vez que la viste?

—Dos años. Bueno, tres. ¿Pero eso qué importa?

—No has tenido mucho tiempo para pensar sobre el matrimonio —dijo Auma irónica.

—Es africana. ¡Eso, al menos, lo sé! Ella me entiende. No es como esas mujeres europeas, siempre discutiendo con sus maridos.

Roy asintió categóricamente y, después, como si lo hubiese impulsado un resorte invisible, saltó de su silla y se dirigió a la cocina. Tomó a Amy de la mano y, con la otra, levantó su botella de cerveza.

—¡Atención todo el mundo! ¡Ahora que estamos todos reunidos, propongo un brindis! ¡Por aquellos que ya no están entre nosotros! ¡Y porque todo acabe bien!

Con deliberada solemnidad, comenzó a derramar la cerveza en el suelo. Al menos la mitad del contenido de la botella fue a parar a los zapatos de Auma.

—¡Eh, eh! —gritó Auma, dando un salto atrás—¿Qué estás haciendo?

—Nuestros ancestros deben beber —dijo jovialmente Roy—. Es la tradición africana.

Auma cogió una servilleta para limpiarse la cerveza de las piernas.

—¡Eso se hace sólo al aire libre, Roy! ¡No en casa de alguien! ¡Te lo juro, a veces eres tan descuidado! ¿Quién va a limpiar esto ahora? ¿Tú?

Roy iba a contestarle cuando apareció Jane con un trapo en la mano.

—¡No te preocupes, no te preocupes! —dijo Jane mientras pasaba el trapo por el suelo— Estamos muy contentos de tenerte en casa.

Se había decidido que después de cenar fuésemos a bailar a un club cercano. Y mientras Auma y yo encabezábamos la comitiva escaleras abajo, la oí murmurar en la oscuridad.

—¡Estos Obama! —me dijo— ¡Siempre os salís con la vuestra! ¿Has visto cómo lo trataban? Por lo que a ellas respecta no puede hacer nada mal. Como el asunto de Amy. Esa es una idea que le ha venido a la cabeza porque está solo. No tengo nada contra Amy, pero es igual de irresponsable que él. Y cuando se juntan aún son peores. Mi madre, Jane, Zeituni..., todas lo saben. ¿Pero crees que le dirán algo? No. Porque tienen miedo de ofenderle, incluso si es por su propio bien.

Auma abrió la puerta del coche y volvió la vista atrás buscando al resto de la familia, que salían de la oscuridad del edificio. La silueta de Roy destacaba igual que un árbol, con los brazos extendidos como ramas sobre los hombros de sus tías. La escena dulcificó un tanto la expresión de Auma.

—Bueno, no es culpa suya, supongo —dijo mientras arrancaba el coche—. ¿Ves cómo son con él? Roy siempre ha estado más unido que yo a la familia. Con él nunca se sienten cuestionadas.

El club Garden Square resultó ser un lugar de techos bajos y poca luz. Cuando llegamos estaba lleno, el humo de los cigarrillos hacía el ambiente irrespirable. La clientela era en su mayoría africana, madura, multitud de oficinistas, secretarias y funcionarios, reunidos en torno a desvencijadas mesas de formica tras la salida del trabajo. Unimos dos mesas vacías lejos del pequeño escenario y el camarero anotó nuestra comanda. Auma se sentó cerca de Amy.

—Bueno, Amy. Roy me ha dicho que estáis pensando en casaros.

—¡Sí!, ¿no es maravilloso? ¡Es un hombre tan divertido! Cuando se instale dice que me llevará con él a Norteamérica.

—¿No te preocupa la separación? Quiero decir…

—¿Otras mujeres? —Amy rió y le guiñó un ojo a Roy— Te seré sincera, eso no me importa —luego pasó su regordete brazo por los hombros de Roy—. Mientras me trate bien puede hacer lo que quiera. ¿No es así, cariño?

Roy puso cara de póquer, como si la conversación no fuera con él. Tanto Roy como Amy tenían los ojos brillantes por la cerveza y vi cómo Jane miraba a hurtadillas a Kezia. Decidí cambiar de conversación y le pregunté a Zeituni si había estado antes en el Garden Square.

—¿Yo? —Zeituni arqueó las cejas ante mi pregunta— Déjame decirte algo, Barry: si en algún sitio se baila, entonces he estado en él. Pregunta a los que están aquí quién es la campeona de las bailarinas. ¿No es así, Auma?

—Zeituni es la mejor.

Orgullosa, Zeituni inclinó la cabeza a modo de saludo.

—¿Ves, Barry? ¿Cómo puedes ni tan siquiera pensar que tu tía no baila? ¿Y quieres saber quién fue siempre mi pareja ideal? ¡Tu padre! ¡Qué hombre! Le encantaba bailar. Cuando éramos jóvenes participamos en varios concursos. De hecho te voy a contar una historia sobre este tema. Ocurrió con ocasión de una de sus visitas a Alego para ver a tu abuelo. Tu padre le había prometido que esa tarde haría unas cuantas faenas para él, no recuerdo exactamente qué, pero en lugar de ponerse a trabajar fue a buscar a Kezia y se la llevó a bailar. ¿Te acuerdas, Kezia? Eso ocurrió antes de que se casaran. Yo quería ir con ellos, pero Barack me dijo que aún era demasiado joven. En fin, esa noche llegaron tarde a casa y Barack con alguna cerveza de más. Trató de llevar a Kezia a su cabaña, pero tu abuelo estaba despierto y los escuchó llegar. Incluso de viejo oía muy bien. Así que llamó a Barack para que se presentase ante él. Cuando lo tuvo delante, el viejo no dijo una sola palabra. Sólo lo miraba y resoplaba como un toro. Mientras tanto, yo observaba por la ventana de la casa de tu abuelo. Estaba segura de que le daría unos cuantos bastonazos, además estaba enfadada porque no habían querido llevarme a bailar. Lo que ocurrió a continuación no me lo podía creer. En lugar de disculparse por haber llegado tarde, tu padre se dirigió al fonógrafo de tu abuelo... ¡y puso un disco! Entonces se giró y llamó a gritos a Kezia, que permanecía escondida. «¡Ven aquí, mujer!» De inmediato Kezia entró en la casa, estaba demasiado asustada como para negarse a hacerlo, y Barack la cogió entre sus brazos y comenzó a bailar con ella dando vueltas y más vueltas por la casa de tu abuelo, como si estuvieran en el salón de baile de un palacio.

Zeituni rió de buena gana.

—Nadie, nadie había tratado así a tu abuelo, ni siquiera Barack hasta ese momento. Yo estaba segura de que su conducta le acarrearía una severa paliza. Durante un rato tu abuelo no dijo nada. Se sentó observando a su hijo. Entonces, como si fuera un elefante, gritó aún más fuerte de lo que anteriormente había hecho Barack. «¡Mujer, ven aquí!» Y de inmediato, mi madre, ésa a la que tú llamas Granny, salió de su cabaña, donde estaba remendando unas ropas. Preguntó por qué todo el mundo gritaba, y entonces tu abuelo se levantó y le ofreció la mano. Mi madre le dijo que no le tomara el pelo, pero el viejo mostró tal determinación que poco después los cuatro estaban bailando en la cabaña, los dos hombres muy serios, las mujeres mirándose la una a la otra, seguras ahora de que sus hombres estaban locos.

Todos celebramos la anécdota, y Roy pidió otra ronda de bebidas. Le pedí a Zeituni que me hablara de mi abuelo, pero en ese momento un grupo de música subió al escenario. La banda parecía un tanto estrafalaria, pero en cuanto comenzaron a tocar el lugar se transformó. Inmediatamente la gente se concentró en la pista de baile al ritmo del *soukous*. Zeituni me cogió de la mano, Roy tomó la de Auma y Amy la de Bernard, y empezamos a bailar hasta que estuvimos sudando. Brazos, caderas y traseros se balanceaban dulcemente. Luos, altos y negros como la tinta, bajos y morenos kikuyus, kambas, merus y kelenjines, todos sonriendo, gritando y divirtiéndose. Roy levantó los brazos sobre su cabeza para hacer un giro *funky* con Auma, que se reía de las tonterías que hacía su hermano, y justo entonces vi en su cara la misma expresión que yo tenía años atrás en el apartamento de Toot y Gramps, en Hawai, cuando el Viejo me dio mi primera lección de baile: la misma expresión de total libertad.

Después de tres o cuatro canciones, Roy y yo dejamos a nuestras parejas y, con un par de cervezas, salimos a un patio al aire libre de la discoteca. Me sentía algo achispado, y el aire fresco me hizo cosquillas en la nariz.

—Me alegro de estar aquí —dije.

—Lo has expresado como un poeta —Roy rió y dio un trago a su cerveza.

—No, en serio. Me alegro de estar aquí, contigo, con Auma y los demás. Es como si nosotros...

Antes de que pudiese terminar la frase, oímos a nuestras espaldas el ruido de una botella estrellándose contra el suelo. Me volví y vi a dos hombres, en el extremo opuesto del patio, empujando al suelo a otro más pequeño que ellos. Con una mano, el hombre caído parecía cubrirse un corte en la cabeza. Con la otra trataba de protegerse de los golpes que le propinaban con una porra. Di un paso hacia donde estaban, pero Roy me detuvo.

—No te metas en lo que no te importa, hermano —me dijo.

—Pero...

—Puede que sean policías. Y déjame decirte algo, Barack, no sabes lo que es pasar la noche en un calabozo de Nairobi.

Para entonces, el hombre que estaba en el suelo se había hecho un ovillo, tratando de protegerse de los golpes que le llovían a diestro y siniestro. Y, de pronto, como un animal atrapado que entrevé una vía de escape, se puso en pie, se subió a una de las mesas y trepó hasta saltar la valla de madera. Por un momento pareció que sus atacantes fueran a darle caza, pero al parecer decidieron que no valía la pena. Uno de ellos nos miró pero no dijo nada, y juntos se fueron al interior de la discoteca. De repente me sentí completamente sobrio.

—Eso fue terrible —dije.

—Bueno…, no sabemos lo que hizo el otro tío.

Me pasé la mano por el cogote.

—Y, dime, ¿cuándo has estado tú en la cárcel?

Roy le dio otro trago a la cerveza y se dejó caer en una de las sillas metálicas.

—La noche que murió David.

Me senté a su lado y me contó lo sucedido. Habían salido a tomar unas copas, me dijo, iban de fiesta. Fueron en la moto de Roy hasta una discoteca cercana, allí Roy conoció a una chica. Le gustó y empezaron a hablar. La invitó a una cerveza, pero al rato llegó otro tío y se encaró con Roy. Dijo que era el marido de la chica y la agarró por el brazo. La joven forcejeó y cayó al suelo, Roy le dijo al hombre que la dejase en paz. Estalló una pelea. La policía llegó y Roy no tenía ninguna identificación, así que se lo llevaron a la comisaría. Lo encerraron en una celda y allí lo tuvieron durante varias horas, hasta que David se las ingenió para verlo.

Dame las llaves de la moto, le dijo David, *y te traeré la identificación.*

No. Vete a casa.

No puedes estar aquí toda la noche, hermano. Dame las llaves…

Roy no pudo seguir hablando. Nos sentamos y miramos fijamente las sombras distorsionadas y difusas de la celosía de la valla.

—Fue un accidente, Roy —dije finalmente—. No fue culpa tuya. Tienes que olvidarlo.

Antes de que pudiera decir otra cosa, escuché a Amy gritando detrás de mí, su voz medio ahogada por la música.

—¡Eh, vosotros dos! ¡Os hemos estado buscando por todos lados!

Comencé a hacerle señas para que nos dejase, pero Roy se levantó tan impetuosamente de la silla que ésta cayó al suelo.

—Vamos, mujer —dijo, cogiendo a Amy de la cintura—. Vamos a bailar.

DIECIOCHO

A las cinco y media de la tarde nuestro tren partió ruidosamente de la antigua estación de ferrocarriles de Nairobi en dirección oeste, hacia Kisumu. Jane había decidido quedarse en la ciudad, pero el resto de la familia iba a bordo: Kezia, Zeituni, y Auma ocupaban uno de los compartimentos, y Roy, Bernard y yo el siguiente. Mientras que todo el mundo estaba ocupado colocando su equipaje, yo abrí una de las ventanillas y miré la curva que describía la vía tras nosotros, una vía que había sido decisiva en la historia colonial de Kenia.

Cuando se construyó, el ferrocarril supuso el mayor proyecto de ingeniería de la historia del Imperio británico[*]: casi mil kilómetros de longitud, desde Mombasa, en el Océano Índico, hasta la orilla oriental del Lago Victoria. Se tardaron cinco años en completar el proyecto, y durante la ejecución del mismo perdieron la vida varios cientos de trabajadores hindúes. Una vez finalizado, los británicos se dieron cuenta de que no había pasajeros suficientes para amortizar los gastos motivados por su faraónico proyecto. Entonces ejercieron toda la presión posible para que se asentaran nuevos colonos blancos, consolidaron las tierras que se utilizarían como cebo de nuevos emigrantes, desarrollaron nuevos cultivos comerciales como el café y el té, y establecieron los mecanismos administrativos necesarios que, a lo largo de la línea férrea, llegarían hasta el corazón de un continente entonces desconocido. También pro-

---

[*] El autor se refiere al famoso Tren Lunático. Inmensa obra de ingeniería construida por los ingleses según la idea de Frederik Lugard, estratega y militar que, tras una cruenta represión, integró los diferentes reinos de la actual Uganda en el Imperio británico.

movieron la construcción de misiones e iglesias para vencer el miedo que producía una tierra ignota.

Parecía una historia muy antigua. Pero yo sabía que en 1895, año en el que se pusieron las primeras traviesas, fue el mismo en que nació mi abuelo. Y era por la tierra de ese mismo hombre, Hussein Onyango, por donde ahora viajábamos. Esa reflexión hizo que la historia del ferrocarril cobrase de nuevo vida para mí, e imaginé las sensaciones que un desconocido funcionario británico pudo haber sentido el día del viaje inaugural, mientras que, sentado en su compartimiento iluminado por una lámpara de gas, observaba un territorio de miles de kilómetros de matorral en retroceso. ¿Era una sensación de triunfo? ¿La confirmación de que el faro de la civilización occidental por fin iluminaba la oscuridad africana? ¿O quizá tuvo el presentimiento, la repentina comprensión de que toda esa empresa era una locura, que esta tierra y su gente sobrevivirían al sueño imperialista? Traté de imaginarme a los africanos que estaban al otro lado de la ventanilla contemplando cómo esta serpiente de acero y humo negro pasaba por sus aldeas durante su primer viaje. ¿Miraban el tren con envidia, se imaginaban que un día estarían sentados en el vagón ocupado por el inglés y que de alguna forma el ferrocarril les aliviaría la carga de su trabajo cotidiano? ¿O se estremecían con visiones de destrucción y guerra?

Mis pensamientos se desvanecieron, y volví a contemplar el paisaje actual. Ya no se veía matorral, sino los tejados de Mathare, que se extendían hasta el pie de las distantes colinas. Al pasar cerca de uno de los mercados al aire libre de un barrio marginal, un grupo de niños nos saludó con la mano. Les devolví el saludo, y escuché a Kezia que hablaba en luo detrás de mí. Bernard me tiró de la camiseta.

—Kezia dice que no debes asomar la cabeza. Esos niños te pueden apedrear.

Uno de los empleados del tren vino a traernos la ropa de cama y nos dijo que el servicio de restaurante había comenzado, así que todos nos dirigimos al vagón comedor y nos sentamos en una mesa. El vagón era un perfecto ejemplo de desvaída elegancia, los paneles originales de madera permanecían intactos pero sin brillo, y algo similar ocurría con la cubertería de plata, compuesta por piezas de varios modelos distintos. La comida era excelente, y la cerveza estaba fría, así que al acabar de cenar me sentía contento.

—¿Cuánto tardaremos en llegar a Home Square? —pregunté mientras rebañaba la última gota de salsa de mi plato.

—Toda la noche en tren hasta Kisumu —dijo Auma—. Desde allí otras cinco horas en autobús o en *matatu*.

—Por cierto —me dijo Roy, encendiendo un cigarrillo—, no es Home Square, sino Home Squared*.

—¿Qué quieres decir?

—Bueno, es una expresión que solían emplear los niños en Nairobi —me explicó Auma—. Puedes tener tu casa en la ciudad. Pero luego está tu casa en el campo, en tu lugar de origen. El hogar de tus ancestros. Incluso los ministros o los empresarios más importantes lo creen así. Pueden tener una mansión en Nairobi, pero construirán una cabaña allí donde nacieron. Puede que esa persona sólo vaya allí una o dos veces al año. Pero, si le preguntas de dónde es, te dirá que esa cabaña es su verdadero hogar. Así que, cuando estábamos en la escuela y le queríamos decir a alguien que íbamos a Alego, era como ir a casa dos veces, ¿ves? O sea: nuestra casa al cuadrado.

Roy dio un trago a su cerveza.

—En tu caso, Barack, podemos llamarla *Home Cubed* (Casa al Cubo).

Auma sonrió y se reclinó en el asiento, escuchando el rítmico sonido del tren sobre la vía.

—Este tren me trae tantos recuerdos. ¿Te acuerdas, Roy, con qué ansia esperábamos el momento de ir a casa? ¡Es un lugar maravilloso, Barack! Nada que ver con Nairobi. ¡Y Granny es tan divertida! Te encantará, Barack. Tiene un extraordinario sentido del humor.

—Teniendo que vivir con el Terror durante tanto tiempo —dijo Roy—, no tenía más remedio.

—¿Quién es el Terror?

Fue Auma la que me contestó.

—Así solíamos llamar a nuestro abuelo. Era tan malo.

Roy asintió y comenzó a reír.

—¡Ese tío era realmente *malo*! Te sentaba a su mesa para cenar y te servía en platos de porcelana, como los ingleses. Si decías algo fuera de lugar o te equivocabas de tenedor, ¡pum!, te pegaba un bastonazo. Algunas veces te golpeaba y no sabías el porqué hasta el día siguiente.

Zeituni hizo un gesto con la mano, restándole importancia a lo dicho.

—Vosotros sólo le conocisteis cuando era viejo y débil. Pero en su juventud..., ay, ay. Yo era su favorita. Su mascota. No obstante, si

* *Square*: plaza. *Squared*: (verbo transitivo) elevado al cuadrado.

hacía algo mal, me pasaba todo el día huyendo de él, ¡le tenía tanto miedo! Era estricto incluso con sus invitados. Cuando los recibía en casa sacrificaba un montón de pollos en su honor. Pero si alguién se saltaba las reglas, como por ejemplo, lavarse las manos antes que los mayores, no tenía el menor reparo en darle un bastonazo, incluso a los adultos.

—No parece que lo apreciaran mucho —dije.

Zeituni negó con la cabeza.

—Bueno, se le respetaba porque era un extraordinario granjero. Su finca en Alego era una de las mayores de la región. Se le daban muy bien los cultivos, hacía crecer cualquier cosa. Estudió las técnicas agrícolas de los ingleses cuando trabajó de cocinero para ellos.

—No sabía que había sido cocinero.

—Así fue. Ya tenía tierras, pero durante una larga temporada trabajó de cocinero para los *wazungu* en Nairobi. Lo empleó gente muy importante. Durante la Guerra Mundial sirvió a un capitán del Ejercito Británico.

Roy pidió otra cerveza.

—Quizá fuera eso lo que le hizo ser tan malo.

—No sé —dijo Zeituni—. Creo que mi padre fue siempre así. Muy estricto. Aunque justo. Te contaré una anécdota que recuerdo de cuando yo era niña. Cierto día, un hombre se presentó a la puerta de nuestra finca con una cabra atada a una traílla. Quería atravesar nuestra finca porque vivía al otro lado y no quería dar un rodeo. Así que tu abuelo le dijo, «sabes que cuando vas solo siempre puedes pasar por aquí. Pero hoy no puedes porque tu cabra se comerá mis plantas». El hombre no estaba dispuesto a escuchar. Discutió durante un rato con tu abuelo, diciéndole que tendría cuidado y que la cabra no tocaría nada. El hombre hablaba tanto que, finalmente, tu abuelo me llamó y me dijo, «ve a la casa y tráeme a Alego». Ese era el nombre de su *panga*.

—Su machete.

—Sí, su machete. Tenía dos y los mantenía siempre muy, pero que muy afilados. Se pasaba todo el día sacándoles filo con una piedra de amolar. A uno de los *panga* lo llamaba Alego y al otro Kogelo. Bien, entonces tu abuelo le dice al hombre: «Ya te he dicho que no debes pasar, pero como eres tan testarudo haré un trato contigo. Pasarás con la cabra, pero si una sola de las hojas de mis sembrados sufre daño alguno, incluso si lo sufre la mitad de una de las hojas, entonces tu cabra sufrirá también». Pues bien, aunque yo era muy niña por entonces, sabía que el hombre debía ser un estúpido por aceptar la oferta de mi padre. Comenzamos a andar, el hombre y su cabra iban delante de nosotros. No habíamos dado ni veinte pasos cuando la cabra estiró el cuello y mordisqueó una hoja. Y entonces, ¡zas!. De un solo tajo mi padre le cortó media cabeza a la cabra. El hombre no se lo podía creer y comenzó a llorar. «¡Ay, ay, ay! ¡Pero qué es lo que has hecho, Hussein Onyango!» Tu abuelo limpió el *panga* y dijo «Si digo que voy a hacer algo, lo haré. Si no, ¿cómo podrá la gente respetar mi palabra?» Luego el dueño de la cabra denunció a tu abuelo ante el consejo de ancianos. Todos sus miembros se apiadaron de él, dado que la muerte de una cabra no era un asunto menor. Pero, cuando escucharon la historia, le dijeron que se marchara. Dieron la razón a tu abuelo porque el hombre había sido advertido.

Auma, incrédula, negó con la cabeza.

—¿Te lo puedes imaginar, Barack? —dijo, mirándome—. Te lo juro, a veces pienso que todos los problemas de esta familia empiezan con él. Es la única persona cuya opinión realmente preocupaba al Viejo. La única persona a la que temía.

Para entonces, el vagón restaurante estaba casi vacío y el camarero había comenzado a recoger y empaquetar cosas, de un lado a otro, con cierta impaciencia, así que decidimos regresar a nuestros compartimentos. Las literas eran estrechas, pero las sábanas limpias invitaban al descanso. Tardé en dormirme, escuchando el rítmico traqueteo del tren y la respiración regular de mis hermanos, mientras continuaba pensando en las anécdotas de mi abuelo. Todo empezó con él, había dicho Auma. En cierto modo eso tenía sentido. Si pudiese reunir los trozos de su vida, quizá lo demás encajaría en su sitio.

Finalmente me dormí y soñé que caminaba por una carretera que conducía a una aldea. Los niños, vestidos solamente con unos collares de cuentas, jugaban delante de las cabañas circulares, varios ancianos me saludaban al pasar. Pero, a medida que me alejaba, comencé a darme cuenta de que la gente me miraba con miedo y corrían a refugiarse en sus cabañas. Luego oí los rugidos de un leopardo y eché a correr hacia el bosque, tropezando con raíces, tocones y enredaderas, hasta que finalmente no pude correr más, y caí de rodillas en medio de un calvero luminoso. Casi sin resuello, levanté la cabeza para ver cómo el día se transformaba en noche y, ante mí, apareció una gigantesca figura tan alta como los árboles, vestida únicamente con un taparrabos y una máscara fantasmal. Sus ojos sin vida me traspasaron y, mientras su atronadora voz decía que había llegado la hora, empecé a temblar tan violentamente que parecía que me iba a romper en pedazos…

Me desperté sobresaltado y sudando, y me golpeé la cabeza contra la lámpara que sobresalía en la parte superior de la litera. Poco a poco, en la oscuridad del compartimento, mi corazón se fue calmando, pero ya no me pude volver a dormir.

Llegamos a Kisumu al amanecer, y andamos el kilómetro escaso que había hasta la estación de autobuses. El lugar estaba atestado de vehículos y *matatus* que maniobraban y hacían sonar sus bocinas para conseguir un aparcamiento en el recinto al aire libre. En los parachoques llevaban pintados nombres tales como «Love Bandit» o «Bush Baby». Finalmente encontramos un viejo *matatu*, con las cubiertas de las ruedas agrietadas y desgastadas, que iba en nuestra dirección. Auma subió en primer lugar, luego bajó con gesto malhumorado.

—No hay asientos libres —dijo.

—No te preocupes —dijo Roy, mientras que una serie de manos anónimas colocaban nuestro equipaje en la baca del autobús—. Esto es África, Auma…, no Europa —se volvió, sonriendo, hacia el joven cobrador—. ¿Nos conseguirás unos asientos, no es verdad, hermano?

El joven asintió.

—Sin problema. Este es un autobús de primera.

Una hora después Auma estaba sentada sobre mis rodillas, junto a una canasta de batatas y la niñita de alguien.

—Me pregunto cómo será la tercera clase —dije mientras me limpiaba un hilo de saliva que colgaba de mi mano.

Auma se quitó de la cara el codo de un pasajero.

—No estarás para bromas cuando cojamos el primer bache.

Afortunadamente la carretera estaba bien pavimentada. El paisaje, bastante seco, lo componían matorrales y leves colinas, las esporádicas casas de bloques pronto fueron reemplazadas por cabañas de barro con techos cónicos de paja. Nos bajamos en Ndori y pasamos las dos horas siguientes bebiendo refrescos calientes y viendo cómo los perros callejeros se peleaban en medio de nubes de polvo, hasta que finalmente apareció un *matatu* que nos llevó por la carretera de tierra que conducía al norte. Mientras viajábamos por la pendiente rocosa, algunos niños descalzos nos saludaron, pero sin sonreír. Una manada de cabras que corría delante del autobús se dirigió a un estrecho arroyo para abrevar. Luego la carretera se ensanchó, y finalmente nos detuvimos en un calvero. Dos jóvenes que estaban sentados bajo la sombra de un árbol sonrieron al vernos. Roy saltó del *matatu* y los abrazó.

—Barack —dijo un feliz Roy—, estos son tus tíos. Éste es Yussuf —indicó, señalando a uno de complexión más fuerte y bigote—. Y éste otro —dijo señalando al más alto—, éste es el hermano menor de tu padre, Sayid.

—Hemos escuchado muchas cosas buenas de ti —dijo Sayid, dedicándome una sonrisa—. Bienvenido, Barry. Bienvenido. Vamos, déjame que lleve tu equipaje.

Seguimos a Yusuf y a Sayid por un camino perpendicular a la carretera principal hasta que cruzamos una pared de altos setos y entramos en un amplio recinto. En medio del mismo se levantaba una casa baja y rectangular, con paredes de cemento y techo de planchas metálicas, parcialmente derrumbado por uno de sus lados, que dejaba al descubierto la base del muro de barro. Buganvillas de color rojo, amarillo y rosa, en plena floración, se extendían por uno de sus lados hasta un gran estanque de hormigón. Enfrente, sobre el suelo compactado se levantaba una pequeña cabaña redonda, bordeada de cacharros de arcilla donde picoteaban unos cuantos pollos. Había otras dos cabañas en el prado de césped que se extendía por detrás de la casa. Un par de escuálidas vacas de pelaje rojizo que pastaban debajo de un frondoso mango, nos miraron antes de volver a su quehacer.

Home Squared.

—¡Eh, Obama! —una mujer corpulenta, con un pañuelo en la cabeza, salió de la casa principal dando grandes zancadas, mientras se secaba las manos en su floreada falda.

Su cara era igual que la de Sayid, tersa, con grandes pómulos y ojos chispeantes. Abrazó a Auma y a Roy con tanta fuerza que pareció que quería derribarlos, luego se volvió hacia mí y me estrechó la mano efusivamente.

—¡*Halo*! —intentó saludarme en inglés.

—¡*Musawa*! —le respondí en luo.

Se rió y dijo algo a Auma.

—Dice que ha soñado muchas veces con este día. Cuando por fin conocería al hijo de su hijo. Dice que le has proporcionado una gran felicidad. Y que, por fin, has vuelto a casa.

Granny asintió a lo dicho por Auma y tiró de mí hasta que me tuvo en sus brazos, luego nos condujo al interior de la casa. Las minúsculas ventanas dejaban pasar la luz del atardecer. La casa estaba escasamente amueblada: unas cuantas sillas de madera, una mesa de café, un sofá gastado por el uso. De las paredes colgaban algunos recuerdos de familia: el diploma de la licenciatura que el Viejo obtuvo en Harvard; fotografías de él y de Omar, el tío que se había marchado a Estados Unidos hacía veinticinco años y que nunca había regresado. Junto a las mencionadas había otras dos más antiguas y amarillentas, una era de una mujer alta y joven, de ojos vivos, estaba sentada y sostenía un bebé sobre sus rodillas, a su lado había una niña de pie; la otra era de un hombre mayor sentado en una silla de respaldo alto. El hombre vestía una camisa almidonada y un *kanga**, cruzaba las piernas, como los ingleses, pero sobre sus rodillas reposaba lo que parecía una especie de bastón, la empuñadura estaba forrada de piel animal. Sus elevados pómulos y ojos rasgados daban a su rostro un cierto aspecto oriental. Auma se me acercó.

—Ése es. Nuestro abuelo. La mujer de la fotografía es nuestra otra abuela, Akumu. La niña es Sarah. Y el bebé… es el Viejo.

Durante un rato estudié las fotografías de la pared, hasta que llegué a la última. Era una reproducción antigua, como las utilizadas para ilustrar los añejos anuncios de la Coca-Cola, de una mujer blanca con abundante cabellera morena y ojos soñadores. Quise saber por qué estaba allí, y Auma se lo preguntó a Granny, que contestó en luo.

—Dice que es una de las esposas de nuestro abuelo. Y que él le contó a todo el mundo que se había casado con ella en Birmania, durante la guerra.

Roy se rió.

—A mí no me parece muy birmana, ¿no es así, Barack?

Asentí con la cabeza. Se parecía a mi madre.

Nos sentamos en el salón y Granny nos sirvió té. Luego nos dijo que las cosas le iban bien, aunque había regalado parte de la tierra a algunos parientes, ya que entre ella y Yusuf no podían trabajarla toda. Compensaba los ingresos perdidos vendiendo almuerzos a los niños de una escuela cercana y revendiendo artículos en el mercado local, que traía de Kisumu cuando disponía de algún dinero sobrante. Sus únicos problemas eran el tejado de la casa —señaló varios puntos por donde se colaba

---

* *Kanga*: pieza de tela estampada que conocemos como pareo.

la luz del sol— y el no haber sabido nada de su hijo Omar en más de un año. Me preguntó si lo había visto, y le tuve que decir que no. Gruñó algo en luo y comenzó a recoger las tazas.

—Dice que, cuando le veas, le digas que no quiere nada de él —me tradujo Auma—. Sólo que debería venir a visitarla.

Miré a Granny y, por primera vez desde nuestra llegada, su cara mostró su verdadera edad.

Después de deshacer nuestro equipaje, Roy me hizo señas para que lo siguiera al patio trasero. Limitando con la plantación de maíz de unos vecinos, al pie de un mango, vi dos rectángulos de cemento que sobresalían de la tierra como un par de ataúdes exhumados. Sobre uno de ellos descansaba una placa con la siguiente inscripción: HUSSEIN ONYANGO OBAMA, 1895-1979. El otro estaba cubierto con azulejos amarillos, excepto en el espacio que debería ocupar la placa. Roy se agachó y quitó con la mano una fila de hormigas que marchaban a lo largo de la tumba.

—Seis años —dijo Roy—. Seis años, y todavía no hay nada que diga quién está enterrado aquí. Escúchame, Barack, cuando muera asegúrate de que ponen mi nombre en la sepultura.

Luego, moviendo lentamente la cabeza de un lado a otro, se dirigió a la casa.

¿Cómo explicar las emociones de ese día? Puedo evocar exactamente uno por uno todos los momentos vividos. Recuerdo cómo Auma y yo nos reunimos esa tarde con Granny en el mercado, era el mismo claro del bosque donde nos había dejado el *matatu* a nuestra llegada, sólo que ahora estaba lleno de mujeres sentadas sobre esteras de paja, con sus piernas morenas sobresaliendo bajo sus amplias faldas; el sonido de sus risas cuando me vieron ayudar a Granny a cortar los tallos de las coles que ella había traído de Kisumu, y el dulce sabor a nuez de un trozo de caña de azúcar que una de ellas me regaló. Recuerdo el crujido de la farfolla del maíz seco, la intensidad que reflejaban las caras de mis tíos, el olor de nuestro sudor mientras arreglábamos el agujero en la cerca que delimitaba la propiedad por el oeste. Recuerdo cuando, por la tarde, un joven llamado Godfrey apareció en la casa, un muchacho que, según me explicó Auma, había acogido Granny porque su familia vivía en una aldea donde no había escuela. Recuerdo cómo Godfrey persiguió a un enorme gallo negro entre los bananos y los papayos, su gesto de contrariedad porque el gallo no cesaba de volar fuera de su alcance, su mirada cuando finalmente mi abuela lo cogió por la cola y, sin ningún tipo de miramiento, le cortó el cuello (una mirada aquella que recuerdo como propia).

No fue simplemente felicidad lo que sentí en cada uno de esos momentos. Era más bien un sentimiento de que todo lo que estaba haciendo, cada detalle, cada bocanada de aire y cada palabra, contenían el peso entero de mi vida; que un círculo se empezaba a cerrar y que, finalmente, podía reconocerme tal y como era, aquí, ahora, en este lugar. Sólo una vez durante la tarde sentí que ese estado de ánimo se rompía, fue cuando volvíamos del mercado, Auma corrió para coger su cámara y Granny y yo nos quedamos en medio de la carretera. Tras un largo silencio, Granny me miró sonriendo. «¡Halo!» me dijo. «¡*Musawa*!», le respondí. Agotado nuestro mutuo vocabulario, miramos tristemente el polvo de la carretera hasta que finalmente Auma regresó. Entonces Granny se dirigió a mi hermana y dijo, en un tono que pude entender, que le apenaba no poder hablar con el hijo de su hijo.

—Dile que he intentado aprender luo, pero que en Estados Unidos es difícil encontrar el tiempo necesario. Cuéntale lo ocupado que siempre estoy.

—Ella lo entiende —dijo Auma—. Pero también dice que un hombre nunca está demasiado ocupado para conocer a su gente.

Miré a Granny, que asintió con la cabeza, y entonces supe que, en algún momento, la felicidad que estaba sintiendo pasaría, y que eso también formaba parte del círculo: el hecho de que mi vida no era ni ordenada ni inmutable, y que incluso después de este viaje tendría que enfrentarme siempre a difíciles elecciones.

La noche cayó rápidamente, fuertes ráfagas de viento surcaban la oscuridad. Bernard, Roy y yo fuimos al embalse a bañarnos, nuestros cuerpos enjabonados brillaban a la luz de la luna llena. Cuando regresamos a la casa la cena estaba servida, comimos con apetito, sin decir una sola palabra. Después Roy se marchó, farfullando que tenía que visitar a una gente. Yusuf fue a su cabaña y trajo un viejo transistor que, según dijo, perteneció a nuestro abuelo. Manipulando el dial, sintonizó un boletín de noticias de la BBC, las voces, que se alejaban y volvían, eran como alucinantes fragmentos de otro mundo. Poco después escuchamos un extraño gemido en la distancia.

—Los corredores nocturnos deben haber salido esta noche —dijo Auma.

—¿Qué son los corredores nocturnos?

—Son una especie de hechiceros —dijo Auma—. Hombres espíritu. Cuando éramos niñas, ellas —y señaló a Granny y Zeituni— nos contaban sus fechorías para que nos portásemos bien. Nos decían que durante el día los corredores nocturnos son hombres normales. Puedes pasar junto a ellos en el mercado, o incluso tenerlos como invitados en tu casa, nunca los reconocerás. Sin embargo, al anochecer adoptan la forma de un leopardo y hablan con todos los animales. Los más poderosos pueden abandonar su cuerpo y volar a lugares lejanos. O echarte mal de ojo. Si preguntas a nuestros vecinos te dirán que todavía existen muchos corredores nocturnos por aquí.

—¡Auma! ¡Lo cuentas como si no fuese verdad!

A la vacilante luz de la lámpara de keroseno no pude ver si Zeituni estaba bromeando.

—Mira, Barry —me dijo—. Cuando yo era joven los corredores nocturnos causaban muchos problemas. Nos robaban las cabras. A veces incluso el ganado. El único que no les tenía miedo era tu abuelo. Recuerdo una vez que escuchó a las cabras balando en el corral y fue a ver lo que pasaba, entonces observó lo que parecía ser un gran leopardo levantado sobre sus patas traseras, como si fuera un hombre. Tenía un cabrito entre sus fauces, y al ver a tu abuelo gritó en luo antes de perderse corriendo en el bosque. Tu abuelo lo persiguió hasta las colinas, pero cuando estaba a punto de herirlo con su *panga*, el corredor nocturno voló hasta la copa de un árbol. Afortunadamente soltó el cabrito al saltar, y éste sólo se rompió una pata. Tu abuelo trajo al animal de vuelta y me enseñó cómo entablillarle la pierna. Cuidé al cabrito hasta que se recuperó.

De nuevo quedamos en silencio. La luz de la lámpara fue perdiendo intensidad, y algunos de los presentes se retiraron a dormir. Granny sacó unas mantas y una cama plegable, no muy espaciosa, donde Bernard y yo nos acomodamos lo mejor que pudimos antes de apagar la luz. Me sentía exhausto. Dentro del dormitorio de Granny, podía escuchar el murmullo de la conversación que sostenía con Auma. Me preguntaba a dónde habría ido Roy, luego pensé en los azulejos amarillos de la tumba del Viejo.

—Barry —susurró Bernard—. ¿Estás despierto?

—Sí.

—¿Crees lo que te contó Zeituni sobre los corredores nocturnos?

—No lo sé.

—Yo creo que no existen. Seguramente son ladrones que hacen circular esas historias para asustar a la gente.

—Puede que estés en lo cierto.

Luego se hizo una larga pausa.

—¿Barry?

—Qué.

—¿Qué fue lo que te hizo venir aquí?

—No estoy seguro, Bernard. Por algún motivo sentí que era el momento adecuado.

Sin decir una sola palabra más, Bernard se giró sobre un costado. Poco después escuchaba sus leves ronquidos, y yo abrí los ojos en medio de la oscuridad esperando que Roy regresara.

Por la mañana, Sayid y Yusuf sugirieron que fuese con Auma a visitar la finca. Mientras les seguíamos por el patio posterior y tomábamos el camino de tierra que cruzaba campos de maíz y mijo, Yusuf se puso a mí lado y me dijo:

—Comparado con las granjas americanas todo esto debe parecerte muy primitivo.

Le dije que no sabía mucho de granjas, pero que por lo que veía la tierra parecía bastante fértil.

—Sí, sí —me dijo Yusuf—. La tierra es buena. El problema es la falta de preparación de la gente. No saben mucho sobre explotación, técnicas agrícolas y todo eso. He tratado de explicarles algo sobre irrigación y las mejoras fundamentales, pero se niegan a escucharme. Los luo somos muy testarudos.

Me di cuenta de que Sayid miraba a su hermano con el ceño fruncido, pero no dijo nada.

Pocos minutos después llegamos a un pequeño arroyo turbio. Sayid gritó para advertir de nuestra presencia, y dos mujeres jóvenes, envueltas en sus *kangas* y con el cabello aún reluciente por su baño matinal, aparecieron en la orilla opuesta. Esbozaron tímidas sonrisas y se ocultaron detrás de un islote de juncos, entonces Sayid señaló los setos que crecían a lo largo de la corriente.

—Ahí es donde nuestras tierras acaban —dijo—. Antes, cuando mi padre vivía, nuestros campos eran mucho más extensos. Pero, como te dijo mi madre, hemos regalado gran parte de la finca.

Yusuf decidió volver a la casa, pero Sayid nos acompañó durante un rato, a Auma y a mí, a lo largo del arroyo. Luego cruzamos más sembrados y pasamos algunos asentamientos aislados. Delante de algunas cabañas vimos mujeres clasificando el mijo, extendido sobre trozos cuadrados de tela. Nos detuvimos para hablar con una de ellas; era de mediana edad y estaba ataviada con un descolorido vestido rojo y unas zapatillas de deporte del mismo color y sin cordones. Dejó de trabajar para estrecharnos la mano, y nos dijo que recordaba a nuestro padre, de niños habían pastoreado cabras juntos. Cuando Auma le preguntó cómo la había tratado la vida, movió la cabeza lentamente.

—Las cosas han cambiado —dijo con voz apagada—. Los jóvenes se marchan a la ciudad. Aquí sólo quedamos viejos, mujeres y niños. Lo mejor de nosotros nos ha abandonado.

Mientras hablaba, un anciano montando una desvencijada bicicleta se nos acercó, luego se unió a nosotros otro alto y delgado cuyo aliento olía a licor. Inmediatamente se hicieron eco de los lamentos de la anciana sobre la dureza de la vida en Alego y sobre los hijos que parecían haberles olvidado. Nos preguntaron si les podíamos socorrer con algo, y Auma les dio a cada uno unos cuantos chelines antes de despedirnos y emprender el camino de vuelta a la casa.

—¿Qué es lo que ha pasado aquí, Sayid? —preguntó Auma cuando ya no nos podían oír— Nunca hubo tanto pedigüeño.

Sayid se inclinó y recogió unas cuantas mazorcas caídas entre las filas de maíz.

—Así es —dijo—. Creo que es algo que han aprendido de los que viven en la ciudad. La gente vuelve de Nairobi o Kisumu y les dice, «sois pobres». Así que ahora tienen una idea de la pobreza que antes no tenían. Fíjate en mi madre. Nunca pide nada. Siempre está haciendo cosas. La mayoría de lo que hace no le da mucho dinero, pero es algo. Se siente orgullosa. Cualquiera puede hacer lo mismo, pero aquí la mayoría de la gente prefiere renunciar.

—¿Y qué me dices de Yusuf? —preguntó Auma— ¿No podría hacer algo más?

Sayid negó con un gesto.

—Mi hermano habla como un libro, pero me temo que no predica con el ejemplo.

Auma se dirigió a mí.

—¿Sabes? A Yusuf le fue bastante bien durante un tiempo. En la escuela era un buen alumno, ¿no es cierto Sayid? Incluso recibió varias ofertas de trabajo. Luego no sé lo que le pasó. Lo dejó todo. Ahora está aquí con Granny, haciendo pequeños trabajos para ella. Es como si tuviera miedo de triunfar.

Sayid asintió.

—Creo que los estudios no sirven de mucho a menos que los combines con el esfuerzo.

Pensé en lo que había dicho Sayid mientras continuábamos andando. Quizá estaba en lo cierto. Quizá la idea de la pobreza había traído a este lugar un nuevo nivel de necesidades contagiado por mí, por Auma o por la arcaica radio de Yusuf. Decir que la pobreza era sólo una idea no era decir que no existiese. La gente que acabábamos de conocer no podían ignorar el hecho de que otros tuviesen inodoros dentro de sus casas o que comieran carne todos los días, del mismo modo que los niños de Altgeld no podían ignorar los coches y las mansiones que veían en sus televisores.

Pero sí podían rechazar la idea de su propio desamparo. Sayid nos contaba ahora la historia de su vida: su desencanto por no haber podido ir a la universidad, como sus hermanos mayores, por falta de medios; su trabajo en el Cuerpo Nacional de Juventudes, destinado a desarrollar proyectos por todo el país durante un periodo de tres años y que ya tocaba a su fin. Había pasado sus dos últimas vacaciones llamando a las puertas de varias compañías de Nairobi, hasta ahora sin éxito. Aun así, parecía que no se dejaba desanimar, seguro de que la tenacidad daría sus frutos.

—Para conseguir hoy en día un trabajo, incluso de oficinista, es necesario que conozcas a alguien —decía Sayid mientras nos acercábamos a la casa de Granny—. O que lo untes generosamente. Por eso quiero tener mi propio negocio. Algo pequeño, pero mío. Creo que ese fue el error de vuestro padre. A pesar de lo inteligente que era, nunca tuvo nada suyo —luego reflexionó durante un momento—. Por supuesto que de poco sirve lamentarse de los errores del pasado, ¿no es así? Como esa disputa por su herencia. Desde el principio les dije a mis hermanas que se olvidaran del asunto. Debemos continuar con nuestras vidas. Pero creo que no me escuchan. Y mientras tanto, ¿dónde va el dinero por el que se pelean? A los abogados. Los abogados se están aprovechando bien de este caso. ¿Cómo es el dicho? Cuando pelean las langostas, los cultivos salen ganando.

—¿Es ése un refrán luo? —pregunté.

Sayid esbozó una tímida sonrisa.

—Tenemos uno similar en luo —dijo—, pero debo admitir que éste lo leí en un libro de Chinua Achebe, el escritor nigeriano. Me gusta mucho ese libro. Dice la verdad sobre los problemas de África. Los nigerianos, los keniatas..., todos somos iguales. Son más cosas las que nos unen que las que nos separan.

Cuando llegamos a la casa, Granny y Roy estaban sentados en la puerta hablando con un hombre que vestía un grueso traje. Resultó ser el director de una escuela cercana que se había detenido allí para comentar las noticias llegadas de la ciudad y disfrutar de los restos del estofado de pollo que habíamos cenado la noche anterior. Vi que Roy tenía hecho su equipaje y le pregunté a dónde iba.

—A Bahía Kendu —dijo—. El director va en esa dirección, así que Bernard, mi madre y yo viajaremos con él para traernos a Abo. Deberías venir tú también y de paso podrías saludar a la familia que vive allí.

Auma decidió quedarse con Granny, pero Sayid y yo empaquetamos una muda de ropa y nos amontonamos con los demás en el viejo cacharro del director. Llegar hasta Kendu nos llevó varias horas de viaje por la carretera principal. Al oeste, el Lago Victoria aparecía ante nosotros de forma intermitente, sus tranquilas y plateadas aguas se iban haciendo menos profundas hasta formar verdes ciénagas. Al atardecer estábamos aparcando en la calle principal de Bahía Kendu, una carretera ancha y polvorienta con una hilera de tiendas color arena a ambos lados de la misma. Después de darle las gracias al director, cogimos un *matatu* que nos llevó por un laberinto de callejuelas hasta que estuvimos fuera del pueblo. El paisaje, una vez más, lo formaban pastos y campos de maíz. En una bifurcación de carreteras, Kezia hizo detener el vehículo, luego proseguimos andando a lo largo de un profundo barranco de color tiza, en el fondo del cual fluía un ancho y cenagoso río. En el cauce varias mujeres lavaban ropa, golpeándola contra unas piedras. Por encima, en una terraza, una manada de cabras pastaba hierba seca, el color de su pelaje blanco, negro y roano, contra el polvoriento suelo, las hacía parecer líquenes. Giramos por un sendero aún más estrecho y llegamos a la entrada de un asentamiento rodeado de setos. Kezia se detuvo, señaló algo que parecía un motón de piedras y palos, y se dirigió a Roy en luo.

—Esa es la tumba de Obama —me tradujo Roy—. Nuestro bisabuelo. Toda la tierra de los alrededores se llama *K'Obama*, «La tierra de Obama». Nosotros somos *Jok'Obama*, «la gente de Obama». Nuestro tatarabuelo se crió en Alego, pero se trasladó aquí cuando era joven. Aquí fue donde se estableció Obama, y donde nacieron sus hijos.

—¿Entonces, por qué nuestro abuelo volvió a Alego?

Roy miró a Kezia, que tampoco supo contestar.

—Tendrás que preguntarle a Granny —dijo Roy—. Mi madre cree que quizá no se llevaba bien con sus hermanos. De hecho, uno de ellos todavía vive aquí. Es muy viejo, pero creo que lo podremos ver.

Llegamos a una pequeña casa de madera, donde una mujer alta y bien parecida estaba barriendo la entrada. Detrás de ella, un joven sin camisa estaba sentado en el porche. La mujer utilizó una de sus manos como visera mientras nos saludaba con la otra, el joven miró en nuestra dirección. Roy se acercó a la mujer y estrechó su mano, se llamaba Salina, el joven se puso en pie para saludarnos.

—¡Vaya! Finalmente habéis venido a recogerme —dijo Abo, mientras nos abrazaba uno a uno. Se puso la camisa—. Hace bastantes días que escuché que veníais con Barry.

—Ya sabes cómo es esto —dijo Roy—. Nos llevó un tiempo organizarnos.

—Me alegro de veros. Necesito volver a Nairobi.

—¿No te gusta este lugar, verdad?

—No te creerías lo aburrido que es. Sin televisión, sin discotecas. Estos campesinos son demasiado tranquilos. Si Billy no hubiera aparecido me habría vuelto loco.

—¿Está Billy aquí?

—Sí, anda por ahí… —Abo agitó su mano en un gesto impreciso, luego, dirigiéndose a mí, sonrió—. Bueno, Barry. ¿Qué me has traído de Norteamérica?

Busqué dentro de mi bolsa de viaje y saqué uno de los casetes portátiles que había comprado para él y para Bernard. Le dio la vuelta con un cierto aire de decepción apenas disimulado.

—Éste no es Sony —dijo. Luego todo pareció volver a su cauce y me dio unas palmadas en la espalda—. Estupendo, Barry. ¡Gracias, gracias!

Hice un gesto de aprobación tratando de no enfadarme. Abo estaba de pie junto a Bernard, y el parecido entre ambos era sorprendente: la misma altura y complexión delgada, los mismos rasgos suaves. Si Abo se afeitara el bigote podían pasar por gemelos. Excepto por algo, ¿pero qué era…? Sí, la expresión en la mirada de Abo. Eso era. No sólo sus enrojecidos ojos, indicio de un colocón, sino algo mucho más profundo, algo que me recordó a los jóvenes de Chicago. Una mirada cauta, calculadora. La mirada de alguien que muy pronto en su vida es consciente de ser víctima de una injusticia.

Seguimos a Salina hasta el interior de la casa y luego nos trajo una bandeja con refrescos y galletas. Cuando estaba depositando la bandeja sobre la mesa, un joven fornido, con bigote, igual de bien parecido que Salina y tan alto como Roy, entró en la casa y dejó escapar un grito.

—¡Roy! ¿Qué estás haciendo aquí?

Roy se levantó de la silla y ambos se abrazaron.

—Ya me conoces, siempre buscando algo que comer. Pero yo debería preguntarte lo mismo.

—Estoy visitando a mi madre. Si no vengo de cuando en cuando empieza a protestar —besó a Salina en la mejilla y me estrechó la mano efusivamente—. ¡Ya veo que me has traído a mi primo americano! He oído hablar mucho de ti, Barry, no puedo creer que estés aquí —y, dirigiéndose a Salina, dijo—. ¿Le has dado a Barry de comer?

—Un momento, Billy, espera un momento —Salina cogió la mano de Kezia y se volvió hacia Roy—. ¿Has visto lo que las madres tenemos que aguantar? Por cierto, ¿cómo está tu abuela?

—Sigue igual.

—Eso está bien —dijo Kezia.

Ambas mujeres salieron de la habitación, Billy se dejó caer en el sofá junto a Roy.

—Y qué, ¿continúas igual de loco, *bwana*? ¡Mírate! Cebado como un toro para un concurso. Debes de estar pasándolo bien en Estados Unidos.

—No está mal —dijo Roy—. ¿Qué tal por Mombasa? Me dijeron que estás trabajando en la oficina de correos.

Billy se encogió de hombros.

—El sueldo no está mal. Y no hay que pensar mucho, siempre es igual —luego se dirigió a mí—. Déjame que te diga algo, Barry, ¡tu hermano era un salvaje! La verdad es que por aquél entonces todos lo éramos. Nos pasábamos el día cazando carne fresca, ¿no, Roy? —entre risas le dio a Roy una palmaditas en el muslo— Y, dime, ¿cómo son las americanas?

Roy sonrió, pero se sintió aliviado al ver entrar a Salina y Kezia con la cena.

—Ves, Barry —dijo Billy, poniendo su plato en una mesa baja que había delante de él—. Tu padre y el mío eran de la misma edad. Estaban muy unidos. Roy y yo también lo somos, así que también lo estamos. Te diré, tu padre era un gran hombre. Yo estaba más unido a él que al mío. Si tenía algún problema, al primero que se lo contaba era a mi tío Barack. Y, según creo, Roy hacía lo mismo con mi padre.

—Los hombres de nuestra familia eran muy comprensivos con los hijos de los demás —dijo Roy en voz baja—. Con los suyos no querían parecer débiles.

Billy asintió y se chupó los dedos.

—¿Sabes, Roy? Creo que es muy cierto lo que dices. Yo no quiero cometer el mismo error. No quiero maltratar a mi familia —con su mano limpia, Billy sacó la cartera del bolsillo y me mostró una fotografía de su mujer y sus dos hijos—. Te lo juro, *bwana*, ¡el matrimonio te *engancha*! Deberías verme ahora, Roy. Soy un tío realmente tranquilo. Un padre de familia. Por supuesto hay un límite en lo que un hombre debe aguantar. Mi mujer sabe que no lo debe cruzar muy a menudo. ¿Y tú que piensas, Sayid?

Me di cuenta de que Sayid no había hablado mucho desde que regresamos. Se lavó las manos antes de contestar a Billy.

—Yo no me he casado todavía —dijo—, así que quizá no debería hablar. Pero admito que he estado dándole vueltas al asunto. Y he llegado a la conclusión de que el problema más serio de África es... —hizo una pausa y miró alrededor de la habitación— Bueno, las relaciones entre hombres y mujeres. Los hombres tratamos de ser muy duros, pero nuestra dureza, con frecuencia, está fuera de lugar. Como ese asunto de tener más de una mujer. Como nuestros padres tenían varias esposas nosotros también debemos tenerlas. Pero no nos detenemos a pensar en las consecuencias. ¿Qué ocurre con ellas? Sienten celos. Los hijos no están unidos a sus padres. Es... —Sayid dejó de hablar y sonrió— Por supuesto, yo no tengo ni siquiera una esposa, así que no debería continuar. Ante la inexperiencia, el sabio debe guardar silencio.

—¿Achebe? —pregunté.

Sayid rió y me cogió la mano.

—No, Barry, la cita es mía.

Cuando terminamos de cenar ya era de noche y, después de dar las gracias a Salina y Kezia por la comida, seguimos a Billy al exterior hasta un estrecho sendero. Caminando bajo la luna llena llegamos a una casa donde las sombras que proyectaban las polillas se reflejaban en una ventana amarilla. Billy llamó a la puerta y un hombre de baja estatura con una cicatriz en la frente nos abrió. Sonreía, pero sus ojos nos escrutaban como los de alguien a quien están a punto de golpear. Tras él se sentaba otro hombre, alto, muy delgado, vestido de blanco, la perilla de chivo y el bigote le hacían parecer un *sadhu* hindú. Ambos nos saludaron, estrechándonos la mano calurosamente, y comenzaron a hablarme en un inglés chapurreado.

—¡Yo, sobrino! —me dijo el hombre de pelo blanco, señalándose a sí mismo.

El bajito, riendo, me dijo:

—Su pelo es blanco, pero dice que eres su tío. ¡Ja, ja! ¿Te gusta su inglés? Ven.

Nos llevaron alrededor de una mesa de madera donde había una botella llena de un líquido transparente y tres vasos.

—Esto es mejor que el whisky, Barry —dijo Billy mientras levantaba su vaso—. Aumenta la potencia del hombre.

Se lo bebió de un trago, Roy y yo le imitamos. Sentí que me explotaba el pecho y que la metralla llegaba hasta mi estómago. Volvieron a llenar los vasos, Sayid pasó de beber, así que el bajito sostuvo el vaso sobrante frente a mis ojos, el cristal distorsionaba su rostro.

—¿Más?

—Luego —respondí, tratando de evitar un golpe de tos—. Gracias.

—¿No tendrías algo para mí? —dijo el del pelo blanco— ¿Una camiseta? ¿Zapatos?

—Lo siento, lo he dejado todo en Alego.

El bajito continuó sonriendo, como si no me hubiera entendido, y de nuevo me ofreció una copa. Billy retiró la mano del hombre.

—¡Déjalo tranquilo! —gritó Billy— Beberemos más tarde. Antes tenemos que ver a nuestro abuelo.

Los dos hombres nos condujeron a una pequeña habitación trasera. Allí, frente a una lámpara de keroseno, estaba sentado el que parecía ser el hombre más viejo que jamás había visto. Su cabello era blanco como la nieve, su piel parecía de pergamino. No se movía, tenía los ojos cerrados, sus esqueléticos brazos descansaban sobre el sillón. Pensé que quizá estuviera dormido, pero cuando Billy dio un paso en su dirección el anciano se inclinó hacia nosotros, entonces vi una imagen idéntica a la que había visto al día anterior en Alego, en la desvaída fotografía que Granny tenía en la pared.

Billy le explicó que estábamos allí para visitarlo, el anciano asintió y comenzó a hablar con una voz tan baja y temblorosa que parecía surgida de ultratumba.

—Dice que se alegra de que hayáis venido —tradujo Roy—. Él es el abuelo de tu padre. Te desea lo mejor.

Dije que me alegraba verlo, y el anciano asintió de nuevo.

—Dice que muchos jóvenes se han ido al país del hombre blanco. Que su hijo está en América y que hace muchos años que no lo ve. Dice que todos los que se han marchado son como fantasmas. Cuando mueran nadie les llorará. Ningún antepasado estará presente para darles la bienvenida. Dice que es bueno que hayas vuelto.

El anciano levantó una mano y se la estreché delicadamente, luego dijo algo, entonces Roy asintió con la cabeza y cerró la puerta tras nosotros.

—Dice que si ves a su hijo —me tradujo Roy—, debes decirle que vuelva a casa.

Quizá fuera el efecto del licor, o el que la gente a mi alrededor estuviera hablando en una lengua que no entendía, pero cuando trato de recordar el resto de la noche es como si estuviera deambulando por un sueño en el que la luna comienza a salir mientras que las siluetas de Roy y los demás se confunden con las sombras del maizal. Entramos en otra casa y encontramos más hombres, quizá seis, o diez, su número cambia a medida que la noche avanza. En el centro de una rústica mesa de madera descansan otras tres botellas más, los hombres se sirven vasos del licor casero, al principio ceremoniosamente, luego más rápido, de forma más descuidada. La botella, desgastada y sin etiqueta, pasa de mano en mano. Dos vasos más y paro de beber, a nadie le importa. Caras de ancianos, de jóvenes, todas brillan como fuegos fatuos bajo el vacilante resplandor de la lámpara, ríen y gritan acurrucados en rincones oscuros, gesticulan salvajemente pidiendo un cigarrillo o más bebida, rojos de felicidad estallan de júbilo para caer de inmediato en el silencio, frases en luo, swahili e inglés se entrecruzan en un remolino ininteligible, las voces se deshacen en halagos pidiéndote dinero, una camiseta o la botella, las voces lloran y ríen, manos extendidas, las entrecortadas y airadas voces de mi juventud, de Harlem y del South Side. Las voces de mi padre.

No recuerdo el tiempo que permanecimos allí. Sólo recuerdo que en cierto momento, Sayid se levantó y me agarró del brazo.

—Barry, nos vamos —dijo—. Bernard no se siente bien.

Dije que me iría con ellos, pero cuando me levantaba, Abo se me acercó y me agarró por el hombro.

—¿Pero, a dónde vas Barry?

—A dormir, Abo.

—¡Tienes que quedarte con nosotros! ¡Conmigo y con Roy!

Miré a Roy, que estaba desplomado en el sofá. Nuestras miradas se cruzaron, yo le señalé la puerta. En ese momento me pareció que la habitación quedó en silencio, como si estuviésemos mirando la escena en la televisión y se hubiera ido el sonido. Vi cómo el hombre del pelo blanco llenaba el vaso de Roy y pensé que debía llevármelo de allí. Pero Roy desvió su mirada, comenzó a reír y se bebió el licor de un solo trago, entre gritos y aplausos, gritos que aún podía escuchar una vez que Sayid, Bernard y yo emprendimos el camino a casa de Salina.

—Esos tíos están demasiado borrachos —dijo Bernard, con un hilo de voz, mientras cruzábamos el maizal.

Sayid se dirigió a mí.

—Me temo que Roy es igual que mi hermano mayor. ¿Sabes?, tu padre era muy popular aquí. También en Alego. Siempre que volvía invitaba a todo el mundo y regresaba a casa de madrugada. Eso es lo que le gusta a nuestra gente. Le decían «eres un tío grande, no nos has olvidado». Y lo hacían feliz. Recuerdo una vez que me llevó a Kisumu en su Mercedes. En el camino vio un *matatu* recogiendo pasajeros, entonces me dijo «¡Sayid, hoy seremos conductores de *matatu*!» En la siguiente parada recogió a los que estaban esperando y me dijo que les cobrase. Creo que metimos a unas ocho personas dentro del coche. Y no sólo los llevó a Kisumu, sino que los dejó en la puerta de sus casas o donde quiera que fuesen. Y cada vez que uno de ellos se bajaba le devolvía el dinero. La gente no entendía lo que estaba pasando, yo tampoco. Cuando dejamos al último viajero fuimos a un bar, allí le contó a sus amigos lo que había hecho. Esa noche se rió mucho.

Sayid hizo una pausa, luego pareció escoger cuidadosamente sus palabras.

—Eso es lo que hacía de mi hermano un hombre extraordinario, ese tipo de cosas. Pero también creo que una vez que eres algo no puedes pretender ser otra cosa distinta. ¿Cómo podía ser un conductor de *matatu* o pasar toda la noche fuera de casa bebiendo y, al mismo tiempo, redactar el plan económico de Kenia? Un hombre sirve a su gente haciendo lo que es bueno para él, ¿no es así? No haciendo lo que otros creen que debe hacer. Pero pienso que mi hermano, aunque se enorgullecía de su independencia, también tenía miedo de ciertas cosas. Miedo a lo que dirían si se marchaba del bar demasiado pronto. Miedo a que pensasen que ya no pertenecía al grupo de gente con la que se crió.

—Yo no quiero ser así —dijo Bernard.

Sayid miró a su sobrino con pesar.

—No quería herirte con mis palabras, Bernard. Pero debes respetar a tus mayores. Ellos allanaron el camino para que te fuese más fácil. Pero si ves que se arrojan a un pozo, ¿qué debes hacer?

—Evitarlo —dijo Bernard.

—Así es. Deja ese camino y emprende uno propio.

Sayid puso su brazo sobre los hombros del joven. Cuando nos acercábamos a la casa de Salina, miré atrás. Todavía podía ver la mortecina luz en la ventana del anciano y percibir sus ojos sin vida escrutando la oscuridad.

DIECINUEVE

Abo y Roy despertaron con resaca, y de acuerdo con Kezia decidieron quedarse un día más en Kendu. Yo, que me encontraba algo mejor, hice el viaje de vuelta a Home Squared, con Sayid y Bernard, en autobús. Una decisión de la que muy pronto me arrepentí. Tuvimos que hacer casi la mitad del viaje de pie y con la cabeza inclinada porque el techo del autobús era demasiado bajo. Para empeorar todavía más las cosas empecé a notar síntomas de diarrea. Mi estómago se retorcía cada vez que cogíamos un bache y la cabeza me quería estallar en cada curva. Así que, cuando estuve ante Granny y Auma, las saludé sin más antes de emprender una veloz carrera por el patio, salvar una vaca que andaba por allí, y llegar al retrete.

Veinte minutos después salí, parpadeaba como un prisionero al que sacan de la penumbra de su celda a la luz del mediodía. Las mujeres, sentadas sobre sus esteras de paja, estaban reunidas a la sombra de un mango, Granny recogía el cabello de Auma en una trenza y Zeituni hacía lo mismo con el de una vecina.

—¿Te has divertido? —me preguntó mi hermana, tratando de evitar la risa.

—Ha sido maravilloso —me senté a su lado, mientras, una anciana muy delgada salía de la casa y se acercó a Granny.

La anciana debía tener unos setenta años, pero vestía un jersey rosa brillante. Se sentó doblando las piernas hacia un lado, como una escolar tímida. Me examinó con la mirada y se dirigió a Auma en luo.

—Dice que no tienes muy buen aspecto.

La anciana me dedicó una sonrisa, dejando ver que había perdido dos incisivos inferiores.

—Ella es Dorsila, la hermana de nuestro abuelo —dijo Auma—. La última descendiente de nuestro bisabuelo Obama. Vive en otra aldea, pero cuando supo… ¡Ay!, qué suerte la tuya, Barack, por no tener trenzas…. ¿Qué estaba yo diciendo? Ah, sí…, que ha venido andando desde su aldea cuando supo que estábamos aquí. Todos sus vecinos nos envían saludos.

Estreché la mano de Dorsila y le dije que había conocido a su hermano mayor en Bahía Kendu. Asintió complacida y habló de nuevo.

—Dice que su hermano es muy viejo —me tradujo Auma—. Cuando era joven se parecía mucho a nuestro abuelo, a veces no los podías distinguir.

Asentí y saqué mi encendedor. Cuando vio la llama nuestra tía abuela mostró su sorpresa, luego habló rápidamente con Auma.

—Quiere saber de dónde viene la llama.

Le mostré el encendedor a Dorsila y le expliqué cómo funcionaba, mientras ella no dejaba de hablar. Auma continuó.

—Me dice que todo está cambiando tan deprisa que le produce mareos, y que la primera vez que vio la televisión creía que la gente estaba en el interior y que también podían verla a ella. Entonces pensó que eran unos maleducados, porque no le contestaban cuando ella les hablaba.

Dorsila se rió de buena gana de sí misma, mientras Zeituni fue a la cabaña que hacía las veces de cocina. Minutos después volvió con un jarro en la mano, y le pregunté qué había sido de Sayid y Bernard.

—Están durmiendo —me dijo, al tiempo que me daba una taza—. Vamos. Bébetelo.

Olfateé el humeante brebaje verde. Olía como una ciénaga.

—¿Qué es esto?

—Está hecho con una planta que crece por aquí. Hazme caso…, te arreglará rápidamente el estómago.

Tomé un primer sorbo. El brebaje tenía un sabor tan repugnante como su aspecto, pero Zeituni no se separó de mí hasta que apuré la última gota.

—Es una receta de tu abuelo —explicó ella—. Ya te comenté que era herborista.

Le di otra calada al cigarrillo y me dirigí a Auma.

—Dile a Granny que nos cuente algo más sobre él —le dije—. De nuestro abuelo. Roy dice que creció en Kendu y que posteriormente se trasladó a Alego por su cuenta —Granny asintió cuando escuchó lo que Auma le tradujo—. ¿Sabes por qué se marchó de Kendu?

Granny dijo que no con la cabeza.

—Dice que su gente era originaria de esa tierra —tradujo Auma.

Le pedí a Granny que comenzara desde el principio. ¿Cómo llegó nuestro abuelo Obama a vivir en Kendu? ¿Dónde trabajaba? ¿Por qué se marchó la madre del Viejo? Cuando comenzó a hablar sentí que se levantaba una ligera brisa, luego cesó. Un cúmulo de nubes altas cruzó las colinas. Y, bajo la fresca sombra del mango, mientras unas manos expertas convertían los rizos en trenzas, comencé a escuchar nuestras voces al unísono, el sonido de tres generaciones mezclándose entre sí como los afluentes de un manso arroyo. Mis preguntas eran las rocas que se oponían al paso del agua, las brechas de la memoria separando la corriente, pero las voces siempre volvían a un único curso, a la misma historia…

El primero fue Miwiru. No conocemos a los que hubo antes que él. Miwiru fue el padre de Sigoma, Sigoma el padre de Owiny, Owiny el padre de Kisodhi, Kisodhi el padre de Ogelo, Ogelo el padre de Otondi, Otondi el padre de Obongo, Obongo el padre de Okoth, y Okoth el padre de Opiyo. Según nuestras tradiciones, los nombres de las mujeres que los llevaron en su seno se han olvidado.

Okoth vivió en Alego. Antes de eso sólo sabemos que las familias viajaban grandes distancias desde lo que hoy se conoce como Uganda, y que éramos como los masai, nómadas en busca de agua y tierras de pastoreo para nuestro ganado. En Alego, la gente se asentó y comenzó a cultivar los campos. Otras tribus luo se establecieron en las orillas del lago y aprendieron a pescar. En Alego ya había otras tribus que hablaban bantú, por lo que se libraron tremendas batallas. Owiny, nuestro antepasado, era el líder de nuestra tribu y tenía fama de gran guerrero. Contribuyó a derrotar a los ejércitos bantúes, aunque tras la derrota se les permitió quedarse y casarse con mujeres luo, y ellos nos enseñaron técnicas de cultivo y a conocer estas nuevas tierras.

Una vez que la gente se hizo sedentaria y comenzó a labrar la tierra, Alego se pobló. Opiyo era el menor de los hijos de Okoth, y puede que por eso decidiera trasladarse a Bahía Kendu. Cuando llegó allí no tenía nada pero, según nuestra tradición, cualquier hombre puede trabajar la tierra que no está cultivada. Y la que no utiliza revierte en la tribu. Por tanto, la situación de Opiyo no era deshonrosa. Trabajó en tierras ajenas mientras preparaba la suya. Pero murió muy joven, antes de que pudiera prosperar, tras él dejo dos esposas y varios hijos. Un hermano de Opiyo se casó con una de las viudas, como también era costumbre entonces. Ella se convirtió en la esposa del hermano y los niños en sus hijos. La otra esposa murió, y su hijo mayor, Obama, se quedó huérfano cuando sólo era un niño. Él también fue a vivir con su tío, pero como los recursos de la familia eran escasos y Obama se estaba haciendo mayor, comenzó a trabajar para otro hombre, igual que su padre había hecho antes que él.

La familia para la que trabajaba era rica, tenía mucho ganado. Apreciaban a Obama porque era emprendedor y buen granjero. Cuando anunció a la familia que tenía intención de casarse con la hija mayor estuvieron de acuerdo, y los tíos de la novia aportaron la dote necesaria. Cuando murió la hija mayor, no se opusieron a que Obama se casara con la hija menor, que se llamaba Nyaoke. Finalmente Obama llegó a tener cuatro esposas que le dieron multitud de hijos. Roturó su terreno y prosperó, fue dueño de una extensa granja y de muchas reses y cabras. Gracias a su educación y responsabilidad, en Kendu lo eligieron para formar parte del consejo de ancianos, muchos iban a verle buscando ayuda. Tu abuelo, Onyango, era el quinto hijo de Nyaoke. Dorsila, aquí a mi lado, es la hija menor de la última mujer de Obama.

Todo eso ocurrió antes de la llegada del hombre blanco. Cada familia disponía de tierras de cultivo, pero todos vivían sometidos a la ley de los ancianos. Los hombres vivían en sus propias cabañas y eran los responsables de roturar y cultivar la tierra, de proteger el ganado del ataque de animales salvajes y de las incursiones de otras tribus. Cada esposa tenía un huerto que cultivaba con sus hijas. Cocinaba para el marido, iba a buscar agua y limpiaba la cabaña. Los ancianos decidían cuándo plantar y cuándo recoger la cosecha. Organizaban la distribución del trabajo entre las familias para que se ayudaran unas a otras. Los ancianos socorrían con comida a las viudas y a los que pasaban por malos momentos, aportaban ganado para las dotes de aquellos que no tenían nada, y mediaban en los conflictos. La palabra de los ancianos era la ley, que se cumplía estrictamente: los desobedientes tenían que marcharse y comenzar una nueva vida en otra aldea.

Los niños no iban a la escuela, pero sus padres les enseñaban todo lo que debían saber. Las niñas aprendían de sus madres a moler mijo y hacer gachas, a cultivar vegetales y a hacer ladrillos de barro para edificar cabañas. Los niños, bajo la dirección de sus padres, aprendían a pastorear, a confeccionar *pangas* y a utilizar la lanza. Cuando la madre moría, otra mujer tomaba su lugar y amamantaba al niño como si fuera suyo. Por la noche las niñas comían con sus madres, mientras que los niños lo hacían en la choza de su padre, escuchando historias y aprendiendo las tradiciones de nuestra gente. A veces nos visitaba un arpista, entonces toda la aldea se reunía para oír sus canciones. El arpista cantaba las grandes hazañas del pasado, a nuestros valientes guerreros y sabios ancianos. Elogiaba a los que habían sido buenos granjeros, a las mujeres hermosas, y denostaba a los holgazanes y a los crueles. Tanto los buenos como los malos, según las aportaciones hechas a la aldea, tenían cabida en sus canciones, así las tradiciones de nuestros antepasados seguían vivas en todos aquellos que lo escuchaban. Cuando se retiraban las mujeres y los niños, los hombres se reunían para decidir sobre los asuntos de la comunidad.

Ya desde niño, tu abuelo Onyango fue distinto. Decían que tenía hormigas en el culo, porque nunca podía permanecer sentado. Solía deambular solo durante días, y cuando regresaba nunca decía dónde había estado. Siempre fue muy serio —no reía ni jugaba con los otros niños—, y jamás gastaba bromas. Sentía gran curiosidad por lo que hacían los demás, así fue como aprendió a ser herborista. Un herborista es algo distinto a un chamán, al que el hombre blanco llama brujo. Un chamán lanza hechizos y habla con el mundo de los espíritus. El herborista conoce las plantas que curan ciertas enfermedades y heridas, o sabe hacer cataplasmas de barro para sanar una herida. Cuando era un niño, tu abuelo iba a la aldea del herborista y se sentaba en su cabaña. Miraba y escuchaba con atención mientras que los otros niños jugaban, y así fue como adquirió el conocimiento.

Cuando tu abuelo todavía era un muchacho, supimos que el hombre blanco había llegado a Kisumu. Decían que los blancos tenían la piel tan suave como la de un niño, pero que se movían en una canoa que rugía como el trueno y tenían palos que escupían fuego. Hasta ese momento nadie había visto a un blanco, únicamente a los comerciantes árabes que venían a vendernos azúcar y telas. Pero incluso a ellos se les veía poco, pues nuestra gente apenas consumía azúcar y no utilizábamos telas, sólo una piel de cabra que cubría nuestros genitales. Cuando los ancianos escucharon la noticia deliberaron y decidieron que no debíamos ir a Kisumu hasta que se conocieran las intenciones del hombre blanco.

A pesar de esta advertencia, Onyango sintió curiosidad y decidió conocer a los blancos. Un buen día desapareció y nadie supo decir a dónde había ido. Después, meses más tarde, mientras los restantes hijos de Obama trabajaban la tierra, Onyango regresó a la aldea. Vestía pantalones como los blancos y calzaba zapatos. Los niños se asustaron y sus hermanos no sabían qué pensar del cambio. Llamaron a Obama, que salió de su cabaña, la familia se reunió a su alrededor y todos contemplaron atónitos la extraña apariencia de Onyango.

«¿Qué te ha ocurrido?», preguntó Obama. «¿Por qué vistes esas extrañas pieles?» Onyango no respondió, y Obama decidió que Onyango llevaba pantalones para ocultar que había sido circuncidado, lo que era contrario a la tradición luo. También creía que la camisa ocultaba un sarpullido o alguna herida. Obama se dirigió a sus otros hijos y dijo, «no os acerquéis a vuestro hermano. Es impuro». Luego regresó a su cabaña, los demás se rieron de Onyango y lo despreciaron. Debido a esto, Onyango regresó a Kisumu y se mantuvo alejado de su padre el resto de su vida.

Por aquél entonces nadie pensó que la intención del hombre blanco era permanecer allí. Creíamos que habían venido sólo para comerciar. Pronto aprendimos a apreciar algunas de sus costumbres, como beber té. Pero para beberlo necesitábamos azúcar, teteras y tazas. Obtuvimos todo eso intercambiándolo por pieles, carne y vegetales. Después aprendimos a utilizar la moneda de los blancos. Pero eso no llegó realmente a afectarnos. Los blancos, al igual que los árabes, eran pocos, y pensábamos que tarde o temprano regresarían a su tierra. Algunos blancos se quedaron en Kisumu y edificaron una misión. Luego nos hablaron de su dios que, según decían, era todopoderoso. La mayoría de los nuestros no le prestó atención, pues, según ellos, sólo decían tonterías. Incluso cuando el hombre blanco apareció con sus rifles, nadie opuso resistencia porque nuestras vidas todavía no se habían visto afectadas por la tragedia que tales armas traerían. Muchos de nosotros pensábamos que los rifles eran bonitos cucharones para remover las gachas.

Las cosas empezaron a cambiar cuando estalló la primera de las guerras provocadas por los blancos. Y junto con uno de ellos, que se hacía llamar comisario de distrito, llegaron más armas. A ese hombre le llamábamos *Bwana Ogalo*, que significa «El Opresor». El comisario impuso un gravamen sobre las cabañas que se tenía que pagar con el dinero de los blancos. Esto hizo que muchos hombres tuvieran que trabajar por un salario. También reclutó a muchos de los nuestros en su ejército, para acarrear provisiones y construir carreteras que permitieran la circulación de automóviles. Se rodeó de luos que vestían como él y los utilizó como agentes y recaudadores de impuestos. Fue entonces cuando supimos que teníamos jefes, hombres que ni siquiera pertenecían al consejo de ancianos. Nos resistimos a esos cambios y muchos comenzaron a luchar. Pero los que lo hicieron fueron apaleados o les dispararon. Los que no podían pagar impuestos vieron cómo ardían sus cabañas. Algunas familias huyeron al campo y construyeron nuevas aldeas. Aunque la mayoría se quedó y aprendió a convivir con la nueva situación, ahora todos nos hemos dado cuenta de que fue una locura ignorar la llegada de los blancos.

Durante esa época, tu abuelo trabajó para ellos. Entonces muy pocos de nosotros hablábamos inglés o swahili, y nadie quería enviar a sus hijos a las escuelas de los blancos, preferíamos que se quedasen con nosotros trabajando la tierra. Pero Onyango había aprendido a leer y a escribir y entendía el sistema legal y los títulos de propiedad del hombre blanco. Eso lo hizo útil a sus ojos, y durante la guerra lo pusieron al mando de las brigadas de carretera. Finalmente lo enviaron a Tanganika, donde estuvo varios años. Cuando por fin regresó, roturó un terreno en Kendu, pero estaba lejos de la propiedad de su padre y rara vez habló con sus hermanos. No construyó una cabaña, y prefirió vivir en una tienda. La gente, que nunca había visto nada igual, pensó que estaba loco. Después de delimitar su propiedad con estacas, viajó a Nairobi, donde los blancos le habían ofrecido un trabajo.

En aquella época eran muy pocos los africanos que podían viajar en tren, así que Onyango hizo a pie todo el camino hasta Nairobi. El viaje le tomó más de dos semanas. Posteriormente nos contó todas las aventuras que había vivido durante el viaje. Muchas veces tuvo que ahuyentar leopardos valiéndose de su *panga*. Pero, en cierta ocasión, un enfurecido búfalo le persiguió hasta que se subió a un árbol y tuvo que dormir en la copa durante dos días. Otra vez encontró un bidón en medio de un sendero de la selva, y, cuando lo abrió, de su interior salió una serpiente que se deslizó entre sus piernas y desapareció por los matorrales. Finalmente llegó sano y salvo a Nairobi y comenzó a trabajar en la casa de los blancos.

No fue Onyango el único que abandonó la aldea. Después de la guerra muchos africanos comenzaron a trabajar a cambio de un salario, especialmente los que habían sido reclutados, vivían cerca de las ciudades o se habían unido a las misiones. Mucha gente se vio desplazada durante y después de la guerra. La guerra trajo una estela de hambre, enfermedades y, también, un gran número de colonos blancos, a los que se les permitió apropiarse de las mejores tierras.

Los kikuyu fueron los que más sufrieron con los cambios, ya que vivían en las tierras altas cercanas a Nairobi, donde los colonos blancos se habían asentado en mayor número. Los luo también sintieron el peso del gobierno del hombre blanco. Todo el mundo se tuvo que registrar en la oficina del administrador colonial, y los impuestos sobre las cabañas se incrementaron progresivamente. Esto hizo que más y más hombres trabajasen como peones en sus grandes granjas. En nuestra aldea, cada vez más familias vestían sus ropas y también era mayor el número de padres que enviaban a sus hijos a las escuelas de las misiones. Aunque ninguno de los que fue a la escuela pudo desempeñar las labores reservadas a los blancos. Sólo a ellos se les permitía comprar ciertas tierras y tener determinados comercios. Otros negocios, por ley, fueron reservados para hindúes y árabes.

Algunos hombres se organizaron para oponerse a tales políticas, recogieron firmas y convocaron manifestaciones. Pero eran los menos, pues la mayor parte de ellos luchaba por sobrevivir. Los africanos que no trabajaban de peones permanecieron en sus aldeas, tratando de vivir de acuerdo con las tradiciones. Pero incluso allí la forma de vida había cambiado. La tierra se pobló en exceso, pues debido a las nuevas leyes de propiedad de la misma no había sitio para que los hijos acondicionaran sus propias parcelas, todo tenía dueño. Como los jóvenes veían que los ancianos ya no tenían poder, se perdió el respeto por las tradiciones. La cerveza, que antes se hacía con miel y que los hombres bebían esporádicamente, ahora venía en botellas, y muchos se convirtieron en borrachos. Saboreamos la vida de los blancos y decidimos que, en comparación, nuestras vidas eran miserables.

Bajo esas reglas tu abuelo prosperó. En Nairobi aprendió a cocinar la comida de los blancos y a organizar sus casas. Gracias a su habilidad era muy popular entre sus jefes, así que trabajó en las fincas de algunos de los más importantes, incluso en la de lord Delamere. Ahorrando gran parte de su salario compró tierra y ganado en Kendu. Allí construyó una cabaña. La cuidó de forma distinta al resto de la gente. Siempre estaba impecable. Onyango no permitía pasar a nadie que no se hubiese lavado los pies o no se quitara los zapatos antes de entrar. Comía en el interior, sentado a la mesa, bajo una mosquitera, utilizando cuchillo y tenedor. No comía nada que no se hubiera lavado previamente y mantenía la comida cubierta una vez que se había acabado de cocinar. Se bañaba con frecuencia y lavaba sus ropas todas las noches. Hasta el fin de sus días actuó de esa manera, con orden e higiene, y se enfadaba si alguien ponía cualquier objeto fuera de sitio o no limpiaba adecuadamente.

Onyango era muy estricto en lo relativo a su propiedad. Aunque siempre estaba dispuesto a darte lo que le pidieras, comida, dinero, incluso su ropa. Pero si tocabas algo suyo sin su permiso, entonces se enfadaba. Años después, cuando nacieron sus hijos les inculcó que nunca debían tocar la propiedad ajena.

La gente de Kendu pensaba que se comportaba de manera extraña. Iban a su casa porque era generoso compartiendo la comida, que nunca le faltaba. Pero luego, entre ellos, se reían de él porque no tenía esposas ni hijos. Puede que los comentarios llegaran a oídos de Onyango, ya que, rápidamente, decidió que necesitaba una mujer. El problema era que no había mujer alguna capaz de mantener su hogar como él quería. Contrató a varias jóvenes pero, cuando se mostraban perezosas o rompían algo, tu abuelo las apaleaba sin miramiento. Era normal entre los hombres luo apalear a sus esposas si se portaban mal, pero incluso entre ellos la actitud de Onyango se consideraba demasiado severa, así que, finalmente, la mujer que eligió huyó a la aldea de sus padres. De esta manera tu abuelo perdió una gran cantidad de ganado, era demasiado orgulloso para pedir que le devolvieran la dote.

Finalmente encontró una esposa que pudo vivir con él, se llamaba Helima. No sabemos lo que realmente sentía por tu abuelo, pero era agradable y discreta, y, lo más importante, mantenía el nivel de exigencia de tu abuelo en cuanto al cuidado del hogar. Onyango construyó una cabaña para ella en Kendu, y Helima solía pasar allí casi todo el día. A veces la llevaba con él a Nairobi y se quedaba en las casas en las que Onyango trabajaba. Pocos años después descubrieron que Helima era estéril. Lo cual era motivo de divorcio entre los luo: un hombre podía devolver a una mujer no fecunda a sus suegros y pedir la devolución de la dote. Pero tu abuelo decidió quedarse con Helima y la trató bien. Como estaba siempre trabajando y no tenía tiempo para amigos ni diversiones, Helima debió sentirse muy sola. Onyango no salía a beber con sus amigos, tampoco fumaba. Su único placer consistía en ir a los salones de baile de Nairobi una vez al mes, pues le gustaba bailar. No era buen bailarín, se movía torpemente, tropezaba y pisaba a la gente. Muchos no le decían nada porque conocían su temperamento. Una noche un borracho le reprochó su torpeza. Luego se puso grosero y le dijo, «Onyango, ya eres mayor, tienes mucho ganado, tienes una esposa, pero no tienes hijos. Dime, ¿le ocurre algo a lo que tienes entre las piernas?»

La gente que escuchó la conversación comenzó a reírse, y Onyango le dio una paliza al hombre. Pero los reproches del borracho debieron afectarle, pues ese mismo mes salió a buscar una nueva esposa. Volvió a Kendu y se interesó por todas las solteras de la tribu. Finalmente se decidió por una joven llamada Akumu, bien conocida por su belleza. Akumu ya estaba prometida a otro hombre que había entregado a su padre seis vacas, con la promesa de entregarle otras seis más en el futuro. Pero Onyango, que conocía al padre de la joven, lo convenció para que devolviese el ganado. A cambio, Onyango le dio allí mismo quince animales. Al día siguiente los amigos de tu abuelo raptaron a Akumu mientras caminaba por el bosque y la llevaron a su cabaña.

El joven Godfrey apareció con una jofaina y todos nos lavamos las manos para almorzar. Auma, con la mitad de las trenzas aún por hacer y una cierta preocupación en el rostro, se levantó para estirar las piernas. Dijo algo a Dorsila y a Granny, y ambas le respondieron con una larga parrafada.

—Les he preguntado si nuestro abuelo se llevó a Akumu por la fuerza —me dijo Auma, mientras se servía algo de carne en su plato.

—¿Y qué te han dicho?

—Dicen que el raptar a la novia era parte de las costumbres de los luo. Una vez que el marido había pagado la dote, la mujer no debía mostrarse ansiosa por reunirse con él. Fingía que lo rechazaba, así que los amigos del marido debían raptarla y llevarla a su cabaña. Sólo después de este ritual se llevaba a cabo la ceremonia nupcial —Auma tomó una pequeña porción de su plato—. Les dije que quizá algunas mujeres no estarían fingiendo cuando las raptaban.

Zeituni tomó una cucharada de *ugali* con su estofado.

—No siempre era así, Auma. Si el marido se comportaba mal, la joven podía marcharse.

—¿Pero de qué serviría si su padre acababa eligiendo por ella? Díme, ¿qué ocurría si una joven rechazaba al pretendiente elegido por su padre?

Zeituni se encogió de hombros.

—Era una vergüenza para ella y para su familia.

—¿Ves? —luego, Auma preguntó algo a Granny, la respuesta de nuestra abuela hizo que Auma le diese un golpe cómplice en el brazo— Le he preguntado si el marido la obligaba a dormir con él la noche de su rapto —me explicó Auma—, y me ha dicho que nadie sabía lo que podía ocurrir dentro de la cabaña del hombre. Luego ella me ha aclarado que cómo puede saber un hombre si quiere un tazón de sopa a menos que la haya probado.

Le pregunté a Granny qué edad tenía cuando se casó con nuestro abuelo. La pregunta le resultó tan divertida que se la repitió a Dorsila, que comenzó a reírse y a palmear a Granny en las piernas.

—Le ha dicho a Dorsila que quieres saber cuándo la sedujo Onyango —dijo Auma.

Granny me guiñó un ojo, luego nos contó que tenía dieciséis años cuando se casó. Nuestro abuelo era amigo de su padre, añadió. Le pregunté si eso la molestó, y ella negó con la cabeza.

—Dice que lo normal era casarse con un hombre mayor —tradujo Auma—. Que en esos días el matrimonio implicaba a más de dos personas. Unía familias y afectaba al futuro de la aldea. No protestabas ni te preocupabas por el amor. Y si no aprendías a amar a tu marido, aprendías a obedecerlo.

Llegados a este punto, Auma y Granny estuvieron hablando un rato. Granny le comentó algo que hizo reír a todo el mundo menos a ella, que se levantó y comenzó a recoger los platos.

—Me doy por vencida —dijo una exasperada Auma.

—¿Qué te ha dicho Granny?

—Le he preguntado por qué nuestras mujeres aguantan los matrimonios impuestos, que sea el marido quien siempre tome todas las decisiones, los apaleamientos. ¿Y sabes qué me ha dicho? Que en ocasiones las mujeres necesitan que las apaleen, si no fuera así no harían todo lo que se espera de ellas. ¿Ves cómo son? Protestamos, pero todavía alentamos a los hombres a que nos traten de esa forma. Mira a tu abuela. ¿Crees que Granny y Dorsila cambiarán de actitud después de escuchar lo que les dije?

Granny no pudo entender el sentido exacto de las palabras de Auma, pero intuyó el tono, pues su voz sonó seria.

—Casi todo lo que dices es cierto, Auma —dijo Granny en luo—. Nuestras mujeres han soportado una pesada carga. Si uno es un pez no trata de volar, nada con los restantes peces. Una sólo sabe lo que sabe. Quizá si ahora fuera joven no lo aceptaría. Puede que sólo me preocupase de mis sentimientos, de enamorarme. Pero ese no era el mundo en el que crecí. No conozco más que lo que he vivido. Lo que no he visto no me entristece el corazón.

Me recosté sobre la estera y reflexioné sobre las palabras de Granny, había una cierta sabiduría en lo que había dicho, hablaba de otro tiempo, de otro lugar. Pero a su vez entendía la frustración de Auma. Sabía que, mientras escuchaba el relato de la juventud de mi abuelo, también yo me había sentido traicionado. La imagen que conservaba de él, aunque difusa, siempre había sido la de alguien autoritario, incluso cruel. No obstante también lo había imaginado como una persona independiente, un defensor de su raza que luchaba contra el gobierno de los blancos. Ahora me daba cuenta de que no existía ningún argumento sólido que sustentara esa imagen, sólo la carta que le había escrito a Gramps diciéndole que no quería que su hijo se casara con una blanca. Eso y su fe musulmana, que yo había asociado con la Nación del Islam en Estados Unidos. Sin embargo, lo que Granny nos había contado alteró totalmente esa imagen, dando lugar a que ciertos calificativos no muy amables vinieran a mi mente: Tío Tom. Colaboracionista. *House nigger**.

Traté de explicarle parte de esto a Granny, preguntándole si nuestro abuelo había expresado alguna vez lo que sentía hacia los blancos. Pero, en ese momento, Sayid y Bernard salieron de la casa con ojos soñolientos y Zeituni les señaló los platos con comida que habían reservado para ellos. Una vez que ambos se sentaron a comer, y Auma y la hija de la vecina ocuparon sus posiciones anteriores frente a las ancianas, Granny continuó con su relato.

Yo tampoco comprendí en todo momento lo que tu abuelo pensaba. Era difícil, porque no le gustaba que la gente lo conociera. Incluso cuando te hablaba miraba hacia otra parte, tenía miedo de que adivinaras sus pensamientos. Y lo mismo ocurría con su actitud respecto al hombre blanco. Un día decía una cosa y el siguiente parecía que había dicho otra. Sé que respetaba a los blancos por su poder, sus máquinas y armas, y por la forma en que organizaban sus vidas. Decía que los blancos trataban de mejorar constantemente, mientras que los africanos sospechaban de todo lo nuevo. «El africano es un asno», me decía a veces. «Para hacer cualquier cosa necesita que lo apaleen».

Pero, a pesar de esas palabras, no pienso que creyera en la superioridad del blanco sobre el africano. De hecho no respetaba muchas de las reglas de los blancos ni sus costumbres. Pensaba que algunas de las

---

* *House Nígger*: término despectivo que se da a una persona de raza negra que hace todo lo posible por complacer a los blancos, incluso si eso perjudica a los de su raza.

cosas que hacían eran estúpidas o injustas. Y nunca permitió que los blancos lo apaleasen. Por eso abandonó muchos trabajos. Si el blanco para el que trabajaba se excedía, lo mandaba al diablo y se despedía. En cierta ocasión uno de sus patronos trató de pegarle con un bastón, entonces tu abuelo se lo quitó y con él le propinó una paliza. Lo arrestaron, pero cuando explicó lo sucedido las autoridades le impusieron una multa y lo dejaron ir.

Lo que tu abuelo respetaba era el carácter. La disciplina. Esa fue la razón por la que, a pesar de que aprendió muchas de las costumbres de los blancos, siempre acató las tradiciones de los luo. El respeto a los mayores. A la autoridad. Orden y tradición en todo lo que hacía. Por eso, creo, rechazó la religión cristiana. Durante algún tiempo la practicó, incluso cambió su nombre por el de Johnson. Pero no podía entender la clemencia con el enemigo o que ese tal Jesús pudiese perdonar los pecados de la gente. Para tu abuelo eso eran sensiblerías, algo para confortar a las mujeres. Así que se convirtió al Islam: pensaba que sus preceptos eran más cercanos a sus creencias.

De hecho fue su severidad la que motivó los problemas entre él y Akumu. Cuando yo vine a vivir con él, ella ya le había dado dos hijos. La primera fue Sarah. Tres años después nació tu padre, Barack. No llegué a conocer muy bien a Akumu, ya que ella y sus hijos vivían con Helima en la casa de tu abuelo en Kendu, y yo estaba con él en Nairobi ayudándole en sus quehaceres. Pero, cuando acompañaba a tu abuelo a Kendu, podía darme cuenta de que Akumu no era feliz. De naturaleza rebelde, chocaba con las exigencias de Onyango. Él siempre se quejaba de que la casa no estaba en condiciones. También era muy estricto en cuanto al cuidado de los niños. Le dijo que debían permanecer en sus cunas y que tenía que vestirlos con los elegantes trajecitos que les traía de Nairobi. Cualquier cosa que tocaran los niños debía ser previamente lavada. Helima trataba de ayudar a Akumu y se preocupaba por los pequeños como si fueran suyos, pero eso no mejoró las cosas. Akumu era sólo unos años mayor que yo, y vivía bajo una gran presión. Y quizá Auma esté en lo cierto…, quizá todavía amaba al hombre con el que se iba a casar antes de que Onyango la raptase.

Fuera lo que fuese, trató de abandonar a Onyango más de una vez. Primero tras el nacimiento de Sarah, y de nuevo después de dar a luz a Barack. A pesar de su orgullo, Onyango fue a buscarla en ambas ocasiones, pues creía que los niños necesitaban a su madre. La familia de Akumu siempre estuvo del lado de Onyango, por tanto ella no tuvo más remedio que volver. Finalmente comprendió lo que se esperaba de ella. Y, en silencio, vivió con su amargura.

La vida fue más fácil para ella cuando estalló la II Guerra Mundial. Tu abuelo se marchó a ultramar como cocinero de un capitán británico, y yo me fui a vivir con Akumu y Helima, ayudaba a las dos tanto con los niños como con los cultivos. Pasó bastante tiempo antes de que volviéramos a ver a Onyango. Viajó con los regimientos británicos a Birmania, Ceilán, Arabia, y también a Europa. Cuando regresó, tres años más tarde, trajo un gramófono y la fotografía de una mujer con la que, según dijo, se había casado en Birmania. Las fotografías que has visto en mi pared se tomaron en esa época.

Onyango tenía ya casi cincuenta años. Y cada día que pasaba estaba más decidido a dejar de trabajar para los blancos y volver a cultivar la tierra. Vio, creo, que los campos alrededor de Kendu estaban densamente poblados y muy descuidados. Así que su pensamiento voló hasta Alego, a la tierra que había abandonado su abuelo. Un día nos reunió a sus esposas y nos dijo que nos preparásemos para volver a Alego. Yo era joven y me adaptaba a cualquier cosa, pero la noticia conmocionó a Helima y Akumu. La familia de ambas vivía en Kendu, y ellas se habían acostumbrado a vivir allí. Helima temía, sobre todo, verse viviendo sola en su nueva casa, pues era casi de la misma edad que Onyango y no tenía hijos propios. Así que se negó a ir. Akumu, en principio, también lo hizo, pero de nuevo su familia la convenció de que debía seguir a su marido y cuidar de los niños.

Cuando llegamos a Alego, la mayor parte de este terreno que ahora ves estaba cubierto de matorrales y la vida fue dura para todos. Pero tu abuelo había estudiado las modernas técnicas agrícolas mientras estuvo en Nairobi y puso sus ideas en práctica. Consiguió que cualquier cosa creciera, y en menos de un año había recogido una cosecha lo suficientemente abundante como para vender parte de ella en el mercado. Allanó la tierra de este extenso prado y roturó los campos, que produjeron cosechas fértiles y abundantes. También plantó todos los árboles de mango, plátano y papaya que ves.

Incluso vendió la mayoría de sus reses, porque decía que al pacer empobrecían el suelo y eran el principal causante de la erosión. Con el dinero de la venta construyó tres espaciosas cabañas: una para Akumu, otra para mí y una tercera para él. Cuando estuvo en Inglaterra compró una cristalería que guardó en un aparador, y en su gramófono tocaba una música extraña que escuchaba hasta altas horas de la noche. Cuando nacieron mis dos primeros hijos, Omar y Zeituni, les compró cunas y batas, además de dos mosquiteras, como había hecho con Barack y Sarah. En la cabaña que servía de cocina construyó un horno en el que cocía pan y pasteles como los que compras en las tiendas.

Sus vecinos de Alego nunca habían visto tales cosas. Primero se mostraron suspicaces y pensaron que estaba loco, especialmente cuando vendió su ganado. Pero pronto le estuvieron agradecidos por su generosidad y por todo lo que les enseñó sobre agricultura y herbología. Incluso llegaron a apreciar su carácter, pues descubrieron que él les podía proteger de la brujería. En aquellos días se consultaba con frecuencia a los chamanes, a los que se les tenía pavor. Se decía que eran capaces de proporcionarte una poción para que te amase cualquier persona y otra capaz de fulminar a tus enemigos. Pero como tu abuelo había viajado y había leído libros no creía en tales cosas. Para él, los chamanes eran embusteros que le robaban el dinero a la gente.

Todavía debe quedar alguien en Alego que te cuente lo que pasó el día que un chamán de otra provincia vino para asesinar a uno de nuestros vecinos. El hombre en cuestión cortejaba a una chica de la vecindad y sus familias habían acordado la boda. Sin embargo otro hombre deseaba a la misma joven, así que el celoso pretendiente contrató al chamán para eliminar a su rival. Cuando nuestro vecino supo el plan, aterrorizado, vino a ver a Onyango para pedirle consejo. Tu abuelo escuchó el relato, luego cogió su *panga* y un látigo que utilizaba para ahuyentar a los hipopótamos, y se fue a la carretera a esperar al brujo.

No había pasado mucho tiempo cuando Onyango vio aproximarse al chamán, que llevaba un maletín con sus pociones. Cuando estuvo lo suficientemente cerca como para que le oyese, tu abuelo se paró en el centro de la carretera y le gritó «¡Vete por donde has venido!» El brujo, que no conocía a Onyango, continuó adelante, pero tu abuelo le bloqueó el paso diciéndole: «Si eres tan poderoso haz que me fulmine un rayo. Y si no es así ya puedes salir corriendo, pues a menos que abandones la aldea ahora mismo te daré una paliza». De nuevo el chamán intentó pasar, pero antes de que pudiera dar un paso más, Onyango lo tiró al suelo, recogió su maletín y emprendió el camino de vuelta a la aldea.

Bueno, el asunto era muy serio, especialmente cuando tu abuelo se negó a devolver las pociones del chamán. Al día siguiente, el consejo de ancianos se reunió bajo un árbol para resolver la disputa y llamaron a ambos a declarar. Lo hizo primero el brujo, que se levantó y dijo a los ancianos que si Onyango no le devolvía la maleta inmediatamente, una horrible maldición caería sobre la aldea. Luego fue Onyango el que se puso en pie y repitió lo que había dicho anteriormente. «Si este hombre es capaz de hacer magia, dejadle que me maldiga y que me fulmine». Los ancianos se alejaron de Onyango, temiendo que los espíritus pudiesen fallar el objetivo. Pero muy pronto comprobaron que los espíritus no aparecían. Así que Onyango se volvió hacia el hombre que había contratado al chamán y le dijo «búscate otra mujer y deja a ésta con su prometido». Luego dirigiéndose al chamán le dijo «regresa al lugar de donde procedes, porque aquí no habrá ningún asesinato».

Los ancianos aprobaron la actuación de Onyango. Pero insistieron en que, por si acaso, debía devolverle la maleta al chamán. Tu abuelo cedió, y cuando acabó la reunión llevó al chamán a su cabaña. Me dijo que matara un pollo para que el hombre comiera, e incluso le dio algo de dinero para que su viaje a Alego no fuese en vano. Pero antes de permitirle partir hizo que el brujo le enseñara el contenido de la maleta y que le explicara las propiedades de las diferentes pociones, para conocer los trucos que empleaba.

Incluso si Onyango le hubiera suministrado una de esas pociones a Akumu no creo que la hubiera hecho feliz. Continuaba discutiendo con él sin importarle lo mucho que le pegara. A mí me despreciaba, y casi siempre se negaba a ayudarme con las tareas domésticas. Akumu dio a luz una tercera hija —llamada Auma, como la que está aquí sentada—, y, mientras la amamantaba, planeó su fuga en secreto. Una noche, cuando Sarah tenía doce años y Barack nueve, tomó la decisión. Despertó a Sarah y le dijo que se escapaba a Kendu, que el viaje durante la noche era muy peligroso para un niño, pero que ellos debían hacer lo mismo tan pronto fuesen algo más mayores. Luego desapareció en medio de la noche, con el bebé en sus brazos.

Cuando Onyango supo lo sucedido montó en cólera. Primero pensó que debía dejarla ir, pero cuando se dio cuenta de que tanto Sarah como Barack eran todavía muy jóvenes, y que incluso yo, con mis dos hijos propios, no era más que una jovencita, fue de nuevo a ver a la familia de Akumu en Kendu y les pidió que regresase. Pero en esta ocasión la familia se negó. De hecho ya habían aceptado la dote que otro hombre les había entregado para casarse con Akuma, y ella y su nuevo marido habían emprendido viaje a Tanganika. No había nada que Onyango pudiera hacer, así que regresó a Alego y dijo para sí «no importa». Acto seguido me hizo saber que, ahora, yo era la madre de todos sus hijos.

Sarah nunca nos habló de la última visita de su madre, pero se acordaba de sus últimas palabras y sólo esperó unas semanas antes de despertar a Barack en medio de la noche, igual que su madre había hecho con ella anteriormente. Le dijo que se mantuviese en silencio, lo ayudó a vestirse y juntos comenzaron a caminar por la carretera que llevaba a Kendu. Todavía me pregunto cómo lograron sobrevivir. Estuvieron fuera casi dos semanas, caminaron diariamente muchos kilómetros, se ocultaban a la vista de aquellos con los que se cruzaban, dormían en el campo y mendigaban comida. No muy lejos de Kendu se perdieron. Una mujer que los vio se apiadó de ellos, estaban sucios y hambrientos. La mujer los recogió y los alimentó, luego les preguntó cómo se llamaban. Finalmente supo quiénes eran y envió aviso a tu abuelo. Cuando Onyango llegó para recogerlos y vio su lamentable estado, fue la única vez que lo vieron llorar.

Los niños nunca volvieron a escaparse. Pero creo que tampoco olvidaron su viaje. Sarah se mantuvo a una prudente distanciada de Onyango, y siempre fue leal a Akumu, pues era lo suficientemente mayor para darse cuenta de cómo el viejo trataba a su madre. Creo que estaba resentida conmigo por ocupar el lugar de Akumu. Barack reaccionó de forma diferente. Nunca perdonó que lo abandonaran, y actuó como si Akumu no existiese. Decía a todo el mundo que yo era su madre y, aunque cuando se hizo hombre le enviaba dinero, la relación siguió siendo fría hasta su muerte.

Lo realmente extraño es que Sarah tenía la personalidad de su padre. Estricta, trabajadora, se enfadaba fácilmente. Mientras que Barack era salvaje y testarudo como Akumu. Pero, claro está, esas cosas son difíciles de ver en uno mismo.

Como se podía esperar, Onyango fue muy severo con los niños. Puso gran empeño en su educación y no les permitía jugar fuera del recinto de su hogar, porque, según decía, los otros chicos estaban sucios y eran maleducados. Pero siempre que Onyango se marchaba de viaje yo ignoraba sus instrucciones, ya que los niños deben jugar con otros niños de igual modo que tienen que comer y dormir. Por supuesto que nunca le decía a tu abuelo lo que hacía, y antes de que él volviera a casa lavaba y restregaba a los niños hasta que quedaban resplandecientes.

Lo que no era tarea fácil, especialmente con Barack. ¡Era tan travieso! Delante de Onyango se comportaba educada y obedientemente, y jamás respondía cuando su padre le pedía que hiciera algo. Pero cuando no estaba él, Barack hacía lo que le venía en gana. En cuanto Onyango se marchaba a resolver sus asuntos, Barack se quitaba su elegante ropa y se iba con otros muchachos a luchar, a nadar en el río, a robar fruta de los árboles de los vecinos o a cabalgar las vacas de sus establos. Como los vecinos temían contárselo a Onyango, era a mí a quien se quejaban. Yo siempre le ocultaba sus travesuras a tu abuelo, no podía enfadarme con Barack, le quería como a mi propio hijo.

Aunque era reacio a demostrarlo, tu padre quería mucho a Barack, ¡era un muchacho tan listo! Cuando era un niño, Onyango le enseñó el alfabeto y los números, poco tiempo después el hijo dominaba ambos mejor que el padre. Onyango estaba contento, pues sabía que el conocimiento era el origen del poder del hombre blanco y quería que su hijo fuese tan culto como cualquiera de ellos. Sin embargo le preocupaba menos la educación de Sarah, aunque era igual de lista que Barack. La mayoría de la gente pensaba que educar a las hijas era tirar el dinero. Cuando Sarah terminó la escuela primaria, pidió a su padre que la matriculase en secundaria. Pero Onyango le dijo: «¿Por qué debería gastarme dinero en tu instrucción cuando vivirás en casa de otro hombre? Ve a ayudar a tu madre y aprende cómo ser una buena esposa».

La respuesta de Onyango causó todavía más fricción entre Sarah y su hermano menor, sobre todo porque ella sabía que Barack no se tomaba en serio los estudios. Todo era demasiado fácil para él. Al principio Barack asistió al centro de la misión cercana a la casa, pero cuando acabó su primer día de escuela le dijo a su padre que no podía continuar estudiando porque era una mujer la que impartía las clases y, además, ya sabía todo lo que ella le podía enseñar. Como esa actitud la había aprendido de su padre, Onyango no dijo nada. La otra escuela más cercana estaba a unos dos kilómetros de la casa, así que todas las mañanas yo tenía que llevarlo hasta allí. En la nueva escuela tenía un maestro, pero Barack se dio cuenta de que el problema seguía siendo él mismo: conocía todas las respuestas y, a veces, incluso tenía que corregir al profesor delante de toda la clase. Éste reñía a Barack por su insolencia, pero él se negaba a rectificar. Lo que le valió muchos bastonazos del director. Aunque puede que los frecuentes castigos le enseñaran algo, porque el siguiente curso, cuando le pasaron a una nueva clase con una profesora, no protestó.

Pero la escuela lo aburría, y a medida que se hacía mayor dejó de asistir a clase, a veces durante semanas. Luego, unos días antes de los exámenes, llamaba a uno de sus compañeros para informarse, se ponía a estudiar y los preparaba en cuestión de días. Cuando llegaban las notas siempre tenía las más altas. Como estaba tan acostumbrado a ser el mejor alumno de la clase, el par de ocasiones que no lo consiguió vino a verme llorando, por lo general regresaba a casa riendo y presumiendo de lo listo que era.

No había ningún tipo de ostentación en sus alardes, siempre fue bien intencionado con sus compañeros y les ayudaba cuando se lo pedían. Sus fanfarronadas eran las de cualquier chiquillo que descubre su habilidad para cazar o correr. Así que no entendía que otros pudieran estar resentidos por su facilidad para aprender. Incluso de adulto nunca lo entendió. Cuando en un bar o un restaurante se encontraba con antiguos compañeros de clase que ahora eran ministros u hombres de negocios, no se cortaba en absoluto a la hora de calificar sus ideas de estúpidas delante de todo el mundo. Siempre solía decirles: «Todavía me acuerdo de cuando te tenía que enseñar aritmética, ¿cómo has podido progresar tanto?» Entonces se reía y los invitaba a una cerveza, pues en el fondo los apreciaba. Pero ellos recordaban los días escolares y sabían que lo que Barack decía era verdad y, aunque no lo demostrasen, sus comentarios les molestaban.

Cuando tu padre era adolescente, la situación estaba cambiando rápidamente en Kenia. Muchos africanos habían luchado en la II Guerra Mundial. Utilizaron armas y se habían distinguido como soldados en Birmania y Palestina. Vieron cómo el hombre blanco luchaba contra los de su misma raza, murieron a su lado y también mataron a muchos de ellos. Aprendieron que los africanos podían manejar las máquinas de los blancos y conocieron americanos negros que pilotaban aviones y llevaban a cabo operaciones quirúrgicas. Cuando regresaron a Kenia estaban ansiosos por compartir sus conocimientos, y ya no soportaban estar bajo el gobierno de los blancos.

La gente comenzó a hablar de independencia. Se celebraron manifestaciones, concentraciones, y se presentaron multitud de peticiones a la Administración quejándose por la confiscación de las tierras y el poder de los jefes que reclutaban mano de obra gratuita para los proyectos del gobierno. Incluso los africanos que habían asistido a las escuelas de las misiones se rebelaron contra la iglesia y acusaron a los blancos de distorsionar el cristianismo al denigrar todo lo africano. Como en ocasiones anteriores, la mayoría de las manifestaciones se centraron en la región de los kikuyu, ya que esta tribu había sufrido más que ninguna otra el yugo del hombre blanco. Los luo también sufrieron esa opresión, pues fueron una gran parte de esa mano de obra rayana en la esclavitud. Los hombres de nuestra región se unieron a los kikuyu en sus manifestaciones. Y, posteriormente, cuando los británicos declararon el estado de emergencia, muchos fueron detenidos, algunos nunca volvieron.

Como otros jóvenes, tu padre estaba influenciado por los primeros discursos independentistas, y cuando regresaba de la escuela a casa nos hablaba de las reuniones a las que había asistido. Tu abuelo estaba de acuerdo con muchas de las peticiones de los primeros partidos políticos, como el KANU, pero se mostraba escéptico en cuanto a que el movimiento independentista consiguiera algo, porque creía que los africanos nunca podrían vencer a los ejércitos del hombre blanco. «¿Cómo podrán derrotar los africanos a los blancos», solía decirle a Barack «cuando no pueden ni fabricar bicicletas?» Luego continuaba diciendo que nunca les vencerían, porque los negros sólo querían trabajar con los de su familia o su tribu, mientras que los blancos trabajaban juntos para incrementar su poder. «Individualmente, el blanco es como una hormiga», solía decir Onyango. «Puedes destruirlo fácilmente. Pero, como las hormigas, los blancos trabajan unidos. Su país, su negocio: para ellos esas cosas son más importantes que sus vidas. Siguen a sus líderes y no cuestionan sus órdenes. El negro no es así. Incluso el más estúpido de ellos cree ser más listo que cualquier sabio. Por eso siempre perderá».

A pesar de su actitud, en una ocasión detuvieron a tu abuelo. Un nativo que trabajaba para el comisionado del distrito quería apropiarse de sus tierras. En cierta ocasión tu abuelo había discutido con él porque se excedía en el cobro de impuestos y, además, se quedaba con el dinero. Mientras estuvo en vigor el estado de emergencia, el hombre en cuestión puso a Onyango en la lista de partidarios del KANU y le dijo al comisionado que tu abuelo era un elemento subversivo. Un día vinieron los *askaris* de los blancos, lo detuvieron y lo internaron en un campo de concentración. Finalmente hubo un juicio donde se le declaró inocente. Pero, como estuvo encerrado en el campo durante más de seis meses, cuando volvió a Alego estaba demacrado y sucio. Apenas podía andar y tenía la cabeza llena de piojos. Estaba tan avergonzado que se negó a entrar en la casa y a contarnos lo que le había pasado. Sólo me pidió que hirviera agua y le trajese su navaja de afeitar. Se afeitó la cabeza y le ayudé a tomar un prolongado baño, justo ahí donde tú estás sentado. Desde ese día supe que ya era un anciano.

En esa época, Barack no estaba en la ciudad, así que se enteró de la detención mucho más tarde. Había aprobado los exámenes del distrito y lo habían admitido en la escuela de la misión de Maseno, que está a unos ochenta kilómetros de aquí, cerca del ecuador. El que lo aceptaran allí debió ser un gran honor para él, ya que muy pocos africanos podían optar a la escuela secundaria. Sólo los mejores estudiantes eran admitidos en Maseno, pero el carácter rebelde de tu padre ocasionó muchos problemas a los responsables de la escuela. Llevaba, a escondidas, chicas al dormitorio, pues siempre supo cómo convencerlas y prometerles todo lo que ellas soñaban. Como no le gustaba la comida del centro, junto con sus amigos arrasaban las granjas cercanas, arramblando con pollos y batatas. Sus profesores le pasaron muchas cosas por alto porque sabían lo inteligente que era. Pero fue demasiado lejos con sus travesuras y, finalmente, lo expulsaron.

Onyango se puso tan furioso cuando se enteró que le dio bastonazos hasta hacerle sangrar. Barack ni huyó ni lloró, aguantó el castigo en silencio y no dio explicación alguna a su padre. Cuando todo hubo acabado, Onyango le dijo: «¡Si mientras vivas en mi casa no te comportas como es debido, entonces no me eres de ninguna utilidad!» La semana siguiente, Onyango comunicó a Barack que había hecho los arreglos oportunos para que se fuese a la costa, donde trabajaría como oficinista. «Ahora apreciarás el valor de los estudios», dijo el viejo. «Veremos si te diviertes cuando tengas que ganarte el sustento».

Barack no tenía más remedio que obedecer a su padre, así que se fue a Mombasa y aceptó el empleo en la oficina de un comerciante árabe. Poco después, tras una discusión con su jefe, abandonó el trabajo sin tan siquiera cobrar su salario. Encontró otro empleo similar, pero el sueldo era menor. Y como era demasiado orgulloso ni pidió ayuda a su padre ni admitió que se había equivocado. Sin embargo Onyango supo de su situación, y cuando Barack volvió para visitarle, su padre, a gritos, le dijo que nunca sería nada. Barack contestó que en el nuevo empleo ganaba más que en el que él le había proporcionado: ciento cincuenta chelines al mes. Entonces Onyango le respondió: «Ya que eres rico, veamos las nóminas de tu salario». Y cuando Barack guardó silencio, Onyango supo que su hijo le había mentido. Se retiró a su cabaña y dijo a Barack que se marchase, porque lo había deshonrado.

Barack se trasladó a Nairobi y encontró un nuevo empleo en la oficina de la compañía de ferrocarriles. Pero, como se aburría, halló una cierta distracción interesándose por la situación política del país. Los kikuyu ya habían comenzado la guerra en la selva. Las manifestaciones exigiendo la libertad de Kenyatta se sucedían por doquier. Cuando acababa de trabajar, Barack solía asistir a los mítines políticos, y así fue como conoció a algunos de los dirigentes del KANU. En uno de esos actos fue arrestado por infringir la ley de reunión. Lo encarcelaron y llamaron a su padre para avisarle de que su hijo no tenía con qué pagar la fianza. Pero Onyango se negó a darle el dinero que necesitaba y me dijo que Barack debía aprender la lección. Como no era dirigente del KANU, unos días después le dejaron en libertad. Pero no se alegró mucho cuando lo dejaron ir, ya que había comenzado a pensar que quizá era cierto lo que su padre le había dicho: que nunca sería nada. Había cumplido veinte años, ¿y qué tenía? Le habían despedido del trabajo en el ferrocarril. Se había distanciado de su padre, no tenía dinero ni futuro, pero sí esposa y un hijo. A los dieciocho años había conocido a Kezia. Por entonces ella vivía en Kendu con su familia. Barack quedó prendado de su belleza y, después de unas breves relaciones, decidió casarse con ella. Para hacerlo sabía que su padre tendría que ayudarle con la dote, así que me pidió que intercediera en su favor. Al principio Onyango se negó, y Sarah, que se había mudado a Alego tras la muerte de su primer marido, también. Sarah le dijo a tu abuelo que Kezia sólo quería vivir del dinero de la familia. Yo le dije a Onyango que no estaba bien que Barack tuviera que mendigar el importe de la dote entre otros miembros de la familia cuando todo el mundo sabía que era el hijo de un hombre rico. Onyango comprendió que lo que le decía era cierto y cedió. Un año después de que Barack y Kezia se casaran nació Roy. Dos años después vino Auma.

Para mantener a su familia, Barack tuvo que aceptar cualquier trabajo que pudiera encontrar, y finalmente convenció a otro árabe, llamado Suleiman, para que lo emplease en su oficina. Pero Barack estaba deprimido, casi desesperado. Muchos de sus compañeros de clase de Maseno, que eran menos inteligentes que él, estaban graduándose en la Universidad de Makarere, en Uganda. Algunos incluso habían ido a Londres a estudiar. Todos esperaban conseguir un trabajo importante cuando regresaran a una liberada Kenia. Barack se dio cuenta de que podía acabar trabajando para ellos el resto de su vida. Pero entonces le sonrió la fortuna, encarnada en la persona de dos americanas. Ambas trabajaban como maestras en Nairobi para una especie de organización religiosa, creo, y un día entraron en la oficina de Barack. Tu padre comenzó a hablar con ellas y muy pronto entablaron amistad. Las americanas le prestaban libros y lo invitaban a su casa, y cuando se dieron cuenta de lo inteligente que era, le dijeron que debía ir a la universidad. Barack les explicó que no tenía dinero ni el diploma de la escuela secundaria, pero ellas pensaron que eso se podía arreglar si recibía clases por correspondencia para obtener el título que necesitaba. Si conseguía aprobar, le dijeron, tratarían de ayudarle a entrar en una universidad americana.

Barack se entusiasmó con la idea e inmediatamente escribió para matricularse en las clases por correspondencia. Por vez primera en su vida trabajó con ahínco. Cada noche, y durante la pausa del almuerzo, estudiaba y cumplimentaba los ejercicios de su cuaderno. Pocos meses después se examinó en la embajada americana. Tuvo que esperar varios meses para conocer los resultados, y durante la espera estaba tan nerviosos que apenas podía comer. Se quedó tan delgado que pensábamos que se iba a morir. Un día llegó una carta. Yo no estaba allí cuando la abrió. Pero cuando me contó la noticia gritaba de felicidad. Yo reí y grité con él, pues de nuevo las cosas eran como habían sido muchos años antes, cuando volvía del colegio presumiendo de sus calificaciones.

No obstante, continuaba sin tener dinero y ninguna universidad lo había aceptado todavía. Onyango suavizó su actitud cuando vio que su hijo se estaba haciendo más responsable, pero incluso él no podía reunir el dinero necesario para pagar los gastos de la universidad y el viaje al extranjero. Algunas personas de la aldea estaban dispuestas a ayudarle, pero tenían miedo de que una vez Barack tuviese el dinero en su poder no lo volvieran a ver más. Así que tu padre escribió a muchas universidades americanas. Escribió y escribió. Finalmente, una universidad de Hawai le contestó diciéndole que le darían una beca. Nadie sabía dónde estaba Hawai, pero a él no le importó. Dejó conmigo a su esposa, de nuevo embarazada, y a su hijo, y en menos de un mes se había marchado.

No sé lo que ocurrió en Norteamérica. Únicamente que unos dos años después recibimos una carta suya diciendo que había conocido a una joven norteamericana, Ann, y que quería casarse con ella. Bueno, Barry, ya sabes que tu abuelo no aprobaba ese matrimonio. Eso es cierto, pero no es por la razón que tú crees. Mira, Onyango pensaba que tu padre no estaba obrando de forma responsable. Escribió a Barack diciéndole: «¿Cómo te puedes casar con esa blanca cuando tienes responsabilidades aquí? ¿Vendrá esa mujer contigo y vivirá como una luo? ¿Aceptará el hecho de que tienes mujer e hijos? No sé de ningún blanco que acepte tales cosas. Sus mujeres son celosas y suelen estar consentidas. Pero, si me equivoco en lo que te estoy diciendo, deja que el padre de la muchacha venga a mi cabaña para que podamos discutir el asunto como es debido. Porque es un asunto de hombres, no de niños». También escribió a tu abuelo Stanley y le dijo lo mismo.

Como puedes imaginar, tu padre continuó adelante con el matrimonio. Y sólo informó a Onyango después de tu nacimiento. Todos estamos contentos de que se celebrase esa boda, de lo contrario no te tendríamos ahora entre nosotros. Pero entonces tu abuelo estaba tan enfadado que incluso amenazó con cancelar el visado de Barack. Quizá porque había convivido con los blancos, Onyango comprendía su mentalidad mejor que él. Y, cuando finalmente tu padre regresó a Kenia, descubrimos que, tal y como Onyango había predicho, tu madre y tú os habíais quedado atrás.

Poco después de su regreso, una mujer blanca vino a Kisumu preguntando por él. En un principio pensamos que era tu madre, Ann. Barack nos explicó que se trataba de otra mujer llamada Ruth. Dijo que la había conocido en Harvard y que lo había seguido a Kenia sin que él lo supiera. Tu abuelo no lo creyó, y pensó que de nuevo lo había desobedecido. Pero yo no estaba tan segura, de hecho, al principio Barack parecía reacio a casarse con ella. No es fácil saber lo que finalmente le indujo a hacerlo. Puede que creyese que Ruth era el tipo de mujer que le convenía para iniciar su nueva vida. O quizá escuchó que Kezia se había divertido demasiado durante su ausencia, pese a que yo le dije que eso eran rumores sin importancia. O puede que Ruth le importara más de lo que él mismo estaba dispuesto a admitir.

Sea cual fuere la razón, lo que sí sé es que una vez que Barack estuvo de acuerdo en casarse con Ruth, ella no aceptó la idea de que Kezia fuera la segunda esposa. Por eso los niños fueron a vivir con su padre y su nueva esposa, a Nairobi. Y cuando Barack traía a Roy y Auma de visita, Ruth se negaba a acompañarlo, y no permitía que Barack trajese a David ni a Mark. Onyango nunca habló de esto personalmente con él. Pero siempre comentaba en voz alta con sus amigos, de forma que Barack pudiera oírlo, «mi hijo es un hombre importante, pero cuando me visita es su madre la que tiene que cocinar para él en lugar de su esposa».

Otras personas te habrán contado lo que le sucedió a tu padre en Nairobi. Nosotros no lo veíamos mucho, y cuando venía se solía quedar muy poco tiempo. Las veces que nos visitó nos trajo valiosos regalos, nos dio dinero e impresionó a todo el mundo con su gran coche y sus trajes caros. Pero tu abuelo continuó hablándole con dureza, como si fuera todavía un muchacho. Para entonces Onyango era un anciano. Estaba casi ciego y necesitaba utilizar un bastón para andar. No se podía bañar sin mi ayuda y se avergonzaba por ello. La edad no suavizó su carácter.

Más tarde, cuando cayó en desgracia, Barack trató de ocultar sus problemas al viejo. Continuó haciéndonos regalos que ya no se podía permitir, aunque nos dábamos cuenta de que ahora venía en taxi en lugar de en su coche. Sólo a mí me contaba lo infeliz que era, sus decepciones. Yo solía decirle que era demasiado testarudo cuando trataba con la gente del gobierno. Me hablaba de principios, y yo le respondía que sus principios eran una pesada carga para sus hijos. Me decía que yo no comprendía, lo mismo que su padre me había dicho anteriormente. Así que dejé de darle consejos y me dediqué a escuchar.

Y eso era lo que más necesitaba, creo: alguien que lo escuchara. Incluso cuando las cosas volvieron a irle bien y nos construyó esta casa, siguió apesadumbrado. Se comportó con sus hijos igual que Onyango se había portado con él. Sabía que se estaba alejando de ellos, pero no había nada que pudiera hacer. Aún le gustaba beber, reír y presumir con sus amigos. Pero su risa estaba vacía. Recuerdo su última visita a Onyango antes de que el viejo muriera. Los dos se sentaron, uno frente al otro, comiendo y sin decir palabra. Pocos meses después, cuando Onyango finalmente fue a reunirse con sus antepasados, Barack vino para hacer todos los preparativos del entierro. Apenas habló, y sólo cuando revisaba algunas de las posesiones del viejo vi que comenzó a sollozar.

Granny se puso en pie y se sacudió unas briznas de hierba de la falda. El inquieto trinar de un pájaro rompió el silencio del patio.

—Va a llover —dijo, entonces recogimos las esteras y las tazas y las llevamos al interior de la casa.

Una vez dentro, le pregunté a Granny si guardaba alguna de las pertenencias del Viejo o de nuestro abuelo. Fue a su dormitorio y rebuscó entre el contenido de un antiguo baúl de cuero. Minutos después salió con un una cartilla de color desvaído del tamaño de un pasaporte y algunos papeles de distintos colores, grapados y roídos en una de sus esquinas.

—Me temo que esto es todo lo que he podido encontrar —le dijo a Auma—. Las ratas se cebaron con los papeles antes de que pudiera ponerlos a salvo.

Me senté junto a Auma y desplegamos los documentos en la mesita baja que teníamos frente a nosotros. La cartilla de color rojo se había desencuadernado, pero en la portada todavía se podía leer: *Registro de Servicio Doméstico*, y en letras más pequeñas: *Expedido por el Departamento de Servicio Doméstico según decreto de 1928, Colonia y Protectorado de Kenia*. El interior de la cartilla estaba estampado con un sello de dos chelines y, debajo, la huella de los pulgares izquierdo y derecho de Onyango. Las líneas que las conformaban se distinguían claramente, como si fueran una impresión coralina. El espacio que antes había ocupado su fotografía estaba vacío.

El preámbulo decía: *El objetivo de este decreto es el de proporcionar a todos los servidores domésticos una relación de sus empleos, salvaguardar sus intereses y proteger a sus patronos de las personas que se han demostrado incapaces de desempeñar tales labores.*

Con la palabra *sirviente* se calificaba a los *cocineros, asistentes, camareros, mayordomos, amas de cría, ayudas de cámara, aprendices de barman, lacayos, chóferes y lavanderas*. Se advertía que la cartilla debía estar en poder del empleado en todo momento, pues aquellos que no la tuviesen encima o que la dañaran, *podían ser multados con un máximo de cien chelines, sufrir pena de hasta seis meses de prisión o ambas cosas*. A continuación, con la cuidada caligrafía de un desconocido escribano, se incluían los datos personales del sirviente:

Nombre: *Hussein II Onyango.*
Núm. de registro: *Rwl A NBI 0976717.*
Raza o tribu: *Ja'Luo.*
Lugar de residencia cuando no está empleado: *Kisumu.*
Sexo: *V.*
Edad: *35.*
Altura y complexión: *1,80 m. Mediana.*
Tez: *Oscura.*
Nariz: *Chata.*
Boca: *Grande.*
Cabello: *Rizado.*
Dientes: *Le faltan seis.*
Cicatrices, marcas tribales, otras peculiaridades: *Ninguna.*

Hacia el final de la cartilla, encontramos los comentarios, firmados, de algunos de sus patronos. El capitán C. Harford, de la sede gubernamental de Nairobi, decía que Onyango «desempeñaba sus obligaciones con admirable diligencia». El señor A. G. Dickson encontraba su forma de cocinar excelente, puede leer y escribir en inglés y confecciona cualquier receta…, además, su repostería es excelente. Continuaba diciendo que ya no necesitaba de sus servicios puesto que «había finalizado su safari». El doctor H. H. Sherry indicaba que Onyango «era un cocinero capaz, destinado a empresas mayores». Por el contrario el señor Arthur W. H. Cole, del East Africa Survey Group, decía que después de una semana en el trabajo, Onyango «no estaba capacitado para el mismo y no era merecedor de los sesenta chelines semanales que se le pagaban».

Luego pasamos al montón de cartas. Eran de nuestro padre, y estaban dirigidas a varias universidades de los Estados Unidos. Había más de treinta, sus destinatarios eran los directores de Morgan State, del Santa Barbara Junior College, y del San Francisco State.

«Querido director Calhoun», comenzaba una de ellas, «por mediación de la señora Helen Roberts, de Palo Alto, California, que se encuentra actualmente en Nairobi, he sabido de su centro. La señora Roberts, que conoce cuánto deseo ampliar mis estudios en los Estados Unidos de América, me ha sugerido que debía solicitar una plaza en su estimado centro. Por consiguiente, le estaría muy agradecido si tuviera la amabilidad de enviarme un formulario e información respecto a las posibilidades de obtener una beca».

Adjuntas a varias cartas había notas de recomendación de la señorita Elizabeth Money, una lingüista de Meryland. Una de ellas decía: «No ha sido posible conseguir las calificaciones escolares del señor Obama, dado que ha estado varios años sin asistir a la escuela». Sin embargo, la señorita Mooney expresaba su confianza en el talento de nuestro padre, haciendo notar que había «observado su desenvoltura con el álgebra y la geometría». Añadía que Kenia necesitaba urgentemente profesores capaces y dedicados, y que, «visto el deseo del señor Obama de servir a su país, debería de concedérsele una oportunidad, aunque sólo fuera durante un curso académico».

Esa era, pensé, mi herencia cultural. Volví a ordenar las cartas y las puse bajo la cartilla de empleo. Luego salí al patio posterior. Allí, de pie ante las dos tumbas, sentí que todo lo que me rodeaba —el maizal, el mango, el cielo— iba calando en mi interior, hasta que una serie de imágenes ocupó mi mente. En ese momento la historia que me había contado Granny cobró vida.

Veo a mi abuelo, un joven serio, enjuto y fuerte, vestido con unos pantalones demasiado grandes y una camisa sin botones que le confieren un aspecto ridículo, parado ante la cabaña de su padre. Veo cómo su padre se aleja de él, y escucho las risas de sus hermanos. Siento el sudor que gotea por su frente, la tensión en sus extremidades, el súbito palpitar de su corazón. Y, a medida que se gira y comienza a caminar alejándose por la carretera de tierra roja, sé que el sendero de su vida ha cambiado irreversible y completamente para él.

Onyango tendrá que reinventarse a sí mismo en este lugar árido y solitario. Mediante su fuerza de voluntad creará una nueva vida hecha con los restos de un mundo desconocido y los recuerdos de otro que se ha quedado obsoleto. Y aunque ahora está sentado, solo, en una cabaña recién aseada, y un velo blanco cubre sus retinas, sé que todavía continúa oyendo cómo su padre y sus hermanos se ríen de él a sus espaldas. También oye la hiriente voz de un capitán británico, explicándole por tercera y última vez cuál debe ser la proporción correcta de ginebra y tónica. Los tendones del cuello del anciano se tensan, aumenta su furia, coge su bastón para golpear algo, cualquier cosa. Finalmente su mano se relaja, se ha dado cuenta de que, pese a su fuerza de voluntad y al poder que pueda acumular, las risas, los rechazos, perdurarán eternamente. Su cuerpo se desploma en la silla. Sabe que no sobrevivirá a su irónico destino. Espera la muerte, solo.

La imagen se desvanece, la reemplaza otra de un niño de nueve años: mi padre. Está hambriento, cansado, se aferra a la mano de su hermana en la búsqueda que han emprendido para encontrar a su madre. Ya no puede aguantar más, está completamente exhausto. Así hasta que, finalmente, el delgado vínculo que lo une a su madre se quiebra y precipita su imagen hacia el vacío. El niño empieza a llorar, rechaza la mano de su hermana. Quiere irse a casa, grita, quiere volver a casa de su padre. Encontrará una nueva madre. Se perderá en sus juegos y será consciente del poder de su mente.

Pero nunca olvidará la desesperación que sintió ese día. Doce años después, en su pequeña mesa de trabajo, elevará su mirada desde el montón de formularios hacia un inquietante cielo y sentirá que ese mismo pánico ha regresado. También él tendrá que reinventarse a sí mismo. Su jefe está fuera de la oficina. Deja los formularios a un lado, y de un viejo archivador saca una lista de direcciones. Se acerca la máquina de escribir y comienza a mecanografiar carta tras carta, escribe las direcciones en los sobres y los cierra como si fueran mensajes dentro de una botella que depositará a través de la ranura del buzón de la oficina de correos en un vasto océano, y que quizá le permitan escapar lejos de la isla de la vergüenza de su padre.

¡Qué afortunado debió sentirse cuando el barco arribó a puerto! Puede que al recibir la carta de Hawai se diera cuenta de que, después de todo, era un elegido, que poseía la *baraka* implícita en su nombre, la bendición de Dios. Junto a la licenciatura llegaba el ascenso social, la esposa americana, el coche, los elogios, las estadísticas, los dólares, la proporción adecuada de ginebra y tónica, el refinamiento, la elegancia, una nueva vida sin las penurias y azares de tiempos pasados, ¿qué podía interponerse en su camino?

Casi estuvo a punto de lograrlo, de triunfar de una forma que su padre jamás habría esperado. Y entonces, después de haber viajado tan lejos, descubrió que no había escapatoria, que permanecía atrapado en la isla de su padre, con sus simas de ira, duda y fracaso, con las emociones aún visibles bajo la superficie, hirvientes, incandescentes y vivas, como una terrible y enorme boca, y su madre ausente, ausente y lejos...

Me dejé caer sobre las tumbas y pasé mis manos por la lisa superficie de azulejos amarillos.

—¡Padre! —grité, llorando.

No tenías porqué avergonzarte de tu confusión. Tampoco debió haberlo hecho tu padre. Ni del miedo que sentiste, o del que sintió él antes que tú. Sólo del silencio que ese miedo había provocado. Fue el silencio lo que nos traicionó. De no ser por ese silencio, tu abuelo puede que hubiera dicho a tu padre que nunca podría escapar o renacer por sí mismo. Y tu padre puede que te hubiese enseñado la misma lección. Y tú, su hijo, puede que le hubieras enseñado que este mundo nuevo que os estaba cautivando a todos era algo más que ferrocarriles, inodoros en el interior de las casas, canales de irrigación y gramófonos, instrumentos sin vida que podían incorporarse a la tradición. Podías haberle dicho que esos instrumentos conllevaban un peligroso poder, que exigían una manera distinta de ver el mundo. Que ese poder sólo podía asimilarse con la fe nacida de las privaciones, una fe que no era nueva, que no era blanca ni negra, musulmana o cristiana, pero que latía en el corazón de la primera aldea africana y en el de la primera granja de Kansas: la fe en otras personas.

El silencio mató tu fe. Y sin ella te aferraste a tu pasado, unas veces demasiado, otras apenas nada. Te aferraste demasiado a su intransigencia, a sus suspicacias, a su crueldad masculina. Y casi nada a la risa de Granny, a los placeres de la compañía mientras pastoreabas las cabras, al murmullo del mercado, a las historias contadas alrededor de la hoguera. A la lealtad que podía sustituir la falta de aviones o rifles. A las palabras de aliento. A un abrazo. A un amor firme y verdadero. Pues, pese a todos tus dones —tu mente privilegiada, tu capacidad de concentración, tu encanto—, nunca podrías convertirte en un auténtico hombre si las olvidabas…

Durante un rato permanecí sentado entre las dos tumbas, llorando. Cuando me quedé sin lágrimas me invadió una gran calma. Sentí que por fin el círculo se cerraba. Ahora comprendía que lo que yo era, que aquello que me importaba, no se reducía ya a una cuestión de intelecto o a un compromiso, tampoco a una serie de palabras. Vi que mi vida en Norteamérica —la vida de los negros, la de los blancos, la sensación de abandono que había sentido de joven, la frustración y la esperanza de la que había sido testigo en Chicago—, todo estaba conectado a este pequeño pedazo de tierra separado por un océano, conectado por algo más que por el simple accidente que suponía un nombre o el color de mi piel. El dolor que sentía era el mismo que sintió mi padre. Mis dudas eran las dudas de mi hermano. Y la lucha de todos, mi patrimonio.

Una ligera llovizna comenzó a caer, las gotas tamborileaban en las hojas sobre mi cabeza. Estaba a punto de encender un cigarrillo cuando sentí que alguien me tocaba un brazo. Me giré y me encontré con Bernard sentado en cuclillas tras de mí tratando de guarecernos a ambos con un viejo paraguas.

—Querían saber si estabas bien —dijo.

Sonreí.

—Sí, estoy bien.

Asintió mientras echaba un vistazo a las nubes. Luego me dijo:

—¿Por qué no me das un cigarrillo, y me lo fumo aquí contigo?

Lo miré a la cara, tersa y oscura, y puse el cigarrillo de nuevo en el paquete.

—Tenemos que dejar de fumar —dije—. Mejor damos un paseo.

Nos pusimos de pie y nos dirigimos hacia la salida del recinto. El joven Godfrey estaba cerca de la cabaña que hacía las veces de cocina, apoyaba una de sus piernas contra la pared de barro, como si fuera una grulla. Nos miró y nos dedicó una tímida sonrisa.

—¡Vente! —le dijo Bernard, haciéndole un gesto con la mano— Puedes pasear con nosotros.

Así que los tres empezamos a caminar por la sinuosa carretera de tierra, arrancando algunas hojas de las plantas que crecían a lo largo del camino y viendo cómo la lluvia caía sobre el valle.

EPÍLOGO

Me quedé en Kenia otras dos semanas. Todos regresamos a Nairobi, donde hubo más cenas, discusiones y anécdotas. Granny se quedó en el apartamento de Auma, y cada noche me quedaba dormido con el susurro de sus voces. Un día nos reunimos en el estudio de un fotógrafo para un retrato de familia. Las mujeres vistiendo túnicas africanas estampadas de verde brillante, amarillo y azul. Los hombres recién afeitados y con la ropa planchada. El fotógrafo, un hindú menudo de cejas pobladas, comentó que formábamos un bonito cuadro.

Pocos días después de tomar la fotografía, Roy se marchó a Washington y Granny volvió a Home Squared. De pronto los días se volvieron tranquilos. Auma y yo nos vimos envueltos en una cierta melancolía, como si hubiésemos salido de un sueño. Aunque quizá fuera la sensación de que también nosotros regresaríamos pronto a nuestras vidas, que nos volveríamos a separar una vez más, lo que nos llevó un día a visitar a George, el más pequeño de los hijos de nuestro padre.

Resultó ser un asunto penoso, decidido de prisa y sin la autorización de la madre: simplemente fuimos con Zeituni hasta una cuidada escuela de una sola planta, donde un grupo de escolares jugaba en un extenso campo de césped. Tras una breve conversación con la profesora que supervisaba el recreo, Zeituni vino ante nosotros con un niño. Era un jovencito bien parecido, de cara redonda y mirada recelosa. Zeituni se inclino y nos señaló.

—Ésta es tu hermana —le dijo al chico—, la que solía subirte sobre sus rodillas para jugar. Y éste es tu hermano, que ha venido desde Estados Unidos para verte.

El niño nos estrechó la mano, sin miedo, pero continuó mirando a los que había dejado jugando. Entonces me di cuenta de que habíamos cometido un error. Poco después, la directora de la escuela salió de su despacho para decirnos que, a menos que contásemos con el permiso de la madre, debíamos marcharnos. Zeituni comenzó a discutir con ella, pero Auma dijo, «déjalo, tía, está haciendo lo que debe. Tenemos que irnos». Desde el coche vimos cómo George regresaba con sus compañeros y se perdía rápidamente entre el resto de caras redondas y rodillas huesudas que perseguían un viejo balón de fútbol por el césped. De pronto me encontré pensando en mi reencuentro con el Viejo, el miedo y el malestar que su presencia me causó y cómo, por primera vez, me sentí obligado a reflexionar sobre el misterio de mi vida. Me consolé pensando que quizá algún día, cuando fuera mayor, George también querría saber quién había sido su padre y quiénes sus hermanos y hermanas, y que, si alguna vez venía a mí, allí estaría yo para contarle la historia que conocía.

Esa misma tarde pregunté a Auma si podía recomendarme algunos libros sobre los luo. Me sugirió que visitásemos a una antigua profesora suya de historia, la doctora Rukia Odero, una señora esbelta que también había sido amiga del Viejo. Cuando llegamos a su casa estaba a punto de sentarse a cenar, e insistió en que la acompañásemos.

Mientras cenábamos pescado y *ugali*, la profesora insistió en que la llamara Rukia, luego me preguntó qué me había parecido el país. Quería saber si me había decepcionado. Le dije que no, aunque me marchaba con tantas preguntas como respuestas había tenido.

—Eso está bien —dijo Rukia, mientras se afianzaba las gafas sobre la nariz—. Así es como los historiadores nos ganamos la vida. Pasamos todo el día sentados buscando nuevas interrogantes. Es un trabajo tedioso, que además requiere una disposición especial para desentrañar enredos. ¿Sabes? Los jóvenes americanos negros tienden a idealizar África. Sin embargo, cuando tu padre y yo éramos jóvenes, esperábamos encontrar todas las respuestas en Norteamérica. Harlem, Chicago, Langston Huges y James Baldwin. Esas fueron nuestras fuentes de inspiración. También los Kennedy eran muy populares. Aquella fue una época para la esperanza, y tener la oportunidad de estudiar allí era algo realmente importante. Claro está que, al regresar, nos dábamos cuenta de que nuestra educación no siempre nos servía, ni tampoco a la gente que nos había enviado. Así que tenías que bregar con toda esa turbulenta historia.

Le pregunté por qué los americanos negros eran propensos a desilusionarse cuando visitaban África. Sacudió la cabeza y sonrió.

—Porque vienen aquí en busca de lo auténtico —dijo—, y eso forzosamente desanima a cualquiera. Mira lo que estamos comiendo. Mucha gente te dirá que los luo son amantes del pescado. Pero eso no se puede aplicar a todos. Sólo a los que viven a orillas del lago. E incluso para algunos de ellos tampoco es cierto. Antes de que se asentaran allí eran pastores, como los masai. Pues bien, si tu hermana y tú os comportáis como procede y aceptáis un plato de esta comida, después os ofreceré un té. Los keniatas estamos muy orgullosos de la calidad de nuestro té. Pero esa es una costumbre inglesa. Nuestros antepasados no lo bebían. Luego están las especias que utilizamos para cocinar el pescado. En un principio vinieron de la India, o Indonesia. Por tanto verás que incluso esta simple comida es muy difícil calificarla de auténtica, aunque es realmente africana —Rukia hizo una bola de *ugali* y la mojó en el estofado—. Después de tantas crueldades sufridas y que, según leo en los periódicos, todavía sufren, no puedes culpar a los americanos negros por desear un pasado sin tacha. No son los únicos que lo quieren. Los europeos piensan igual. Los alemanes, los ingleses…, todos reivindican Atenas y Roma como suyas, cuando, de hecho, sus antepasados contribuyeron a acabar con el mundo clásico. Pero eso ocurrió hace mucho tiempo, así que su empresa es más fácil. En sus escuelas apenas se habla de la miseria de los campesinos a lo largo de la Historia. Tampoco de la corrupción y explotación de la Revolución Industrial, de las guerras tribales sin sentido…, es vergonzoso cómo los europeos trataron a sus semejantes, así que imagínate a la gente de color. Es por eso que la idea de que en África existió una edad de oro antes de la llegada del hombre blanco parece algo natural.

—Un antídoto —dijo Auma.

—Normalmente la verdad es el mejor antídoto —dijo Rukia, sonriendo—. ¿Sabes?, a veces pienso que lo peor del colonialismo fue nublar la visión de nuestro pasado. Sin el hombre blanco hubiéramos podido hacer un mejor uso de nuestra historia. Podríamos haber revisado algunas de nuestras tradiciones y haber decidido cuales valía la pena conservar. Otras es mejor que las olvidemos. Desgraciadamente, los blancos nos pusieron a la defensiva. Hemos acabado aferrándonos a todo tipo de cosas que han dejado de ser útiles. La poligamia. La propiedad colectiva de la tierra. Cosas que funcionaban en su tiempo, pero ahora, la mayoría de las veces, sólo son instrumentos de opresión, tanto de los hombres como de los gobiernos. Y, no obstante, si lo dices, entonces te acusan de estar contagiada por la ideología occidental.

—Entonces, ¿cómo deberíamos adaptarnos? —dijo Auma.

Rukia continuó.

—Dejo las respuestas para los políticos. Yo sólo soy historiadora. Pero sospecho que no podemos pretender que no existen contradicciones en nuestra situación. Lo único que podemos hacer es escoger. La circuncisión femenina, por ejemplo, es una importante tradición kikuyu. También lo es entre los masai. Pero para la sensibilidad moderna es una barbaridad. Quizá podríamos hacer que ese tipo de operaciones se practicasen en un hospital para reducir el número de muertes. Mantener esa sangría bajo mínimos. Pero lo que no se puede hacer es una circuncisión mal hecha, eso no satisfaría a nadie. Así que debemos escoger. Lo mismo ocurre con la relación entre la justicia y el poder, con la noción de un procedimiento independiente, que puede estar reñido con la lealtad tribal. No puedes aplicar una ley y dejar exentos de su cumplimiento a ciertos miembros de tu clan. ¿Y qué hacer? De nuevo debemos escoger. Si escoges la opción equivocada, entonces aprendes de tus errores. Ves lo que funciona.

Me chupé los dedos y después me lavé las manos.

—¿Pero es que no queda nada que sea realmente africano?

—Ah, esa es la cuestión —dijo Rukia—. Parece que hay algo diferente en este lugar. No sé lo que es. Quizá el africano, al haber tenido que viajar tan lejos y tan rápido, aporte una perspectiva única del tiempo. O puede que hayamos sufrido más que la mayoría. Quizá sea la tierra. No lo sé. Posiblemente soy una romántica que no puede estar alejada mucho tiempo de su país. La gente aquí todavía se saluda. Cuando visito los Estados Unidos me parece un lugar muy solitario.

De repente, las luces de la casa se apagaron. Rukia suspiró (las restricciones cada vez son más comunes, dijo), le ofrecí mi mechero para que encendiera las velas que tenía en la repisa. Sentados en la oscuridad recordé las historias que nos había contado Zeituni e hice un comentario sobre la actividad de los corredores nocturnos. Rukia encendió las velas, el resplandor transformó la sonrisa de su cara en una cómica máscara.

—Te han hablado de ellos, ¿no es así? Sí son poderosos en la oscuridad. Solía haber muchos en nuestra región. Se decía que por la noche caminaban con los hipopótamos. Recuerdo una vez…

Con la misma rapidez que se había ido, volvió la luz. Rukia apagó las velas.

—Qué pena, en la ciudad las luces tarde o temprano acaban volviendo. Mi hija no sabe nada de los corredores nocturnos. Su lengua materna no es el luo, ni tampoco el swahili. Es el inglés. Cuando la escucho hablar con sus amigos es como un galimatías. Utilizan palabras de todos lo idiomas: inglés, swahili, alemán, luo. A veces me enfado. Aprended a hablar correctamente un idioma, les digo —Rukia rió para sus adentros—. Pero estoy empezando a resignarme, no hay nada que pueda hacer. Viven en un mundo confuso. Al final, creo que estoy más interesada en que mi hija, más que africana, sea ella misma.

Se estaba haciendo tarde. Dimos las gracias a Rukia por su hospitalidad y emprendimos nuestro camino. Pero sus palabras permanecerían conmigo, sacando a la luz mis propios recuerdos, mis constantes preguntas. En mi último fin de semana, tomé el tren de la costa con Auma y nos hospedamos en un hotel de playa en Mombasa que había sido el favorito del Viejo. Era un lugar modesto y limpio que en agosto estaba lleno de turistas, la mayoría alemanes, y marineros americanos de permiso. Nos dedicamos a sestear, a leer, a nadar y a dar largos paseos por la playa viendo cómo los cangrejos blancos desaparecían en los hoyos que cavaban en la arena. El día siguiente visitamos la parte antigua de la ciudad y subimos las desgastadas escaleras de Fuerte Jesús, construido por los portugueses para consolidar el control de las rutas comerciales a lo largo del Océano Índico. Posteriormente fue ocupado por la flota omaní y, más tarde, sirvió de cabeza de puente a los ingleses cuando exploraron el interior del país en busca de oro y marfil. Actualmente es un cascarón de piedra, sus enormes murallas se descascarillan como si fuera una construcción de *papier-mâché* desgarrándose en franjas anaranjadas, verdes y rosas. Sus inservibles cañones apuntan a un tranquilo mar donde un solitario pescador lanza su red.

Para el viaje de vuelta Auma y yo decidimos derrochar nuestro dinero comprando billetes de un autobús que tenía asientos numerados. La sensación de lujo duró poco, pues tuve que llevar las piernas encogidas durante todo el trayecto porque el pasajero de delante decidió sacar el máximo partido al suyo utilizando el asiento reclinable. Una súbita tormenta hizo que aparecieran goteras en el techo, que tratamos de restañar, sin éxito, utilizando pañuelos de papel.

Finalmente la lluvia cesó, y nos dedicamos a contemplar el árido paisaje de grava, arbustos y algún que otro baobab, cuyas ramas desnudas, decoradas con los nidos esféricos del pájaro tejedor, apuntaban en todas direcciones. Recordé haber leído en alguna parte que el baobab puede estar años sin florecer y sobrevive con un mínimo de agua de lluvia. Al contemplarlos en la brumosa luz del atardecer, entendí porqué los hombres creen que tienen poderes especiales, que albergan espíritus ancestrales y demonios, que la humanidad se alumbró bajo sus ramas. No era sólo por su extraña forma, su silueta casi prehistórica recortada contra un cielo desnudo.

—Parece que cada uno de ellos podría contar una historia —dijo Auma.

Y era cierto, cada árbol parecía poseer su propia personalidad, una personalidad ni benévola ni cruel, simplemente la de un superviviente que guardaba secretos imposibles de conocer y una sabiduría insondable. Esos árboles, que me producían angustia y consuelo, parecían capaces de librarse de sus raíces y echar a andar sin más, si no fuera porque sabemos que, en este mundo, un lugar no es muy distinto de otro (y también que un momento encierra todo lo que ha sucedido anteriormente).

Han pasado seis años desde mi primer viaje a Kenia, y el mundo ha cambiado significativamente.

Para mí ha sido un periodo relativamente tranquilo, no tanto una época de descubrimientos como de consolidación, consagrado a hacer las cosas que nos decimos a nosotros mismos que debemos hacer para progresar. Fui a la Facultad de Derecho de Harvard y pasé casi tres años en bibliotecas escasamente iluminadas, estudiando casos y códigos. Estudiar Derecho, a veces, puede ser decepcionante, es cuestión de aplicar reglas estrictas y procedimientos arcanos a una realidad reacia a cooperar. Un tipo de contabilidad magnificada que sirve para regular los asuntos de los poderosos (y que demasiadas veces busca explicar, a quienes no lo son, la sabiduría última y la pertinencia de su propia condición).

Pero eso no es todo lo que la ley es. La ley también es memoria; y además recoge un extenso diálogo, una nación discutiendo con su conciencia.

Para nosotros esas verdades son evidentes. En esas palabras resuena el espíritu de Douglass y Delany, también el de Jefferson y Lincoln. La lucha de Martin, de Malcom, y la de los manifestantes anónimos que dan vida a esas palabras. Oigo las voces de las familias japonesas internadas en los campos de concentración; las de los jóvenes judíos rusos que cortan patrones en los talleres clandestinos del Lower East Side; las de los granjeros de las tierras yermas que cargan sus camionetas con los restos de sus vidas rotas. Oigo las voces de la gente de los Jardines de Altgeld, y las de aquellos que están al otro lado de las fronteras norteamericanas, los grupos de hombres cansados y hambrientos que cruzan el Río Grande. Oigo todas esas voces que claman pidiendo que se les reconozca, todos haciendo las mismas preguntas que han moldeado mi vida, las mismas preguntas que yo, a veces, en medio de la noche, me encontraba haciéndole al Viejo. ¿Qué representa nuestra comunidad, y cómo puede reconciliarse con nuestra libertad? ¿Hasta dónde alcanzan nuestras obligaciones? ¿Cómo transformar el poder en justicia, los sentimientos en amor? Las respuestas que hallé en los libros de Derecho no siempre me satisficieron: por cada *Brown versus Board of Education* encontré un número de casos donde la conciencia se sacrificaba a la conveniencia o a la avaricia. Y aun así, en ese diálogo, en el coro de voces, encuentro aliento, creyendo que, mientras se hagan esas preguntas, lo que nos mantiene unidos, finalmente, prevalecerá.

Esa fe, tan distinta de la inocencia, a veces puede llegar a ser difícil de mantener. Tras mi regreso a Chicago vi incrementadas las señales de decadencia en el South Side: los barrios más descuidados, los niños crispados y agresivos, más familias de clase media que se trasladaban a los suburbios, las cárceles llenas de jóvenes coléricos, mis hermanos sin futuro. Rara vez escucho a la gente preguntarse qué es lo que hemos hecho para que nuestros jóvenes sean tan insensibles, o qué podemos hacer como comunidad para orientar su brújula moral, cuáles son los principios por los que nos debemos regir. En lugar de eso veo que hacemos lo que siempre hemos hecho: fingir de algún modo que esos niños no son nuestros.

Trato de aportar mi grano de arena para cambiar el flujo de esa marea. En mi bufete, trabajo casi siempre con iglesias y asociaciones de vecinos, hombres y mujeres que, en silencio, levantan tiendas de comestibles, construyen clínicas en el interior de la ciudad y casas para dar cobijo a los sin techo. De cuándo en cuándo trabajo en casos de discriminación, representando a clientes que aparecen por mi bufete contando historias que nos gustaría pensar que ya no suceden. La mayoría de estos clientes se sienten avergonzados por lo que les ha sucedido, como lo están también sus compañeros de trabajo blancos, dispuestos a testificar a su favor, pues nadie quiere que le señalen como un individuo problemático.

Y, en un momento determinado, ambos, querellante y testigo, deciden que algún principio está en juego, y que a pesar de todo lo que ha sucedido, esas palabras que se pusieron sobre el papel hace doscientos años deben significar algo. Blancos y negros se consideran parte de esta comunidad que llamamos Norteamérica. Escogen lo mejor de nuestra historia.

Creo que desde hace algunos años he aprendido a ser más paciente, tanto conmigo como con los demás. Si eso es así, es uno de los cambios positivos en mi carácter que atribuyo a mi esposa, Michelle. Ella es natural del South Side, creció en una de esas viviendas tipo bungalow que tantas horas pasé visitando durante mi primer año en Chicago. Muchas veces no sabe qué pensar de mí. Le preocupa que, al igual que Gramps y el Viejo, yo también sea un soñador. De hecho, su sentido práctico y forma de ser del medio oeste me traen con frecuencia a la memoria a Toot. Recuerdo la primera vez que la llevé a Hawai, Gramps me dio un codazo en las costillas mientras me decía que Michelle era toda una «belleza». Toot, por el contrario, describió a mi futura esposa como «una chica muy sensible» (lo que Michelle entendió como el mejor cumplido que mi abuela podía dedicarle).

Después de nuestro compromiso, llevé a Michelle a Kenia para que conociera a mi familia paterna. Su éxito allí fue inmediato, en parte debido a que su vocabulario luo rápidamente superó al mío. Tuvimos una estancia muy agradable en Alego, ayudamos a Auma con un proyecto cinematográfico, escuchamos más anécdotas de Granny y conocí a otros parientes que no había podido visitar la vez anterior. Para los que no vivían en el campo, la vida en Kenia parecía más dura. La economía había empeorado y, por tanto, era mayor la corrupción y la inseguridad en la calle. El asunto de la herencia del Viejo permanecía sin resolver, y Sarah y Kezia seguían sin hablarse. Bernard, Abo y Sayid seguían sin encontrar un empleo fijo, aunque no habían perdido la esperanza (hablaban de aprender a conducir y, quizá, comprar entre los tres un *matatu* de segunda mano). Intentamos ver a George, nuestro hermano menor, pero no tuvimos éxito. Y Billy, el primo fuerte y sociable que conocí en Bahía Kendu, había contraído el sida. Cuando lo volví a ver estaba demacrado y siempre propenso a quedarse dormido en medio de cualquier conversación. Me pareció que estaba tranquilo, y creo que se alegró de verme, me pidió que le enviara alguna fotografía de los viejos tiempos donde apareciéramos los dos. Murió mientras dormía y antes de que pudiera enviársela.

Ese año también se produjeron otros fallecimientos. El padre de Michelle, el hombre más bueno y honrado que yo jamás había conocido, murió antes de poder llevar a su hija al altar. Gramps falleció pocos meses después, tras una prolongada lucha contra un cáncer de próstata. En su calidad de veterano de la II Guerra Mundial tenía derecho a ser enterrado en el Cementerio Nacional de Punchbowl, sobre la colina que domina Honolulu. Fue una ceremonia íntima, a la que asistieron algunos de sus compañeros de *bridge* y golf, un homenaje con tres salvas y un toque de corneta.

A pesar de esas tragedias, Michelle y yo decidimos seguir adelante con nuestros planes de boda. El reverendo Jeremiah A. Wright, Jr. ofició la ceremonia en la capilla de la Trinity United Church of Christ, en la calle 95 esquina a Parnell. Todo el mundo estaba muy elegante en la recepción. A mis nuevas tías les entusiasmó el pastel de boda, y mis nuevos tíos estaban encantados con sus trajes de etiqueta alquilados. Johnnie asistió, y no paró de reír con Jeff y Scout, además vinieron mis viejos amigos de Hawai, y Hasan, mi compañero de universidad. También estuvieron Ángela, Shirley y Mona, que felicitó a mi madre por el gran trabajo que había hecho criándome («no te lo puedes ni imaginar», le respondió mi madre entre risas). Vi cómo Maya rechazaba educadamente las invitaciones de algunos hermanos que, a pesar de su habilidad, eran demasiado mayores para ella y debían de haberse dado cuenta. Cuando empecé a ponerme serio, Michelle me dijo que me tranquilizara, mi hermana pequeña sabía muy bien cómo defenderse. Michelle tenía razón, miré a Maya y en ella vi a una bella e inteligente mujer, radiante como una condesa latina, con su piel aceitunada y su larga cabellera morena, embutida en un elegante traje largo negro de dama de honor. Auma estaba a su lado igual de resplandeciente, aunque con los ojos enrojecidos (para mi sorpresa diré que fue la única que lloró durante la ceremonia). Cuando la orquesta comenzó a tocar, las dos buscaron la protección de los sobrinos de Michelle, de cinco y seis años de edad respectivamente, que anteriormente habían desempeñado a la perfección su papel portando las alianzas. Viéndoles acompañar con gesto serio a mis hermanas hasta la pista de baile, pensé que parecían dos príncipes africanos con sus pequeñas capas *kente**, sus fajines a juego y sus corbatas de pajarita.

---

* Prenda ceremonial de la tribu asanti.

Pero, si alguien hizo que me sintiera orgulloso de él, ese fue Roy. Actualmente ha adoptado su nombre luo, Abongo, y desde hace unos dos años ha estado reafirmando su herencia africana. Se convirtió al islam, ha abandonado el tabaco y el alcohol, y ya no come carne de cerdo. Continúa con su empresa de contabilidad, pero piensa trasladarse a Kenia cuando reúna el dinero suficiente. De hecho, cuando nos volvimos a ver en Home Squared, estaba construyendo una cabaña para él y su madre, lejos de la propiedad de nuestro abuelo, según la tradición luo. Me contó que ha hecho progresos con su negocio de importación y espera que pronto pueda ganar lo suficiente como para emplear a Bernard y a Abo. Y, cuando fuimos juntos a visitar la tumba del Viejo, vi que finalmente habían colocado una lápida sobre el cemento desnudo.

Gracias a su nuevo estilo de vida, Abongo ha perdido peso y su mirada es más limpia, en la boda estaba tan digno con su túnica negra ribeteada de blanco y su bonete a juego que algunos de los invitados lo tomaron por mi padre. Era el mayor de los hermanos allí reunidos ese día, estuvo hablando conmigo durante los momentos de tensión previos a la boda, asegurándome pacientemente, por quinta o sexta vez, que sí, que tenía las alianzas, haciéndome ver que si pasaba más tiempo delante del espejo mi aspecto no tendría ninguna importancia porque, sencillamente, llegaríamos tarde a la ceremonia.

Los cambios que ha sufrido no están exentos de tensiones. Suele hacer largos monólogos sobre la necesidad que tiene el hombre negro de liberarse de las malsanas influencias de la cultura europea, y regaña a Auma porque, según él, las ha adoptado. Todo lo que dice no es necesariamente suyo, y a veces puede parecer rígido y dogmático. Pero sigue teniendo la magia de su risa, y podemos discrepar amigablemente. Su conversión le ha proporcionado una sólida base sobre la que apoyarse, orgullo por el lugar que ocupa en el mundo. Desde esa base observo cómo su confianza crece, se aventura a abrirse a los demás y hace preguntas cada vez más difíciles de contestar. Veo cómo se deshace de viejas fórmulas y consignas, y decide lo que es mejor para él. No puede hacer mucho por sí mismo durante este proceso, ya que su corazón es demasiado generoso y está lleno de buenas intenciones, su actitud hacia los demás es demasiado delicada y compasiva como para encontrar soluciones sencillas al rompecabezas que supone ser un hombre negro.

Hacia el final de la recepción, a través de la cámara de video, lo vi sonreír abiertamente, sus enormes brazos rodeaban los hombros de mi madre y de Toot, cuyas cabezas apenas llegaban a la altura de su pecho.

—Eh, hermano —me dijo mientras me acercaba a ellos—, parece que ahora tengo dos nuevas madres.

Toot le dio unas palmadas en la espalda.

—Y nosotras un nuevo hijo —le respondió, aunque cuando trató de decir correctamente «Abongo», su acento de Kansas se lo impidió.

De nuevo la barbilla de mi madre comenzó a temblar, entonces Abongo levantó su vaso de ponche de frutas para proponer un brindis.

—Por aquellos que no están entre nosotros —dijo.

—Y por un final feliz —añadí.

Derramamos el contenido de los vasos en el ajedrezado pavimento. Y en ese momento, al menos, me sentí como el hombre más afortunado del mundo.

TAMBIÉN DE BARACK OBAMA

"En esta era despreciable y desalentadora, el talento de Obama para proponer soluciones humanas y sensatas con prosa elegante e inspiradora lo llena a uno de esperanza".
—The Washington Post

LA AUDACIA DE LA ESPERANZA

En *La audacia de la esperanza*, Barack Obama reclama una política diferente —una política para quienes están cansados del agrio partidismo, una política basada en la fe, en la participación de todos y la nobleza de espíritu que es parte esencial de "nuestro improbable proyecto de democracia". En el corazón de este libro está la visión del Presidente Obama de cómo podemos superar nuestras divisiones para enfrentarnos a problemas concretos. Él examina la creciente inseguridad económica de las familias estadounidenses, las tensiones raciales y religiosas dentro del cuerpo político y las amenazas transnacionales —desde el terrorismo hasta las pandemias— que se congregan más allá de nuestras cosas. En sus anécdotas acerca de su familia, amigos, miembros del Senado y hasta del Presidente Bush, existe un poderoso deseo de establecer conexiones: la plataforma de un consenso político radicalmente optimista. Como político y abogado, profesor y padre, cristiano y escéptico, y sobre todo como estudioso de la historia y de la naturaleza humana, Barack Obama ha escrito un libro de un poder transformador.

Política/978-0-307-38711-0

VINTAGE ESPAÑOL
Disponible en su librería favorita, o visite
www.grupodelectura.com